和爱德华·汤普森、多萝西·汤普森在南京大学（1985年）

和约翰·莫里尔教授在 Southwold 英国内战古战场（1997年）

在法国巴黎高师历史系讲学（2009 年）

在罗马第一大学讲学（2010 年）

反叛的一代
20 世纪 60 年代西方学生运动

沈 汉　黄凤祝　著

The Commercial Press

图书在版编目（CIP）数据

反叛的一代：20世纪60年代西方学生运动 / 沈汉，黄凤祝著. — 北京：商务印书馆，2023
（沈汉集）
ISBN 978-7-100-21998-3

Ⅰ.①反… Ⅱ.①沈… ②黄… Ⅲ.①学生运动－研究－西方国家－1960-1969 Ⅳ.①D431.9

中国国家版本馆CIP数据核字（2023）第120964号

本书由教育部创建"双一流"大学基金
和南京大学人文基金赞助出版

权利保留，侵权必究。

（沈汉集）
反叛的一代：20世纪60年代西方学生运动
沈 汉 黄凤祝 著

商 务 印 书 馆 出 版
（北京王府井大街36号 邮政编码 100710）
商 务 印 书 馆 发 行
北京兰星球彩色印刷有限公司印刷
ISBN 978－7－100－21998－3

2023 年 8 月第 1 版　　开本 850×1168　1/32
2023 年 8 月第 1 次印刷　　印张 13 5/8
定价：98.00 元

序 一

〔美〕格奥尔格·伊格尔斯
（国际历史科学委员会史学史和史学理论委员会前主席）

我以极大的兴趣读了收入这本文集的沈汉教授的论文的英文摘要，但是要对他关于英国历史发展，特别是农业领域发展的论文做出评述，我感到踌躇，因为我对关于这个题目大量的论辩的著述只有有限的知识。但是，指导他对英国经济和社会从封建主义向资本主义转变做出分析的理论假定，给我留下了极为深刻的印象。他的研究从马克思主义关于历史过程和经济作用的概念出发，但是随后把它们置于细致的考察和修正之中。诚然，存在着一种朝着近代社会的发展，但是这种发展极为复杂。强调社会和经济的复杂性，是沈汉进行历史洞察的核心。沈汉告诫我们，无法把封建主义视为清晰界定的类型，资本主义也同样如此。二者本质上都是等级制的。封建社会的等级制使得经济身份在构成社会结构时只具有较小的意义，他写道："在封建等级制社会中，社会集团并不是按照经济来划分的。"他指出，相反，"在近代社会的社会分层中，经济起了决定性的作用"，但并不是起着排斥其他一切的作用。其他的事实如文化也起了重要的作用。而且，在封建中世纪和近代资本主义社会二者之间存在着相当的重叠。资本主义从中起源的封建社会的经济结构是多维度的，资本主义社会的经济结构同样也是多维度的。中世纪的经济不完全是封建经济，同样，19世纪英国经济也不完全是资本主义经济。封建主义和资本主义甚至被马克思当作一种类型，当然，在《资本论》中，马克思比许多晚期马克思主义者更了解，还存在着不符合这种类型的其他方面。这样，在工业社会中存在着无产阶级和资产阶级两个阶级的概念就不能不只是相对的了。这样，就假定在19世纪资本主义的英国，在农村从家庭农场主到资本主义农场主之间存在一个谱系；在工业部门，从小作坊主到大工业家之间也存在一个谱系。这样，在历史发展阶段或社会诸阶级之间，并没有一个清晰的界限。如沈汉所说，总是"存在着一个复杂的过渡带"。他的社会和历史的概念接近于 E. P. 汤普森对英国社会的探讨，后者不是把大工人阶级主要看作经济力量所形成的，尽管这起着重要的作用。但是，他们在进入近代工业社会时，深深地植根于过去的意识参与了构造这个世界，而不完全由这个世界来构造。此外，和汤普森一样，沈汉在描绘世界发展时，并不像马克思对社会历史发展阶段的公式化表述，而是在写一部特性化的英国史，而且甚至把这部历史看作是极为复杂的和多维度的。他这样强调，他所说的历史主体"处于特别的时间和地点环境的影响下"。这样，我们必须谨慎地用形态学的手段探讨历史。因此，他在论及历史形态的单个形式时，认为它是以"个性化"的形式表现出来的。 沈汉这样就把必要的对社会和经济史的类型学描述与对历史复杂性的了解结合起来，同时注意到了类型学的局限性。我感到遗憾的是，我无法阅读由中文撰写的这些论文。它们也应当为英语读者公众所知。它们提供了如何探讨历史的重要思想。

2012年

纽约州立大学布法罗分校

序 二

陈崇武

（华东师范大学教授）

商务印书馆决定出版沈汉教授的多卷本史学文集，我认为这不仅对他本人，而且对世界史学界也是一件好事，值得庆贺。

读了沈汉教授的著作，有几点特别值得一谈。

首先，著作等身，成果斐然。

三十余年来，沈汉教授已写出的著作有十七部。其中包括《资本主义史》《世界史的结构和形式》《西方社会结构的演变——从中古到 20 世纪》《欧洲从封建社会向资本主义社会过渡研究——形态学的考察》《英国土地制度史》《英国宪章运动史》《非资本主义、半资本主义和资本主义农业——资本主义时代农业经济组织的系谱》《资本主义国家制度的兴起》《中西近代思想形成的比较研究——结构发生学的考察》等。此外，他还有译著五部，如《资本主义社会的国家》《宗教和资本主义的兴起》《共有的习惯》《近代国家的形成——社会学导论》等。著译作已有好几百万字。

我是搞世界史教学和研究的过来人，深知在世界史领域能写出一部有学术价值的专著谈何容易。有的学者一辈子能写一两本就算不错了。而像沈汉教授这样著作等身的确实不多，使我十分感叹。

沈汉教授的著作每本都下了很大的功夫。例如为写《英国土地制度史》一书，他曾多次到英国访问研究，尤其在雷丁大学乡村史中心和东盎格利亚大学历史学院做了半年研究，是在搜集和参考了18世纪英国各郡农业调查报告、英国农业渔业部出版的《1866至1966年大不列颠一个世纪的农业统计》等原始资料和数百种研究专著论文的基础上写成。比如写《资本主义史》及《非资本主义、半资本主义和资本主义农业——资本主义时代农业经济组织的系谱》，都引用了数百种外文资料。他的著作资料翔实，内容丰富，质量上乘，给人面目一新的感觉。

其次，善于吸收，锐意进取。

与某些见洋不食、故步自封、孤陋寡闻的史学家不一样，沈汉教授善于引进并吸收外国史学研究的最新成果和方法，融会贯通，成为自己学术研究的新鲜血液。如他对 E. P. 汤普逊、布罗代尔、勒高夫、拉布鲁斯、波朗查斯、密里本德等情有独钟。对国外诸多流派，如形态学、结构学、计量学、社会学等的研究成果和方法，加以有舍取的吸收，使其为己所用。他在吸收外来各学派及代表人物的研究成果和方法时，绝不囫囵吞枣、全盘照搬，而是经过自己消化，去伪存真，扬弃其糟粕，吸收其精华。他对某些权威学者的学术观点并非亦步亦趋，而是大胆挑战和质疑。如对诺贝尔经济学奖得主诺斯和托马斯"17世纪英国已经确立了土地绝对产权制度"的观点、勒高夫关于中世纪知识分子的分类方法、马克斯·韦伯对资本主义的定性，甚至马克思主义者关于资本主义起源于农业的论点等都提出了质疑。这是一种很值得赞扬的研究精神和态度。正因为如此，他所写的著作给人以与时俱进、不断创新的印象。

第三，把理论、史料、现实三者融为一体。

在我看来，史学研究中只有把理论、史料、现实三者密切结合，才能写出较好的著作，攀登史学研究的制高点。史学研究如果没有史料就等于是无米之炊；但如果没有理论也等于一个人只有躯壳而没有灵魂；如果没有现实感，史学研究也会失去价值和活力。从沈汉教授的著作来看，他能把三者巧妙地结合起来，犹如一位有经验的交响乐团的指挥，驾驭自如，游刃有余。例如在《资本主义国家制度的兴起》一书中，他在史料研究的基础上，能对马克思主义政治学必须包含的理论范畴做出阐述，这为未来我国政治体制的改革有理论启示，从而把史学研究推向一个有活力的更高阶段。

"宁静致远""淡泊明志"。从沈汉教授著述的内容和学术历程来看，他所走的是一条甘愿坐冷板凳、孜孜于埋头做学问的学术道路。沈汉教授之所以能写出如此多有分量的作品，固然是他的天赋使然，但更重要的是他的勤奋所致。

商务印书馆决定给沈汉教授出版文集，这不仅是对他本人的史学成果的充分肯定，也是对我们世界史学界同仁的莫大鼓舞和鞭策！

2018 年 2 月 25 日

致　谢

　　回首一顾，治史已四十载。教学之余，游走于英、法、德、奥、意、比、美诸国，结交友人，搜集历史资料，借火铸剑。时至今日，涉猎之英国宪章运动、英国议会政治史、西方国家制度史、西方社会结构史、欧洲从封建主义向资本主义过渡研究、英国土地制度史、20世纪60年代西方学生运动史、资本主义史、英国近代知识分子形成、资本主义时代农业经济组织研究、中西近代思想形成比较研究诸题均已完成，此外有译著几种出版，可聊以自慰。

　　新世纪某一年我在意大利都灵逗留时，东比埃蒙特大学埃多阿多·托塔鲁鲁教授（Professor Edoardo Tortaloro）某一日突然问起我为何不著一自传？友人之语醍醐灌顶，自己方才醒悟，埋头笔耕，不觉岁月已经流逝，已到了对自己以往的文字和思想做一整理的时候。遂有了汇编出版著述之替代计划。

　　《沈汉集》出版得到商务印书馆总编辑陈小文先生的鼎力支持。著名国际史学理论家、国际历史科学委员会史学史和史学理论委员会前主席格奥尔格·伊格尔斯教授（Professor Georg Iggers）为我忘年之交，知我甚深，在90岁高龄时允诺为我的著作集作序，我遂将各书提要寄去，不想他突染沉疴，骤然仙逝。现在只好将格奥尔格之前为我的自选论文集《世界史的结构和形式》题序转印于此，作一替代。华东师范大学历史系前系主任、世界史著名学者陈崇武教授在86岁耄耋之年欣然应邀为《沈汉集》作序。《沈汉集》的出版得到教育部创建"双一流"大学基金和南京大学人文基金的资助。

《沈汉集》出版,实为一介书生之幸事。上下求索间得到众多基金会资助和友人支持,在此一并致谢。

沈 汉
2021 年 7 月

前 言

20世纪60年代既是20世纪也是战后历史上一个极为重要的时期。此时西方世界正处于一个经济空前繁荣的时期，随着资本主义的发展，社会的阶级结构和社会关系都发生了变化，社会冲突出现了新的形式。在整个世界范围，20世纪60年代是一个不安定的动荡的时期，第三世界反对殖民主义和帝国主义的民族解放运动适值最后一次高潮，它反转过来冲击着发达资本主义国家。60年代又是战后出生率很高的一代青年人成长起来进入院校的时期，青年在社会中的活跃程度似乎从未如此之大，他们几乎在所有地区都成为现存社会秩序的批评者。60年代又是社会主义阵营和各国共产党之间的分歧与冲突公开化的时期，它使得社会主义和马克思主义观念、语汇在全球广泛传播。在这种背景下，60年代中期到60年代末，在欧美主要资本主义国家爆发了此起彼伏的学生造反运动。学生运动发生的范围之广、规模之大，在世界史上可谓前所未见。

20世纪60年代西方学生运动过去数十年了，这一事件的影响是如此之大，在国外，它引起了人们一再的关注和讨论，不同阶级和不同政治派别的人士对它做出了迥然不同的评价。

密特朗在《我接受的真理》中认为，"五月事件"不可能导致一次革命，他强调："环境还没有帮助无产阶级和知识分子走到一起来。"① 雷吉斯·德布雷则认为："1968年5月是新资产阶级社会的摇篮。"②

詹姆斯·米勒在《街头民主》一书中写道："在热烈的辩论中，在静坐示威中，在游行中，在暴力对峙中——人们不时地发现共同的不满、共同的思想和共同的愿望，他们往往生平第一次感觉到（而且有时是在危急关头）：团结起来就能改变世界。"③

格卢克斯曼指出："'五月革命'只是以其象征性而存在。街垒并不是作为一种军事据点，而是作为一种试验的要素而存在。在街道上进行革命示威的幽灵超出了官方的预测，它至今还萦绕在欧洲。"④ "'五月运动'暗示了20世纪后半叶在发达资本主义国家的一种对革命战略的见解。"⑤ "'五月运动'揭示：一种全国范围的危机折磨着法兰西，它不是革命本身，而是一种使它成为可能的形势。"⑥ "'五月运动'通过暴力和言辞在两个方面唤醒了社会。"⑦

沃勒斯坦则认为，1968年是世界体系内发生的一场革命，它"是我们现代世界体系历史上最伟大的形成性的事件，是一种我们称之为分水岭的事件"⑧。

霍布斯鲍姆评论说："20世纪60年代末期学生的反抗运动，是

---

① 基恩·里德：《法国1968年5月的事件》，纽约1997年版，第70页。
② 《新左派评论》第115期，伦敦，1979年。
③ 詹姆斯·米勒：《街头民主》，转引自特勒尔奇：《比较政治学理论：新范式的探讨》，社会科学文献出版社1998年版，第26页。
④ 格卢克斯曼：《1968年法国的革命策略》，《新左派评论》1968年11月第52期，第67页。
⑤ 同上文，第71页。
⑥ 同上文，第70页。
⑦ 同上文，第72页。
⑧ 沃勒斯坦：《地缘政治学和地缘文化学》，剑桥大学出版社1991年版，第65页。

旧式世界革命的最后欢呼。这个运动，从两方面看皆具有革命意义。其一，在于其追寻古老的乌托邦理想，意欲将现有价值观做永久性的翻转，追求一个完美的新社会。其二，在于其诉诸行动的实际运作方式：走上街头，登上山头，架起防栅，爆炸袭击。这也是一股国际性的革命运动……"[1]"学生运动的突如其来，显示出黄金年代的平衡稳定开始出现动摇的迹象。"[2]"西方学生运动展现的政治意义，倏忽而逝……但是反过来说，却也具有一种象征性的警告意味，向那些以为已经将西方社会问题永远解决了的成人，提出一个'必死的象征'。"[3]

但是，国内对20世纪60年代西方的学生运动却缺乏全面的讨论和介绍。当人们步入21世纪，回顾上个世纪的历史时，是无法漠视20世纪60年代西方学生运动的。

在中国的马克思主义史学中，除了对五四运动给予相当的重视外，对其他的学生运动包括西方的学生运动研究较少。这个现象背后恐怕有着更深层次的原因。原因之一大概是经典马克思主义的阶级理论认为学生不是一个独立的阶级，而是依附于某个大的阶级而存在的，通常将学生阶层划为小资产阶级的一部分，因此很少把学生作为一种历史活动的主体加以研究。此外，20世纪70年代末以来，中国政治和学术的走向也影响到对20世纪60年代西方学生运动的研究。从那时起，在批判极"左"倾向的危害之后，中国学人将其注意力倾注于政治改革和改良之类的问题上来，对西方的研究转到对西方资产

---

[1] 霍布斯鲍姆：《极端的年代：1914—1991年》，江苏人民出版社1998年版，第665—666页。
[2] 同上书，第429页。
[3] 同上书，第431页。

阶级主流政治社会的研究，对西方政治思潮的介绍则着力于自由主义和保守主义，而对西方左翼运动关注则锐减。这样一来，就把亟待研究的像20世纪60年代西方学生运动、新左派运动一类的课题推到史坛和讲坛后面去了。

20世纪60年代西方学生运动这个题目其实是很有趣味的。它内容丰富，涉及对西方当代资本主义社会文化和思潮走向的理解，涉及对当代资本主义社会结构中批判资本主义的社会力量的把握，也涉及在世界范围内第三世界的变动对发达资本主义国家的影响。此外，20世纪60年代西方学生运动在一些国家和被称为"老左派"的欧洲共产党人在思想及政治上的冲突，也促使人们去思考如何从理论上和战略上对待资本主义社会的问题。

单作一个历史研究对象来说，20世纪60年代西方学生运动在发生原因、历史场景的戏剧性和使用的语言等方面也是值得咀嚼的。

20世纪60年代西方学生运动客观上成为一个特殊的历史坐标，它处于二战结束后西方社会左翼力量活动的巅峰。这次左翼运动的尾声持续到70年代最初几年，然后便急剧地衰落和消失了，之后便是保守主义的泛滥和苏联、东欧社会主义国家的解体。20世纪60年代西方学生运动之后出现的新社会运动，无论在其锋芒和规模上都无法与20世纪60年代学生运动相比。在今后一段时期，势必会有更多的学者和读者去关注20世纪60年代的学生运动。

目 录

第一章　20世纪60年代西方学生运动发生的历史环境 1
　第一节　20世纪60年代西方社会经济状况 1
　第二节　"四海翻腾云水怒，五洲震荡风雷激" 5
　第三节　社会主义运动的分裂、左倾思潮的传播
　　　　　和"新左派"运动的兴起 12
　第四节　学生运动发生的文化环境 21
第二章　美国的学生运动 33
　第一节　20世纪60年代美国学生运动发生的历史背景 33
　第二节　加州大学伯克利分校的"自由言论运动" 58
　第三节　哥伦比亚大学的学生运动 84
　第四节　哈佛大学的学生运动 111
　第五节　其他院校的学生运动　"气象员" 128
第三章　英国的学生运动 150
　第一节　20世纪60年代英国学生运动发生的背景 150
　第二节　伦敦政治经济学院的学生运动 163

第三节　1968 年英国学生运动的高潮 180
　　第四节　沃里克大学的学生运动 201
第四章　法国"五月风暴" 211
　　第一节　"五月风暴"发生的背景和前奏曲 211
　　第二节　活跃在 1968 年 5 月的主要组织 247
　　第三节　"五月风暴"的掀起 264
　　第四节　"五月风暴"中的工人阶级 304
　　第五节　资产阶级的反攻　"五月风暴"结束 324
第五章　联邦德国的学生运动 338
　　第一节　联邦德国学生运动兴起的背景 338
　　第二节　联邦德国学生运动的兴起和高潮 344
　　第三节　学生极左分子的组织及活动 360
　　第四节　学生运动的活动家 368
　　第五节　学生运动的衰落和环保运动、和平运动的兴起 378
第六章　20 世纪 60 年代西方学生运动的若干特征 383

专名对照表 390
主要参考书目 405
后　记 416
作者著译作目录 417

第一章　20世纪60年代西方学生运动发生的历史环境

第一节　20世纪60年代西方社会经济状况

20世纪60年代在西方资本主义世界爆发的这场近乎革命的学生运动非同寻常，有其自身的特点。这次大规模的学生运动爆发的原因，不同于人们所熟悉的欧洲历史上18—19世纪发生的那些资产阶级革命，如1789年革命、1848年革命或是1830年革命，那些社会革命运动，一般来说都是由本国的客观的经济社会危机决定了革命形势。这种革命形势的特征便是列宁在《第二国际的破产》一文中所概括的：

（1）统治阶级不可能不变地维持自己的统治；"上层"的某种危机，即统治阶级的政治危机，给被压迫阶级的愤怒和不满造成一个爆破的缺口，光是"下层不愿"照旧生活下去，对革命的到来通常是不够的；要革命到来还须"上层不能"照旧生活下去。（2）被压迫阶级的贫困和灾难超乎寻常的加剧。（3）由于上述原因，群众积极性大大提高，这些群众在"和平"时期忍气吞声地受人掠夺。而在动荡时期，整个危机形势和"上层"本身都迫使他们去进行独立的历史性的发动。[①]

在近代时期,不仅革命的发生需要革命形势,即使尚未发展到革命的群众反抗运动,如农民运动和大规模的工人运动,也都以特定的经济恶化的准危机条件作为其背景。例如,英国工业革命后期掀起的宪章运动的三次高潮,便与从1837—1842年持续6年之久的长期萧条和1847年开始的经济危机直接相关联。[②]法国史学家厄内斯特·拉布鲁斯在研究法国近代史上发生的三次革命时,充分注意到了经济背景的影响。[③]

然而,20世纪60年代西方大规模的学生运动的发生,却没有上述经济危机和萧条的历史背景。相反,它的爆发,正值西方资本主义经济发展的繁荣时期。从1945—1970年的1/4世纪里,欧洲和美国的经济都处于增长、扩张和繁荣时期,这与20世纪上半叶资本主义世界遇到的经济困难形成鲜明的对比。

从1950年开始的20年间,第二次世界大战带来的大部分破坏得到重建。欧洲生产以每年平均5.5%的复利式增长率发展,而全世界的增长率为5%。美国同期国民生产总值的每年复利式增长率达到3.7%。欧洲人均国内生产总值的增长比美国快一倍,达到4.4%。而美国人均国内生产总值的增长为2.2%。[④]在凯恩斯主义经济理论的影响下,欧洲各国分别采取了不同的干预经济的政策,使得资本主义国

[①] 《列宁选集》第2卷,人民出版社1972年版,第620—621页。
[②] 沈汉:《英国宪章运动》,甘肃人民出版社1997年版,第一章。
[③] 厄内斯特·拉布鲁斯:《1789—1830—1848年革命是怎样发生的》,《世界历史译丛》1980年第4期,第22—32页。
[④] 齐波拉主编:《欧洲经济史》第六卷上册,商务印书馆1991年版,第253—255页。

家出现了充分就业和经济增长同步的状况。欧洲各国一改战前普遍存在的失业和经济呆滞，20世纪60年代欧洲各国的失业率仅为1.5%。法国人把这段历史称为"光辉的三十年"，英美社会则有"四分之一世纪黄金时代"之说。[1] 从1966—1969年，德国的失业率在0.7%—2.1%，其中除了1967年的失业率达到2.1%，1968年的失业率达到1.5%外，其余各年的失业率均在0.8%以下。英国这个时期的失业率在1.5%—2.5%之间。[2]

1967年到1968年初，即使是欧洲的左派都没有想到会发生一场震撼欧美发达资本主义国家的革命风暴。法国的左翼理论家高兹撰文说："在可预见的未来，欧洲资本主义不会发生具有戏剧性的危机，从而推动工人群众举行革命的总罢工或武装起义来捍卫他们生死攸关的利益。"[3] 英国的马克思主义者基尔南则写道："马克思曾预言，他有生之年将在资本主义故乡目睹阶级社会被推翻，但这个社会现在看来比以往更强大，并构成自然秩序的一部分。"[4]

可以说，60年代西方学生运动发生在资本主义世界经济发展较为繁荣的时期，它爆发的主要原因应当到资本主义社会经济领域以外去寻找。这次运动的基本特质在于，它主要不是社会运动，而是包含着文化和政治目标的运动。在大多数学生运动发生的国家中，运动的学生没有得到广大下层劳动群众的积极支持，这是由它的特征也由当时的社会经济环境决定的。总之，20世纪60年代西方学生运动完全

---

[1] 霍布斯鲍姆：《极端的年代：1914—1991年》，江苏人民出版社1998年版，第386、388页。
[2] 齐波拉主编：《欧洲经济史》第六卷下册，第238页。
[3] 高兹：《改革和革命》，载《社会主义记事》，1968年，第111页。
[4] 基尔南：《札记：马克思主义在1968年》，载《社会主义记事》，1968年，第177页。

不同于那种古典模式的有广大群众参加的社会革命。[1]

20世纪60年代西方学生运动的社会来源主要是以学生为主的青年知识分子阶层,社会构成比较狭窄,在少数国家中学生运动得到工人阶级的积极响应。20世纪60年代学生运动提出的纲领和口号的主要内容限于资本主义社会的大学教育、社会文化和日常生活的批判,同时尖锐地抨击了美国在东南亚的侵略战争政策。这次学生运动对其斗争的最终目标认识模糊,缺乏一个深刻的社会纲领,这就在某种程度上决定了这场学生运动可以震撼资本主义制度一时,却无法从根本上动摇西方国家资产阶级的统治。

从历史运动的类型学而论,20世纪60年代西方学生运动属于一种政治文化运动和民主运动,不属于严格意义上的革命和经济社会运动。它主要的原因存在于政治、文化和心理方面,它没有普遍的经济危机、自然灾害、粮食歉收、失业作为背景。因此,20世纪60年代的学生运动不同于近代时期人们常常看到的那些典型化的革命或民众运动。但是,60年代西方学生运动,一方面具有非突发性的特点;另一方面,它持续的时间却比较长,和当代资本主义社会的种族矛盾、性反抗、反核武器、反战运动、环境保护运动相结合,反映出西方资本主义社会制度面临的深层的不可克服的困难和严重的社会问题,在新的历史条件下具有重大的积极意义。正如霍布斯鲍姆评述的:"西方学生的叛乱行动,文化革命的色彩较浓,是一种抗拒的表现,排斥社会上由'中产阶级父母'价值观所代表的一切事物。"但是,学生运动"毕竟不是真正的革命,也不可能发展成真正的革命"。[2]

---

[1] 霍布斯鲍姆:《极端的年代:1914—1991年》,第662页。
[2] 同上书,第663页。

20世纪60年代西方学生运动有其独特的社会背景。第二次世界大战结束前后,正值人口史上一个生育的高峰时期。到了20世纪60年代初,这一代人到了上大学的年龄。这样,各国大学生人数剧增。美国的大学生人数从1950年的230万人增加到1964年的500万人,1964年的大学生人数约是1950年的2.2倍。英国从1950年到1964年大学生人数从133000人增加到211000人,1964年的人数约是1950年的1.6倍。意大利的大学生人数从1950年的192000人增加到1964年的262000人,1964年的人数约是1950年的1.3倍多。法国大学生的人数从1950年的140000人增加到1964年的455000人,1964年的人数约是1950年人数的3.3倍。联邦德国的大学生人数从1950年的123000人增加到1964年的343000人,1964年的人数约为1950年人数的2.8倍。日本1950年大学生人数为391000人,1964年为917000人,1964年的人数约是1950年的2.3倍。印度1950年的大学生人数是404000人,1964年为1100000人,1964年的人数约是1950年的2.7倍。[1] 急剧增长的大学生人数暴露了旧的大学体制的种种弊端。而这批孕育于动荡年代的青年人则在其学生时代表现出独特的躁动、不安分和睿智,在社会结构中形成一支异乎寻常的批判力量。

第二节 "四海翻腾云水怒,五洲震荡风雷激"

在20世纪世界历史进程中,60年代在世界范围来说是一段特殊的历史时期。从整体上说,60年代是一个反对帝国主义、资本主义、

---

[1] 西奥多·罗斯札克:《一种反文化的形成:对技术社会的反应和它的青年反对者》,纽约1969年版,第28页,注10,附表。

新老殖民主义和霸权主义的革命运动高涨的时期。到了60年代，亚、非、拉各殖民地、半殖民地人民的民族独立、自治和解放运动蓬勃开展，世界范围内民族独立运动经历了最后一次高潮。经过60年代，基本完成了殖民地、半殖民地民族解放和国家独立这一历史性的任务。更引人注目的是，伴随着众多的民族解放运动，还出现了古巴社会主义革命的胜利和越南人民抗美救国革命战争的胜利，这些超出民族民主运动范畴的革命运动，给美帝国主义以沉重的打击。第三世界的民族解放运动和革命运动在世界市场已形成的条件下，反过来对殖民地母国和侵略他们的欧美发达资本主义国家形成了一次重大的革命浪潮的冲击，使得欧美主要资本主义国家的人民群众和学生对本国政府实行的或追随的侵略战争政策表示了极大的不满，推动其本国人民展开斗争，对于欧美各国多种左翼和极左的政治派别也带来了鼓舞和灵感，使得革命的震荡波及自身经济尚稳定的发达资本主义国家。

1953年7月26日，古巴年轻的革命者菲德尔·卡斯特罗发动起义，冲击圣地亚哥的蒙卡达兵营，试图推翻以巴蒂斯塔为首的军人独裁政权，事败后，卡斯特罗被捕，被关进监狱。阿根廷的革命者，内科医生埃内斯托·切·格瓦拉在危地马拉遇到了几位参加攻打蒙卡达兵营的幸存者，从此，切·格瓦拉便与古巴的革命事业紧密地联系在一起。1955年，菲德尔·卡斯特罗被巴蒂斯塔政权释放。1956年12月，他带领一批革命者在奥连特登陆，潜回古巴，开始在古巴山地进行游击战争。他们在马埃斯特腊山脉的丛林和一些城市中进行战斗，力量逐渐壮大。卡斯特罗及其战友学习中国和东南亚的游击战争经验，他们在两年中建立了起义军军校，训练成年农民和青少年，在占领的农村山区实行土地改革。其间于1958年10月10日颁布了土地法，得到农民群众的极大支持。巴蒂斯塔的军队被卡斯特罗的武装打得土崩瓦解。1958年的除夕,巴蒂斯塔逃往多米尼加共和国,古巴革命取得了胜利。在古巴革命胜利之初,卡斯特罗还不是一个共产主义者。1959年4月,卡斯特罗宣布他及其战友进行的是一场"人道主义的革命",目的是使古巴不受美国的控制。就卡斯特罗当时的思想而论,民族独立和社会正义是他的目标,他并没有进行社会主义革命的明确目标,也不知道如何进行社会主义革命。[1] 革命胜利以后,古巴才逐渐转到社会主义道路上来。1960年2月,古巴总理卡斯特罗与苏联第一副总理米高扬签订了第一个协议。同年9月,卡斯特罗与赫鲁晓夫在美国纽约会面,与苏联缔结联盟,古巴转向社会主义制度和马克思主义。1960年11月,古巴政府宣布将一切银行、大工业和大商业企业收归国有,实施社会主义的国内政策。

古巴独立以后政治上转向社会主义引起了美国政府的恐慌。1961年1月,美国艾森豪威尔政府断绝了与古巴的外交关系,准备对古巴采取军事颠覆行动。4月17日,在美国的策划和支持下,经过美国军人训练的古巴流亡者旅1300余人,在8架B-26轰炸机掩护下在古巴猪湾登陆,占领了长滩和吉隆滩。古巴军民奋起反击,于4月19日将其全部歼灭。美国军官参与了驾机在空中掩护和轰炸的军事行动。[2] 美国试图用武装干涉扑灭古巴革命的阴谋失败。1961年12月1日,卡斯特罗在讲话中宣布,他始终是个马克思列宁主义者,古巴人必须承认,"成为一个共产主义者是一个大优点"。1962年,应古巴的要求,苏联在古巴离美国海岸不远处部署核导弹,引发"古巴导弹危机"。这次危机最终以赫鲁晓夫在美方压力下做出退让撤走导弹

---

[1] 斯塔夫里亚诺斯:《全球分裂·第三世界的历史进程》(下册),商务印书馆1995年版,第806页。

[2] 美国《洞察》周刊1999年4月26日文章,载《参考消息》1999年5月5日。

作为结束,但古巴作为一个坚强的社会主义国家,并未对美国的压力采取妥协政策,而是在美国的"后院"坚持下来,成为反帝斗争中的一面旗帜。古巴成为第三世界人民革命斗争的一个榜样,极大地鼓舞了他们的斗争。

古巴社会主义革命的胜利对于美国、英国等国的左派力量也是一个极大的鼓舞。1966 年 1 月,在古巴首都哈瓦那召开了亚、非、拉三大洲共产党人会议,讨论反对帝国主义和促进革命的方法和手段,会议做出决议,成立拉丁美洲团结组织。该组织后来在 1967 年 7 月底到 8 月初在哈瓦那举行了首次会议。

在拉丁美洲的多米尼加,1962 年 10 月的自由选举中,具有中左政治倾向的诗人和小说家胡安·博卡当选为总统。他在以后与反动军人势力的冲突中,得到了一些青年军官、大学生和知识分子的支持。随后,1965 年 4 月,多米尼加发生了内战。美国撤走了居留多米尼加的几千名美国人,派出军舰和 22000 人的海军陆战队对多米尼加进行武装干涉。美国政府发表声明称,美国派部队到多米尼加共和国是为了不让它变成共产主义国家。最后,美国支持的多米尼加军人集团打垮了中左力量。①

在古巴革命取得胜利之后,菲德尔·卡斯特罗的亲密战友、曾在古巴政府中先后担任国家银行行长、工业部长等职的格瓦拉,在 1965 年辞去担任的党内外一切职务,放弃古巴国籍,前往非洲的刚果组织游击战争。1967 年 3 月到 10 月,格瓦拉在南美的玻利维亚建立游击中心组织,进行武装斗争,后来武装斗争失败。格瓦拉在 1967 年 10 月的战斗中受重伤,被玻利维亚政府军俘获后杀害。格瓦

---

① 舒尔茨:《昨与今》,东方出版社 1991 年版,第 353—356 页。

拉成为在全世界范围内青年人心目中富有革命浪漫主义色彩和牺牲精神的革命偶像，他在拉丁美洲各国产生了很大的影响。[①]

在巴西，具有左倾思想的若奥·古拉特在 1960 年当选为副总统，1961 年担任总统。他实施了具有左倾色彩的政策。在他执政期间，受古巴革命影响要求进行土地改革的农民组织在巴西东北部纷纷出现。1964 年古拉特在一次军事政变中被赶下台。[②]

1968 年 9 月，国际奥林匹克运动会前夕，墨西哥爆发了猛烈的学生示威运动，学生宣布停课并占领了墨西哥大学。10 月 2 日，军队进行镇压，千余名教授和知识分子被捕，其中有 200 余人被长期关押而未审讯。1970 年 11 月，墨西哥当局不顾要求赦免学生的舆论，判处其中 68 人 3 年至 17 年的有期徒刑。1969 年 9 月至 12 月，墨西哥学生骚乱再次掀起，不时发生向政府机构扔炸弹的事件，政府进行了大规模的逮捕。

在巴拿马，1961 年 10 月 1 日，恰里总统向美国要求修订巴拿马运河条约，给巴拿马以运河区的主权。1964 年 1 月，在运河区由于悬挂巴拿马国旗问题发生骚乱。1 月 10 日，巴拿马政府宣布与美国断交，并宣布废除巴拿马运河条约。1964 年 5 月 10 日，主张对美采取强硬政策的马科·罗夫莱斯获得大多数选票当选为巴拿马总统。1965 年 9 月至 1967 年 6 月，美国和巴拿马进行缔结新协定的谈判，最后达成的条约草案规定，废除 1903 年的巴拿马运河条约，承认巴

[①] 皮埃尔·卡尔丰：《切·埃内斯托·格瓦拉传：一个世纪的传奇》，太白文艺出版社 1999 年版。
[②] 此以下对第三世界民族解放运动和革命运动的概述，根据斯塔夫里亚诺斯著的《全球分裂：第三世界的历史进程》和威廉·兰格主编的《世界史编年手册·现代部分》（生活·读书·新知三联书店 1978 年版）编写。

拿马对运河区拥有主权，并有参与运河管理的权利，但是承认美国有运河的防御和在巴拿马运河旁修筑第二条运河的权利。1970年9月1日，巴拿马拒绝了1967年美巴条约草案，理由是巴拿马没有取得控制运河的权利。

在非洲，有一批国家在20世纪60年代通过民族运动从殖民宗主国统治下获得独立。1957年，在以恩克鲁玛为首的人民大会党的努力下，加纳首先获得独立。在加纳独立以后的10年间，非洲有32个国家取得了独立。1960年，拥有3500万人口的尼日利亚这个当时非洲人口最多的国家获得独立。随后，英属西非殖民地塞拉利昂和冈比亚分别于1961年和1963年获得独立。1958年，法国殖民地塞内加尔和法属苏丹（马里）在法兰西共同体内获得完全独立。以后，象牙海岸、尼日尔、达荷美和上沃尔特获得独立。到1960年底，法属西非和法属赤道所有前殖民地都获得独立。1960年8月，乍得共和国获得独立，但仍留在法兰西共同体内。1960年10月，尼日利亚获得完全独立，1963年10月宣布成立共和国。1960年8月，中非共和国宣布从法国统治下获得独立。1960年1月1日，法属喀麦隆成为独立的共和国。1960年，加蓬从法兰西共同体内的自治成员国转而成为独立共和国。1960年4月，刚果共和国（布拉柴维尔）宣布脱离法国独立。1959年，比属刚果提出独立的要求。1960年6月，比属刚果成为独立的刚果共和国，卢蒙巴任总理。同年，陆军司令蒙博托上校接管了刚果政府，逮捕并杀害了卢蒙巴。而在安哥拉，1961年2月，在安哥拉民族解放阵线领导下爆发了起义，随后展开了漫长的争取民族解放的武装斗争。1964年，莫桑比克爆发了由莫桑比克解放阵线领导的武装斗争。在北罗得西亚（"赞比亚"旧称），1964年1月卡翁达领导的民族独立党在选举中获得巨大胜利，卡翁达担任了国家的首任总理。同年10月，赞比亚独立，卡翁达担任首任总统。1962年11月，马拉维（尼噶萨兰）获得在英联邦内自治。1964年7月，成为英联邦内的独立国家。1966年7月，马拉维废除君主制，建立共和国。1966年，博茨瓦纳成为英联邦内的独立共和国。在东非，1961年12月，坦噶尼喀成为英联邦内独立的君主国。1964年4月，桑给巴尔与坦噶尼喀合并，成立坦桑尼亚联合共和国，并在1967年2月发表"阿鲁沙宣言"，确立了坦桑尼亚式的社会主义原则，在国内实行国有化措施。在肯尼亚，1952年至1956年爆发了反对白人殖民者的"茅茅"起义。1963年5月，肯雅塔领导的肯尼亚非洲民族联盟党在选举中获胜，建立自治政府，肯雅塔担任总理。1964年12月肯尼亚宣布成为共和国。在苏丹，1956年宣布独立后，1969年5月下级军官尼迈里发动政变，建立了民主的社会主义共和国，有几名共产党人入阁担任了部长。1960年，索马里成立共和国。1963年5月，30个非洲国家的领导人在亚的斯亚贝巴举行会议，签署了非洲统一组织宪章。1963年10月，英属殖民地冈比亚获得完全的自治权。1965年2月冈比亚成为英王属下的独立的立宪君主国，1970年冈比亚宣布建立共和国，但仍留在英联邦内。

　　第三世界的民族运动和革命运动在"冷战"的格局下引起了美国政府和其他西方资产阶级国家政府的恐慌。帝国主义国家的政策向右急转。如马尔库塞评述道："西方世界达到了一个新的发展阶段，今天，为了保护资本主义制度，需要把内部的反革命和外部的反革命都组织起来。反革命最极端的表现形式就是继续施行纳粹政权的暴行。在印度支那、印度尼西亚、刚果、尼日利亚、巴基斯坦以及苏丹，进行了可怕的屠杀，这场屠杀或是针对所有被称作'共产主义'的东西，或者是针对所有反对为帝国主义国家效劳的政府的活动。在法西斯和军人专制的拉丁美洲国家里,进行着残酷的迫害活动。酷刑成了世界各国常用的'审讯'手段。宗教战争的痛苦在西方文明的高度上重新恢复,武器源源不断地从富裕国家涌向贫穷国家,被用来镇压民族解放运动和社会解放运动,哪里爆发了穷人的反抗,哪里就有大学生奋起反抗士兵和警察。成百上千的大学生被残杀,被炸弹炸死,或投入囹圄。在墨西哥的街道上,300名大学生被驱赶,被杀害,从而揭开了奥林匹克运动会的序幕……"[1] 第三世界民族运动和革命运动引起的美国和其他一些国家的镇压和反动政策,则与第三世界的民族解放运动及革命斗争起着同样的作用,它们激起了学生青年对西方资本主义制度和当权政府的反动政策更强烈的不满和反抗。

第三节 社会主义运动的分裂、左倾思潮的传播和"新左派"运动的兴起

20世纪60年代西方学生运动与之前的西方历史上出现过的自由主义学生运动有很大的不同。它表现在,60年代的学生运动在许多国家都受到马克思主义和其他流派的社会主义思潮的影响,因而有很强的理论色彩和思想性。这种现象表明,第二次世界大战以后,马克思主义和其他社会主义思想的传播加强了,这种现象尤其出现在西方知识分子当中。这也说明了当代批判资本主义制度的思潮和运动必然与马克思主义发生联系。

在20世纪60年代西方学生运动中很有影响的"新左派"思潮

---

[1] 马尔库塞:《反革命和造反》,载马尔库塞等:《工业社会和新左派》,商务印书馆1982年版,第80页。

是共产主义运动在大分化、大改组的特定环境中的产物。它并非二战前后的共产主义运动的直接继承和照搬。"新左派"是对国际共产主义运动和本国共产党活动的经验及教训做反思的过程，是在20世纪50年代末60年代初国际共产主义运动内部激烈的论战背景下产生的政治思潮和政治派别。"新左派"思潮在西方各国存在着一定的差别。"新左派"在本国的活动中，组织上与追随苏共的本国共产党相分离。欧美在20世纪50年代中后期出现的"新左派"运动，在理论上和政治倾向上尚待进一步加以研究和讨论。本书在此仅就"新左派"的若干理论特征及其对西方学生运动的影响稍作叙述。此外，也对在此范围之外的对学生运动有较大影响的其他左倾思潮做些介绍。

第二次世界大战结束以后，各国共产党人在如何对待资本主义制度、如何看待从资本主义社会向共产主义社会过渡的问题、对于世界的战争与和平问题及由此而来的与美国的关系问题，以及如何处理党内路线和思想斗争问题，如何处理党与党、国与国之间的关系问题，存在着很大的分歧。在实践中，各国共产党有成功的经验，也出现过不少失误和偏差。到了20世纪50年代中期，分歧逐渐暴露，国际共产主义运动内部的争论也公开化了。

1956年2月14日至25日，苏联共产党召开了第二十次全国代表大会。苏共中央第一书记赫鲁晓夫在大会上所作的工作报告中，提出了要"坚决反对和列宁主义不相容的个人崇拜"，要恢复通常遭到破坏的党的生活的集体领导的原则。会议期间，赫鲁晓夫作了《关于个人崇拜及其后果》的报告（即通常所说的"秘密报告"）。这个报告没有对斯大林进行全面的评价，但揭露了斯大林的个人崇拜及其严重后果。"秘密报告"披露了大量材料，揭露了斯大林在党内残酷斗争，逮捕和打击了党的十七次全国代表大会选出的将近2/3的中央委员、候补委员和超过半数的十七大代表;揭露了斯大林不遵守集体领导的原则,使自己凌驾于党之上,大搞个人崇拜的错误。报告把斯大林谴责为"暴君",揭露了苏联政治体制存在的严重问题,二十大通过了关于这一报告的决议。赫鲁晓夫在苏共二十大的"秘密报告",第一次把一个在社会主义阵营中和各国共产党中,处于重要地位的政党在其执政过程中党内生活和国家政治生活中出现的严重弊病和错误揭露出来。这极大地震动了欧美各国的共产党人和社会主义国家,仿佛发生了一场大地震。[1]1956年6月在波兰的波兹南发生了罢工、游行示威和骚乱。同年10月到11月,在匈牙利的布达佩斯发生了罢工、游行示威和骚乱。之后,苏军出兵镇压骚乱,这也引起了欧洲一些共产党人的议论。

在20世纪60年代西方活跃的另一种左翼思潮是托洛茨基主义。托洛茨基主义早先是20世纪20年代苏联共产党内的一个左翼反对派,在1923—1933年间,它是共产国际中的一个派别。它坚持"不断革命论",反对列宁关于共产主义可以首先在一国或数国建成的理论,认为社会主义革命只有在欧洲国家同时发生才能取得胜利,而该派却宣称自己"代表世界无产阶级的历史性的根本利益"[2]。到了20世纪30年代希特勒德国法西斯主义兴起时,托洛茨基派一方面展开了反对法西斯主义的斗争,主张保卫苏联;另一方面又认为斯大林主义是一种独一无二的官僚主义化的形式,应当加以批判。[3]1938年,托洛茨基派召开国际会议,成立第四国际。托洛茨基提出了作为第四国

---

[1] 《赫鲁晓夫回忆录》,东方出版社1997年版,第749—808页。陈之骅主编:《苏联史纲(1953—1964)》,人民出版社1996年版,第47—67页。
[2] 皮埃尔·弗朗克:《第四国际》,商务印书馆1981年版,第16—17页。
[3] 同上书,第110页。

际政治基础的《过渡纲领》。这份文件说:"我们要求所有依靠工农并以他们名义说话的政党和组织与资产阶级在政治上决裂,并走上为工农的政权而斗争的道路。我们在这个斗争中将给予他们全力支持以反对资本主义反动派。同时,我们坚持不懈地宣传过渡的要求,并认为这些要求应成为'工农政府'的纲领。"① 1948年4月至5月,托洛茨基运动召开第二次世界代表大会,确认苏联是"蜕化变质的工人国家"。1951年召开了托洛茨基主义运动第三次世界代表大会,它认为中国革命的胜利使世界总的力量发生了不利于世界资本主义而有利于社会主义事业的变化。当20世纪50年代末60年代初,中苏两党公开论战展开后,第四国际有保留地支持了中国共产党的立场,认为中国共产党关于殖民地革命、和平道路和议会道路、和平共处等基本问题上的立场与苏联人相比是进步的。② 在美国侵越战争爆发后,1965年12月,托洛茨基派召开的第四国际代表大会强调:"必须用社会主义革命的世界性战略去反对帝国主义的全球性战略。"它呼吁全世界的劳动者发挥作用,对自称为社会主义的国家的领袖施加压力,"结成牢不可破的反帝统一战线,给帝国主义以猛烈的打击,迫使其让步"③。托洛茨基主义者在西欧首先发动了几次支持越南人民抗美救国战争的示威,其中包括于1968年10月27日在伦敦组织了10万人的示威大游行。该派在反战运动中走在前列。④ 托洛茨基主义者认为,"战后西欧出现了革命高潮","工人的态度是由许多力量决定的,生活标准的绝对水平不过是其中的一个起决定性作用的力量而已"。他

---

① 皮埃尔·弗朗克:《第四国际》,第76页。
② 同上书,第91页。
③ 同上书,第109页。
④ 同上书,第114—115页。

们认为，如果说无产阶级在处境悲惨的状况下的某些优秀品质已经消失，"他们身上却出现了另外一些新的优秀品质"。在当代西方社会结构中，"西方无产阶级获得了更高的生活水平和文化水平"，"从技术上说，现代的西方工人有把握地实行社会主义的自觉的能力已比他们的父辈或祖父辈要强得多，他们更强烈地感到有必要在生产过程中自觉地发挥领导作用"[1]。托洛茨基主义者在策略上表现出过高估计革命形势的成熟，不切实际地主张和鼓吹采取暴烈的革命斗争手段；在20世纪60年代，托洛茨基主义者则有过高地估计学生造反运动革命性的倾向。

托洛茨基派不仅有国际性的联合组织，在欧美各国也有一国范围内的组织，甚至在一个国家中有几个托派组织。例如在法国，1930年建立了"共产主义同盟"，它持反对"人民阵线"的态度。1936年建立了"国际主义共产党"和"革命工人党"。到20世纪30年代末形成了"工人和农民社会主义党""国际共产主义同盟"和"第四国际法国委员会"几个托派团体。1944—1952年法国有两个托派组织，一个是"国际主义共产党"，另一个是"国际共产主义同盟"。而1952—1968年，法国有三个托派组织，这就是皮埃尔·弗朗克领导的"国际主义共产党"，皮埃尔·朗贝尔领导的"国际共产主义组织"和巴塔创立的"国际共产主义同盟"。[2]

托洛茨基主义在20世纪60年代对于学生运动中革命情绪的形成产生了一定的影响。但是，托洛茨基主义者在学生运动中表现为自身作为一种宗派主义特征明显的小团体的活动，没有形成群众性的学生

---

[1] 皮埃尔·弗朗克：《第四国际》，第160页。
[2] 贝尔登·菲尔登：《托洛茨基主义和毛泽东思想在法国和美国的理论与实践》，第41—49页。

组织。[①]

此外,"西方马克思主义"、卡斯特罗和切·格瓦拉的思想和形象、胡志明的思想,都对 20 世纪 60 年代西方学生运动中的激进学生产生了极大的影响。

在上述诸种左翼社会主义思潮的影响下,同时,在反对当时一些资本主义国家的共产党人倡导的走议会合法斗争道路的"欧洲共产主义"路线的斗争中,在欧美各主要资本主义国家发达资本主义条件下,形成了"新左派"思潮和运动。[②] 20 世纪 60 年代西方学生运动从广义上说,属于新左派运动的一种表现或一个部分。下面对新左派运动的理论稍做介绍。

"新左派"指的是不同于"老左派"的左翼政治派别。"老左派"指的是以欧美各国老的共产党为代表的政治力量。而"新左派"一般说来不像"老左派"那样具有政党组织的形式,他们或是作为学生组织的核心力量,或是以某种左翼刊物为阵地和核心的松散的群体,也可以说,"新左派"没有明确固定的组织形式。因此,有的学者认为,这两个派别的差别通过其见解、特质和风格表现出来。[③]

[①] 贝尔登·菲尔登:《托洛茨基主义和毛泽东思想在法国和美国的理论与实践》,第 118—119 页,注 1。并参见施纳普、维达尔·纳凯:《1967 年 11 月到 1968 年 6 月的法国学生起义》,波士顿 1971 年版,第Ⅳ章。

[②] 对于新左派运动,目前已出版了较为详尽的研究性著作。其中有威杰里的《英国的左派:1956—1968 年》,企鹅丛书 1976 年版 (D. Widgery, *The Left in Britain 1956-68*, Penguin, 1976)。马西莫·特奥多里主编的《新左派:文献史》,纽约 1969 年版 (Massimo Teodori, ed, *The New Left: A Documentary History*, New York, 1969)。奈杰尔·扬的《幼稚的骚乱? 新左派的危机和衰落》(Nigel young, *An Infantile Disorder? The Crisis and Dedine of the New Left*, Routledge & Kegan Paul, 1977)。林春的《英国新左派》(Lin Chun, *The British New Left*, Edinburgh U. P., 1993)等。

[③] 戴维·考蒂:《68 年:街垒战之年》,伦敦 1988 年版,第 20 页。

欧美各国的"老左派"在大多数欧美国家采取了合法的议会活动路线。"老左派"承认现代资本主义国家、总体国家经济和中央集权化不可避免,赞成在资本主义社会中实行国有化。"老左派"发表纲领、计划和宣言,提出编纂好的治国方略。而"新左派"对资本主义国家持挑战或怀疑态度。他们反对议会道路,否认政治经济权力的集中化,主张凭借直接斗争的经验和直接行动来解决问题。"新左派"最基本的特点是它反对资本主义国家权力和政党,对官僚和代议制政府表示不信任。"新左派"要求不仅在大学中,而且在广泛的社会各阶层实行分享民主制,这种见解带有卢梭思想和半无政府主义思想的痕迹。因此"老左派"批评"新左派"有乌托邦倾向,追求权力但不负责任。

"老左派"表示接受和肯定工业社会和技术进步给每个人带来的较好的生产条件和更多的商品;而新左派则斥责资本主义工业化的异化作用,用生态学、反文化意识来反对奴虐人的工业技术进步。"老左派"认为,社会中存在技术和权力精英是实际情况,表示愿意接受;但"新左派"则对此加以谴责,他们指出,权力和特权不可避免要走向腐败。

在左翼政治组织的组织原则上,"新左派"和"老左派"存在较大的分歧。"老左派"坚持列宁主义的集中化组织原则,而"新左派"则主张组织结构和行动的非集中化和多样性。"新左派"主张在各个层次组织中实行自治的管理方法,而不赞成以代表制为基础的集权制;"新左派"主张取消制度化的官僚机构,以及取消政党和政治组织的领袖和决策执行人之间的政治职能分工;"新左派"在组织原则上还谴责"老左派"政党组织的关门主义。① 例如,1965 年美国的

---

① 马西莫·特奥多里:《新左派:文献史》,纽约 1969 年版,第 36—37 页。

《左派研究》杂志曾就是否要建立一个"激进派中心"一事展开辩论。学生运动活动家的代表认为,有必要按照基层民主制的形式发动运动;另一种意见认为,要把来自不同社会阶级和团体的运动参加者联合起来。但双方都不赞成建立一个先锋队政党和实行列宁主张的民主集中制。[1]

"新左派"和"老左派"对左翼组织的阶级基础和依靠对象的问题也有不同的看法。一般说来,"老左派"政治活动的中心是积极参加介入工会的会议,在财政上支持工人工会的活动,强调产业工人作为无产阶级的领导作用,而对产业工会组织政治上的温和性不加批评。他们坚持经典马克思主义对资本主义社会阶级关系早先的分析结论,而对学生和管理人员、知识分子这些力量在资本主义社会中的作用很少关心,他们习惯用老的阶级观念来看待社会冲突。而"新左派"运动在构成上本身不同于"老左派"。例如,英国的"新左派"中,有着牛津大学、剑桥大学自由职业者的成分,他们不仅注意工人阶级的力量,同时又吸收了19世纪激进主义传统。左翼知识分子是"新左派"运动一个重要的基础,知识分子在新左派运动中甚至占据主要地位。因此,有人评论说:"新左派的思想内容主要是'知识分子'的东西。"[2]

关于"新左派"以知识分子为主体的事实,引起了在评价"新左派"和学生运动时完全不同的结论。哈贝尔马斯认为,学生抗议者几乎全是资产阶级青年,他们既不代表工人阶级也不代表黑人和发展中国家,不过是热衷于按自己的信念活动。他们不重视资产阶级的宪

---

[1] 马西莫·特奥多里:《新左派:文献史》,第53页。
[2] 林春:《英国新左派》,爱丁堡大学出版社1993年版,第18页。马尔库塞:《反革命和造反》,载《工业社会和新左派》,第105页。

政和权利,忽视过去取得的成绩,只是有效地吸收了所有反对派的力量。"所以,我们在这里看到的是第一次资产阶级反对资产阶级社会原则的造反,根据它自己的标准,它几乎成功地起了这种作用。"①然而,拉波鲍特以美国的状况为"新左派"运动这一特点辩护。他写道:"新左派以知识分子为主体,这并不偶然。因为在美国,'新左派'是唯一严肃地研究意识形态问题的组织,'新左派'代表了知识分子的阶级利益。""美国知识分子所持的批判地考察人民生活的态度和责任,使他们与美国统治集团发生了冲突。在这个过程中,形成了知识分子集体的觉悟,知识分子集中在大学,他们影响到美国青年拒绝适应现有的社会结构和服从统治集团,对统治集团表示不信任。"②

"新左派"同时注意到战后西方产业工人工会和白领工会的政治性和斗争性减弱的事实,主张对阶级关系做出新的分析和解释。"新左派"在解释阶级冲突时,把目光转向更广阔的世界范围内第三世界和帝国主义国家之间的冲突问题以及种族歧视问题,关心第三世界的革命运动。③ 马尔库塞甚至认为:"在大多数工人阶级身上,我们看到的是不革命的,甚至是反革命的意识占着统治地位。当然,革命的意识只有在革命的形势下才会显示出来,但是和以前相反,工人阶级在社会中的一般地位和革命意识的发展是相对立的。工人阶级的绝大部分被资本主义社会所同化,这并不是一种表面现象,而是扎根于基础,扎根于垄断资本的政治经济之中,宗主国的工人阶级从超额利润、新殖民主义的剥削、军火和政府的巨额津贴中分得好处。工人阶

---

① 戴维·考蒂:《68年:街垒战之年》,第21页。
② 拉波鲍特:《知识分子的阶级利益以及和统治集团的关系》,载《工业社会和新左派》,第37—38页。
③ 戴维·考蒂:《68年:街垒战之年》,第21页。

级失去的将不只是他们的锁链,这一点虽然是微不足道的,但却是真实的。"[①] 马尔库塞还分析说:"概念的物化造成对垄断资本的阶级结构进行错误的分析。激进的思想意识常常屈从于对工人阶级的崇拜,这是一种新的商品拜物教(劳动力最终是一种商品)。"[②]

第四节 学生运动发生的文化环境

20世纪60年代在西方文化史上是一个特殊的时期。在西方政治社会从50年代反共的反动气氛中解脱出来之后,西方世界在20世纪60年代出现了活跃的、多样化的、斑斓的青年文化。这种青年文化在某种程度上具有对现有资本主义习惯和伦理道德的反叛精神,它也具有某种明显的颓废的和消极反抗的情调,它反映了青年一代对虚伪的资本主义的失望和潜在的不满。

20世纪60年代西方的青年文化含有多样化的思想线索和不同的成分。它既包含了20世纪40年代和50年代"垮掉的一代"的余波、对摇滚乐等流行音乐的迷恋、性关系问题上观念的解放,又包含了社会观上的理想主义与乌托邦、各种反对现存体制的思想、政治上关于自治和参与民主制的渴望等。这些青年文化及思想既为20世纪60年代大规模学生运动提供了发生的背景和土壤,又为学生运动提供了某些活动形式。

美国在20世纪40年代和50年代出现的"垮掉的一代"所代表的思潮,在60年代仍然影响着欧美各国的青年学生们。以艾伦·金

---

① 马尔库塞:《反革命和造反》,载《工业社会和新左派》,第84页。
② 同上文,第110页。

斯伯格、杰克·克鲁阿克、威廉·罗伯斯等为主要代表的现代文学人团体诉诸自我意识的浪漫冲动,对压抑人的资本主义社会的抨击、不满和惘然,那种孤独和受压抑的情绪,继续影响着60年代的学生青年。他们接受和承认一切非正统的、非教条的道德,给60年代的青年学生以启迪。在新的社会历史环境中,"垮掉的一代"的作家们也发生了变化,他们加入了反战政治斗争。在20世纪60年代特定的反对美国的越战政策的背景下,与"垮掉的一代"相似的青年文化发展起来。1965年6月,英国伦敦举办了为期6天的诗歌节,美国"垮掉的一代"诗人艾伦·金斯伯格来到了伦敦,有7000多名观众参加了在阿尔伯特大厦举办的诗歌朗诵会,会上,荷兰诗人西蒙·文克若格朗诵了反对越战的诗篇,随后是霍洛维兹和彼特·布朗的朗诵。劳伦斯·费林格蒂号召进行国际性交流,受到与会者的欢呼。艾伦·金斯伯格则到会朗诵了俄国诗人的作品。[1] 艾伦·金斯伯格在1965年加州伯克利的"越南抗议日"之际,写下了题为"如何组织一场进军场面"的文章,在文中他建议说:"拿着鲜花的群众——一种看得见的奇观——特别要集中在前排。无论何时可以用作建立街垒,用于防范地狱的守护神、警察、政治家以及报界和旁观者。还有游行示威结束时,要求游行群众自己带上花。前排应当组织起来并预先准备花。前排应当由心理上不那么脆弱的群体组成。由争取和平的妇女或受人尊敬的组织,或者由诗人、艺术家、母亲、全家、教授排成一行,这应当事先公开宣布。""游行队伍应当带十字架,它应当由前排举着,

---

[1] 罗纳德·弗雷泽:《1968年:反叛的一代学生》,查托和温达斯出版社1988年版,第110页;封丹:《1966—1974年伦敦变化的地下出版物》,劳特利奇出版社1988年版,第17—18页。

以防暴力袭击。"① 这篇文章于 1966 年 1 月发表在《解放》上。在诗人金斯伯格的这篇文章中，看不到消极和颓废情绪，他简直就是一个充满激情和谋略的反对越战的直接领导示威的政治家。

另一位参加了 20 世纪 50 年代"垮掉的一代"活动全过程的美国诗人黛安·迪·普莱马在 1968 年 4 月开始写作她自己的《革命书信》。在书信中，她号召进行"取消历史和文明的总体革命"。她在诗中写道：

> 去参加友爱大聚会
> 带着香烟、花朵、食品和一只塑料袋
> 装上一块湿布以防催泪瓦斯，不要带
> 珠宝饰物
> 穿着有助你动作敏捷的衣物……
>
> 当你们占领了哥伦比亚，当你们
> 占领了巴黎，控制了媒体
> 告诉人民，你们正在做什么
> 你们在忙什么，以及你们这样做
> 意味着什么和如何去做
> 他们如何帮助〔你们〕
> 使消息源源不断地持续到来……②

在整个 20 世纪 60 年代西方学生运动中，无论在美国或是在英

---

① 马西莫·特奥多里：《新左派：文献史》，第 372 页。
② 马西莫·特奥多里：《新左派：文献史》，第 367—369 页。

国,嬉皮士和学生抗议运动的参加者一般说来彼此间能够相互接纳,并且同心协力反对共同的敌人。但是,学生运动中那些有政治信仰的极左派与嬉皮士运动则保持一定的距离。当年伦敦政治经济学院社会学系学生,后来成为托派"国际社会主义者"组织活动分子的约翰·罗斯回忆说:"伦敦政治经济学院的一些国际社会主义者对待嬉皮士的全部活动非常严厉。"[1]

在20世纪60年代青年文化发展的过程中,音乐占有重要的地位。20世纪50年代出现的摇滚乐,原本属于贫穷黑人的音乐,现在却成了西方世界各国白人青少年共同热衷的音乐。人们把60年代的音乐称作"一代人共同的语言","没有民族疆界的通用的语言","一种国际性的语言"。[2]

摇滚乐对于传统来说是一种反叛的音乐。当年生活在波士顿郊区富裕的布鲁克林地区的学生戴维·吉尔伯特回忆说:"摇滚乐是一种使青年人兴奋,产生性要求并且使之精神抖擞的音乐。由于我和音乐融成一体,它使我感到置身于黑人之中。"当年英国学生米克·戈尔德说:"当披头士开始写作他们的歌曲时,事情发生了变化","青年人开始投身于这个过程","始终有一种欢欣的乌托邦的氛围,在音乐中产生一种理想主义的情绪。音乐起了一种传递工具的作用,它传播了关于社会和政治价值的观念"。另一位英国青年戴维·费恩巴赫回忆说:"摇滚乐成为一种全新的生活方式。它表达了一种基本的渴望,即按照能使我们欢愉的方式,来过我们的生活。"滚石音乐被许多青年人看作他们感情的真正表达。流行音乐改变了西方青年一代的

---

[1] 罗纳德·弗雷泽:《1968年:反叛的一代学生》,第110页。
[2] 同上书,第263页。

生活和交往方式，以前他们基本上是独自孤零零地生活着，而流行音乐作为一种媒介，使青年人彼此间有更多的交往。[1]1963年在巴黎举办的法国流行歌手参加的音乐会吸引了100000名青年人，是预期人数的10倍。流行音乐给未来的青年活动分子一种新的体验，他们对旧秩序和戴高乐表示厌倦，纷纷转向左倾。一个当年的高级中学学生安德烈·洛特回忆说："我们向左转的一个原因在于，戴高乐主义喋喋不休谈论的那些，如民族的独立、独立的核威慑力量的重要性、宪政的作用等，对我们来说是完全陌生的东西，我们这一代人中任何一个人对这些事情都绝对不感兴趣。"[2] 在美国摇滚乐的影响下，在英格兰社会的中下层出现了众多的摇滚乐团体，其中一个组合便自称"垮掉的一代"。1960年这个组合到德国汉堡进行了成功的演出，1961年这个团体成了利物浦乃至英格兰最著名的摇滚乐团体。1964年2月，这个团体第一次到美国演出。[3]

　　美国教育工作者约翰·F.斯科特在1967—1968年学生运动高峰时期，研究了马萨诸塞州电台青年节目中播放的流行音乐和抒情音乐作品。他把这些音乐分为10个主题，并研究了它们与20世纪50年代音乐的不同之处。他指出，20世纪60年代的音乐更多地涉及性问题；涉及吸毒；对伪善的现存秩序表示拒绝；与老一代对私通特别厌恶的态度相反，青年人要求彻底的自由；透彻地描述了社会中的消极方面；对于与成年人交流感到无能为力；表现出孤独和忧伤；恋爱超越了种族界限；反战和反暴力；要求自由地结束学校生活；对于青年人很快就要对其负起责任的世界感到茫然。斯科特在这些流行音乐

---

[1]　罗纳德·弗雷泽：《1968年：反叛的一代学生》，第65页。
[2]　同上书，第74页。
[3]　克劳斯·梅纳特：《懵懂的年轻人》，纽约-斯坦福1975年版，第257页。

中发现了新的道德内容,即"与他们前辈的温文尔雅和社会束缚相比,摇滚一代倡导与生活的直接对抗,而不管结果是生还是死、是被剥夺还是安逸享受、是得救还是毁灭。他们贬低有组织的人和他们的物质要求,并使他们自己干预生活、贫穷、性和任何社会生活方面的问题。"①

1972—1973 年,在德国,对大部分年龄在 14—24 岁的 2500 名青年人进行了调查,问及他们对摇滚乐的态度。在他们参加摇滚音乐会的原因中,没有人提到政治原因,较为频繁的一种回答是:"因为我在一场活泼的音乐会中能更好地判断这个团体的质量",另一种回答是:"因为重要的是去判断一个团体的表现、外观和艺术特征。"②人们对摇滚乐的作用有着不同的评价。

到 20 世纪 60 年代,由于对资本主义社会生活方式的不满,同时由于社会主义运动总的来说在西方产生了较大的影响,西方青年进行了各种类型的乌托邦试验。在美国嬉皮士运动中,创立了大批的"公社"。那些生活在旧金山及其他地区的青年人邀集志趣相投者组成一些小团体,有的称作"公社",有的则称作"部落""家庭""窝巢"。到 1970 年,美国青年公社的数目在 2000—3000 个之间。其成员有的是流浪者,有的是受当局迫害者,有的则是自我逃避城市者。他们认为,公社会照顾一切需要照顾的人,包括父母和儿童。公社可以向他们提供一种简朴同时又是轻松的生活,而不需要他们承担责任,他们中有的人则是希望在他们被成年人的生活束缚之前,延长他们的青春期生活。③在美国田纳西州的西部,1968 年建起了一个"农场",

---

① 克劳斯·梅纳特:《懵懂的年轻人》,第 263 页。
② 同上书,第 264 页。
③ 同上书,第 224 页。

有 600 名左右成年人定居在那里。他们中多数人放弃了自己的专业和事业，来此地心甘情愿地过一种贫穷生活。他们吃的是大豆，每天清晨 4 点半起床，按照古朴的号角声去上工，他们在婚姻生活上十分严格，每个人在性问题上都反对婚前性关系和婚外性关系。在这个农场上，儿童完全社会化了，他们靠自己的力量成长起来，人们评论说，他们是"曾经看到过的行为最端正、最负责任的儿童"[①]。

1967 年初在联邦德国，第一公社和第二公社在西柏林出现了，其中尤以第二公社最为著名。第二公社的宗旨是"对资产阶级个人实行革命"，这也是第二公社的成员撰写的关于该公社的报告的副标题。参加这个公社的所有青年人都属资产阶级的后代，他们希望通过公社生活，成为真正的革命者，即"把我们自己完全献身于对资产阶级个人的革命"。

当时联邦德国的青年对待问题非常认真，他们非常希望能很好地解决他们个人遇到的问题或家庭的问题。参加第二公社的青年中有很多人希望在公社里能克服在外部社会中出现的人与人之间的隔膜，希望公社成员相互间可以就他们精神上的困惑讨论任何问题，希望在这里得到从未有过的内心的自由释放。他们对第二公社期望很高，但他们未能如愿。相互间无休止的谈话并没有解决他们精神上存在的问题，在生活上，公社社员的子女得到了很好的食品，社员们自己没有取得昂贵商品的欲望。但公社的住房十分肮脏，卫生间堆满了污物而无法使用。由于第二公社有许多问题无法解决，所以在它的报告中表示出极大的失望。在第二公社留下的一份题为"公社为什么失败"的报告中，列举了三个原因：第一，公社社员在他们决定聚合在一起之

---

① 克劳斯·梅纳特：《懵懂的年轻人》，第 231 页。

前，未能弄清楚通过他们的经验希望得到什么；第二，他们未能找到一种机制以使群体重视集体的目标；第三，他们面对新的形势产生顿悟，但他们无力改变公社的目标。① 当时在联邦德国的城市中，公社多达 10000 个。②

　　苏维埃是俄国在民主革命和社会主义革命过程中创造的工人士兵组织和革命政权组织形式。这种革命组织形式影响了 20 世纪 60 年代学生运动。喀琅施塔得苏维埃是当年俄国苏维埃的一个组织。1971 年西柏林的一批激进学生也把自己的组织称为"喀琅施塔得大会"，他们重复着 60 年前喀琅施塔得起义军的口号。他们说："列宁曾说过共产主义是苏维埃政权加电气化，但是人们已经发现，布尔什维克的共产主义意味着被政治委员统治……"他们宣布："对我们来说，喀琅施塔得不是历史，而是未来的榜样。"③

　　政治乌托邦同样在美国游荡，一些革命团体提出了在当时美国完全不切实际的口号。1970 年 9 月在费城召开了"革命人民宪政大会"。大会文件中提出了"一切权力归人民"的口号。大会文件中提出："我们要求立即消灭小气、卖淫、大宗敲诈、投机、服用兴奋剂、销赃、高利贷、性别歧视、强奸、偷窃、扒窃、行贿、集体贪污等。"④ 在社会生活上，"我们要求邻近地区所有居民可以得到免费的分散的医疗关怀和医疗信息"，"以革命的方式满足他们日常健康需要"。"我们要求建立免费的相互联系的社区食品合作社来收集、交

---

① 　克劳斯·梅纳特：《懵懂的年轻人》，第 233—235 页。
② 　同上书，第 236 页。
③ 　同上书，第 333 页。
④ 　乔治·卡茨阿菲尤斯：《新左派的创造力：1968 年全球分析》，绍森德出版社 1987 年版，第 267 页。

换、贮藏、分配和供给食品,烹调设施,以满足团体的需要。""我们要求社区控制衣物的生产原料,并且适当地分发衣物,以满足居民的需要。""我们要求通过建造适当的适合低收入者的住所,以取代破旧的房屋。"文件最后指出:"这个资本主义国家是由一小批统治者所控制,他们利用沙文主义和种族主义来对待、控制和压迫人民群众,以满足他们自己贪婪的谋利目的。""我们将要建立一个给予所有人民以充分的创造性的没有剥削的生活的社会主义制度。"[①]"革命人民宪政大会"在其口号中把克服资本主义社会一般的枝节性的弊病,免费向社会成员发放和供应衣物、食品,与建立一个没有剥削的社会制度的要求混杂在一起。

在20世纪60年代,西方学生把自由主义和社会主义混杂在一起,提出了参与民主制的政治理想。美国"争取民主社会学生组织"在《休伦港声明》中提出:"我们寻求一种民主的个人参与的社会体制,它由两个中心目标主宰着:个人参与决定在生活质量和倾向的社会决策,社会应当组织起来鼓励人的独立性并为他们的共同参与提供媒介。"[②]美国"新左派"活动家马文·加森说:"当我谈及民主时,我的意思是指多数人的统治。"[③]美国一批"新左派"成员提出了建立一种平行的制度或反团体的设想,这种反团体不理睬现存的制度。他们还设想建立一个"没有代表权的人民的议会"作为美国民主制度的组成部分。法国学生中的左派、情景主义者和无政府主义者,设想出一种超民主的"工人委员会"来取代资本主义国家官僚式的管理

[①] 乔治·卡茨阿菲尤斯:《新左派的创造力:1968年全球分析》,绍森德出版社1987年版,第269页。

[②] 马西莫·特奥多里:《新左派:文献史》,第50—51页。

[③] 同上书,第383页。

机构。意大利的学生则宣传"工人自治"。联邦德国学生运动领袖鲁迪·杜切克说,要再创造一个1871年的巴黎公社,认为巴黎公社是一个以城市为基础的革命工人委员会。① 几乎在所有国家,学生运动都努力促进一种新的民主或自由的制度,但西方学生运动的这种政治理想不同于苏联式的社会主义制度。《休伦港声明》指出,苏联的制度依赖于对有组织的反对派的镇压,他们反对那种制度。

从20世纪60年代到70年代,西方各国都出现了一批反对现存体制的出版物。在美国,1966年时有5种这类报纸,读者达到50万人。到1970年夏季,激进报业联合组织拥有200种报纸,它们共拥有600万名读者。此外,在高级中学,有500种激进报纸在发行。1969年3月,《黑豹党报》在全国的发行量达3万份。② 20世纪60年代到70年代,英国出版了一大批反对现存体制的报纸,其中有《傻子国际》《黑矮子》《朋友》《墨水》《甘达尔夫的花园》《奥兹》《它》《鼹鼠快报》《交谈》《草圈》《利物浦自由报》《曼彻斯特自由报》《母亲的抱怨》《内部外部》《阿伯丁自由报》《布莱顿之声》等。③ 在1968年1月出版的《奥兹》上,便刊载有意大利记者、无政府主义者安杰罗·夸特罗奇论俄国革命的文章,英国托派威杰里论古巴革命和切·格瓦拉的文章。④ 革命的情绪此时在伦敦的舞台上荡漾着。例如,1964年夏皇家莎士比亚剧团在伦敦上演《马拉之死》时,合唱队吟唱着"马拉,我们很穷,而穷人更穷","马拉并不要我们更久地等

---

① 保罗·伯曼:《两个乌托邦的故事:1968年一代人的政治历程》,诺顿出版公司1996年版,第48页。
② 乔治·卡茨阿菲尤斯:《新左派的创造力:1968年全球分析》,第143页。
③ 封丹:《1966—1974年伦敦变化的地下出版物》,第218页。
④ 同上书,第57页。

待,我们要求我们的权利,而我们并不计较如何去取得它,我们现在就要进行我们的革命"①。这已不像一出历史剧,它简直就是在鼓动革命。

从20世纪50年代开始,西方社会风气已发生了很大的变化。出身于社会上层和中层的男女青年,开始在生活方式上大量模仿都市下层社会的人士,不仅在音乐种类的喜好上,甚至在衣着、语言上都是如此。1965年在法国的女装业中,裤装的产量第一次超过了裙装。英国上流社会的青年男女,纷纷抛弃了原先一张口便可以证明自己高等身份的口音,改用一种接近伦敦工人的语调。上流社会体面的男性和女性,也开始模仿体力劳动者、士兵等行业人士的粗犷口吻,喜欢在说话时带上脏字眼。这样,西方世界上层男女一下子就转向市民风格,自由主义气氛重新抬头。②

社会规范的松弛尤其表现在两性关系上。性解放成了青年学生反对传统习俗和道德规范束缚的一种文化反抗和个性解放的口号。20世纪60年代青年婚前性关系和同性恋变得司空见惯。经济的繁荣和中产阶级家庭收入的提高,使得出身于这个阶层的众多学子开始追求舒适、自由的生活。到了60年代中期,在西方一些大城市里很容易获得避孕丸,大学的医疗中心也向需要它的学生发放避孕丸,这就使得女学生在开放的性生活中不致怀孕而影响学业。当年英国的学生伊丽莎白·泰勒回忆说:"我记得,1966年在我到肯特大学的第一周,我们都去了医疗中心,在那里他们毫无问题地给我们发放避孕丸。""这样就可以真正自由地控制我们自己的身体。"③在美国纽约还

---

① 封丹:《1966—1974年伦敦变化的地下出版物》,第15页。
② 霍布斯鲍姆:《极端的年代:1914—1991年》,第501—502页。
③ 罗纳德·弗雷泽:《1968年:反叛的学生一代》,第67页。

成立了"性自由联盟",它每周举行一次狂欢聚会。1965年8月26日,在学生运动高潮中,"性自由联盟"在加州大学校园中进行了裸体示威游行①,反对大学管理人员对男女学生交往的限制,这不只在一所学校成为学生运动的一个诱因。参加60年代学生运动的青年学生,把骚动不安的青春欲求与政治要求混杂在一起,性、文化和道德的反叛成为革命动荡的合奏曲。

校园中的学子在思想上受到了教师的影响。20世纪60年代,在第三世界革命浪潮冲击影响下的西方大学校园中,马克思、毛泽东和马尔库塞的思想已为广大学子熟知。第三世界革命运动领袖如卡斯特罗、格瓦拉、胡志明的形象已成为青年学生崇拜的偶像。第三世界劳动群众的悲惨状况也深深打动年轻人的心,一个叫安热莉克·平托的法国学生回忆说:"我们曾认识一个西班牙语教师,他常常把我们带到拉丁美洲作家的圈子里去,通过他们,我们了解了那里人民的贫困和压迫。"一位意大利学生回忆说:"我在中学的最后一年,我们遇到了一位虔诚地信奉天主教的哲学教师,他又是一个马克思主义者。他带我们阅读《资本论》的部分章节,并告诉我们天主教会内部的革新倾向。"②马克思早期著作中关于社会自由和个人自由的观念,对西方青年学生影响极大。一个英国当年的学生理查德·库珀回忆说:"这些著作中的乌托邦主义……对我产生了惊人的鼓舞。"

---

① 戈因斯:《发生在60年代的自由言论运动》,伯克利1993年版,第587—588页。
② 罗纳德·弗雷泽:《极端的年代:1914—1991年》,第69—70页。

第二章 美国的学生运动

第一节 20世纪60年代美国学生运动发生的历史背景

20世纪60年代美国学生运动大规模地爆发后,一直持续到70年代初,其规模之大,持续时间之长,与政府的军警发生过激烈的冲突,甚至采取了某种暴力的斗争形式,这在西方当时各资本主义国家中极其引人注目。美国20世纪60年代的学生运动是在一种特定的历史和国际环境中发生的,它汇聚了美国国内持续良久的各种思想文化冲突和种族矛盾,继承了自20世纪50年代后期以来反主流的青年文化的潮流,以争取广泛的政治民主为中心内容。它同时受到国际范围内第三世界反对帝国主义和殖民主义的民族解放运动和社会主义革命的影响,学生运动对第三世界的民族解放运动和革命运动表示同情和支持,对本国政府的帝国主义侵略战争政策表示坚决的抗议。20世纪60年代美国学生运动的兴起和发展受到诸多内外因素的影响,这一运动本身也有着丰富的社会和政治内容,值得仔细去研究。

一、肯尼迪时期的国内政策

1960年美国进行了换届大选,共和党提名副总统尼克松为总统候选人,民主党则把马萨诸塞州参议员约翰·肯尼迪作为本党的候选人。这次竞选的中心议题是美国作为一个国家目前在世界上所处的地位问题。肯尼迪当时认为，无论在与共产主义运动的全球竞争中，还是在实现国内经济发展和社会进步的目标方面，美国都已落在后面，只有在一位坚强有力的总统领导之下，通过"举国一致的巨大努力"，"使这个国家重新行动起来"，才能扭转美国的颓势。这就是肯尼迪倡导的"新边疆"精神。最后，肯尼迪以超过11万票的微弱优势当选为美国总统。而在选举团的投票中，肯尼迪以303票对219票取得较大的优势。[1] 约翰·肯尼迪是历史上美国当选总统中最年轻的。他出身于一个富有的爱尔兰裔美国人家庭，毕业于哈佛大学。他精通政治策略，但他希望重振他认为在美国社会中已被压抑得很久的理想主义。他努力吸引并努力发现思想活跃的人士，在他的政府中任职的学者和知识分子数量之多在美国历史上是空前的。

肯尼迪就任总统后，尽管在与苏联争霸中大唱高调，但他对美国力量的局限性有十分清醒的认识，他认为美国并非无所不能，不可能由美国来解决世界上的一切难题，美国无力矫正所有的弊病，也无力扭转逆境。他认为，未来的世界将是一个"多元化的世界"，而"争取民族独立的革命"是多元化世界的根源和保证。他在委内瑞拉的加拉加斯，甚至褒扬"解放者"西蒙·玻利瓦尔的精神遗产、民主和社会公正。[2] 在内政方面，肯尼迪试图解决前一届政府遗留下来的一系列棘手的问题。肯尼迪采取了凯恩斯主义政策，大力发展经济，带来美国历史上和平时期最持久的一次经济繁荣。在肯尼迪当政时期，国民生产总值的平均增长率达到5.6%。[3] 与此同时，物价则保持了稳定，

---

[1] 布卢姆等：《美国的历程》（下册），商务印书馆1995年版，第567—568页。
[2] 舒尔茨：《昨与今》，第289页。
[3] 布卢姆等：《美国的历程》（下册），第586—587页。

并提高了全国的就业率。诚然，肯尼迪无法解决社会结构造成的地方性贫困问题。但他主张把减税措施和全面消除贫困的斗争相结合，来解决这些贫民问题。肯尼迪努力打破在 20 世纪 50 年代形成的思想上和政治上的陈旧意识，他向人们指出，旧的观念和制度并非十分完美。在国际范围内老一套的冷战已经过时，在国内美国的生活方式已经弊病丛生，整个国家对青年和老年一代漠不关心，对穷人和少数民族关心不够，城市和学校处于混乱之中，整个民族的言辞动机越来越平庸卑鄙、唯利是图，自然环境被肆意破坏。肯尼迪的这些态度和言行，博得了青年们的好感，黑人社会对他也深为信赖和推崇。①

肯尼迪在国内政策方面最大的成绩是在实行种族平等方面取得了一些进展。他采取了一些切实的行政措施，结束了在州际交通方面实行的种族歧视。1962 年 10 月，肯尼迪总统把军队派到奥克斯福德，保护一名黑人学生詹姆斯·梅雷迪思进入密西西比大学。肯尼迪在电视讲话中指出，民权问题是"一个道德问题……它像圣经一样古老……像美国宪法一样清楚明白"。他要求"在美国人的生活和法律中，没有种族歧视的立足之地"。在肯尼迪富于活力的形象和理想精神的鼓舞下，美国青年人的社会责任感再度被唤醒了，他们开始关注社会，一度沉寂的大学校园也再度活跃起来。②

1963 年 11 月下旬，肯尼迪在达拉斯被刺客开枪击中身亡，继任总统约翰逊继续执行了肯尼迪时期的政策。他即位后，国会迅速通过了肯尼迪在位时已在制定的关于减税和民权的法案。约翰逊把建设一个"伟大社会"作为自己的内政纲领。他指出，这样一个社会将"不

---

① 布卢姆等：《美国的历程》（下册），第 590 页。
② 同上书，第 588 页。

仅为人类的肉体和商业的需要服务，而且是能够满足人们对美的追求和对社会群体生活的渴望的人类福地"。1964年通过了向贫穷宣战的计划，用立法形式来解决社会贫穷问题。这个计划包括为退学青年举办"工作队"，为无业青年提供工作机会而建立"邻里青年队"，制定儿童"提前入学"的计划，并提出"社区行动计划"以保证穷人"尽可能参与"规划和管理向贫穷做斗争的活动。[①] 约翰逊的国内政策表现出一定的开明和进步性。但是，约翰逊的政策从整体上说是矛盾的，在他的对外政策中则越来越表现出反动倾向。

二、美国在印度支那的侵略战争政策和反战运动的兴起

20世纪60年代美国在印度支那的侵略战争政策，激起了美国社会各界尤其是青年学生的强烈不满，是引发学生运动的一个重要原因。

东南亚是美国对外政策关注的重要地区。在越南，1954年奠边府战役后，签订的日内瓦协议规定，暂时以北纬17度线为军事分界线，把越南分成两部分，这两部分将在1956年7月总统选举后重新统一起来。协议限制了外国驻越南军事使团的人数。随后，南越总理吴庭艳拒不遵照日内瓦协议的有关条款，废黜了法国扶植的国王保大，自己当上了新成立的越南共和国的总统。他镇压政治反对派，实行专横独断的统治，激起了人民的不满。1958年，越南南方民族解放阵线成立，展开反对吴庭艳反动政权的游击战争。美国担心南越的陷落会对美国在东南亚的势力造成雪崩式的后果，于是采取了军事援助政策。1955—1961年，美国对南越的军事援助平均每年达到2亿

[①] 布卢姆等：《美国的历程》（下册），第593—594页。

美元。①

在老挝，美国的军事干涉更为积极。老挝共产党领导下的游击运动巴特寮已在乡村四处展开活动。梭发那·富马亲王曾试图组织一个有巴特寮参加的联合政府，使老挝中立化。但是，美国在1958年拒绝了这项建议。美国把老挝视为东南亚的门户，从1954年日内瓦协议的签订到1960年底，美国对老挝的援助将近3亿美元。1959年，美国中央情报局扶植富米·诺萨万将军在万象建立了亲西方政府。1960年发生的一场民族主义政变推翻了富米·诺萨万的统治。随后，梭发那·富马亲王再度执政，他与苏联建立了联系。1960年底，富米·诺萨万在美国支持下组织了一支军队，开始与政府作战，迫使梭发那·富马亲王不得不与巴特寮合作。1961—1962年，美苏就建立一个包括亲西方势力和巴特寮派代表在内的老挝中立联合政府事宜达成了协议，但这项中立化方案未能付诸实施。中央情报局派出人员前去老挝支持梭发那·富马政府，而越南北方则通过老挝东南部的胡志明小道向南越输送人员和物资，并在老挝驻扎军队，以保护这一渗透行动。1963年，巴特寮的部长们退出联合政府，随后在老挝东北部重新展开反政府军事活动，老挝再次分裂。②

面对东南亚各国的革命形势，美国认为南越似乎比老挝更容易控制一些。1961年春季，副总统约翰逊访问西贡时说："我们必须做出决定——要么就全力以赴地帮助这些国家，要么就干脆认输，把我们的防线撤到旧金山。"肯尼迪违背了1954年的日内瓦协议，派出一支特种部队向南越政权传授镇压叛乱的各种技术。

---

① 布卢姆等：《美国的历程》（下册），第558页。
② 同上书，第559页。

针对美国政府在越南和东南亚的战争政策，美国的学生组织和社会各界人士掀起了反战运动。

1963年10月18日，美国学生在华盛顿组织了反战示威。"争取民主社会学生组织"在华盛顿记者俱乐部门前设置了警戒哨，它的两名成员道格拉斯·艾尔兰和埃德·纳普曼及其他5名示威者一同被捕。邻近地区的一些大学的学生参加了这次由"争取民主社会学生组织"和"学生和平同盟"组织的游行示威。密执安大学有400人参加了集会，威斯康辛大学有400多人参加了示威，得克萨斯大学有170人签署了要求美国结束对西贡政权援助的请愿书。①

1964年3月，一些美国左翼学生团体在耶鲁大学召开了一次大会，讨论用何种行动来反对越战，一批"争取民主社会学生组织"的成员参加了这次会议。大会决定同年5月举行一次反战群众大示威，并建立了一个全国性的执行委员会来做准备。这个执委会主要成员都是"进步劳工党"的成员。1964年5月，成立了学生团体"五月二日运动"，该组织把注意力放在反对越战和反对美国帝国主义的侵略政策上。它的主席是哈佛大学的学生拉塞尔·斯特勒。② 5月4日，在纽约，有1000名学生向联合国总部进军，对美国帝国主义和西贡政权表示谴责。在波士顿、旧金山和麦迪逊，学生也举行了反战抗议集会和示威。"五月二日运动"在活动中未能很好地团结广大群众，最后阶段它的成员只有600人，于1965年底解散。③ 但是，"五月二日运动"对美国政府政策的帝国主义性质的分析为"争取民主社会学生组织"及许多其他学生组织所接受。一批"五月二日运动"的成员加

---

① 柯克帕特里克·塞尔：《争取民主社会学生组织》，纽约1974年版，第120页。
② 同上书，第121—122页。
③ 马西莫·特奥多里：《新左派：文献史》，第488页。

入了"争取民主社会学生组织"。①

1965年春,反战运动在美国如火如荼地展开,大学的学生和教师在这一运动中充当了先锋。3月19日,"争取民主社会学生组织"在华盛顿组织了反对蔡斯曼哈顿银行向南非贷款的示威,有600人参加了这次活动,他们堵塞了银行门前的大街。②

在密执安大学,3月18日清晨,一些教师和学生经过夜间长时间讨论后,提出了一个反战活动计划,即邀请一批专家讨论、座谈和讲演,这一形式被称作"宣讲会",宣讲会随后于3月26日晚举行,取得了极大成功。宣讲会的组织者原来希望有500人到会,结果当晚到会者达到3000人。这种活动形式随后传遍了美国,有100所大学和学院举行了这种反战活动,其中包括威斯康辛大学、加州大学伯克利分校、芝加哥大学、哥伦比亚大学、州立肯特大学、亚利桑那大学、迈阿密大学和一些规模较小的学院,并且在华盛顿举行了一次全国范围的宣讲会,全国教育电视台作了12个小时的报道。宣讲会中规模最大的是3月21日至3月22日在加州大学伯克利分校举行的那次,大约有35000人参加了这次宣讲会,它持续了36个小时。发言者来自各种组织,有自由主义者、杜波依斯俱乐部的代表,也有进步劳工党和"争取民主社会学生组织"的代表。③

4月17日在华盛顿举行了大规模的反战活动。上午9时在华盛顿的宾夕法尼亚大道聚集了数千人,准备向白宫进发。此时,还有几千人正源源不断地向这里集中,全国各地都有运载参加示威者的汽车开来,远自密西西比州和缅因州。从波士顿和费城来了1000多人,

---

① 柯克帕特里克·塞尔:《争取民主社会学生组织》,第263页。
② 同上书,第182页。
③ 同上书,第183—184页。

从纽约开来了 3 列火车专车和 50 辆装载示威者的汽车。至少有 50 个大学和学院派来了代表,甚至从不列颠哥伦比亚大学、多伦多大学、北达科他大学、衣阿华大学和塔尔萨大学都有人来参加。上午 10 时,大约有 8000 人举行了示威,围着白宫缓慢地行进。有 4000 名参加"争取民主社会学生组织"的大学生站在白宫大门口,他们打着"结束越战""停止屠杀""我不愿到越南作战""从越南撤军""有什么民主?这场战争正在使世界变得虚伪"的标语。"争取民主社会学生组织"的主席保罗·波特发表了演说。他在抨击了政府的战争政策后强调说:"我们必须指出这个制度,我们必须提到它、描述它、分析它、知晓它和改变它。因为只有当这个制度被改变,并且把它置于那些有希望阻止今天在越南发动战争,明天在南方杀人,以及随时随地对所有人民施加无数数不清的更狡猾的暴行的那些力量的控制之下才有可能。"他讲演之后,参加集会的群众举行了游行。[1]

在 10 月 15 日和 16 日,有 14000 人的群众队伍在纽约曼哈顿第五大道进行了游行,另外有 10000 人向奥克兰陆军基地进军,他们后来在市区的边界被警察挡了回来。在伯克利有 2000 人举行了游行示威。第五大道争取越南和平游行示威委员会宣称:"我们要求不再把美国青年送到一场对他们、对越南人民都没有好处的战争中去打仗。我们已从纳粹德国那里吸取了教训,决不同意任何政府的侵略性的好战政策,即使这个政府是我们自己的政府,我们也是这样。"在华盛顿,感恩节以后的星期六,20000 名示威者首次喊出了"喂!嘿!约翰逊!你今天杀死了多少青年?""五月二日运动"的成员带着越共的旗帜在白宫周围游行,为了给越南北方士兵输血而大张旗鼓地

---

[1] 柯克帕特里克·塞尔:《争取民主社会学生组织》,第 188 页。

搞征集血液的活动。在加州大学伯克利分校,"自由言论运动"到这时已为越南日委员会所接替,这个组织两度以占据车辆和坐轨的方式阻止运兵车辆开过。到了10月中旬,反战示威运动出现了一种新的斗争方式,即烧毁征兵卡。首先是义务救济工作者戴维·米勒在纽约爬上一辆宣传车,划着火柴烧掉了征兵卡。他宣布说:"我曾准备讲话,现在我打算让行动本身来说话了。"他虽被捕并被判监禁和罚款,但此后,这种行动风靡一时,用自焚的方式表示抗议的做法也出现了。

美国侵略越南的战争不仅遭到美国国内进步人士的反对,也遭到欧洲民主人士和进步人士的坚决反对。为反对越南战争,创立了罗素和平基金会法庭。南斯拉夫铁托元帅的朋友、著名作家弗拉迪米尔·德迪耶尔担任了基金会第二任法庭主席。此外,墨西哥前任总统拉查罗·卡德纳斯、英国全国矿工联盟总书记劳伦斯·达利和菲律宾桂冠诗人阿玛多·赫尔南德斯等人参加了法庭的工作,法国哲学家萨特和波伏瓦也应邀参加了法庭的工作。该法庭成立后,对侵越战争主要战犯的罪行进行了调查。被法庭列入战犯名单的有美国总统约翰逊、国务卿腊斯克、国防部长麦克纳马拉等。法庭发表了坚决支持越南南方民族解放阵线的斗争的声明,指出民族解放阵线的一切抵抗行动都是正义的,不属于恐怖行为。欧洲许多国家如瑞士和法国的政府怕得罪美国,不愿意接受国际法庭在本国开庭。最后,法庭在斯德哥尔摩开庭。这个法庭的活动表现了世界民主、进步和正义的力量反对帝国主义战争政策的斗争。[①]

---

① 高宣扬:《萨特传》,作家出版社1988年版,第240—241页。

三、鼓舞美国学生运动的思想家

在美国，启迪并鼓舞 20 世纪 60 年代一代造反学生的最重要的思想家是 C. 赖特·米尔斯和马尔库塞。

C. 赖特·米尔斯这位激进思想家从 20 世纪 50 年代起对美国青年大学生的思想形成了很大的影响。C. 赖特·米尔斯（1916—1962 年）毕业于得克萨斯大学，后在威斯康辛州获博士学位，在马里兰大学和哥伦比亚大学任教。他早年读过大量的马克思的著作，这对于他形成激进的学术和政治见解有很大的影响。他在社会学领域中写下了许多享有盛名的著作，如《白领》（1951 年）、《权力精英》（1956 年）、《社会学的想象》（1959 年）。他在 1958 年写作了论战小册子——《第三次世界大战的起因》，抨击了冷战、杜勒斯的武力威慑和"大规模报复"政策，反对导致毁灭人类的核战争的准备工作。

米尔斯在思想领域中反对那些在美国鼓吹"意识形态终结"的资产阶级学者，表示了和那些学者相反的态度，他批评"对客观性的迷信"，他指出："意识形态终结学派的实践者们当然在报道的伪装之下，或通过学术用语和选择自己所论述的概念而将一般的观点偷运进来。归根结底，意识形态终结的基础是对用任何可以辨认的形式真正献身于社会主义感到幻灭，那才是对这些作家来说唯一真正结束的'意识形态'。可是他们认为，由于它结束了，一切意识形态就都结束了。他们只谈那个意识形态；但是他们闭口不谈自己的意识形态的种种设想。"[1] 米尔斯在《白领》一书中对"新中等阶级"人士轻视政治的态度表示不满，对此加以批评。他指出，那些成为技术人员和公司雇员的知识分子，"他们无法正视政治，除非把它当作新闻和

---

[1] 莫里斯·迪克斯坦：《伊甸园之门——六十年代美国文化》，上海外语教育出版社 1985 年版，第 57—58 页。

消遣",而"剩下的自由知识分子则日益退却……他们缺乏意志力"。米尔斯表现出对社会思潮的真知灼见和强烈的激进主义倾向,他的著作起到了鼓舞青年关心、参与政治的作用。

米尔斯在对美国未来社会政治出路的讨论中,在《文化和政治》中论述说,自由主义和社会主义这两个主要的社会模式已日益无法解释最近几十年在美国或苏联的社会变化。在这两个大国中,由于过度发展,公司、国家和军事权力膨胀,官僚机构扩大及闻所未闻的操纵舆论的手段激增,民主不复存在。他认为两个超级大国的政治和社会制度日益靠拢,而且都是极少数权贵对本国的统治。他对苏联的社会主义模式持强烈的批评态度。

1960 年,当时发生了遍及全球的学生骚乱。在土耳其、日本和韩国都发生了针对反共政府的多次暴乱,英国爆发反核武器游行,美国非暴力反抗运动开展。就在 1960 年,米尔斯发表了著名的《致新左派的信》,对于现代工业社会中工人阶级和知识分子的作用陈述了他的新思考。他指出:"一般而言,只有在工业化一定的〔早期〕阶段及实行政治独裁的国家里,以挣工资养家糊口的工人才有可能成为一个为自己奋斗的阶级。"他指出,某些激进分子对"发达资本主义社会中工人阶级的革命作用的信念,正在转而面对与这一期望大相径庭的令人印象深刻的历史事件"。米尔斯阐述说,考虑到社会集团的结构情况,最有可能继续进行反对现行体制的斗争的社会集团是知识分子。"数年来,我一直在思考和研究的正是这一力量。文化机构、知识分子……一种可能的、直接的、激进的变革力量……现在看来,在 1960 年春天,这确实是一种有根据的想法。"[1] 他批评那种只是把

---

[1] C. 赖特·米尔斯:《权力:政治与人民》,纽约 1963 年版,第 256—257 页。

工人阶级视为变革动力的观点，他指出："这样一种劳工理论，是维多利亚时代马克思主义的遗产，现在已完全不现实了。"米尔斯把青年知识分子称为新社会的先驱。米尔斯的思想极大地影响了当时美国的大学生和青年一代，他们也把米尔斯视为美国社会科学界唯一的勇士。

对20世纪60年代美国的学生造反运动以及德国、法国的学生运动起重大影响的思想家中，还有赫伯特·马尔库塞。

赫伯特·马尔库塞（1898—1979年）出生于柏林一个犹太人血统的资产阶级家庭。1916—1918年间，他在德国预备军中服役，同时开始在柏林大学攻读博士学位。1917年他参加了德国社会民主党。在1918年德国革命期间，马尔库塞参加了革命，曾担任柏林莱因契根道夫的革命士兵委员会的委员，后来这个委员会被镇压。1919年德国革命失败后，马尔库塞因为不满于社会民主党人背叛革命、杀害罗莎·卢森堡和卡尔·李卜克内西，退出了德国社会民主党。此后，他脱离了有组织的政治活动，去柏林大学、弗赖堡大学学习和研究，在德国存在主义哲学的代表人物海德格尔的指导下攻读哲学博士学位。1922年他以《黑格尔的本体论及其历史性理论的基本原理》的论文获博士学位。之后，他做过一段时间的出版工作，并于1928年重返弗赖堡大学，当海德格尔的哲学助手。1932年他到马克斯·霍克海默任所长的法兰克福大学社会研究所工作。1933年希特勒上台后，他到该所驻日内瓦办事处任职。1934年马尔库塞移居美国，1940年入美国籍。1942—1950年，马尔库塞任美国政府的分析专家。1951年他到哥伦比亚大学和哈佛大学工作，1954—1967年在勃兰德斯大学任教，他从勃兰德斯大学退休后，到加州大学任哲学教授。1966年德国自由大学授予他荣誉教授职位。1979年7月，他应西德马克斯·普朗克研究所邀请赴西德讲学途中逝世，时年81岁。[1]

马尔库塞在他二战之后撰写的著作中，对资本主义社会存在的种种弊端进行了尖锐深刻的批判。他在实际行动中则一贯同情和支持西方社会中激进的学生运动。他的理论被称为"青年造反哲学"。他强烈反对美帝国主义发动侵略战争、镇压第三世界民族解放运动的政策。他于1964年出版的《单面人》，尤其对青年学生运动产生了很大影响。

在《单面人》一书中，马尔库塞对当代发达资本主义工业社会的政治经济和文化进行了尖锐的批判分析。他揭露了资本主义社会的异化作用。他写道："一种舒适、温和、合乎情理且民主的不自由，正在发达工业社会盛行。""作为整体来说，这个社会仍然是反理性的，它的生产力对人的需要及能力的自由发展是破坏性的，它的和平由永恒的战争威胁着，它的增长依赖于对缓和（个人的、国家的及国际的）生存斗争之现实可能性的压抑。这种压抑，完全不同于作为我们社会从前不那么发达阶段特征的压抑，它不再是由于自然和技术的不成熟而起作用，倒是为着强化的目的。当代社会（精神和物质）的能力比以前任何时候都强到不可估量——这意味着社会对个人的统治范围也比从前大到不可估量。在压倒的高效率和日益增长着的生活标准的双重基础上，我们社会用技术而不是恐怖征服了社会离心力量。"[2] 它使绝大多数人"被迫承认这个社会"[3]。马尔库塞具体地分析

---

[1] 约翰·博基纳：《马尔库塞》，载罗伯特·戈尔曼：《"新马克思主义"传记辞典》，重庆出版社1990年版，第564—565页；马尔库塞：《单面人》，湖南人民出版社1988年版，译者前言，第2页。
[2] 马尔库塞：《单面人》，第1—2页。
[3] 同上书，第5页。

说:"工业社会的突出特征,便是它有效地窒息了那些要求自由……的需要,而同时又容忍并赦免了富裕社会的破坏力和压抑作用。"对社会控制的需要"把诸如以支配为代价的自由竞争、自我审查的自由出版以及在商品品种与小玩艺儿之间的自由选择之类的欺骗性自由维持下去"。这样,"在一个压抑整体的统治下,自由能够转变为一种有力的统治手段"[1]。他概括说:"当今,政治力量正是通过它对机器过程和手段的技术组织的支配来表现自己。"[2] "发达工业文明的奴隶们是升华了的奴隶,但毕竟还是奴隶,因为奴隶制之确立,既不靠压服,也不靠劳动的冷酷,而是靠作为纯粹工具的地位和把人降低为物的状态。"[3]

四、反对种族主义的黑人"自由民权运动"的开展

二战以后的美国,黑人的政治和社会地位低下,社会存在着严重的种族歧视。1959年关于收入的普查资料表明,白人收入的中间值为4377美元,黑人收入的中间值为2254美元,白人收入几乎是黑人收入的两倍。在教育方面,白人平均获得10.9年教育,而黑人只有8.2年。在住房方面,黑人居住区的条件极差是众所周知的。在社会关系中充满着种族歧视。许多俱乐部、教堂、团体都不允许黑人进入,绝大多数白人家庭也不准黑人与之联姻。黑人在美国人口中的比例超过了10%,但黑人在国会议员中只占1%。黑人担任其他公职的人数也很少。[4] 随着时间推移,黑人的经济收入状况逐渐有些改变,

---

[1] 马尔库塞:《单面人》,第6页。
[2] 同上书,第3页。
[3] 同上书,第25页。
[4] 伦斯基:《权利和特权:社会分层的理论》,浙江人民出版社1988年版,第413—414页。

但改变得较缓慢。黑人在一些关键部门中占的比例仍然很小。黑人男子中只有22%是专业技术人员和职员，而在白人男子中则占43%。黑人男子有18%是非熟练劳工，而在白人男子中这一类型的比例只占6%。在工业部门中，黑人工人的提升一直相当缓慢。[①] 而美国黑人在政治和社会上被迫害是长期存在的严重问题，它激起黑人不断展开斗争。例如，20世纪50年代蒙哥马利市的黑人为抗议在交通方面的种族歧视制度，抵制乘坐公共汽车达1年之久，开始了自由乘客运动。黑人对教育隔离制度也进行了反抗。1957年小石城黑人中学生展开了反抗，取得了进入中学高中部学习的许可。1961年春季和夏季，自由乘客运动在从华盛顿到新奥尔良的广大地区开展起来。

1960年2月1日，四名黑人大学生来到北卡罗来纳州格林斯博罗伍尔沃思餐馆的长餐桌前坐下来，这个长餐桌是专门为白人提供的，他们要招待上咖啡被拒绝。黑人大学生不顾种族隔离的规定，在座位上一直待到餐馆关门。以后他们每天来到这里，伴随他们而来的还有一批支持者，最后这家店铺同意与他们进行谈判。这种静坐的斗争方式在美国南部传开。格林斯博罗事件之后两个月中，有50000名学生，其中绝大多数是黑人，参加了这种静坐斗争。在这场斗争中，查尔斯·谢罗德和其他领导这场静坐斗争的学生于1960年4月建立了作为地方学生团体的松散联合组织"学生非暴力协调委员会"[②]。"学生非暴力协调委员会"的创建者绝大部分来自美国南部完全由黑人学生就学的学院。"学生非暴力协调委员会"在《创建声明》中指出：

[①] 丹尼尔·贝尔：《后工业社会的来临》，商务印书馆1984年版，第163页。
[②] 罗纳德·弗雷泽：《1968年：反叛的一代学生》，第35—36页。

我们确认把哲学或宗教的非暴力的理想作为我们的意图、我们信仰的前提和我们行动的方式。

非暴力来源于犹太教-基督教传统，它寻求一种渗透着爱的公正的社会秩序。

通过非暴力，勇气取代了恐惧，爱超越了恨，接受取代了嫉妒，希望结束了失望，信任排解了怀疑，和平支配了战争，相互关心抵消了敌意。对所有的人，正义压倒了非正义，救世的团体取代了不道德的社会制度。

通过诉诸良心和信赖于人类存在的道德性质，非暴力培养出一种使和解和正义具有现实可能性的气氛。[1]

"学生非暴力协调委员会"相信，通过使黑人参与政治制度，可以改造社会结构。在这个时期，学生们没有任何政治经验可以借鉴，他们自己也没有任何理论武器，他们自己在实践中摸索着前进的道路。如查尔斯·谢罗德后来回忆说："我不知道策略来自何方。只有我们自己的成功和失败。当我们示威并取得成功，成功本身会告诉我们'让我们继续干下去'。某些事情我不甚明了，于是我愿意如此干下去，在干的过程中，我会得出一种理论。"[2]

到了1961年春季，"学生非暴力协调委员会"与"种族平等大会"合作，重新展开了自由乘客运动。群众性的斗争最终迫使肯尼迪政府通过联邦法以禁止在州与州之间的旅行中实施种族隔离。

为了在美国取消种族歧视，黑人发动了"向华盛顿进军"运动。

---

[1] 马西莫·特奥多里：《新左派：文献史》，第99—100页。
[2] 罗纳德·弗雷泽：《1968年：反叛的一代学生》，第36页。

1963年8月28日，在华盛顿林肯纪念馆前举行了有25万人参加的大规模群众集会。马丁·路德·金在集会上发表讲演，表达了美国黑人希望实现自由平等的理想。他说，一百年以前，林肯就已签署了《解放黑奴宣言》，这个宣言给成千上万处于水深火热之中的美国黑奴以希望，"但是，在一百年以后的今天，我们必须正视严峻的现实：黑人并没有获得自由。在一百年以后的今天，黑人仍然悲惨地生活在种族隔离和种族歧视的桎梏之下。在一百年以后的今天，黑人依旧生活在贫困的孤岛上，四周被浩瀚的物质财富的汪洋大海所包围。在一百年之后的今天，黑人仍然被扔在美国社会的角落里任其消亡，成为自己国土上的流民"，"你们因追求自由而遭无情的暴风雨般的摧残"。他呼吁黑人"回到密西西比去，回到亚拉巴马去，回到南卡罗来纳去，回到佐治亚去，回到路易斯安那去，回到北方城市的贫民窟去"，"目前这种状况一定能改变，也一定要改变"。他表达了希望人生而平等、判断和评价人的准则不再根据他们的肤色这样一个美好的梦想。马丁·路德·金的讲演给了民权运动以极大的鼓舞。

但是，美国政府中却有一股反对民权运动的势力，他们调动联邦调查局的力量来对付争取平等和政治权利的黑人运动。联邦调查局局长胡佛称："黑人的抗议运动走得太远了，现在它对现存的秩序形成了迫在眉睫的威胁。"① 1964年6月21日，参加"学生非暴力协调委员会"的米切尔·施沃纳、安德鲁·古德曼和黑人詹尼斯·钱尼被三K党枪杀。1966年，"学生非暴力协调委员会"提出了争取"黑人权利"的新口号，并出现了一位新领袖卡迈克尔。此后，一些"学生非暴力协调委员会"的成员转向了马克思主义，而约翰逊总统提出的

---

① 舒尔茨：《昨与今》，第368页。

"伟大的社会"的纲领起了明显的削弱该组织力量的作用。

"学生非暴力协调委员会"的活动对于大规模美国学生运动的开展起了重要的准备作用。有几百名学生志愿者参加了该委员会的活动，日后自由言论运动的领袖曾参加过"学生非暴力协调委员会"为期一周的训练会议。[①] 马里奥·萨沃 1964 年 12 月在加州伯克利分校静坐示威时曾回忆道："去年夏天，我曾在密西西比参加了那里争取民权的斗争。今年秋季，我则投入了同一斗争的另一方面，即现在伯克利的斗争。对某些观察者来说，这两个战场看起来好像完全不同，但事情不是这样。作为民主社会中公民的参与权和应有的法律程序，在这两处都是生死攸关的。还有，这是反对同一敌人的斗争。在密西西比，独裁的有权的少数人通过有组织的暴力进行统治，镇压广大的事实上无权的多数人。在加利福尼亚，有特权的少数人控制着学校官僚镇压学生的政治运动，那些'受人尊敬的'官僚掩护着财阀；那些不具人格的官僚在'勇敢的新世界'是有实力的敌人。"[②]

1962 年 6 月 1 日，几十名反对苏共路线支持中国共产党路线的前美国共产党党员在纽约外交家旅馆集会，建立了进步劳工运动。这个组织在成立的最初 3 年中，不顾美国国务院的禁令，把一批美国青年送去古巴旅行，组织黑人居民区的居民起来争取自身权利。1965 年夏季，该组织易名为进步劳工党并召开了它的第一次大会。据估计，当时其党员人数为 1000—1400 人，它的主席是米尔顿·罗森。[③] 这是一个主要吸收黑人参加的马克思主义研究团体，该组织领导了设

---

① 罗纳德·弗雷泽：《1968 年：反叛的一代学生》，第 40 页。
② 原发表在 1964 年 12 月的《人道》上，转引自哈尔·德雷珀：《伯克利学生的新反叛》，纽约 1965 年版，第 179 页。
③ 柯克帕特里克·塞尔：《争取民主社会学生组织》，第 218 页。

置纠察线来对付"警察的残忍行动"。同年 7 月 18 日,为抗议警察向 15 岁的黑人孩子开枪的事件,哈莱姆区的黑人开始城市暴动。这时,"进步劳工党"的报纸《挑战》发表编辑部文章说:"这个国家现在没有一个合法的政府,只有通过一场革命才能建立它。如果这就是'国内叛乱',让我们充分利用它。"一位进步劳工党的组织者,黑人比尔·埃普顿曾对哈莱姆的群众说:"直到我们完全打碎这个国家之前,我们将不会有完全的自由……在这个过程中,我们将不得不杀掉许多警察、法官,并且我们还要起来与他们的军队做斗争。"埃普顿后被指控为"恶毒的无政府主义者",因为倡导"用武力和暴力推翻纽约州的政府"被判有罪。①

1966 年,进步劳工党加入了"争取民主社会学生组织"。进步劳工党在加入了"争取民主社会学生组织"之后,仍然坚持马克思主义的一些传统见解。他们认为反文化现象是中产阶级文化的表现。这一派人士剪短发,穿着简朴,具有工人阶级的风格,不赞成吸食麻醉品。在"争取民主社会学生组织"的大会上,他们的形象引人注目,可以清楚地辨认出来。②

五、"争取民主社会学生组织"的建立

1962 年 6 月,59 名青年激进分子在密执安州休伦港市产联联合汽车工人工会的一所夏令营里集会,召开"争取民主社会学生组织"的会议。该组织创立于 1960 年。这次会议讨论了一份长达 62 页的声明,它以《休伦港声明》著称。起草这份声明的是密执安大学 22 岁

---

① 柯克帕特里克·塞尔:《争取民主社会学生组织》,第 135—136 页。
② 贝尔登·菲尔登:《托洛茨基主义和毛泽东思想在法国和美国的理论与实践》,纽约-伦敦 1988 年版,第 185—186 页。

的学生汤姆·海登。这份声明用五分之四的篇幅揭露了当时美国社会和政治制度各方面存在的问题,对美国政党、大公司、军事工业联合企业、军备竞赛、核武器储备、种族歧视等问题进行了无情的批判。关于未来理想的社会,它认为应当具有人道主义、个人主义和团体性,作为其中心的是参与民主制。声明指出:"我们要求建立一种个人参与民主制,它由两个目标所支配:个人分享决定其生活质量和方向的社会决策权;而社会被组织起来,以鼓励人的独立性,并为他们的共同参与提供一种中介。"[1]

《休伦港声明》提出了一系列建议,如重建两个真正的政党,实现更多的民主,建立市民院外活动集团,加强工人参与和对事务的管理;在经济结构中扩大"公有部分",敦促加强福利国家政策,采取"反贫穷纲领",改善住房、医疗和社会保险,监狱及精神病医院;实行民权纲领,对大学实行改革;在对外政策方面,实行裁军、国际援助、降低北大西洋公约组织的地位、实行第三世界的非核化,等等。

海登认为,当时美国社会面临的两个最大的威胁,是种族主义和"以核弹的存在为象征的日益咄咄逼人的冷战现实","我们作为个人应负起准备直接对抗和解决问题的责任"。对于美国存在的上述众多的社会弊端,声明指出:"我们将用仁爱、深思、理智和独创性为基础的力量及卓绝品质来代替由占有、特权及偶然际遇产生出来的力量。"海登反对把暴力作为促进改革的催化剂,因为这样就"要把改革的目标——不论它是个人还是一个社会集团——变成一种非人的憎恨的对象"[2]。

---

[1] 柯克帕特里克·塞尔:《争取民主社会学生组织》,第51—52页。
[2] 同上书,第7—8页;威廉·曼彻斯特:《光荣与梦想》,商务印书馆1986年版,第1335—1336页。

《休伦港声明》对于目前和将来在美国活动的战略问题，主张形成美国的"新左派"。它认为，"新左派"不是依托工厂或街道，而是把大学作为"社会变革运动中有力的基础和代理机构"。在具体的方面，它指出：

任何美国的新左派在很大程度上必须是具有真正智力技能，致力于做深思熟虑的、坦诚的反思的左翼人士。大学必须把政治生活作为学术的附属物，而行动由理性来启迪。

新左派必须在整个国家中起有意义的社会作用，而在大学则可以实施这种方式。

新左派必须由在战后世界中成熟起来的青年人组成，它乐于直接补充青年人。而大学很明显是一个出发点。

新左派必须包括自由派和社会主义者，前者有其现实意义，而后者则在彻底改革制度方面有意义。大学是一个比政党更为切合实际的场所。它有利于这两种传统开始讨论它们彼此的差异，并寻求在政治上的综合。

如果国家政策和国家的冷淡能够被颠覆的话，新左派必须开始跨领域的辩论。理想的大学是一个辩论的团体，而它的作用会超过它。

新左派必须把现实的复杂状态转变为可以被理解并且与每个人密切相联的问题，它必须使感觉具有无希望和无差异的形式，这样，人民就可以找到他们个人灾难的政治、社会和经济原因，并组织起来改造社会。在一个被假定的繁荣、道德满足和政治被熟练地控制的时代，新左派不能只依赖于食不果腹作为社会改革的原动力。对感到不舒服的人为作用的替代方式必须进行前所未有的讨论。大学是进行这些活动适当的地点。①

《休伦港声明》是"争取民主社会学生组织"发生重要转变的标志。它表明,这个组织最终摆脱了50年代反共的麦卡锡主义的阴影。"争取民主社会学生组织"在《休伦港声明》中对自己过去的历史进行了反思和批判,它对此写道:"非理性的反共产主义对于那些希望建设一个更为民主的美国的人来说,成为一个主要的社会问题。麦卡锡主义和其他被夸大的保守的反共形式,严重地削弱了民主制度,并产生了与基本的自由和和平的利益相对立的运动。""我们制定的想当然地认为苏联继承了扩张和侵略的国策……当然要公开地被质疑和辩论。"②《休伦港声明》发表以前,这个组织在它原先的纲领中曾写道:"争取民主社会学生组织,是一个非党派性的教育组织,它促使美国学生更积极地解决目前的问题。它希望这种参与将有助于他们了解在美国需要建立一个合作的共和国,在这个共和国控制下的生产、分配和交换将满足人的需要。在它之下,人权将得到保护和扩大。"而《休伦港声明》则修改了上述提法,它这样写道:"'争取民主社会学生组织'是一个左翼青年的协会。它寻求创造一种关心政治的教育团体,它把自由主义者和激进主义者、活动主义者和学者、学生和教员联系在一起。""它坚持一种民主社会的观念,在这个社会中,不同层次的人民控制了影响他们的决策和他们赖以依靠的资源。它通过持续地集中对现实的注意力,以及根据必须在最基本的经济、政治和

---

① 柯克帕特里克·塞尔:《争取民主社会学生组织》,第53页。
② 同上书,第54—55页。

社会组织层次上造成变革的纲领,寻求起一种实际作用,它感到急切地需要提出既与共产主义不同也与右翼民派的独裁主义不同的激进的民主纲领。"① 这表明,到《休伦港声明》发表时,"争取民主社会学生组织"已转变为一个具有一定左倾倾向的民主派学生组织。休伦港会议开启了"争取民主社会学生组织"新的发展时期。

"争取民主社会学生组织"1960 年到 1962 年间主席为艾尔·哈伯,1962 年 5 月有会员 800 人;1962 至 1963 年,主席为汤姆·海登,1963 年 6 月有会员 1100 人;1963 至 1964 年,主席为托德·吉特林,1964 年 6 月有会员 1000 人;1964 至 1965 年,主席为保罗·波特,1965 年 6 月有会员 3000 人,下属 80 个分会;1965—1966 年,主席为卡尔·奥格尔斯比,1966 年 6 月有会员 15000 人,下属 172 个分会;1966—1967 年,主席为尼克·埃格尔森,1967 年 6 月有会员 30000 人,下属 247 个分会;1967—1968 年,书记为迈克·施皮格尔,1968 年 6 月有会员 4 万至 10 万人,下属 350 个分会;1968—1969 年,总书记为迈克·克朗斯基,1969 年 6 月有会员 3 万至 10 万人,下属分会 300 个;1969—1970 年,书记为马克·拉德。②

"争取民主社会学生组织"出版了它的刊物《新左派短简》。在它的活动中,产生了一批学生运动的活动家,他们中有艾尔·哈伯、汤姆·海登、伦尼·戴维斯、托德·吉特林、卡尔·奥格尔斯比、卡罗尔·格拉斯曼、卡尔·戴维森、保罗·布思、马杰·皮尔西、杰夫·希罗、简·亚当斯、格雷格·卡尔弗特、伯纳迪恩·多恩。

"争取民主社会学生组织"的参加者直接参与了在地方社区的活

---

① 柯克帕特里克·塞尔:《争取民主社会学生组织》,第 54—56 页。《休伦港声明》较详细的摘录,见马西莫·特奥多里:《新左派:文献史》,第 163—182 页。
② 柯克帕特里克·塞尔:《争取民主社会学生组织》,第 663—664 页。

动。他们到黑人中进行选民登记工作，参加争取和平的运动，为家境贫寒的青少年建立辅导制度，建立讨论社会问题的团体，他们尤其把注意力集中在萧条地区城市中的贫困问题上，努力推动贫民窟中的居民关注政治活动。参与这些反叛性社会活动的青年学生开始对大学生活日益不满，他们日渐理解到，大学根本不可能成为变革的代表者，他们反对大学受到像国际商用机器公司等大公司控制的现状。如吉特林所说，他们"开始感到大学像一所监牢"[1]。许多参加者感到，花多年时间去争取一个学位或一项职业已经毫无意义。他们倡导"自下而上"的与民众认同的活动方式。该组织的领导人之一汤姆·海登指出，这是"一种旨在把社会转变为由完全被剥夺权利的人和'没有资格的人'来领导的反叛的团体"；"生活在穷人社区中是一种具体的工作，在这里，工作和价值观之间的分离能得到愈合"，"这样，激进派得以与所有被侮辱的、没有合法身份的、被伤害的人取得一致"[2]。

"争取民主社会学生组织"提出了一项《经济研究和行动计划》。1963年秋季以后，有几百名青年男女参加了这项计划。他们来到十多个城市的黑人和外来移民聚居区，通过社区联盟指导他们的行动，以改善其贫困状况。实施这项计划的总部设在安阿伯。[3] 该组织的机关报上发表的文章描述了实施《经济研究和行动计划》的活动情况："一个组织者可以花上两小时或更多的时间与一个人谈话。在一个城市范围内要进行成百上千次谈话、辩论，并与失业者团体接触。"[4] 但

---

[1] 柯克帕特里克·塞尔：《争取民主社会学生组织》，第98页。
[2] 同上书，第101页。
[3] 同上书，第8、120页。
[4] 同上书，第132—133页。

是，至1964年结束时，"争取民主社会学生组织"对美国社会的分析并不是从真正的反资本主义立场上出发的。在这个组织的活动中，"社会主义"仍然是被禁止使用的词汇。当然，不排除在"争取民主社会学生组织"中有一批社会主义者。

在进步劳工党加入"争取民主社会学生组织"之后，在1966年春季争取民主社会学生组织的大会上，进步劳工党提出了争取"学生权利"的口号，倡导学生控制大学，以此结束越战的纲领。此时，进步劳工党的卡尔·戴维森则提出了与上述纲领稍有不同的"建立一种学生工团主义运动或者大学再改革"的计划。进步劳工运动在成立后不久便于1963年3月刊布了《走向革命的道路—Ⅰ》的纲领。1966年12月进步劳工党在向"争取民主社会学生组织"提出了"学生权利"的提议后，又提出了纲领的修订本《走向革命的道路—Ⅱ》。它警告说，越南南方民族解放阵线有接受苏联援助的危险。[①] 这个新纲领导致了进步劳工党内部的分裂。进步劳工党希望吸收足够多的工人参加其组织，但它始终未能如愿。它试图把学生派到工厂中去的计划也没有成功。在1967年召开的"争取民主社会学生组织"大会的200名有选举权的代表中，进步劳工党的代表有40—50人。

1967年秋季，争取民主社会学生组织的主要领导人戴维·德森等人由原先完全依靠学生来控制大学的观点，转到在一切方面抵制帝国主义政策的观点上来。这时，进步劳工党调整了自己的政策立场，转而采取温和的政策。它规劝学生将活动限制在大学校园内，避免学生团体与社会的不和与冲突。1968年夏季，进步劳工党试图控制"争取民主社会学生组织"的全国委员会，但这一意图遭到失败。这

---

① 贝尔登·菲尔登：《托洛茨基主义和毛泽东思想在法国和美国的理论与实践》，第187页。

一事件结果起了推动"争取民主社会学生组织"向左转的作用。到了1968年夏季,几乎所有"争取民主社会学生组织"的全国领袖都认为自己是革命者。例如,它的组织书记伯纳迪恩·多恩在这年夏季宣称,她自己已是一个"革命共产主义者",她和几乎所有其他全国委员会的成员都认为进步劳工党的右倾机会主义阻碍了"争取民主社会学生组织"的工作。[①]

第二节 加州大学伯克利分校的"自由言论运动"

加州大学伯克利分校是一所具有激进主义政治斗争传统的学校。美国20世纪60年代学生运动首先在加州大学伯克利分校爆发并非偶然。1958年,这里的左翼学生便建立了自己的政治组织——"候选人",要求通过投票选举学生管理机构。它带动了美国其他大学类似的运动。1960年,伯克利分校学生参加了旧金山大规模的反对对猜疑学生颠覆活动进行调查的反政治迫害斗争,有数十名学生被捕。20世纪60年代黑人民权运动的开展给学生运动带来新的活力。伯克利分校"种族平等大会"的参加者组织学生,向拒绝雇用黑人的当地雇主进行抗议。[②]

1958年之后5年间,加州大学伯克利分校当局对学生活动分子实行了严厉的压制政策。例如,禁止"加州大学学生协会"对发生在校园以外的事件发表意见,除非得到学校行政当局的同意;采取一系

---

① 贝尔登·菲尔登:《托洛茨基主义和毛泽东思想在法国和美国的理论与实践》,第190页。
② 罗纳德·弗雷泽:《1968年:反叛的一代学生》,第78页;马西莫·特奥多里:《新左派:文献史》,第477页。

列手段控制学生运动,使得占学生总人数 1/3 的研究生被排除在学生协会之外,他们没有选举学生代表的权利;那些讨论政治和社会问题的俱乐部被视为"校园范围外的俱乐部",禁止他们在校内召开其组织的会议,筹集资金和招募新会员;校外来的讲演者,除非提前 72 小时申请,不得在校内讲演;俱乐部的宣传品要以政治内容为理由加以审查删改;俱乐部不得安排系列性的讨论或讲座;不得通知校园外的活动分子参加临时群众集会;禁止"争取种族平等学生组织"使用募捐得来的 900 美元为被从南部大学赶出来的黑人学生设立奖学金;曾禁止黑人穆斯林领袖马尔科姆·爱克斯在校园里讲演,后因这项禁令引起强烈不满最终被放弃;禁止学生俱乐部在校园内集会支持伯克利市正在讨论的《公正地提供住宅法》。① 伯克利分校行政当局的这些压制学生民主的措施使学生长期以来极为不满,是学生运动在伯克利分校爆发的一个重要背景。

1964 年 9 月,加州大学伯克利分校校方公开禁止学生在校园内从事与大学无关的政治和社会活动,激起了声势浩大的"自由言论运动"爆发,它揭开了在美国持续 6 年之久的校园学生造反运动的序幕。

1964 年 9 月 10 日,在伯克利分校,随《斯莱特报告增刊》散发了一封署名为"一名前学生"的信件,它号召在伯克利分校举行一次"公开的、猛烈的和彻底的反叛"。从当时来看,这封信件与"自由言论运动"并没有什么直接的联系。但它提出了与"自由言论运动"的参加者类似的要求。信中写道:"大学现在不值得你们效忠和献身,对于伯克利的大学生来说,只能有一种合适的反应,即你们组织起来,使这个大学公开分裂!""向评议会成员提出你们的要求,如果

---

① 哈尔·德雷珀:《伯克利学生的新反叛》,第 18—19 页。

他们拒绝听取你们的意见,那就着手提出一个鼓动、请愿和集会之类的计划,在这之中,最后的手段是公民的不服从。"①

9月15日中午,在伯克利分校位于班克罗夫特街和电报大道的进口处举行了群众集会。

9月16日,所有学生组织的主席和顾问都接到了学生辅导主任凯瑟琳·托尔于14日签署的一封信。信中宣布,根据大学评议会的规定,不再允许学生使用在班克罗夫特街和电报大道间的条形地带,不准在那里放置桌子、黑板报架、张贴标语。大学的设施不准用于征募社团成员,或者在地方、州和全国的大选中反对特定的代表人或主张;不得用于募集资金,以帮助与大学授权的活动不直接相关的计划。这封信实际上剥夺了学生的言论自由。②

事情发生后,《斯特莱报告增刊》前主席阿瑟·戈德堡在当天宣布,代表该刊物和其他利益集团的律师将在次日即17日召开会议,采取适当的行动揭示伯克利分校发生的事件的真实意义。他指出:"由于学生越来越了解美国的社会问题,并积极参加解决问题的活动……最重要的事情是使这所校园成为展示各种观点的开放的市场。但是,大学正试图阻止对于任何一个美国人都了解的这个社会在20世纪60年代正面临的问题的新的富于创造性的政治解决办法。"③

9月17日,伯克利分校19个学生政治组织组成了一个联合阵线以抗议学校当局的这一新限制。学生联合阵线派出代表与学生辅导主任托尔会面。联合阵线的代表向托尔指出,校方的强制性新政策是不公正的、无效的。联合阵线的代表要求有权为任何政治观点和行动辩护,

---

① 李普塞特、沃林编:《伯克利的学生反叛:事实与解释》,纽约1965年版,第99页。
② 戈因斯:《发生在60年代的自由言论运动》,第113页。
③ 李普塞特、沃林编:《伯克利的学生反叛:事实与解释》,第100—101、102页。

并要求在班克罗夫特街和电报大道一带散发宣传品。[①] 学生的要求遭到托尔的拒绝,但联合阵线的代表坚持他们的权利要求和他们的规章。

9月18日,学生联合阵线的代表继续向学生辅导主任请愿,提出有条件地在班克罗夫特街和电报大道一带进行宣传活动,在活动中将不动用大学的财产。他们提出了7条具体要求:置于班克罗夫特街和电报大道的学生组织的桌子将会有人管理;学生组织将自己提供桌子和椅子,不借用大学的财产;在每根柱子前放置不多于一张桌子,在人口道路的每一侧放置不多于一张桌子;桌子不会置于进口处门岗对面,不会将广告贴在哨亭和柱子上,广告只会贴在桌子上;学生将尽一切努力把前4项条款付诸实施,并将这些条款散发到各个学生组织中;设置在班克罗夫特大街和电报大道地带的桌子可用来散发就目前的问题进行鼓动采取行动的宣传品,并以这些组织不代表加州大学为前提,即这些组织将不使用大学的名义,并且不把他们与大学的制度联系在一起;在桌子那里接受捐赠。[②]

在20日晚的会议上,绝大多数学生组织鉴于学校压制舆论自由的禁令,一致同意如果到明晨10点30分与辅导主任托尔会谈后,校方仍然坚持在班克罗夫特大街和电报大道地带禁止进行政治活动的规定,学生组织就要设置纠察员、守夜、重新集结队伍,公开表示不服从。

9月21日,托尔会见了学生联合阵线的代表。她接受了这些学生联合阵线在9月18日提出的大部分要求。她同意学生组织在那个地区放置一定数量的桌子并张贴宣传品,她还同意在那里散发关于动态的宣传品,而不是鼓动性的宣传品,以使斯普劳尔大楼的进口处成

---

① 戈因斯:《发生在60年代的自由言论运动》,第117页。
② 李普塞特、沃林编:《伯克利的学生反叛:事实与解释》,第103页;戈因斯:《发生在60年代的自由言论运动》,第118—119页。

为像海德公园自由论坛那样的区域。"个人可以根据他们的意愿在这个地区讲演","只要证明他们是在加州大学注册的学生或教师员工即可"。[1]但是,托尔主任拒绝了学生在那里筹款和在那里倡导特别的行动,同时还禁止用捐赠款项设置基金来支持大学没有授权的活动,不允许组织特别的选举、号召直接的社会和政治行动,或吸收新人参加这些行动。

学生们拒绝接受托尔主任的答复。他们表示,将采取设置警戒哨、举行示威游行、守夜等斗争方式。联合阵线的发言人杰基·戈德堡说:"现在允许我们去说为什么某些事情是好还是坏,但是不允许我们去传播为此做些什么的信息。在我们的社会和在这所校园中,不活动是个规则,而没有例外,而教育应该比学术更重要。""我们并不要做不切实际的知识分子。一百多年来人们谈了很多,但什么也没有做。我们要帮助学生决定他们适合政治谱系的哪一部分,以及他们能为自己的信仰做些什么。我们希望推动建立一个更好的社会。"同一天,学生们在班克罗夫特街和电报大道处放置了桌子以散发宣传品,并在斯普劳尔大楼的台阶前举行了第一次集会。[2]当晚,大约有75名学生在斯普劳尔大楼守夜示威。[3]

9月22日,加州大学学术评议会以11票对5票表决通过决议,要求加州大学评议会"允许学生在加州大学班克罗夫特大街入口处自由地进行政治和社会活动,直到在通常的入口处张贴宣传品"。学术评议会还提出到学生那里征集签名支持。[4]

---

[1] 戈因斯:《发生在60年代的自由言论运动》,第121页。
[2] 同上书,第122页。
[3] 李普塞特、沃林编:《伯克利的学生反叛:事实与解释》,第106—107页。
[4] 同上。

9月25日，加州大学校长克拉克·克尔对学生示威进行谴责。他说："我不认为你们不得不采取的行动是理智的、合乎时宜的。那些筹措款项和设置纠察线的行动并非是富于理智的行动……这些行动对于学生的智识的发展并不必要。如果真有意义的话，为什么要教历史呢？我们无法生活在古希腊……""大学是一个教育机构，它已授权评议会管理正常教育事务的责任，而不是用来进行直接的政治行动，这恐怕是不妥当的。没有权利把大学作为一个组织人民并在周围的社区采取直接行动的基地。"[1]

9月27日，自由主义和保守主义的学生组织发言人宣布了次日召开会议时设置警戒哨的计划，这些团体将在萨瑟大门放置桌子并在惠勒大厦前举行群众集会，事先将不向大学当局透露消息。9月28日，当学生在惠勒大厦前设置警戒哨并向大学的会场进发时，伯克利分校校长爱德华·斯通向学生做出了重大让步，他在表态中对大学的规章做了自由主义的解释，他同意学生在班克罗夫特大街、电报大道地区和大学校园内其他8处地点就建议、推选候选人的提议进行表决和散发印刷品。

9月29日，学生组织在班克罗夫特大街、电报大道入口处和萨瑟大门前放置一些桌子。当天晚上，学生组织的代表召开会议，讨论未来的行动。一位学生组织的发言人在前一天表示，"我们现在不会止步，直到我们使整个校园都成为自由言论的阵地"[2]。

9月30日中午时分，"学生非暴力协调委员会"和"种族平等校园大会"在未经学生处官员同意的情况下便在萨瑟大门处放置了桌

---

[1] 戈因斯：《发生在60年代的自由言论运动》，第127页。
[2] 李普塞特、沃林编：《伯克利的学生反叛：事实与解释》，第107页。

子。"学生非暴力协调委员会"的马里奥·萨沃指出，学生团体之所以要求获准采取这种行动，是因为他们想要为校外的政治和社会运动筹集资金。

加州大学行政机构代表要求带领学生放置桌子的几名学生领袖马克·布拉沃、布赖恩·特纳、唐纳德·哈奇、伊丽莎白·伽狄纳·斯塔普里顿和戴维·戈因斯在9月30日下午去见威廉斯院长，就其违纪行为听候处理。

下午3时，在马里奥·萨沃、阿瑟·戈德堡和桑多尔·富克斯的带领下，500多名学生和抗议者来到威廉斯院长的办公室前。马里奥·萨沃作为抗议斗争的发言人，递交了一份有500多名学生签名的请愿书。下午4时，威廉斯院长要发起运动的5名学生和3名示威领袖到他的办公室里讨论纪律处分问题，但被传唤的学生没有一个进入院长办公室。马里奥·萨沃宣布，由于他们的要求看来没有一项会得到满足，他们将整夜留在斯普劳尔大楼内，示威学生开始筹集捐款以购买食物。

马里奥·萨沃的父亲是一个虔诚的天主教徒，他本人先在曼哈顿学院受教育，以后转到女王学院学习。1963年夏季，他到墨西哥乡村为一个天主教救济组织工作，这年秋天，他随父母迁居洛杉矶，进入加州大学伯克利分校哲学系三年级学习。1964年夏季，他在密西西比州麦库姆一所自由学校为黑人儿童讲课。他曾对报界说，那里的状况使他"非常愤怒"。到1964年秋季，马里奥·萨沃已十分了解美国社会，他把自己的热情倾注于热衷的事业。①

---

① 《斗争中的伯克利：60年代》，牛津大学出版社1989年版，第21—22页，转引自戈因斯：《发生在60年代的自由言论运动》，第98页脚注，见同页马里奥·萨沃的自述。

大约在午夜，伯克利分校校长爱德华·斯通发表了一项声明。声明说："今天，学生和学生组织享受了大学历史上最充分的特权，包括讨论和辩论广泛的政治和社会问题。""当违规行为发生时，大学必须随后采取惩戒措施，并且正在采取这种行动。学生主任办公室的代表已分别通知 8 名违犯了学校规定的学生，并要求他们停止这种行动。8 名学生中每一个都拒绝这样做。我要遗憾地说，由于这 8 名学生故意行为不轨，蓄意违反大学的规则，我必须无限期地把他们开除出这所大学。"[①]

马里奥·萨沃在听到爱德华·斯通的声明后，对一批在斯普劳尔大楼静坐的学生说，必须继续抗议，并且提出了三点要求：第一，为停止开除学生的惩戒做法进行斗争；第二，继续为要求设置自由言论区域展开斗争；第三，坚持要求不要对进一步示威的学生采取惩戒行为。当晚，示威学生通宵进行了静坐和静卧斗争。各种政治组织的代表前来支持学生的抗议运动。就在这天夜晚，加州大学伯克利分校的学生抗议运动被称为"自由言论运动"。在斯普劳尔大楼前的静坐示威一直持续到 10 月 1 日凌晨 2 时 40 分才解散。解散前，学生决定 1 日中午在这座大楼阶梯前再次举行集会。[②]

10 月 1 日上午 11 时 45 分，乔治·默菲和彼特·万·霍顿院长以及大学的警长梅里尔·钱德勒来到斯普劳尔大楼前。一个原大学学生杰克·温伯格正在为"种族平等大会"募捐。他不愿在警官面前证实自己的身份并离开，因此警官钱德勒以非法进入校园罪逮捕了

[①] 李普塞特、沃林编：《伯克利的学生反叛：事实与解释》，第 109 页；戈因斯：《发生在 60 年代的自由言论运动》，第 149—150 页。

[②] 李普塞特、沃林编：《伯克利的学生反叛：事实与解释》，第 110 页；戈因斯：《发生在 60 年代的自由言论运动》，第 145—146 页。

他。警长没有把温伯格送到设在斯普劳尔大楼内的警察所,而是把他关到开来的一辆警车里,以便把他押走,学校当局的做法使学生群情激愤,他们一遍遍地高呼:"释放他!""释放他!"大约有100名学生敏捷地躺倒在警车前方,另有80多名学生站在警车后面。马里奥·萨沃脱掉鞋子,爬到警车顶上招呼学生们抗议警方的做法。[①] 到中午,有300多名学生把警车团团围住,到12时半,围住警车的学生增加到几千人,这里成为学生抗议活动的焦点。马里奥·萨沃重申了释放温伯格的要求,并要求大学当局解除关于筹款的禁令和关于禁止征集学生组织成员的禁令。聚集在这里的学生群众则要求萨沃和加州大学学术评议会的主席查尔斯·鲍威尔就释放温伯格和结束8名学生代表被迫退学的事宜与学校当局谈判,并要求大学当局在事态得到调解前停止任何反对学生示威的举动。威廉斯院长答复萨沃和鲍威尔说,事态已超过了他所能决定的范围,他将把他们两人介绍给校长斯通,他们可以与斯通讨论这些问题。而校长斯通拒绝了萨沃的要求,他表示大学不会向压力让步,退学是必需的,只有停止示威才有可能讨论这些问题。会谈不了了之。

午后,示威的学生分成两部分。有500人仍然围住警车。另有150人由萨沃带领进入斯普劳尔大楼,在学生辅导主任办公室外静坐。到下午4时,在学生辅导主任办公室外的学生增加到400人。下午5时半,萨沃宣布,一个由独立的教职工组成的委员会准备与学校高级行政官员交涉,如果交涉成功,示威学生将撤出斯普劳尔大楼。

下午6时15分,在大楼预定关门时间前45分钟,大学的和伯克利城的警察试图关闭斯普劳尔大楼的正门,守卫着大门的百余名学

[①] 戈因斯:《发生在60年代的自由言论运动》,第165页的照片。

生挡在门口防止大门被关上。有20名警察占领了通往二楼的主要楼梯,院长办公室在二楼。而学生始终占领门厅这一层楼。[1] 晚上10时,示威学生领导人召开了一次秘密会议,决定示威者将团结一致斗争下去。

晚上11时15分,有一小批反对示威的人来到林荫道上,示威者也增加到2500人。双方用鸡蛋作武器,相互投掷。示威者唱着歌,他们高喊:"我们将获胜!"反对示威者则斥之为"幼稚的家伙!"[2]

10月1日,加利福尼亚州的州长爱德蒙·布朗发表声明,支持加州大学校长克尔和伯克利分校校长爱德华·斯通的立场。他认为,伯克利分校学生示威"不是校园内言论自由的问题,这纯粹是学生一方试图非法地利用大学校园来筹集基金并征募学生参加校外活动的问题,这是无法妥协的"[3]。"我们已经并且将继续在我们校园内实施法律和维护秩序。"伯克利分校校长爱德华·斯通也发表了类似的声明,重申旧的禁令。加州大学学术评议会主席查尔斯·鲍威尔随即发表了一项声明。声明说,禁止在校园内为某个党派筹集基金和征募组织成员,不是分校校长或加州大学校长克尔所管辖的范围,事实上它属于国家法,鲍威尔要求学生向国家立法者上书。同时给予加州大学学术评议会全心全意的支持,而学术评议会会要求把班克罗夫特大街和电报大道地带转交给加利福尼亚州作为都市行政之用。他要求学生不要继续示威,因为那会危及所有大学社团享有的生命、财产和公开言说的权利。[4]

---

[1] 李普塞特、沃林编:《伯克利的学生反叛:事实与解释》,第112页。
[2] 同上书,第113页。
[3] 戈因斯:《发生在60年代的自由言论运动》,第205页。
[4] 李普塞特、沃林编:《伯克利的学生反叛:事实与解释》,第114—115页;戈因斯:《发生在60年代的自由言论运动》,第205—206页。

较为保守的社团"大学个人主义者协会"的副主席莫纳·哈钦斯也发表声明,他表示,保守主义团体完全同意在斯普劳尔大楼前静坐的意向。他们组织的一些成员已参加了在大楼设置的纠察队,以表达对示威者的同情。他表示,由于该组织希望合法地纠正学生所不满的弊端,这使他们无法参加静坐,但他们的组织与示威学生的统一战线仍然是坚定的。①

10月1日晚,杰克·温伯格通宵被囚困在警车中。抗议的学生也通宵围在这辆警车周围。到10月2日清晨,围着警车的学生仍有200人左右。

10月2日清晨,"各俱乐部联合阵线"散发了一份传单,要求恢复被开除学生的学籍,停止对杰克·温伯格的指控,恢复学生言论自由和参加政治活动的权利,指出这不会"妨碍大学的正常功能"。有13个组织签名支持上述要求,它们中包括"大学青年民主派""大学青年共和主义者""校园公民自由联盟""青年社会主义联盟""独立社会主义俱乐部""杜波依斯俱乐部""伯克利青年民主俱乐部""争取民主社会学生组织""争取和平的妇女"等。②

2日上午10时30分,校长克尔和副校长斯通召开了一个学校上层人员的会议,市政府的代表后来也参加了这个会议。会议决定发布一项声明,宣布这些学生团体的集会是非法的,要求集会解散,并决定在下午6时半发表这个声明。

下午4时15分,示威学生的发言人要求会见校长克尔。校方同意克尔校长与示威学生领袖在5时会面。

---

① 李普塞特、沃林编:《伯克利的学生反叛:事实与解释》,第115页。
② 哈尔·德雷珀:《伯克利学生的新反叛》,第51页。

下午4时45分，奥克兰、阿拉米达县、伯克利市的警察和加利福尼亚的公路巡警500余人来到伯克利分校内。一些手持长防暴棍的警察在斯普劳尔大楼周围守卫着。随着警察的到来，示威的同情者和7000名旁观者也来到斯普劳尔大楼和学生联合会之间的地方。学生们做好了与警察发生冲突和被捕的准备。

学生领袖与校方的谈判进行了两个多小时。晚上7时30分，克尔、斯通和马里奥·萨沃走出斯普劳尔大楼。萨沃爬上警车顶，宣读了达成的协议。协议由校长克尔和马里奥·萨沃等9名学生共同签署，它包括6项内容：

第一，示威学生停止一切不合法的反对大学规章的形式。

第二，将立即成立一个代表学生（包括抗议运动领袖）、教员和行政的委员会，以处理讨论和听取校园内政治行为和控制它们的一切事务，并且将向校行政提出劝告。

第三，被捕的学生将被登记，由他们自己具保释放，而大学（原告方）将不再提出指控。

第四，暂停学籍学生的休学持续时间将在一周内提交学术评议会的学生管理委员会。

第五，学生组织可以根据现行的大学规章进行活动。

第六，大学校长已经宣布，他乐意转让位于电报大道的大学的某些财产给伯克利市或加州大学学术评议会。[1]

---

[1] 李普塞特、沃林编：《伯克利的学生反叛：事实与解释》，第117—118页；哈尔·德雷珀：《伯克利学生的新反叛》，第56—57页；戈因斯：《发生在60年代的自由言论运动》，第231—232页。

当晚，没有再发生军警和学生的冲突。军警的警车撤走了，聚集的学生也散去了。

加州大学伯克利分校学生的抗议示威在社会上得到了广泛的支持。"美国人民自由联盟"北加利福尼亚分会主席厄内斯特·贝辛格在 10 月 1 日发表声明，支持学生运动，他还驳斥了加州大学校方对学生在校内示威的歪曲解释。加州大学教授执委会也表示支持伯克利分校学生运动。

在伯克利的学生运动发动起来后，学生运动的参加者都感到，在采取进一步的行动之前，需要给这个运动起个名称，即像阿尔及利亚民族解放阵线那样的名称。学生们提出了各种名称，如"自由言论的学生""联合的自由言论运动""大学权利运动""争取公民自由的学生"等，但大家觉得这些名称都不能使人满意。最后，杰克·温伯格提出的"自由言论运动"被大家一致接受为这场学生运动的名称。在"自由言论运动"的名称确定以后，10 月 3 日这一天，在艺术宫的会议上选出了它的执行委员会。执行委员会由被停学的学生和所有参加学生运动的校园内的政治组织的代表组成，它的人数有 50 多人。随后，研究生也选派代表参加了执行委员会。[①] 由于执行委员会规模过大，决策很慢，因此决定成立一个指导委员会。指导委员会由执行委员会选举产生。被选入指导委员会的人士都是已被证明有能力领导运动的学生代表。先后进入自由言论运动指导委员会的有杰克·温伯格、阿尔特·戈德堡、杰基·戈德堡、马里奥·萨沃、贝蒂纳·阿普特克、迈克尔·罗斯曼、西德尼·斯特普尔顿、达斯提·米勒、苏珊

---

① 戈因斯：《发生在 60 年代的自由言论运动》，第 238—239 页，并参见第 242 页杰基·戈德堡的回忆。

娜·戈德堡、本森·布朗、斯蒂夫·韦斯曼、罗恩·阿纳斯塔西、马丁·罗伊谢尔、莫纳·哈钦。在自由言论运动中，指导委员会规模逐渐扩大，但其中真正起领导作用的是杰克·温伯格、马里奥·萨沃、贝蒂纳·阿普特克和斯蒂夫·韦斯曼。①

自由言论运动的执行委员会和指导委员会的工作都遵循民主的原则进行。马里奥·萨沃说："我们知道，民主是件好事，但是必须仔细地加以指导，以确保正确的民主。"② 杰基·戈德堡回忆说："我们花了一个小时，又一个小时，再一个小时的时间把我们所制定的一个计划告诉每一个人，说明怎样才能正确地实行而不犯错误。我们为了一个计划细节的完满而筋疲力尽，以至于我们除了等到每个人都通过它或搁置它而做出决定外，无法再继续进行别的议程。""当然，常常发生争议，漫长的争论，激烈的争论，观点的不一致。"③ 自由言论运动奉行的参与民主制的原则，使得执行委员会和指导委员会的夜间会议持续数小时之久，会议漫长无休，会场上挤满了喧嚷的旁听者，有的人躺在那里，做他们的家庭作业或出去吃饭然后再回来，但是通常人们一致认为，要取得一致意见才能做出决定，所以，在委员会的决定成文并付诸行动前，必须使每个人对一切都了解和同意。这样，自由言论运动的第一次会议持续了整整一周。

莫纳·哈钦回忆说，当时存在一种普遍的看法："我们将建立一个伟大的学生运动，并且不久，全世界发动起来的学生都会了解，他们没有丧失任何东西，他们得到的是赞扬。"这本身就是一种乌托邦的幻想。哈钦坦诚地陈述了自己当时的心情："我似乎感到他们正坐

---

① 戈因斯：《发生在60年代的自由言论运动》，第240页。
② 同上书，第243页。
③ 同上书，第245页。

在一个玻璃制成的坦克里,我正在观望着他们。"[1]

在 10 月最初几天里,学生建立了若干个中心,其中有印刷中心、劳动中心、交流中心、罢课中心、出版中心和法律中心。这些中心大多数运转不好,只有法律中心例外。在 12 月 3 日一批学生被捕后,法律中心保留了所有被告的资料。[2]

10 月 5 日中午,加州大学伯克利分校示威的学生在斯普劳尔大楼台阶前举行了集会,宣布他们取得了胜利,表示支持 2 日晚同校方达成的协议。有 1000 名学生参加了集会。马里奥·萨沃在讲演中敦促广大学生接受达成的协议。他说,尽管整个斗争远未结束,但已取得了最重要的胜利。[3]

10 月 8 日,伯克利分校的学生向威廉斯院长递交了一份有 650 人签名的请愿书。请愿书写道:"自由言论运动"是由一批负责任的学生组成的,签名人表示支持"自由言论运动"的目标。同日,校长克拉克·克尔在圣迭哥商会发表演说时不无担心地说,伯克利分校的"形势现在是学生比以往任何时候都活跃。同时,形形色色的团体……都在攻击大学过去采取的政策。学生们受到大学以外的一些因素的鼓励,这在以前从来没有过"。

10 月 12 日,由 88 名教员签署的一份请愿书递交给副校长,敦促校方恢复被停学学生的学籍。

10 月 13 日,学术评议会通过两项决议。第一项决议指出,它非常高兴地看到近年来在大学里自由地调查和自由地交换意见的气氛普遍有所改进,表示赞成给学生最大限度的政治活动的自由。第二项决

---

[1] 戈因斯:《发生在 60 年代的自由言论运动》,第 247 页。
[2] 同上书,第 257 页。
[3] 李普塞特、沃林编:《伯克利的学生反叛:事实与解释》,第 121 页。

议指出，只有当知识分子团结起来维护秩序时，大学才能保持繁荣，它呼吁所有的派别"用遵守和平和秩序的方式来解决争端"，要充分利用由教员、学生和行政人员组成的联合委员会来达到这个目的。①

10月14日，大学发展委员会主席阿瑟·罗斯教授同"自由言论运动"的指导委员会会晤，双方同意与校行政一同讨论修改10月2日协议。10月16日，"自由言论运动"指导委员会发表声明，希望它参加的与学校行政当局的谈判能有结果。希望学校行政当局不要采取像校长克尔那样对自由言论运动的攻击态度来参加谈判。10月18日，"自由言论运动"执行委员会提名马里奥·萨沃、贝蒂纳·阿普特克、西德尼·斯特普尔顿和苏珊娜·戈德堡为参加"校园政治活动委员会"的代表。

10月20日，副校长爱德华·斯通发表声明，警告可能发生由"示威核心分子"领导的示威。他说，大学不能被作为一个计划和实施政治和社会活动的堡垒。他说："大学确实是一个政策的公开论坛，但是，我们不得不在自由和计划实施政治鼓动之间划一条界限。"斯通的声明遭到"自由言论运动"发言人阿瑟·戈德堡的驳斥，阿瑟·戈德堡指出："如果大学真是一个政策的公开论坛，为什么我们要倡导社会行动呢？"②

10月25日，讨论关于学生停学问题的"特别学术评议委员会"希望被停学的学生在委员会听证过程中能够恢复学籍。但是在10月26日，伯克利分校校长爱德华·斯通拒绝了"特别学术评议委员会"的这一要求。

---

① 李普塞特、沃林编：《伯克利的学生反叛：事实与解释》，第128—129页。
② 同上书，第132页。

10月26日,"自由言论运动"指导委员会发表政策声明,要求学校行政当局承认学生组织在校园内有下述权利:第一,自由地为校外的政治和社会活动鼓吹;第二,自由地为校外的政治组织招募成员;第三,自由地为校外的政治事业募捐;第四,不要强迫他们参加由大学的终身教职人员和警察召开的会议。

同日,北加利福尼亚"美国公民自由同盟"分会会长厄内斯特·贝辛表示,如果"特别学术评议委员会"不解决学生政治权利问题的话,就要向法庭对加州大学提出起诉。

10月28日,"特别学术评议委员会"召开了长达6小时的会议,听取了关于唐纳德·哈彻、马克·布拉沃和布赖恩·特纳这3名学生被停学的案件。11月3日,"特别学术评议委员会"完成了对学生停学案的调查取证。

11月2日,"自由言论运动"的《时事通讯》强烈地批评伯克利分校校长斯通和加州大学校长克尔,其中好几次谈到"直接行动"。它表示:"我们重申,当仲裁陷入沼泽不能自拔时,必须付诸行动。"①

同日,加州大学学术评议委员会通过决议说,在9月30日、10月1日和2日的示威中,出现了违反校规的行为,这表现在斯普劳尔大楼的大学教务被中断,并妨碍警察执行公务,学术评议委员会谴责学生在校内的示威。

11月4日,示威学生在斯普劳尔大楼阶梯上设置了50至60人组成的纠察哨,以引起人们对下午召开的"特别学术评议委员会"会议的关注。

---

① 李普塞特、沃林编:《伯克利的学生反叛:事实与解释》,第135页。

11月8日,"自由言论运动"发表声明:"自10月2日以来,组成'自由言论运动'的各组织一直自觉地不在加州大学伯克利分校校园内行使他们的宪政自由。自由言论运动延期付诸行动,是希望能与不顾及任何规定的行政当局达成协议。"它表示,"自由言论运动"现在改变上述做法,要把争取宪政自由付诸行动。

11月9日,"自由言论运动"的指导委员会在未与"校园政治活动委员会"取得一致意见的情况下,宣布撤销暂停政治活动的决定。当天中午在斯普劳尔大楼台阶前举行了第二次示威行动。在这次示威活动中,"自由言论运动"同其他8个校外组织沿着斯普劳尔大楼的台阶放置桌子、募捐杯和应聘的签名表格,有大约75人在应聘表上签名,有人发表了讲话。大约400多名学生参加了示威集会。"研究生协调委员会"宣布它将在次日与"自由言论运动"及其他抗议团体一同参加这项工作。参加"自由言论运动"的"研究生协调委员会"的代表史蒂夫·韦斯曼说,如果警察试图逮捕学生,研究生将拒绝与当局进行任何合作。11月9日晚,加州大学校长克拉克·克尔和伯克利分校校长爱德华·斯通联合发表一项声明,呼吁采用和平的合乎程序的途径来解决争端,并欢迎一切团体提出建议。声明同时又威胁说,学生参与违规行动将按规定的程序受到惩罚。①

11月10日,研究生继续参加抗议活动,有196名助教和研究生展开征集捐款的活动。

11月13日,加州大学学术评议会关于停学的特别委员会向加州大学学术评议会伯克利分会提出报告,建议8名被休学的学生中有6人在停学期限终了时应当恢复学籍,而另2人即马里奥·萨沃和

---

① 李普塞特、沃林编:《伯克利的学生反叛:事实与解释》,第142—144页。

阿尔特·戈德堡为期 6 个月的停学应当到 11 月 16 日结束。并建议，因为后二人有组织和领导学生示威活动的嫌疑，建议给予萨沃和阿尔特·戈德堡以更重的处罚。学术评议会特别委员会的建议提出后，"自由言论运动"在 16 日散发了一份请愿书，反对教师组成的学术评议会特别委员会的做法，请愿书写道："我们这些签署者决议：只有法庭才有权力判断在校园内的言论的内容是否违背自由言论的宪法权利。恐怕只有法庭才有权力在这些权利被滥用时实施惩罚。因此，我们要求学校行政当局承诺它不滥用这些权力。"①

11 月 16 日，加州大学学术评议会主席查尔斯·鲍威尔致函伯克利分校学生团体的这封信登载在当天的《加利福尼亚日报》上。信中说，加州大学学术评议会支持"自由言论运动"寻求的自由观念，但是，评议会不支持"自由言论运动"这种鼓励任性地违反大学规章的做法。他对自由言论运动表示，这个运动已清楚地陈述了自己的意见，他建议说，现在对我们是一个松弛的时机，给大学评议会一个考虑所有提出建议的机会。②

当夜，加州大学学术评议会召开特别会议，通过一项决议，在对于是否允许政治活动的问题上，把班克罗夫特大街和电报大道区域与大学校园内其他区域分别加以处理。允许未获准在校园内活动的校外团体在毗邻校园的地带有一个活动区域。学术评议会的报告还建议，给那些因参加政治活动而被逮捕的学生一个临时试读期，直到民事法庭就他们的行动是否具有合法性做出决定。

11 月 17 日晚，加州大学学术评议会通过一项给校长克尔的提

---

① 李普塞特、沃林编：《伯克利的学生反叛：事实与解释》，第 149 页。
② 同上书，第 150 页。

议。提议称，大学应当坚持下述两个原则，一是在校园内允许一切合法的行动，二是校园外的活动家的非法活动像以往那样属于作为私人公民的学生的私人事务。

11月18日，研究生部的院长桑福德·埃尔伯格召开全体大学教学助理的会议来澄清自由言论的问题。有450名学生参加了这个会议，"自由言论运动"的代表在会上讲了话。许多与会人士认为大学应当公正地听取学生的意见。

11月19日，"民主委员会"加利福尼亚州理事会要求加州大学行政当局和校评议会保障学生的"宪法规定的自由"。

11月20日，加州大学伯克利分校有3000多人在民谣歌手琼·贝兹的鼓动下举行了示威。示威者在"自由言论"旗帜的带领下和平地穿过校园。中午，在斯普劳尔大楼台阶前举行了集会。时值校评议会正在开会，它讨论并批准了校长克尔和副校长斯通提出的建议，6名被停学的学生的停学时间从9月20日到当天为止，学生示威的领袖阿瑟·戈德堡和马里奥·萨沃除了上述停学期外，到学期末为他们的试读期。同时，校评议会修改了加州大学关于政治活动的政策，强调所有的学生组织要遵守州的法律，要遵守加州大学长期以来实行的关于学生行为和纪律的条例。校评议会的决议公布后，遭到"自由言论运动"的反对，学生们批评校长和校评议会无视"自由言论运动"和学术评议会特别委员会的提议。

11月23日，"自由言论运动"在中午召开了群众大会，随后在斯普劳尔大楼前举行了3个小时的静坐示威。学生们唱起用圣诞圣歌和著名民歌曲调谱写的反对学校当局的歌曲，谴责校长克尔和副校长斯通无视学术评议会特别委员会的建议的做法。下午2时，几十名示威学生进入斯普劳尔大楼。以后，又有300人进入这座大楼。他们冲上院长办公室所在的三楼。下午 5 时，学生才撤离这座大楼。

11 月 14 日，加州大学副校长宣布在伯克利分校进行政治活动的新规划。即被授权的学生组织允许在班克罗夫特大街—电报大道地带、大学北入口处和学生中心这几个地区进行募捐和签名应聘的活动，并可以在这些学生组织设置的桌子上发放有关政治和社会活动的资料。学生辅导主任把这些活动委托给学术评议会的主席来管理。但是在 28 日，副校长斯通在写给马里奥·萨沃和阿瑟·戈德堡的信中，指责这两位"自由言论运动"的领袖缴获了大学警察用车并逮捕了一个人，这封信用强硬的口气要求萨沃和戈德堡出席"校园行动教师委员会"的听证会。[1]

针对校方的敌视态度，"自由言论运动"的鼓动委员会在 29 日下午 4 时召开紧急会议，并在当晚 8 时 30 分发表一项声明。声明指出，"行政当局把自由言论运动看作是单纯的不顺从的问题，并且拒不承认学生的需要的合理性"，"行政当局再一次挑选出学生加以惩罚，是逃避而不是面对真正的问题"。这种行为"只能被视为试图再次引发像 10 月 2 日那样的事件。我们要求停止这些指控"[2]。但是，"自由言论运动"上述声明中提出的要求在 30 日被分校校长斯通所拒绝。当天，"自由言论运动"的发言人在集会上宣布，计划在加州大学的圣巴巴拉分校、戴维斯分校、洛杉矶分校和南加州大学校园内采取行动。

12 月 1 日，"自由言论运动"发出最后通牒，要求大学当局满足三项主要要求。第一，停止实施因为 10 月 1 日和 2 日示威而对自由

---

[1] 李普塞特、沃林编：《伯克利的学生反叛：事实与解释》，第 158—160 页。
[2] 同上书，第 160 页。

言论运动领袖马里奥·萨沃、阿瑟·戈德堡、杰基·戈德堡和布莱恩·特纳的纪律处分。第二，目前关于政治言论的规章应当修改，改为只有法庭才能控制政治言论的内容。不必要的限制政治活动的规章都应当取消。第三，行政当局要避免因为参加政治活动而进一步处分学生和学生组织。最后通牒说，如果行政当局不在 24 小时内满足这些要求，"自由言论运动"将随即采取直接行动。①

12 月 2 日，包括学生、教师和一些校外人士共约 1000 人在斯普劳尔大楼和学生同盟所在地之间的广场举行了群众集会。随后，示威者冲进斯普劳尔大楼，挤满了大楼的四层楼道，他们在那里举行了静坐。民谣歌手琼·贝兹对示威者说："当你们参加〔斗争〕时，你们的内心充满了爱。"他唱起了"我们将取胜"的歌曲，领导学生群众静坐的是马里奥·萨沃。入夜以后，学生领袖劝带有孩子的妇女和少年等不适宜留下的人离开大楼，余下的示威者在那里通宵静坐示威。

12 月 3 日凌晨 3 时许，副校长斯通使用手提式电子扩音器向斯普劳尔大楼中的示威者说，大学当局已经表现出极大的忍耐和克制，他要求学生停止这种不合法的行动，离开大楼，立即解散。而在此以前一小时，大约 635 名全副武装的警察便已聚集在大楼外。3 时 45 分，加利福尼亚州州长爱德蒙·布朗发布了逮捕在斯普劳尔大楼内对抗法律的所有学生的命令，任何愿意离开大楼的示威者都可以离开大楼，只是逮捕那些坚持留在大楼内的人。授命阿拉米达县的执法官员执行这个命令。随着州长布朗一声令下，警察冲进大楼，从四层楼由上向下逐层逮捕示威学生。警察用了 12 小时的时间才清理完整座大楼，先是把示威者拉到地下室里，然后再把他们关进汽车和囚

---

① 李普塞特、沃林编：《伯克利的学生反叛：事实与解释》，第 102 页。

车里运走。① 各方提出的被捕的示威者的人数不一，警方最初提供的数字为 801 人，后来发现计算有误，改为 761 人。加州大学校方提供的数字为 814 人，其中学生为 590 人，占 72.5%，非学生为 135 人，占 16.6%；教师、研究助理、大学雇员和身份不明的人为 89 人，占 10.9%。②

大逮捕发生后，一批大学教员发动为被捕的学生和教员募捐，一共筹得保释金 8500 美元。12 月 3 日下午 1 时，举行了教员大会。共有 800 多名教授和讲师参加了会议。会议做出决议，主张在校内实施新的政治行动和更为自由的规章；在本日以前所有根据规章反对学生的审理行动当被停止；建立一个对学术评议会负责的委员会，学生可以就学校行政当局做出的与政治犯罪有关的处罚决定提出上诉；而这个委员会做出的决定将是最后裁决。显而易见，教员大会希望剥夺学校当局处罚学生的决定权，而把这种权力转交给教师会议。这明显地表现出教师对学生的同情。在会上，361 名教员签署了一封致加利福尼亚州州长爱德蒙·布朗的电报。电文中写道：

> 在下面签名的加州伯克利大学的教员强烈谴责州公路警察在伯克利校园中出现。我们还抗议，当警察允许新闻记者和摄影记者进入大楼时，却把教授会的成员，至少包括一名学术自由委员会的成员赶出了斯普劳尔大楼。针对数百名学生采取的惩罚行动无助于解决我们现时的问题，并且将使已经很严重的局势更加恶化。只有迅速释放被逮捕的学生，恢复统一的校园

---

① 李普塞特、沃林编：《伯克利的学生反叛：事实与解释》，第 165—166 页。
② 同上书，第 175 页。

生活和恢复正常的学术功能才有希望。

会上，美国大学教授协会伯克利分会主席约翰·雷诺兹代表该组织发表声明，要求完全赦免在自由言论运动中犯罪的人，伯克利新的学校负责人应当相信大学社团。[①]

12月4日，昨日被捕的人员获释回到伯克利分校校园内。他们佩戴着黑底镶有白色"V"字的标记，参加了中午在斯普劳尔大楼台阶前举行的盛大集会。有5000多人聚集在那里，许多人爬到阳台上和公共食堂的屋顶上，聆听学生运动的领袖和教员发表演说谴责州长布朗、校评议会、校长克尔、分校校长斯通和警察。这一天，学生的罢课继续进行。工会也谴责使用警察镇压学生和校园内不给言论自由。伯克利分校的事件引起了社会广泛的关注。

12月6日晚上7时，800名曾被逮捕的示威者和他们的辩护律师在北伯克利加菲尔德初级中学会面，有将近40名律师参与为被捕者辩护。律师们强调，他们不是为"自由言论运动"工作，而是代表了各种学生。[②]

12月7日中午11时，伯克利分校16000名学生、教职员工在希腊戏院举行学位授予仪式。系主任委员会向加州大学校长克拉克·克尔提出建议，大学共同体的治理应当合乎规则和法律的程序来解决问题，在校园内应当充分自由地进行教育活动；大学共同体应当遵守新的自由主义的政治活动规则；对于2日和3日在斯普劳尔大楼示威的被捕者的处理，大学应当接受法庭的判决，大学不会追究12月2日

---

① 李普塞特、沃林编：《伯克利的学生反叛：事实与解释》，第167—168页。
② 同上书，第174—175页。

和3日以前的任何行为，但大学将对此后任何违反规章的行为采取处分措施。校长克尔接受了这一提议，并宣布提议立即生效。这一决定引起了学生和他们的领袖萨沃的强烈不满。大会匆匆解散。在中午，大约有10000名学生在广场上举行集会，反对校长克尔的这一决定。①

12月8日下午，学术评议会伯克利分会召开会议，经过讨论，以824票对115票通过一项明确反对校方压制学生运动的政策和支持学生运动的决议。决议指出，对于12月8日以前任何因涉及目前关于政治言论和活动的人和组织，大学将不予纪律处分；在校园内从事政治活动的时间、地点和方式，应当服从于防止干扰大学正常秩序的合理规定；大学不应当限制讲演和鼓动的内容；校外的政治活动不应当受学校规定的限制；未来在政治活动领域采取的纪律处分措施，应当由一个学术评议会指定并对其负责的委员会来决定。②学术评议会还通过决议说："鉴于目前大学生活中出现的重大危机，要求学术评议会伯克利分会对学校团体实行领导。"它号召组成由一个选举产生的成员和分会主席组成的"紧急执行委员会"。

伯克利的学术评议会这时开始对学校在政治活动领域对学生的限制表示了坚决的反对，努力保护学生参加民主运动不受学校当局的迫害。在学术评议会开会期间，有将近3000人聚集在学术评议会开会的惠勒大厦外，聆听扩音器传出的会议进程，当他们听到学术评议会的决议时，他们为之欢呼。"自由言论运动"在随后发表的一份声明中说："自由言论运动以深切的谢意欢迎教授会的行动，通过的学术评议委员会的提议，对学生和教授来说都是前所未有的胜利。"

---

① 李普塞特、沃林编：《伯克利的学生反叛：事实与解释》，第176—177页。
② 同上书，第189页。

12月9日,加州大学评议委员会主席爱德华·卡特发表一项声明:"加利福尼亚州宪法清楚地授予评议委员会在处理加州大学事务中充分的最终的权威,评议委员会将于12月18日在洛杉矶召开的下次会议上直接考虑整个事态。"

12月15日,"种族平等大会"负责人詹姆斯·法默来到伯克利分校,在"自由言论运动"午间的集会上发表讲话,支持学生的斗争。他高度评价学生的斗争,并说:"无论争取平等权利的斗争在何时展开,加州大学的学生都站在最前列……我赞美你们并向你们致敬,我作为你们的客人来了,我将为你们最后的胜利提供我能够提供的支持。"[1]

1965年1月2日,加州大学评议委员会紧急会议提名环境计划学院院长马丁·迈耶森接替爱德华·斯通担任伯克利分校代理副校长。爱德华·斯通被批准因病告假离职。马丁·迈耶森和教师、行政官员和学生开了一系列会议。1月3日,他发表声明,对这个不稳定的时期学生的言论自由行动做出了一些让步。他规定,在中午和下午14时至18时可以在斯普劳尔大楼的台阶那里进行公开讨论,学生组织可以在整个白天在班克罗夫特大街和电报大道进口处、金熊餐厅、北大门等处放置桌子,进行募捐,散发宣传品和征募成员,出售学生组织的出版物,可以在桌上张贴海报和招贴画。在校园外作讲演则要提前48小时提出报告。[2]

这表明,伯克利分校新领导对学生组织的要求做出了很大的让步,学生组织的要求基本被接受了。"自由言论运动"基本取得了胜利。

---

[1] 李普塞特、沃林编:《伯克利的学生反叛:事实与解释》,第189页。
[2] 同上书,第197—198页。

第三节　哥伦比亚大学的学生运动

1968年纽约哥伦比亚大学的学生运动把20世纪60年代的美国学生运动推向了一个高峰。卡尔·奥格尔斯曾评述说，1968年哥伦比亚大学的学生运动"就其重要性、意味深长和奇特性而论，它和百年前发生的干草市事件一样"[①]。

哥伦比亚大学激进的学生运动在1968年4月至5月爆发，是1964年加州大学伯克利分校学生运动高潮以来规模最大的学生反抗运动。它的爆发绝非偶然，早在1968年以前的几年间，哥伦比亚大学学生就围绕着学生在学院管理中的权利问题、越战问题，在校内设立海军后备军官训练团、军事组织和准军事组织，在校内招募人员等问题展开了斗争。

1965年，哥伦比亚大学学生就在大学内建立海军后备军官训练队举行抗议活动。为此，1965年5月，学校行政当局建立了一个"学生生活委员会"。它由同等数量的学生、行政人员和教员代表组成。这个委员会的任务是"重新考察学校现存的管理学生的权利和作为学生团体成员的责任的政策"。这个委员会在经过两年的紧张工作后，于1967年8月向柯克校长提交了两份报告。其中主要的一份报告由参加小组委员会的教师和行政人员撰写，它要求学生在学校决策过程中有更大的咨询权，并且建议建立保证相应程序的司法制度。另一份由委员会的学生成员起草的报告，则用强烈的语言指出上述第一

[①] 柯克帕特里克·塞尔：《争取民主社会学生组织》，第441页。"干草市事件"指的是1886年5月1日在芝加哥干草市广场美国工人争取8小时工作制的示威事件，政府出动军警制造了惨案。后把这一天定为国际劳动节。卡尔·奥格尔斯是"争取民主社会学生组织"的领袖之一，出身于工人家庭，时年30岁。

个报告提出的问题太少也太迟了,他们认为应当允许学生在大学重要的决策制定中发表实际的意见。但这两份报告递交柯克校长后都毫无反应。①

在 1965 年秋季,"争取民主社会学生组织"在哥伦比亚大学校园政治中已成为一支重要的力量。1965 年春季,约翰·富尔斯特、哈维·布卢姆和米切尔·纽曼便在校内建立了"争取民主社会学生组织"的哥伦比亚大学分部。1966 年 11 月 15 日,有 200 名学生举行示威,强烈抗议中央情报局在校内招募新成员。第二天,有 150 名学生进入洛图书馆,向学校行政当局递交了一封信件,要求校方拒绝中央情报局在校内征募人员。在下一周,"争取民主社会学生组织"分部组织了 500 名学生再次前往洛图书馆抗议,他们遇到了柯克校长,迫使他就学生的权利和哥伦比亚大学卷入军方活动与学生展开辩论。在斗争中,"争取民主社会学生组织"在哥伦比亚大学发展成一支可观的有组织的力量。1967 年 2 月,有 18 名学生再次起来抗议中央情报局在校内征募人员,他们进行了静坐示威,并把一个正在对学生进行面试的招募官员锁在办公室中。参加这次活动的大多数人员都是"争取民主社会学生组织"的成员。②

1967 年 4 月,美国海军陆战队进行每年一次巡回,来到哥伦比亚大学。他们在一个最繁忙的宿舍的门厅里放置了他们的办公桌。但他们不仅无法招募到人员,而且引起了 300 余名"争取民主社会学生组织"成员的抗议和反对。抗议者封锁了前往招募点的通道,抗议者和 50 名反对抗议者之间发生了冲突,有数名学生在冲突中受伤。学

---

① 杰克·阿沃恩等:《反叛中的大学:哥伦比亚大学危机的历史》,伦敦 1968 年版,第 11—12 页。
② 同上书,第 9—10 页。

校当局被迫在当天要求海军陆战队招募人员离开，这样才使事态平息下来。

"防务分析研究所"是隶属于美国国防部的机构。从1956年起在美国各大学设立，共有123个大学的研究人员参加了这项工作。[①] 1959年，在哥伦比亚大学也建立了"防务分析研究所"。哥伦比亚大学校长格雷森·柯克积极地参与其工作。到了20世纪60年代中期，哥伦比亚大学与"防务分析研究所"的联系成为全校师生关注的问题。因为美国侵略越南战争已爆发，"防务分析研究所"的工作与越战密切相连，哥伦比亚大学便和美国政府的侵略战争政策联系在一起。于是，哥伦比亚大学激进的教师和学生开始从道德和社会作用方面对大学扮演的角色和采取的政策进行批评。1967年10月，由于一项1961年由"中央情报局"秘密基金资助的研究计划被披露出来，在全校引起一场辩论。10月23日，"争取民主社会学生组织"主席特迪·卡普查克带领了300名学生前往洛图书馆，向柯克校长递交了一封信件。信件要求哥伦比亚大学割断与国防部包括"防务分析研究所"的一切联系。当时，柯克校长不在场，由一个学校官员收下了信件，学生随即离开了，但事后柯克校长没有做出任何答复。

1967年12月，在哥伦比亚大学教职人员的要求下，柯克校长任命了一个教师委员会来研究大学与外部机构包括"防务分析研究所"的关系。由于此后该委员会行动迟缓，没有效率，同时鉴于校方对于学生10月份的信件不做明确答复，于是，在1968年3月27日，激进的学生再次组织到洛图书馆示威。100多名学生挤满了洛图书馆走廊，时间长达1小时。他们使用电子手提扩音器干扰学校行政人员的

[①] 威廉·曼彻斯特：《光荣与梦想》，第1590页。

工作。有大批群众支持他们这一举动。[1] 4 天以后，哥伦比亚大学评议会批准了一项计划，宣称要结束哥伦比亚大学与"防务分析研究所"的密切关系。这个答复是一种对付日渐发展的学生抗议运动和来自教员的批评的策略举措，因为学校当局没有从根本上改变其立场。在这项计划中，哥伦比亚大学决定不再选派一名官员在"防务分析研究所"的评议会中代表大学，而是每年指派一名高级官员以个人身份在"防务分析研究所"的评议会中工作。这一计划未对"防务分析研究所"的评议委员会做任何大的变动，而柯克校长继续作为"防务分析研究所"的评议员参与它的工作。对于"防务分析研究所"的极度不满，是 1968 年春季哥伦比亚大学学生造反的重要导火索。在大学生占领学校的第二天，举行过一次投票，在参加投票的 5500 人中，有 3500 人赞成结束哥伦比亚大学与"防务分析研究所"的联系。

1968 年春季学期开始后，有好几个有争议的机构到哥伦比亚大学来招募人员。其中一个是道化学公司，它是生产美军在越南使用的凝固汽油弹的主要厂家。这引起了哥伦比亚大学"争取民主社会学生组织"的不满。当 2 月 23 日道化学公司从事招募工作的人员到达哥伦比亚大学时，"争取民主社会学生组织"组织了学生示威。大约有 80 名学生来到道化学公司进行招募面试的道奇大楼，进行静坐示威抗议，阻止道化学公司的招募工作。[2]

3 月 27 日，学生在洛图书馆示威以后，校方对积极参与的学生进行了纪律处罚。当时，柯克校长得意扬扬地宣称："大学可以以它认为合理的理由自由地开除任何人，这是因为它应该这样。当然，我

---

[1] 杰克·阿沃恩等：《反叛中的大学：哥伦比亚大学危机的历史》，第 17 页。
[2] 同上书，第 31 页。

在评议会领导下，有最后的惩戒权。""现在这所大学没有任何一部分不在集中的权力控制下。"[1] 他绝对没有预料到大规模的学生运动几天后便蓬勃兴起。

在学生示威过程中，学生推选了6位代表与校方谈判关于惩罚示威学生的问题。马克·拉德是其中之一。4月22日，在哥伦比亚大学学生运动大规模爆发的前一天，"争取民主社会学生组织"的主席马克·拉德向柯克校长递交了一封公开信。这封信反驳了4月12日柯克把学生的行动称作"虚无主义"的说法。马克·拉德的这封公开信可以说是造反学生给哥伦比亚大学校方的一份公开战书。这封信中写道：

亲爱的格雷森：

你关于虚无主义的指责真可谓是不祥之兆，因为如果它是真实的话，我们的虚无主义恐怕要用我们的双手，打碎从哥伦比亚到洛克菲勒中心的整个文明世界。尽管它不符合事实，你的指责确实描述了某些事情：你称它为代沟，我却把它视为在那些目前管事的人，像你格雷森·柯克，和那些他们感到你被统治的团体压迫并厌恶你的那些青年人之间的真正冲突。

你可能希望了解这个社会出了什么问题，因为你毕竟生活在一个非常封闭的自我制造幻想的世界中。我们可以指出，越战是一个无法想象的侵略战争的范例，你们准备通过战争来维持你们对你们的帝国的控制，现在你们已经被越南人打败，所以你们争取作一种策略撤退。我们要指出，你们把我们当作炮

---

[1] 杰克·阿沃恩等：《反叛中的大学：哥伦比亚大学危机的历史》，第25页。

灰去为你们作战。我们能够指出,你们公馆朝着黑人聚居区的窗户,由于你们不公正的劳工部的举措,你们的城市政府和你们的警察比起你们帮助建立的实行种族主义扩张政策的大学要糟糕得多。我们能够指出,正是你们的这所大学,训练我们成为律师和工程师,成为你们的国际商用机器公司、你们的 Socony Mobil、你们的国际开发协会、你们的 Con Edison 公司的经理(或是成为像这所大学一样的许多其他大学的学者和教师)。简单地说,我们能够指出,我们自己无意义的学习,我们的个性转变期,以及我们对于作为你们机器系统上的齿轮的钝齿的反感,既是一种根本病态的社会产物,又是对它的反作用。

你关于"虚无主义"的叫喊,表现了你没有能力理解我们的积极价值。如果你曾去过新生的"当代文明课"。你恐怕会看到,我们正在为社会寻找理性的基础。我们对于事物发展的道路确实有自己的见解:我们巨大的经济资源如何用于消除匮乏,其他国家的人民如何摆脱你们的统治,一个大学如何才能生产出有利于进步的知识,而不是无意义地消费和毁灭(如防务分析研究所),人们如何才能自由地拥有他们生产的东西,而享受和平的生活,自由地去创造。这些都具有积极的价值。但是,因为它们意味着摧毁了你们的秩序,你们称之为"虚无主义"。在运动中,我们开始称这种见解为"社会主义"。它是一个美好的和高尚的名称,它包含着与你们的公司资本主义和你们的政府的绝对的对立;它很快就会被其他要求对他们自己的生活和他们的社会价值加以控制的年轻人所理解。

你们感觉到这种局势具有"潜在的危险性",这是完全正确的。因为如果我们赢了，我们就会控制你们的世界、你们的公司、你们的大学，并且试图去塑造一个我们和其他人都能像人一样生活的世界。由于我们在夺取它以前将摧毁那个权力，你们的权力受到了直接的威胁。因为你们支持越战和美帝国主义——防务分析研究所和国际事务学院——我们开始与你们做斗争。我们将因为你们控制在莫林赛德高地的、在哈莱姆的和在校园里的黑人而反对你们。而且，我们将反对你们用错误的教育方式引导我们，我们甚至将不得不时时用暴力的方法摧毁之。以此结束你们的权力和你们的制度——但这种呼吁与虚无主义是完全不同的。

格雷森，我怀疑你是否弄懂这其中任何一点，因为你们想入非非已经使你的思想离开了世界的真实情况。副校长杜鲁门说社会基本是正常的，你说越战是出于善意的偶然事件。而我们这些让你害怕的年轻人认为，社会出了毛病，而你和你们的资本主义就是毛病本身。

你要求秩序并要求尊重权威，我们则要求公正、自由和社会主义。

还剩下一件事要说明，由于它是一切解放战争爆发的一枪，它对你来说可能是厉害的无政府主义，我将使用勒罗·琼斯的话，我坚信你绝对不喜欢它，这句话就是："面对的是一堵墙，他妈的，它竖在那里。"

你的争取自由的

马克[1]

---

[1] 杰克·阿沃恩等:《反叛中的大学：哥伦比亚大学危机的历史》，第25—27页。

马克·拉德当时 20 岁，是哥伦比亚大学的 69 级学生。他在进入哥伦比亚大学的第一学年将要结束时，参加了校园内的反战团体"哥伦比亚越南独立委员会"。当他读到第二学年的时候，这年秋天"争取民主社会学生组织"的分部在哥伦比亚大学建立。拉德被这个组织的激进主张和它对众多问题的关注态度所吸引，他参加了这个组织的会议。在他的第三学年的春季，他缺课 5 周，其间到古巴旅行了 3 个星期。他从古巴回来后不久，正值"争取民主社会学生组织"年度改选，马克·拉德便被选为哥伦比亚大学"争取民主社会学生组织"的主席。[①] 由于选出了一位优秀的领导人，哥伦比亚大学"争取民主社会学生组织"的活动和斗争性明显加强了。

对于资本主义教育制度和政治制度的不满情绪早已在哥伦比亚大学师生中蔓延。在哥伦比亚大学学生运动大规模爆发以前，教授在学生的支持下，在"当代文明"课程的教学中，一改自 1919 年该课程设立起便从柏拉图、亚里士多德和阿奎那讲起的做法，决定西方文明史的讲授从宗教改革开始。这一课程内容的变动反映了激进的倾向，因为宗教改革以后紧接着便是 17 世纪资产阶级革命，对宗教改革的讨论将导致对革命的讨论和研究。

4 月 22 日晚，"争取民主社会学生组织"的哥伦比亚大学分会召开了一次紧急全体会议，数十名学生参加了这次会议。会议经讨论后做出一项决议，于次日召开一次群众大会，抗议学校当局对学生运动带头人的惩罚，抗议"防务分析研究所"的活动和种族主义，要求校方就"防务分析研究所"举行公开听证会。[②] 这样，从 4 月 23 日开始，

---

① 杰克·阿沃恩等：《反叛中的大学：哥伦比亚大学危机的历史》，第 31—32 页。
② 同上书，第 34 页。

在哥伦比亚大学掀起了长达一个月时间的大规模学生抗议、示威的斗争浪潮。

4月23日中午，将近1000名哥伦比亚大学的学生和教师聚集在校园内洛广场上，准备参加预定的群众大会和抗议活动，广场上挤满了人，在洛广场南部，将近400名学生在聆听"争取民主社会学生组织"的演讲者向他们介绍发生的事态。在洛广场上，还聚集着300名左右反对示威的学生。广场上挂着拉丁文写的标语"期待的时刻就要到来"。"争取民主社会学生组织"前副主席泰德·戈尔德首先讲话，他解释说，学生之所以要违背当局的禁令，把户内集会改为户外集会，是因为他们要讨论关于大学政策的重大问题。他指出当局禁止户外集会的命令是无理的。[1] 这次集会有一个突出的特点，即黑人组织也参加了"争取民主社会学生组织"号召的集会。在过去，"争取民主社会学生组织"一直试图与黑人学生组织联合行动，但努力都失败了。而在这次规模空前的斗争中，白人学生和黑人学生的联合行动实现了。

"非洲裔美国学生协会"新选出的主席西塞罗·威尔逊在集会上发表了演说，他谴责了大学当局在莫林赛德公园建造体育场的计划。他特别批评了种族主义政策在教育上的表现，他质问说："在哥伦比亚大学你们看到有多少黑人教员？学校人口中有百分之几是黑人？"他指出，学校当局的非正义行动不仅表现在对学生团体的态度上，而且也表现在对黑人团体的态度上。[2]

关于莫林赛德体育馆计划，需在此做一介绍。哥伦比亚大学拥有价值2.3亿美元的曼哈顿地区的不动产，而破旧的哈莱姆公寓占了地产的大部分。这样，哥伦比亚大学实际上成了贫民窟的大房东。6年

---

[1] 杰克·阿沃恩等：《反叛中的大学：哥伦比亚大学危机的历史》，第37—38页。
[2] 同上书，第39—40页。

前，哥伦比亚大学又从纽约市租得莫林赛德高地公园的 30 英亩土地中的 2.1 英亩。学校原打算在这块土地上建造一座价值 1160 万美元的宏伟体育馆，住在附近的哈莱姆贫民区的黑人可以免费使用底层的体育馆和游泳池，大学体育系则使用体育馆上面几层。一些持反对意见的房东把这个计划称为"土地掠夺"，并说这是对"公园的玷污"。此外，在大学行政当局公布的关于体育馆的蓝图中，体育馆面对大学的大门是精心设计的，造价昂贵，而另一面朝着哈莱姆小区开的门，则小而简陋。居民区的领袖斥责这是"隔离的不平等的安排"，哈莱姆争取种族平等大会主席愤怒地指责说："本居民区受到掠夺。"这个事件引起了哥伦比亚大学学生的注意。[1]

当威尔逊在集会上讲演时，普拉特院长走近马克·拉德，交给他一封副校长戴维·杜鲁门写给马克·拉德的信。他告诉拉德，洛图书馆现已关闭，他准备在校园内最大的会堂麦克米林戏院与学生见面，并讨论他们提出的问题，这是今晨哥伦比亚大学行政会议讨论后做出的决定。马克·拉德向学生群众当场宣读了戴维·杜鲁门的信件。但聚集在广场上的示威学生没有接受戴维·杜鲁门的提议。以马克·拉德为首的一批学生从安全出口进入洛图书馆。这时，有将近 300 名学生在西塞罗·威尔逊和其他几位"非洲裔美国学生协会"成员带领下，冲出位于阿姆斯特丹大道和第 117 大街的大门，奔向莫林赛德体育馆。中午 12 时半，学生推倒了体育馆旁 40 英尺的围墙。学生在入口处与警察发生了冲突。在冲突中，一名白人学生弗里德·威尔逊被警察铐走。在体育馆附近的混战发生后，马克·拉德告诫学生群众，在这里无法与学校领导人对话，他要求体育馆附近的示威学生返回校

---

[1] 威廉·曼彻斯特：《光荣与梦想》，第 1589 页。

内，到洛图书馆去与留在广场上的 300 名学生会合。于是，这批示威学生随后折回哥伦比亚大学校园。

在校园中心的广场上，马克·拉德向聚集在那里的数万名大学生发表了讲话。他说，学生不是七零八落的暴民，学生应该提出自己的要求，而其中一项就是"防务分析研究所"必须撤离哥伦比亚大学，这项要求必须实现。但他表示不主张占领洛图书馆，因为学生人数太少。随后，几百名学生冲进并占领了汉密尔顿大楼。

在汉密尔顿大楼，马克·拉德组成了一个由学生领袖组成的"鼓动委员会"，他们中有来自"非洲裔美国学生协会"的雷·布朗、比尔·塞尔斯，来自"公民权委员会"的乔尔·齐夫，来自"争取民主社会学生组织"的尼克·弗罗伊登伯格、马克·拉德、泰德·戈尔德和西塞罗·威尔逊。下午 2 时 50 分，在"鼓动委员会"会议上，提出了六项要求作为学生抗议运动的基础。这就是：第一，所有现在正在审理的惩戒措施和对 6 名学生已经实施的缓期处罚应当立即解除，并赦免那些参加示威的学生；第二，应当终止执行克尔校长关于禁止在大学建筑物内示威的禁令；第三，在莫林赛德高地公园建筑哥伦比亚体育馆一事应当立即停止；第四，所有未来做出的针对哥伦比亚大学学生的惩戒行动，必须通过在学生和教员面前举行的按照固有的程序标准进行的听证会来解决；第五，哥伦比亚大学要在事实上而不是书面上与"防务分析研究所"脱离关系，而柯克校长和受托人威廉·伯顿要辞去在"防务分析研究所"的受托委员会和执行委员会中的职务；第六，哥伦比亚大学应该派出最好的职员来实施解除现在对参加示威的激进分子的指责。[1]"鼓动委员会"还制定了计划，把哥

---

[1] 杰克·阿沃恩等：《反叛中的大学：哥伦比亚大学危机的历史》，第 53、299 页。

伦比亚大学发生的事件告知校内外同情学生运动的团体，以争取他们的支持。

当天下午，柯克校长到市区去参加会议，不在哥伦比亚大学校内。傍晚，当副校长杜鲁门告知柯克校内形势时，柯克主张立即召来警察以平息学生的骚乱。但副校长杜鲁门和院长科尔曼持反对意见，他们认为入夜后学生会自行散去，他们需静观事态的变化。

入夜，在汉密尔顿大楼内，一个学生把一幅很大的列宁的广告画像贴到门厅的柱子上。过了一会儿，有一个学生把一幅很大的切·格瓦拉的画像贴到科尔曼院长办公室的门上。红气球和绉纱纸带挂满了门厅，学生们则躺在地板上，有的在弹吉他，有的在看连环画，也有的在准备第二天上课用的课后作业。[①]

晚上10点钟的时候，副校长戴维·杜鲁门出现了。他向汉密尔顿大楼外面的学生作了简短的讲话，然后进到哈特利大楼的门厅，他表示学校行政领导不会赦免示威的学生。他威胁说，学生会受到惩处，并且必须惩处。这天下半夜，在汉密尔顿大楼静坐的学生都在那里睡下了。

这天下半夜2点钟时，"鼓动委员会"内部发生了分裂。参加该委员会的哥伦比亚大学两个主要的学生组织的代表在斗争策略上发生意见分歧。"争取民主社会学生组织"非常关心发动和争取更多的群众的支持，他们认为，脱离众多学生群众和疏远教职工是极其危险的和有害的，而黑人学生组织则主张采取更为激进的策略，在大楼门口设置工事。斗争策略上的分歧使得"争取民主社会学生组织"和"非洲裔美国学生协会"最终分开来开会。4月24日凌晨5时半，白人

[①] 杰克·阿沃恩等：《反叛中的大学：哥伦比亚大学危机的历史》，第57页。

学生被黑人学生赶出了汉密尔顿大楼。黑人学生接管并控制了汉密尔顿大楼。①

4月24日早晨6时15分,以拉德为首的一批学生闯入洛图书馆,他们接管了这座大楼。他们随后在门上贴出通告说:"解放区,可以自由参加进来。"柯克校长的办公室就在这座楼内,学生们破门而入,进行了搜查,将信函和文件照了相,有的被乱扔一气。学生们吸了柯克的雪茄烟,把他的雪利酒也喝了。他们对记者说,柯克领导的哥伦比亚大学当局和纳粹一样坏。②

早晨7时15分,校方派出一个代表来到校长办公室,他对马克·拉德说,如果现在学生撤出去并交还他们的身份证,他们只受学校纪律处分而不会得到因非法入侵而得到的刑事罪名。马克·拉德拒绝了校方代表的提议。7时45分,校方召来的警察撤除校长办公室前的防御物,有几十名大学生跳窗而出,当警察撤走后,学生重又回到柯克的办公室。③

下午3时,教职人员正式会议在哈夫迈耶大楼举行,这座楼虽然陈旧,但在那里有全校最大的教室,里面能容纳300多人。会议开始后,丹尼尔·贝尔教授提出了事前起草的一项提案,作为解决学生与校方冲突的办法。他希望学校当局能接受这一提案。提案指出:"第一,大学作为一种专门从事理性说教,并且具有作为促进这种说教手段的交流和谈作用的团体存在。""第二,根据这一点,我们痛惜使用高压手段,以及扣押科尔曼院长作为人质。我们还要谴责侵入校长办公室以及搜劫他的文件的行为。""第三,我们相信任何分歧都可以和

---

① 杰克·阿沃恩等:《反叛中的大学:哥伦比亚大学危机的历史》,第61页。
② 威廉·曼彻斯特:《光荣与梦想》,第1591页。
③ 杰克·阿沃恩等:《反叛中的大学:哥伦比亚大学危机的历史》,第68页。

平地加以解决,并且,我们期望不要使用警察行动来清理汉密尔顿大楼。""第四,鉴于大学中由于缺乏大学内部的交流与讨论而使产生的问题发展到如此程度,我们呼吁行政当局建立一个三方组成的团体来讨论为大学团体关心的正当问题,昨天和今天的事件,体育馆和任何其他事件产生的任何惩戒性事宜。"贝尔教授建议的前两条为与会者接受,但反对警察行动的第三条引起了左翼教授和保守派教授的争议,最后改为要求学校行政当局避免使用警察清理学校建筑物。

最后,激进的人类学教授马文·哈里斯提出了一项他和三名本系的左翼教师草拟的对于贝尔提议的修正案。内容有三条:"第一,在相应的事实得到公开,并且举行有正式程序的公开听证会以前,暂时停止对校园中的政治事件做出有效的惩戒决定。""第二,立即停止建造体育馆,直到教员和学生一致决定该计划是否真正合乎大家的利益。""第三,立即停止一切参与'防务分析研究所'或与之发生关系的活动形式,直到教员和学生一致决定继续这种联系是否符合大家共同的利益。"[1] 马文·哈里斯的提议具有明显的左倾特点,所以在会上也未获通过。

最后,教职人员会议通过一项决议:"教职人员和平地向学校行政领导请愿,一是立即安排推迟在莫林赛德高地公园建造体育馆设施;二是准备和一批团体的发言人讨论体育馆事宜,行政当局将直接邀请市长指派一个团体,后者将以尊重地方和体育馆特点的态度与学校商议。"[2] 会议在6时15分结束,下午3时半,科尔曼院长被释放。

当晚10时,100名学生占领了艾弗里大楼。

---

[1] 杰克·阿沃恩等:《反叛中的大学:哥伦比亚大学危机的历史》,第78页。
[2] 同上书,第78—79页。

4月25日凌晨2时，100名激进的研究生在一位经济学教员的带领下，占领了费耶尔韦瑟社会科学大楼。

4月25日下午4时，哥伦比亚大学教师建立了"特别教师团"，它由一批关心学校事态的教员组成的临时性组织，它完全靠它的成员个人的威信起作用。它的成员中有使校领导非常头痛的教授。他们希望与学生对话，平息哥伦比亚大学的学潮。如弗格森教授提出，教授应当介入学生与学校当局之间，减轻示威学生的压力。"特别教师团"经过慎重地讨论后，提出一项旨在结束示威的决议。这项决议说：

> 我们这些在下面署名的哥伦比亚大学的教授会成员和教员，提出下列建议来解决目前的危机：
>
> 第一，我们要求评议会在必要时通过电话表决，立即停止在体育馆旁的挖掘工作。
>
> 第二，我们要求校行政把与目前危机有关的惩戒权力委托给由学生、教员和行政三方组成的委员会。
>
> 第三，我们要求现在学生撤空所有的大楼，并且我们立下誓言保证对解决问题施加影响。如果学生愿意撤空大楼，那么直到危机按上述路线予以解决，我们将不上课。
>
> 第四，直到危机解决，我们将站在被占领的大楼前，防止警察和其他人强行进入。[1]

此后，哲学教授西德尼·摩根伯塞尔又提议增加第五条，这一

---

[1] 杰克·阿沃恩等：《反叛中的大学：哥伦比亚大学危机的历史》，第92页。

条说:"不必介意所发生的事,我们尊重我们团体中的学生成员。我们并不愿意他们被开除,但是我们也反对任何诸如此类的极端行动。"许多教授不满意学校当局处理问题的方法,他们希望更自由地解决这一问题。"特别教师团"的参加者认为,他们能够采取更好的方式使罢课学生接受他们的解决办法。

当晚 7 时 30 分,有 150 名教授在"特别教师团"的声明上签了字。最后,签字的教授总数达到 300 人。韦斯丁教授和伊曼纽尔·沃勒斯坦教授将这项决议送到汉密尔顿大楼的罢课学生中。而另外 3 名同情学生的教授彼特·海都、乔治·柯林斯、特伦斯·霍普金斯当晚带着"特别教师团"的提议来到洛图书馆中征求学生的看法,左翼历史学教授杰弗里·卡普洛和俄国革命研究专家利奥波德·海姆森作为"特别教师团"的代表到费耶尔韦瑟大楼向学生征求意见。洛图书馆中的学生与教授们的想法相差甚远,这批学生要求教授放弃自己的意见。费耶尔韦瑟大楼中的学生则表示欣赏教师团的决议,他们感谢教师到目前为止采取的行动。但他们认为,达到解决危机的最好方法是支持学生的要求,不承认学生提出的六条要求,他们决不离开大楼。[1] 这样,"特别教师团"的提议没有为罢课学生所接受。

当晚,教授们再次开会讨论局势。"争取民主社会学生组织"的发言人戴夫·吉尔伯特向教师团发表了热烈的演说,他表示学生不会放弃他们提出的六条要求,学生渴望避免暴力行为发生,并将尽力争取赦免。

当晚 8 时,纽约黑人区哈莱姆区的黑人在哥伦比亚大学校园大门外举行集会,支持哥伦比亚大学学生运动。黑人区绝大多数活跃的

---

[1] 杰克·阿沃恩等:《反叛中的大学:哥伦比亚大学危机的历史》,第 94—95 页。

组织都有代表在集会上发表讲演。他们中有"茅茅会""联合黑人阵线""和平与自由党""学生非暴力协调委员会""种族平等校园大会"的代表。有 1000 名哥伦比亚大学的白人学生参加了这次大会。讲演结束后,集会的群众游行横穿哥伦比亚大学。①

当晚 9 时半,一批反对罢课的保守派学生试图攻入费耶尔韦瑟大楼。但一批教师赶来,阻止了学生之间的冲突。

4 月 26 日凌晨 1 时 5 分,副校长戴维·杜鲁门和院长科尔曼来到教师团会议上,宣布警察将采取行动对付示威的学生,教师中当即爆发了"无耻!无耻!"的喊声,喊声压倒了副校长杜鲁门讲话的声音。杜鲁门副校长离开后,著名的戏剧学教授埃利克·本特利宣布他辞去教授职务,数学教授塞奇·兰要求通过对校方不信任决议。与此同时,教学大楼被学生占领。②

1 时 10 分,在洛图书馆一楼,柯克校长和纽约市政府官员商谈了动用警察对学生进行镇压的事宜。

在得知市政当局将调动警察对付罢课学生的消息后,哥伦比亚大学的教授们立即行动起来阻止这一行动。梅尔曼教授当即给市政府打电话,他转告市长,要求他出面调停并召回警察。在得知市长办公室的官员正在前来哥伦比亚大学的路上时,绝大多数教授会的成员迅速来到被学生占领的大楼前,阻止警察进攻。梅尔曼和摩根贝塞教授及两名学生在学校的便道上截住了两名市政府官员,梅尔曼带着满脸泪水和汗水对官员说:"这些都是我们的孩子,我们恳请你们不要让他们动用警察。如果警察进入校园并把孩子们拖出来,将会发生这所大

---

① 杰克·阿沃恩等:《反叛中的大学:哥伦比亚大学危机的历史》,第 108 页。
② 同上书,第 97 页。

学历史上前所未有的悲剧。"梅尔曼还告诉市政府的官员，教员们已立下誓言在学生占领的大楼前阻挡警察进入，警察如果想要执行市政当局的命令，恐怕只能从教师的身上跨过去。梅尔曼最后说："我代表200名教员提出，请他们不要摧毁这座杰出的大学。"市政府的代表提出，要教授们在45分钟内使占领大楼的学生们离开。当校长柯克得知，倘若教师和平地阻挡军警进入大楼也将被逮捕时，他表示此举不可行。①

凌晨2时15分，校方派出一个由韦斯廷教授、西尔弗、罗思曼和普拉特院长组成的教师委员会与学生领袖拉德在数学图书馆进行了第一次谈判，参加谈判的还有学生指导委员会的胡安·冈萨雷斯和《哥伦比亚旁观者报》的编辑弗里德曼。校方代表团的首席代表韦斯廷要求学生从占领的大楼中撤出，他们应当相信教师会继续进行斗争。普拉特问学生怎样才能使他们撤离大楼时，马克·拉德的答复是"满足我们全部六项要求"。其实校方派出的教师代表团并无权向学生保证些什么。根据当时哥伦比亚大学的制度，只有校长有权对持不同政见的学生在纪律处分问题上做出实质性的决定。韦斯廷教授鉴于警察已动员起来，他试图说服拉德，罢课已取得相当大的胜利，并指出教师团的会议已接近于提出断绝学校与"防务分析研究所"的一切联系的决定，他还预言体育馆也不会再建设。拉德则表示无法相信他做出的任何承诺。他说，学生运动正在蓬勃发展，学生们目前所取得的对学校行政的某种程度的权力有着异乎寻常的意义，他们不愿意在赢得某种实际结果之前放弃这种难得的权力。教师代表与学生的谈判除了达成学校行政恢复对被学生占领的大楼的电话服务的协议外，几

---

① 杰克·阿沃恩等：《反叛中的大学：哥伦比亚大学危机的历史》，第109—110页。

乎毫无结果。①

　　凌晨 3 时许,在洛图书馆入口处聚集了 30 余名教师和数百名学生,他们在春夜带有寒气的夜幕中高呼着"柯克必须滚蛋!"记者电视摄像和强烈的弧光灯照亮了周围地区。警官好几次要求学生和教师解散,但师生们丝毫未动。突然间,警官身后的警察发起冲锋,他们把藏在衣服里面的棍棒拿了出来,一些教师被推倒在地,一个教师被打得头上鲜血直流。校方的计划原本是动员警力清理大楼和逮捕示威学生,但在教师团的压力下,校方经过两小时的考虑,放弃了原先的计划。凌晨 3 时半,副校长杜鲁门来到洛图书馆的安全出口处。那里聚集着 1000 多名教师和学生,他们情绪极端激动和愤怒,杜鲁门宣布,校行政继续努力以和平方式解决问题。他同时宣布,哥伦比亚大学关闭,直到星期一,并根据市长的要求,暂停建造体育馆。②

　　4 月 26 日上午,有 200 多名黑人中学生来到哥伦比亚大学附近,在第 116 大街和阿姆斯特丹大道举行了集会,以支持哥伦比亚大学内占领汉密尔顿大楼的黑人大学生们。11 时 15 分,黑人中学生的游行队伍进入哥伦比亚大学校园,他们一边奔跑一边呼喊着反对越战的口号:"嘿!不!我们决不参战!"他们来到汉密尔顿大楼门前,一小时后,两名黑人民权运动的领袖来到阿姆斯特丹大道,他们是"学生非暴力协调委员会"的主席 H. 拉普·布朗和前任主席斯托克利·卡迈克尔。他们立即被越来越多的学生包围了起来。随后,他们来到汉密尔顿大楼前。拉普·布朗在那里挥动拳头发表了讲话,他说:"如果大学不能善待我们在那里的弟兄,他们就得对付〔他们〕在外边街

---

① 杰克·阿沃恩等:《反叛中的大学:哥伦比亚大学危机的历史》,第 113 页。
② 同上书,第 114—115 页。

道上的兄弟们。"[1]

26 日中午，哥伦比亚大学的教师组成了由 15 人组成的"指导委员会"。参加这个委员会的有罗伯特·福吉尔森、马克·凯塞尔曼、西摩·梅尔森、丹尼尔·贝尔、伊曼纽尔·沃勒斯坦等人，阿兰·韦斯廷担任委员会的主席。"指导委员会"成立后，承担了组织"特别教师团"派代表与学生谈判、策划活动策略等工作。26 日，学生继续占领着哥伦比亚大学内 5 座大楼。校园内的人们在情绪上越来越同情造反的学生。[2]

与此同时，哥伦比亚大学校内还成立了"多数派联盟"，大约有 200 多名教授参加了这个组织。该团体采取了与"争取民主社会学生组织"相对立的立场，它促使大学当局和教师采取反对学生示威的行动，防止学生骚动继续扩大。4 月 26 日，"多数派联盟"发表了一份反映他们立场的声明，声称它主张用一些合理的要求取代"争取民主社会学生组织"的要求，它提出建立教师、学生和校方代表参加的"三方委员会"。它认为"争取民主社会学生组织"关于赦免学生运动参加者的要求已超出了学生运动要求的范围。[3]

从 26 日下午开始，马克·拉德、冈萨雷斯和泰德·戈尔德同韦斯廷和西尔弗等组成的教师调停组进行了漫长的谈判。韦斯廷坚持要求学生离开占领的大楼，让教师来争取实现其要求。而拉德则要求教授们支持学生并加入学生的斗争行列。他告诉韦斯廷："学生和教师能够接收这个大学。"但保守的教师代表坚持自己的要求，不肯让步。谈判没有结果。

---

[1] 杰克·阿沃恩等：《反叛中的大学：哥伦比亚大学危机的历史》，第 133—134 页。
[2] 同上书，第 135 页。
[3] 同上书，第 136 页。

晚上7时30分,马克·拉德发表一项声明:"目前在这里示威者独立的要求已在朝着解决问题的方向发展。体育馆当然不会建立,而大学、教师同'防务分析研究所'的联系将当然地中断。关键的问题在于大学是否愿意赦免示威者……第一点,我们不可能与一个在我们头上举着剑的行政当局展开谈判。这一不许报复的原则是标准的谈判程序。第二点更为重要,校园中绝大多数人都同意我们的要求,但有些人不同意我们的策略,这些人必须逐渐了解,没有行动的理智支持是一钱不值的……我们采取的行动是必要的和正当的,我们将不接受来自一个不合法的权威——校行政的审判或惩罚。"[1]

到了27日凌晨1时许,教师会议已接受了学生组织在罢课斗争中提出的要求,主张要求校方赦免学生领袖,并决定建立由学生和教师组成的两方委员会代替原先的三方委员会。

这时,马克·拉德在"特别教师团"的会议上发表了一个讲话。马克·拉德尖锐地指出:"我们已经研究了谈判……绝大部分都是废话……根据刑法来惩罚人看来是根本不可能的……只存在一种解决办法,即承认这些是政治行动,并承认在它们后面有着政治原因……赦免是唯一的真正解决办法。我要求这个团体理解我们所做的是正确的,并赦免我们。"[2]

4月27日上午,哥伦比亚大学评议会主席威廉·彼得森代表评议会发表一项声明,他希望促使校园内实现安定。他指责学生占领大楼的行为是不合法的,支持学校当局对学生运动采取的措施,并代表评议会授权校长采取进一步的措施使大学恢复正常的活动。威廉·彼

---

[1] 杰克·阿沃恩等:《反叛中的大学:哥伦比亚大学危机的历史》,第137页。
[2] 同上书,第140—141页。

得森的声明使得教员们极其不满。他们把不满的情绪直接对准学校领导。①

11时30分，在化学工程教授爱德华·里奥纳德提议下，教师们采取了一项保护示威学生的措施。在洛图书馆前示威学生和反对示威的学生之间，教师组成了一道警戒线，以防止双方发生暴力冲突。这一天，哥伦比亚大学的青年教师也积极地参加到罢课学生的斗争中来。校园内政治空气浓郁，人们情绪激动，成百上千的学生在大楼内无休止地讨论防卫的策略问题，许多人在楼外校园内走动，红旗在费耶尔韦瑟大楼和数学大楼楼顶上飘扬。人们根据自己不同的政治倾向戴着不同颜色的臂章。罢课的参加者戴着红臂章，同情罢课者的学生戴着绿臂章，而反对暴力行动的学生戴着淡蓝色的臂章，把白手帕绕在胳膊上的教师是持中立与和平态度的。校内的安全卫队和城市警察守住哥伦比亚大学两个主要的大门，查验进出者的证件。②

当天下午，有90000名群众在纽约中央公园举行了反战示威。这一天在全国都举行了反战示威。一位哥伦比亚大学学生邀请在中央公园的示威群众到校内来。随后，有500多名示威群众来到哥伦比亚大学附近的第116大街上。哥伦比亚大学学生领袖在校内用扬声器向法学院小道上的游行群众发表了讲话。

4月28日上午8时30分，"特别教师团"召开会议，以466票对40票通过一项旨在结束危机的最后决议，它谴责已发生的包括占领大楼和干扰正常大学活动在内的暴力行动，主张建立三方委员会来公正地处理纪律惩罚问题。而对学生组织在罢课开始时提出的六项

---

① 杰克·阿沃恩等：《反叛中的大学：哥伦比亚大学危机的历史》，第143页。
② 同上书，第146—147页。

要求置之不理。"特别教师团"扮演了一个温和的调停人的角色。但是，在"特别教师团"中，一批激进的下级教员和坚持罢课的学生保持了联系，他们在"特别教师团"中已形成一支半独立的力量，他们中有迈克·罗斯、迪克·格林曼、鲍勃·泽文等。他们告诉学生，学生坚持斗争的时间越长，就会有更多的教师转变到左翼激进派的立场上来。[1]

27 日到 28 日，持中立态度的"多数派联盟"也开展活动，他们散发了一份传单，号召在洛图书馆外建立一道封锁线，阻止示威学生接近这座大楼。28 日，"多数派联盟"非暴力行动的主张得到相当一部分教师的支持。

28 日下午 5 时，百余名"多数派联盟"成员在洛图书馆校长柯克的办公室窗前手挽手形成一条警戒线。晚上 7 时，"多数派联盟"发表声明，他们不准任何支持罢课的人或占领大楼学生的物品通过警戒线。以后，数批示威者携带食品和药品试图冲过警戒封锁线，都被"多数派联盟"挡了回去。

针对"多数派联盟"的行为，沃勒斯坦教授等人发表了一项声明，不允许建立这种警戒线。[2]

28 日夜，哥伦比亚大学副校长杜鲁门及 5 名温和派学生领袖在电台广播中称："这一点（即不赦免学生）绝不可能改变。""赦免意味着任何希望夺取大学的团体可以在任何时候自由地这样去做。"[3]

29 日早晨，哥伦比亚市市长的代表转告哥伦比亚大学，如果仍然无法解决哥伦比亚大学学生罢课和占领大楼事件，那么当局将在

---

[1] 杰克·阿沃恩等：《反叛中的大学：哥伦比亚大学危机的历史》，第 158—161 页。
[2] 同上书，第 165—166 页。
[3] 同上书，第 167 页。

24小时内召来警察解决争端。上午10时半，以阿兰·韦斯廷为首的"特别教师团"油印了一份文告，要求校方和学生组织在下午3时30分以前做出答复。

下午3时30分，柯克代表校行政发表声明，他主张应当由三方组成的委员会来解决问题。他还说，已向评议会建议，有关大学惩戒学生的条例也可以根据三方委员会提出的建议重新审查，但柯克坚决反对赦免带头罢课的学生。[①]

下午6时30分，罢课学生发表声明说，"我们罢课学生再次确认我们提出的关于赦免在内的六条要求，赦免是谈判的先决条件"，"我们不害怕惩罚，但是惩罚的意向会暗中破坏解决我们提出的问题的政治基础"。占领艾弗里大楼的学生、占领数学大楼的学生和占领费耶尔韦瑟大楼的学生一致不接受"特别教师团"提出的解决办法。[②]

4月30日凌晨2时半，警察的队伍逼近被占领的哥伦比亚大学各座大楼。大楼都设有防御工事，并有教师和学生守卫着入口处。学校当局的代表首先宣读了一份警告书，要求学生让警察进入楼内，这一要求被学生拒绝。随后，警官宣读了一份警告，要求示威者离开，亦被占领大楼的学生拒绝。这时，警察推开大楼门口的群众，打开大门，冲进大楼。在洛图书馆入口处，有大约240名学生和教师，他们呼喊着"不要暴力！""警察必须滚开！""罢课！罢课！罢课！"

警察很容易便攻入艾弗里大楼和费耶尔韦瑟大楼。在洛图书馆正门，警察与学生发生了冲突。在数学大楼，警察冲到楼上，用斧子砍学生守卫的房间的房门。示威学生的主要领袖马克·拉德在学生的

[①] 杰克·阿沃恩等：《反叛中的大学：哥伦比亚大学危机的历史》，第170—171页。
[②] 同上书，第174页。

劝说下，先期离开了大楼。学生们对他说，倘若他被逮捕，是很不利的。警察把逮捕的学生一个个拖到囚车上，围观的学生排列在道路两侧，对被捕的学生表示支持，被拖走的学生有的流着血，用手指做出表示胜利的"V"的手势，道路旁那些参加罢课的学生们这时也做出"V"的手势，同时喊着"罢课！罢课！""柯克必须滚蛋！"[①]

这是美国大学历史上规模最大的警察镇压学生的行动，它持续了3个小时。在镇压过程中，有148人被打伤，有712人被逮捕。[②] 被捕的人被转送到7个警察局，其中80%是哥伦比亚大学的学生或巴纳德学校的学生，剩下的是其他院校的学生以及哥伦比亚大学的教师、校友和支持学生斗争的其他人士。清晨出版的《哥伦比亚旁观者报》在社论版开了天窗，并打上一个粗粗的黑框。[③]

4月30日下午，"特别教师团"在麦克米林戏院召开了会议，有将近150名教授参加了会议，他们中有相当一部分以前从未参加过教师团的会议，会场外聚集着成百上千的学生在等候"特别教师团"会议的消息，他们高呼："罢课！罢课！罢课！"阿兰·韦斯廷在会上宣读了一份"特别教师团"鼓动委员会起草的决议。决议说，教师团试图拖延警察行动的努力失败了。决议同时指出："通常情况下，我们的会议认为学生的罢课在理论上是不明智的，作为教授不可做出明确的答复。但是在目前的形势下，鉴于昨夜的事件，我们出于教授的职责，敦促我们的同事尊重这次罢课。"[④] 英语系助理教授乔治·斯塔德提出了罢课的动议，但争议很大，他最终撤回了动议。

[①] 杰克·阿沃恩等：《反叛中的大学：哥伦比亚大学危机的历史》，第192—194页。
[②] 同上书，第300页。
[③] 同上书，第203页。
[④] 同上书，第209页。

5月1日，星期三，哥伦比亚大学有11个单位决定停课到下星期一。

5月6日，星期一，哥伦比亚大学重新开放，但有数千名学生抵制上课，纪律惩戒委员会提出要用刑法来惩处大多数罢课学生。柯克校长先是反对这个提议，后来又接受了提议。

5月16日，普拉特院长通知"争取民主社会学生组织"的领袖马克·拉德、莫里斯·格罗斯纳、尼克·弗罗伊登伯格和海曼，将在5月21日下午5时召见他们，讨论他们参加学生罢课事宜，准备惩罚他们。这一消息激起哥伦比亚大学学生重新采取行动。

5月17日晚，一些团体占领了西114大街上哥伦比亚大学所有的公寓住宅，哥伦比亚大学学生表示支持。次日凌晨，政府派出350余名警察，逮捕了117人，其中有56人是哥伦比亚大学学生，马克·拉德也在其中。[1]

5月21日下午4时，哥伦比亚大学学生按预定计划在校园中心的广场集会，抗议当局对学生罢课领袖的迫害，有300名学生参加了集会，被迫害的学生父母也出席了集会。在马克·拉德的率领下，学生们再次冲进汉密尔顿大楼，占领了这座大楼。当晚，示威学生与科尔曼院长、普拉特院长等学校负责人进行了对话。但校方代表不愿做出让步、赦免学生领袖。午夜，当局调来警察占领了大楼，清理了学生设立的路障，警察逮捕了138名学生，后来有66名学生被开除。[2]

6月初，肯尼迪被刺。一个富于生气和改革色彩的总统死了，这使得在美国社会体制内部进行进一步积极改革的希望完全破灭。

---

[1] 杰克·阿沃恩等：《反叛中的大学：哥伦比亚大学危机的历史》，第244—245页。
[2] 同上书，第254、301页。

8月21日,格雷森·柯克辞去哥伦比亚大学校长职务,提前退休。

1968年4月到5月的哥伦比亚大学学生运动给参加者留下了很多经验和教训,它促使一批激进的学生运动参加者采取更为激烈的斗争方式。第一,参加哥伦比亚大学罢课的学生取得了一种共同生活的经验,罢课期间,这些志同道合的男女青年学生一同进餐、开会、休息,共同分摊生活开支,他们共同做出决定,没有任何权威和规则来束缚他们,他们取得了团结起来集体行动的经验。第二方面的经验是,他们认识到白人学生在斗争中必须与黑人学生团结起来。第三,他们对于"争取民主社会学生组织"提出的旧口号"一个自由社会中的自由大学"做了反思。一个教授曾向马克·拉德提出过一个严肃的问题:"大学真有什么美好的特点值得你们去拯救它吗?"教授的问题使得这位"争取民主社会学生组织"的主席一时瞠目结舌。因为在此以前,这些学生运动的领袖们确实没有考虑过在斗争中走出校门的问题。这以后,"争取民主社会学生组织"的成员逐渐形成了这样一种认识,他们真正要求的不仅是改革大学,还有更广泛的、更有意义的目标,即"革命"。一位参加"争取民主社会学生组织"的教员、复员军人迪克·格里曼指出,他们斗争的目标,"不仅应当在校园内,而且必须在黑人居住区和劳工阶层中去寻找"。他认识到,"一所自由大学"只能在已经争取到一个"自由社会"之后才会存在。这样,就为一个更激进的组织"气象员"的出现埋下了伏笔。①

在哥伦比亚大学的学生首次示威和占领校园一个月以后,"争取民主社会学生组织"在校园内再次示威集合,并占领了大楼。随后,在学生运动内部,在"争取民主社会学生组织"成员与"进步劳工

---

① 柯克帕特里克·塞尔:《争取民主社会学生组织》,第439—441页。

党"之间展开了极其激烈和尖锐的辩论。后一派在4月的斗争中崭露头角,得到人们的尊重,它的成员也增加了。学生占领大楼以后,警方和学校当局对占领大楼的学生以逮捕相威胁。5月21日晚,70名激进学生做出决定,准备与警察较量。称为"气象员"的学生派别开始形成。①

第四节 哈佛大学的学生运动

哈佛大学在美国的大学中具有重要的地位,但它从来不是一个具有激进倾向的大学。哈佛大学在它300多年的历史中,曾为美国培养出一批资产阶级政治家、实业家,也培养出一批文学家和科学家。例如,在哈佛大学的校友中,有5人担任过美国总统,约翰·肯尼迪便是其中之一。肯尼迪内阁成员中有1/3取得过哈佛大学的学位。哈佛大学的两位教授亨利·基辛格和丹尼尔·P.莫伊尼汉在尼克松政府中担任了重要的职位。可以说,哈佛大学与美国的资产阶级统治集团有着密切的联系。在很长一个时期里,哈佛大学的学生曾以此为荣。埃利奥特校长曾称哈佛大学是"最老的、最富有的和最自由的"大学。许多美国人则直接把哈佛大学称为"最好的"大学。但是,到20世纪60年代中期,许多哈佛大学的学生不再以此为傲,他们对美国的社会现状表示不满意。在国内政策领域,哈佛大学的学生对政府许下的"伟大的社会"的诺言感到空洞和具有欺骗性,他们对贫穷的存在和政府实行的种族主义政策进行了抨击。1963年肯尼迪被刺身亡后,他们从这一悲剧性的事件中感到,"新边疆"政策结束了,特别是从

---

① 柯克帕特里克·塞尔:《争取民主社会学生组织》,第446—447页。

1963 年开始，美国卷入了在东南亚进行的无休止的战争。侵略越南的战争逐渐引起学生注意，他们不仅关注美国政府的对外政策，而且开始关注和抨击美国社会的基本结构。①

1962 年，"争取民主社会学生组织"在密执安州的休伦港成立后，1964 年它在哈佛大学也建立了分部，它在 1964 年 9 月登记注册。参加哈佛大学"争取民主社会学生组织"分会的成员中，有不少是和平组织"警钟"的成员，该组织在 1962 年曾发动一场运动，以争取把投身核裁军运动的斯图亚特·休斯推选为参议员，这一努力最后失败了。此后，哈佛的激进学生参与了"自由乘车运动"，向华盛顿进军。哈佛大学的"争取民主社会学生组织"分会成立后，积极参与了解决波士顿种族问题的活动。他们组织波士顿黑人居民区罗克斯伯里的居民反对波士顿当局在重建城市过程中拆毁房屋的计划，并组织了医院的黑人工人争取高工资和改善劳动条件的斗争。哈佛大学的"争取民主社会学生组织"的成员努力采取一种共同的生活方式。例如，它的成员穿着牛仔裤、斜纹棉布制的工装衬衫、军队剩余的外套，到处散发传单、设置排成一条线的纠察线，对美国的政治制度表示抵制。他们在吸毒和性解放成为校园风尚前很久便反对传统的道德观。在"争取民主社会学生组织"哈佛分会内部，强调民主参与。在他们开会时，鼓励每个人都提出自己的观点，而由于各人的看法彼此存在着一些差异，这就使得这个组织的成员在具体问题上总是无法取得统一。这个组织也无法形成为其成员接受的始终如一的思想体系。所以，"争取民主社会学生组织"是一流的辩论团体，而不是一个好的

---

① 艾克尔、乔斯特、勒斯金和诺伊施塔德：《哈佛的罢课》，霍顿·米夫林公司 1970 年版，第 25—26 页。

组织学生展开运动的政治组织，在20世纪60年代中期，哈佛大学有200名持证的"争取民主社会学生组织"的会员。在1964年到1968年间，就哈佛大学整体的气氛来说，主要倾向还是自由主义，而不是激进主义。

从1964年起，美国在越南南方的侵略战争活动逐步升级。侵略战争直接影响到大学毕业生的前途和去向，根据当时美国的选征兵役制，哈佛大学把毕业班级的学生名单提交地方征兵委员会，地方征兵委员会根据资料来决定学生是否应该延期征召入伍。这种政策使得越战直接威胁到校园内每个学生的安全和生活安宁。1966年5月，哈佛大学有1500名学生在"争取民主社会学生组织"起草的抗议书上签名。抗议书指出，哈佛大学采取的赞成征召大学生入伍的态度表明，哈佛大学是政府战争政策的同谋者。学生对越战的反对态度在这年秋季再次表现出来。当时，由"哈佛学生委员会"组织的对上述问题的投票表决中，有72%的学生团体投票反对校方把毕业班名单送交征兵委员会。最后，哈佛大学教职工大会做出决议，改变过去的规定，决定让所有学院的学生完成他们四年的学业。①

1966年秋季，两个美国战争政策的鼓吹者来哈佛大学访问。先是副总统休伯特·汉弗莱在10月13日来哈佛大学，他遭到150名"争取民主社会学生组织"成员的抗议。学生高呼反战口号，向汉弗莱投掷了鸡蛋。10月29日，国防部长麦克纳马拉在访问哈佛大学后，在街道上被哈佛大学的学生包围了。"争取民主社会学生组织"的成员就美国在越南的战争政策向麦克纳马拉提出质问。最后，麦克

---

① 艾克尔、乔斯特、勒斯金和诺伊施塔德：《哈佛的罢课》，第30页。

纳马拉在大学警察的保护下逃出了学生的包围。[①]

1967年秋天，美国政府在侵略越南战争的泥潭中陷得更深。侵越美军的人数增加到468000人。仅仅10月末的一周中，就有193名美军死于侵越战争。美国学生对于政府的战争政策更加不满。绝大多数学生断言，美国军队在越南南方的失败是不可避免的，战争势必很快结束。

10月21日，大约1000名哈佛大学学生参加了向华盛顿五角大楼的进军，对美国在南越的侵略战争政策表示抗议。4天以后，为侵越美军制造凝固汽油弹的道化学公司开始在哈佛大学学生中招募雇用人员。而此时，美国侵略军正使用道化学公司制造的凝固汽油弹在南越大量杀伤妇女和儿童。"争取民主社会学生组织"当即谴责道化学公司试图雇用学生的做法。它声明说："不去阻止自由招募人员便是默认道化学公司有使用美国人去帮助杀害越南人的权利。学生们否认道化学公司自由招募人员就是否认道化学公司有杀人的自由，一场种族灭绝的战争是不可容忍的。"[②]"争取民主社会学生组织"设置了数十人的纠察线，有100名学生阻塞在马林克罗特大厦道化学公司进行招募人员面试的房间的门前，后来在那里的抗议的学生增加到300人。学生的抗议迫使道化学公司进行招募工作的人员离开了学校。

在反对道化学公司招募学生的斗争中，哈佛大学的学生加强了与教师的联系。10月下旬，经政府系教授斯坦利·霍夫曼的提议，于12月建立了"学生-教师咨询委员会"，它由哈佛大学16名著名的教授与21名选举产生的学生代表组成。[③]

---

① 艾克尔、乔斯特、勒斯金和诺伊施塔德：《哈佛的罢课》，第31—34页。
② 同上书，第35页。
③ 同上。

"争取民主社会学生组织"努力把争取民主进步的斗争向前推进。抵制道化学公司招募人员的事件以后，激进的学生进一步批评哈佛大学入股的一个中南公用事业有限公司拒绝雇用黑人工人的种族主义倾向；批评哈佛大学支持与其利益有关的一些银行在实行种族歧视政策的南非进行重复的投资；揭露哈佛大学支持若干由国防部出资的研究机构就限制共产主义和镇压民族解放运动与革命运动献计献策，其中一个"国际事务中心"为国防部侵越战争做研究工作而遭到学生的抨击。"争取民主社会学生组织"还揭露哈佛大学在为国家训练"权力精英人士"。这种批判的尖锐性预示着哈佛大学的学生运动将进一步发展。

1968年2月23日，道化学公司再次到哈佛大学进行招募考试。"学生-教师咨询委员会"要求教授会延迟道化学公司的招募活动，但教授会对此表现消极。23日中午，"争取民主社会学生组织"的几百名成员单独就道化学公司的招募活动举行静坐抗议活动。

到了1968年春季，随着美国政府大规模地把军队投入在东南亚的侵略战争，美国大多数大学的学生已不再认真地对待他们的学业。他们对美国政府的政策和美国的社会问题产生了极大的反感。美国政府无休止的对外侵略战争使得青年学生一改过去对政治漠不关心的态度。他们在哈佛大学组织和参加师生辩论会、反战示威，走上了抗议活动的道路。从1967年冬到1968年春，他们掀起了他们组织的全国性反战运动"麦卡锡战役"和"肯尼迪战役"。从1月到3月，装载着哈佛大学学生的大客车每周周末向新汉普县进发，有的学生离开哈佛前往威斯康辛、印第安纳、奥尔良和加利福尼亚，以表达他们的反战政治情绪。

1968—1969年，哈佛大学的必修课中有两门课极大地吸引了学生，这就是社会关系第 148 门课"美国的社会关系"和它的后续课程社会关系第 149 门课"激进主义观念"。后一门课程包括了"帝国主义与大学""妇女的性角色和压迫"和"列宁主义"等专题内容。[①]

哈佛大学长期以来设置有"后备军官训练队"，并设了"军事史和基本战术概念""海军武器系统"和"职业军官"等课程，这些课程被正式列入哈佛大学的课表内，但课程的讲授和指导均由华盛顿的军方机构控制。设置"后备军官训练队"原来的意图有几个方面，一是为军队培养一批受过很好的短期教育的军官，他们可以在军队服役 2—4 年；二是希望吸引一批把军队作为自己毕生事业的青年人。但这个机构本身效率不高，它培养一个初级军官要花费 15000 美元，而在专门的"候补军官学校"，培养一个初级军官只要花 4000 美元。在哈佛大学，只有少数学生修完了"后备军官训练队"的全部课程。"后备军官训练队"引起哈佛大学师生不满的最主要的原因，在于这个机构及其活动与当时美国政府对越南的侵略战争政策直接相联系。哈佛大学的"大学生会""学生－教师咨询委员会"和"哈佛－拉德克列夫政策委员会"对设置"后备军官训练队"的做法展开了讨论。他们认为，"后备军官训练队"的设立使得哈佛大学与军方形成了一种特殊的密切联系，哈佛大学允许"后备军官训练队"在大学校园内存在，不啻是表明对政府侵略越南的战争政策的支持。在 1968 年 9 月至 10 月的讨论中，这几个组织批评"后备军官训练队"的有关课程有失哈佛的水准，同时批评这些课程设置及变化不是由哈佛大学教授会决定，而是由五角大楼来决定，这违背了大学自由的原则。经过讨论，这 3 个组织最后通过决议，要求哈佛大学教授会撤销对"后备

---

① 艾克尔、乔斯特、勒斯金和诺伊施塔德：《哈佛的罢课》，第 48 页。

军官训练队"教员的任命,并取消相关课程的学分。"大学生会"和"学生-教师咨询委员会"还要求"后备军官训练队"停止对大学房屋的租用。

从关于"后备军官训练队"的辩论在哈佛大学展开时起,"争取民主社会学生组织"就抨击哈佛大学进行军事活动有违道德。这个组织指出,在第二次世界大战中,哈佛大学设置这种机构培训军事人员在道德上是正确的,因为当时有反法西斯战争的背景,而现时的哈佛大学的"后备军官训练队"则是旨在镇压第三世界国家如泰国、危地马拉、希腊和多米尼加共和国,尤其是越南的人民革命,这表明美国政府完全站在反动政权一边。为此,"在哈佛校园内取消后备军官训练队,之所以绝对必要,不仅因为后备军官训练队维持很低的学术水平,而且因为这些人捍卫的政策和他们为之服务的利益是根本错误的"[①]。"争取民主社会学生组织"认为,"后备军官训练队"是专门出于政治目的对群众进行屠杀的组织,正像人们无权加入纳粹组织一样,人们无权加入这个组织。

1968年春,在哈佛大学,一批"进步劳工党"的成员和在全国其他的地方一样,在"争取民主社会学生组织"哈佛大学分会中建立了自己的核心组织"工人-学生联盟",用它的斗争精神来影响"争取民主社会学生组织",推动其他的"争取民主社会学生组织"的成员也采取更为激烈的政治态度。而"争取民主社会学生组织"较温和的成员,为了防止"工人-学生联盟"控制"争取民主社会学生组织",也组成了自己的组织"新左派"。

"工人-学生联盟"和"新左派"两派的差异主要在意识形态上。

---

① 艾克尔、乔斯特、勒斯金和诺伊施塔德:《哈佛的罢课》,第54页。

两个组织都认为自己是革命变革的倡导者,双方都希望通过自己这样的组织来实现这种变革。"新左派"宣称,美国社会的错误基于各种各样的原因:这个社会镇压第三世界各国的革命运动,支持各国反动政权,因此"争取民主社会学生组织"应当采取反帝国主义的反战行动,支持越南南方民族解放阵线这样的团体,同时应当反对种族主义。它赞成像"黑豹党"一样的黑人解放团体,并且支持妇女解放运动。而"工人-学生联盟"则指责"新左派"是盲目支持一切似乎革命的组织,不可能达到自己的结果。"工人-学生联盟"则认为,美国社会所有的问题都是资本主义制度固有的,这种制度必须摧毁。马克思和列宁已提出过他们的分析和方法,用精英的先锋队把工人阶级组织起来反抗和推翻这个制度,学生可能为先锋队提供力量。"工人-学生联盟"致力于在工厂工人中活动,试图把工人群众组织起来。他们认为,只要把这个社会推翻,帝国主义、种族主义、各种社会弊病、财富分配中的不公正和性压迫问题都会解决。因此,唯一有价值的革命作用产生于组织工人阶级参加反对垄断资本主义的斗争。"工人-学生联盟"甚至从左的立场攻击越南南方民族解放阵线与美国的谈判。在策略上,两派也明显不同。"新左派"的成员对于使用暴力持犹豫态度,他们一般采取象征性的政治行动,如设置警戒哨、散发传单和进行非暴力的静坐,用这些活动方式来教育群众。而"工人-学生联盟"则热衷于寻求对抗,希望对抗能显示其作用并威胁统治阶级。他们认为,变革要通过斗争才能取得,而设置警戒线那样的行动谈不上是斗争。[①]

1969 年 3 月中旬,在哈佛大学有两件事情激起了学生的不满和

---

① 艾克尔、乔斯特、勒斯金和诺伊施塔德:《哈佛的罢课》,第 64—65 页。

骚动。一件事是社会关系系主任罗杰·布朗教授要求在1969年至1970年的课程中删去社会关系第148门课"美国的社会关系"和第149门课"激进主义观念",理由是它有失一般的学术标准。学生认为,这表明罗杰·布朗教授希望压制校园激进主义的发展。他们召开会议,签署请愿书,表示反对。

另一件事是3月份一位30岁的前哥伦比亚大学学生金·科林斯带领一批无政府主义者来哈佛访问。这批无政府主义者打断了社会学教授阿历克斯·克尔斯的讲课,批评他是"欺骗人的权威",宣传"欺骗人的异化的社会科学",金·科林斯和另外3个人在第三次闯入课堂时被逮捕。[①] 科林斯被逮捕一周后,8名学生宣布成立"反叛哈佛教育组织",他们宣誓要致力于"完全重新确立"哈佛大学的教育方向。他们说:"一切地方都使人感到不满、不愉快、异化和无法完成计划。我们不知道教育是什么东西,我们只知道哈佛所说的教育对我们来说是失败的。"[②] 这无疑是学生对哈佛大学普遍不满的表示。

学校的决策加剧了学生的不满。3月20日,哈佛大学的"入学许可和财政资助委员会"宣布减少因参与学潮而受留校察看处分的学生的助学金。这个决定不仅引起了激进学生的反对,而且引起了保守学生的反对。"争取民主社会学生组织"宣布这种惩罚是一种政治镇压行动。3月20日,有150名学生在财政资助委员会办公室门口进行了抗议。3月25日,"学生-教师咨询委员会"要求校长内森·普西前来解释校方对"后备军官训练队"的立场。在与校长内森·普西会面时,"工人-学生联盟"的领袖约翰·哈里斯代表"争取民主社

---

① 艾克尔、乔斯特、勒斯金和诺伊施塔德:《哈佛的罢课》,第72页。
② 同上书,第72—73页。

会学生组织"提出两点要求,一是取消"后备军官训练队",二是恢复被处分学生的助学金。

3月末,大学开始春季假期。放假前,"争取民主社会学生组织"发布传单提醒学生,稍后于4月8日,"争取民主社会学生组织"将召开大会,发起春季攻势。①

4月8日,哈佛大学掀起了学生运动高潮。当晚8时,在洛维尔讲坛大楼的中心大厅召开了一次重要的大会,有400多名群众参加了这次大会。"争取民主社会学生组织"两主席之一迈尔·卡津和一名新左派分子主持了大会。各派学生在会上对于是否罢课和占领大楼问题发表了自己的意见,各派达成了6条一致的意见,作为发动春季攻势的基础。其中包括:废除所有现存的关于"后备军官训练队"的合同,并且不再缔结新的合同,立即取消"后备军官训练队",用大学奖学金取代所有"后备军官训练队"的奖学金,恢复因学潮被处罚的学生的奖学金,等等。但是,各派学生对于是否立即攻占大学的大楼持不同看法,到会者中有140人赞成立即攻占大学的大楼,而另有180人主张等一等再决定攻占大楼之事。所以,会议决定推迟占领大楼。

4月9日上午9时,哈佛大学"争取民主社会学生组织"执委会在爱默生大厦3楼召开会议,讨论中午的集会,试图协调内部在策略上的分歧。

上午11时30分,数万名学生聚集在哈佛大学纪念教堂前面。中午时分,学生们在"争取民主社会学生组织"副主席诺姆·丹尼尔斯的带领下奔向大学的大楼。他们走上大楼的东北阶梯。诺姆·丹尼尔

---

① 艾克尔、乔斯特、勒斯金和诺伊施塔德:《哈佛的罢课》,第74—76页。

斯拿着手提式电子扩音器，宣读了学生组织的 6 条要求。随后，学生进入大楼，十余名激昂的学生上到三楼，打开了教授会议室的门。一些学生打开东边的窗子，把写有标语的硬纸板挂在窗外，上面写着"打倒资本主义的走狗""取消后备军官训练队"等标语。研究生院院长罗伯特·沃森对一个学生说："你们没有权利进入这座建筑，作为大学的一个官员，我命令你们离开，否则将面临严厉的纪律处罚。"但学生用更简洁的话回答他："我们已经占领了这座建筑，现在给我滚开！"这个学生在两个朋友的帮助下，随即把罗伯特·沃森推出了这座大楼。随后，学生们又把格里姆普院长、福特院长等赶出大楼。12 时 15 分，大楼内只剩下了学生。学生用链子锁好所有的门。为防止记者拍照，他们用地图从里面把窗子糊上。在三楼的窗口飘扬起一面"争取民主社会学生组织"的旗帜，红色和黑色的"S—D—S"字母钉在旗帜中间。从 2 楼教授会房间窗口挂出了写有"切·格瓦拉大楼"的标语牌。这时在大楼外围观的人增加到 800 人以上，其中也有反对示威的人和摄影记者。

下午 1 时 30 分，在大学大楼的教师会议室里，示威学生召开了一次会议，有大约 250 名学生参加了会议。不属于任何一派的著名的激进分子迪克·海兰主持了会议。会议讨论了在占领大学楼后学生应该采取何种政策。迪克·海兰本人对此提不出明确的意见，其他人也拿不出什么好主意。会议讨论了在自由区吸食大麻的问题，然后转而讨论把记者排除在外的问题。为了继续占领大楼，需要建立一些为激进学生服务的机构，于是成立了负责食物、卫生、油印和政治行动的委员会。有 40 人自愿加入这些委员会的工作，以支持守在"切·格瓦拉大楼"中的学生。

从中午开始，剑桥的警察开始在哈佛校园外的消防站集中。下午3时左右，示威学生感到事态的严重，开始讨论如何对付军警。有人提出，大楼中每个人应保证不使用暴力。这个意见遭到学生们特别是进步劳工党成员的反对。许多发言者提出，应使用越南游击战的策略，越南的策略是"以革命斗争反对帝国主义"的典范。

下午3时半，校园内已聚集了相当多的学生，其中还有几十名中学生。一些学生用蓝笔在院长格里姆普的办公室墙上写下了"校方在骗人"的标语。当占领校部的消息传开后，有2000多名学生在院内聚集起来，许多学生支持占领校部，也有学生举着"'争取民主社会学生组织'回家去！"的标语牌。

下午4时15分，福特院长在埃尔德院长等人陪同下，在怀特纳图书馆的台阶上宣读了一份校方的简短声明："为了使暴力扩散造成的风险减到最小，校园将关闭，直到有进一步的公告。"福特院长还说："我必须用极为正式的辞令重申，责令目前所有在大学大楼内的人离开那里，以使那座建筑恢复到可供适当的使用，任何在15分钟内不执行这个警告的人，将以非法侵入罪被起诉。"[①] 此后，有少数学生遵照院长的要求离去了。但大多数学生们留在大楼附近。下午5时，并没有警察开来，教师办公室重新挤满了学生。

在大学的宿舍里，由学生组织的政治行动委员会忙着印刷以"现在是斗争的时候了"为题的传单。油印委员会使用所有的印刷机印出成千上万份传单。传单解释了占领学校的学生的立场并呼吁支援。食品委员会征募了将近200美元，在两个房间的桌子上堆满了买来的食品，学生可以自由取食。入夜以后，哈佛大学的传教士打开纪念教堂

---

① 艾克尔、乔斯特、勒斯金和诺伊施塔德：《哈佛的罢课》，第98页。

地下室的门,供楼外的示威者避寒过夜用。①

哈佛大学各学院的院长和教授被学生占领学校行政大楼的行动震惊。4月10日晚,校长普西召开了院长委员会讨论对策。普西认为,使用警察是改变局势的最好办法,他非常担心校外的激进派会与哈佛校园内的学生汇合。院长委员会的成员讨论了何时调动警察来清理占领校园的学生一事。当晚2时15分,格里姆普院长来到教师俱乐部,向聚集在那里的高级导师通报了解决危机的办法,即在凌晨4时以后对学生提出最后通牒后,动用警力清理校园。②

4月10日整个下午,警方官员一直在哈佛大学的格雷大楼内开会。下午3时30分时,哈佛大学的警察所满是官员,其中有剑桥市市长、市法务官、市政党领袖以及一些下级警官。下午稍迟些时候,当局开始调动警力。警方接受了哈佛大学校方提出的警察在凌晨4时左右发动进攻占领学校大楼并清除示威的学生的要求。

4月11日凌晨4时刚过,震耳欲聋的警报在大学新生宿舍响起,这是示威的学生为争取更多的民众支持而拉响的。4时20分,都市警察在纪念大厦内集合,警官向他们下达了进攻的命令。随后,警察排成长队。与此同时,聚集在校园外马萨诸塞州大街上的州骑警也接到命令。但此时,校方对学生佯称,他们尚未就派军警进入学校做出最后决定。

凌晨4时55分,汽车装载着军警开进校园,跟在车后的是成队的都市警察,警察围着哈佛大学的大楼展开队伍。数秒钟之后,军警便对大楼正门发起冲击,把学生向外拖去,仅5分钟,四处台阶上的

---

① 艾克尔、乔斯特、勒斯金和诺伊施塔德:《哈佛的罢课》,第101—102页。
② 同上书,第116—117页。

学生便被清除干净。到 5 时，大楼已经被军警的警戒线包围。在格里姆普院长发出要学生 5 分钟离开的警告后，不到两分钟，州警察冲进大楼，很快便占领了这座大楼。在楼下，警察用警棍殴打身旁的学生，把学生成群地围在一起。一个骑警把两个学生推进了一个贮藏室，大叫："如果你们不待在那里，我将打碎你们讨厌的狗头。"在格里姆普院长办公室的接待室里，一个女学生的前额被打得流出鲜血。一个骑警一手扶住她的肩，然后高高地举起长棍重重地打在她头上，那个骑警挥棒的力量几乎要使他从地板上跳起来。女学生恐怖地尖叫着，血像瀑布般地洒到格里姆普院长宝蓝色的地毯上。许多在下层楼的学生从窗户往外跳，从 2 层楼到地面至少有 10 英尺高，有的学生落地后冲出了警察的警戒线，有的则在跳下时受了伤，再也无法站起来，在门厅的学生被迫走出大楼。大楼外，州骑警早已等在那里，拉扯着学生，用脚踢他们，把他们拖下台阶，装进等候在那里的囚车和汽车中运走。5 时 25 分，抓捕学生的最后一辆汽车从马萨诸塞州大街上开走。被抓的学生在车窗上用手指向留在校园中的学生做出表示"胜利"的手势，表示决不屈服。当晚共有 196 人被捕，其中有 12 人为报社记者，后被释放。未被逮捕的学生中有 48 人受伤。有 5 名军警受伤，但都不严重。前后不到半小时，占领大楼的示威学生便被击溃了。清晨 6 时，警察撤离了哈佛大学。[①]

军警撤走后，学生们在怀德纳图书馆召开会议商量对策，到会者赞成举行罢课。但是，大多数学生并不希望按照"争取民主社会学生组织"的条件来进行罢课。不少学生对于讨论诸如"在越南种族灭绝的罪行"和"压迫工人阶级"的问题不感兴趣。他们只希望讨论哈

[①] 艾克尔、乔斯特、勒斯金和诺伊施塔德：《哈佛的罢课》，第 130—132 页。

佛大学的问题。有的人声明自己不是"争取民主社会学生组织"的成员，不赞成这个组织的斗争要求。到会学生中温和派的意见占据了主导倾向。会议没有做出任何决议，也没有发表任何正式的宣言。但是学生们势必采取某种行动，他们对当局使用警察和暴力极度不满。怀德纳图书馆的会议标志着哈佛大学的罢课正式开始。

在怀德纳图书馆学生开会的同时，在格雷斯楼的教员公用室里召开了另一个学生会议。到会的有著名的学生领袖和相当一部分黑人学生。这是在哈佛大学示威和罢课中黑人学生作为一个群体联合行动仅有的一次表现。在黑人学生中，"非洲裔美国学生协会"起了主要作用。在这个会议上，黑人学生和白人温和派学生陈述了不同的观点。绝大多数黑人学生支持"争取民主社会学生组织"的要求，他们对温和派学生提出批评。黑人学生、"青年民主派"组织前主席哈龙·多尔顿发表声明，要求取消"后备军官训练队"。

在纪念教堂的台阶上，"争取民主社会学生组织"散发了一份传单，标题为"哈佛举行罢课！"它批评警察的兽性，同时指出，警察是秉承了哈佛大学行政当局的命令才这样做的。它指出，使用警察这一事实表明，学校行政当局为了在哈佛大学维持"后备军官训练队"将"不惜任何代价"。传单上说："行政当局很明显凭借权力清除了一座大楼，而我们这些大学的学生和教员有权利使这所大学停课"，直到"争取民主社会学生组织"的要求得到满足，并且赦免那些夺取大学大楼的人。

上午10时以后，在纪念教堂召开了"争取民主社会学生组织"温和派的会议，有2000多人参加了会议。前"学生-教师咨询委员会"主席肯·格莱齐尔在讲话中强调，是学校当局的态度造成了这种局势，必须从次日开始举行为期3天的罢课。政治系教授斯坦利·霍夫曼在发言中谴责了警察的暴力，他还指出，需要改变这所大学的决策形成结构，到目前为止它只为少数人拥有。哈佛大学前社会服务组织主席韦斯利·普罗菲特提出，大学应当关闭，"直到我们弄清我们该做什么"。有人在发言中提出，罢课时应当要求校长普西辞职。会议在格莱齐尔主持下通过一项决议，决议的内容除了支持恢复前所提及的被捕学生的奖学金外，还谴责学校当局使用警察、暴力，决定举行为期3天的罢课。为了实施大会的决议，着手建立一个小组来领导罢课斗争。

11日上午，在怀德纳图书馆前的集会和罢课的规模超出了罢课组织者的预想。各个班级的参加者一般都超过了1/4。许多教师取消了他们的讨论课，一些教授放弃了预定的讲课内容，而在课堂上讨论罢课问题，神学院和教育学院正式决定把所有的课程推迟到星期二，研究生院也有一些研究生停课以支持斗争。

11日下午1时，人们前去参加在哈佛大学演武场举行的群众大会。在体育馆的入口处，各派群众组织都分发了自己的传单。主张罢课的人戴着红色的臂章，或者在她们裙子上贴上紧握的拳头这样的标志。反对罢课的人则佩戴一条白色的布绶带，上面印有"使哈佛继续开放"的字样。[①] 会场上政治气氛非常浓郁，来了一大批电视摄影记者和其他记者。等到将近两点钟会议开始时，参加会议的达1000人以上。兰斯·布尔担任大会主席，肯·格莱齐尔宣布大会开始。非洲裔美国学生协会主席表示，他希望罢课继续下去。他强调，不要消极的和平，真正积极的和平是有公正的和平。斯坦利·霍夫曼教授在会上宣读了由100多名教员签署的信件，表明他们重建这所大学的意

---

① 艾克尔、乔斯特、勒斯金和诺伊施塔德：《哈佛的罢课》，第208页。

向。信件还说，我们固然不要消极的和平，但我们首先不要战争，因为战争总是起着负面作用。会上也有反对罢课的主张。胡安·马里卡尔教授在发言中反对罢课，他告诫学生："如果你们继续罢课，你们就会摧毁这所大学。而你们摧毁了这所大学，也就毁灭了你们自己。"[①] 绝大多数学生反对马里卡尔教授的意见。4月12日成立的"激进的结构改革委员会"的领袖巴里·奥康奈尔提出动议，学生应继续罢课，直到要求得到满足。大会对奥康奈尔的提议进行了表决，结果是2955人表示赞成不间断地罢课，2971人表示反对，这样，无限期罢课的决议被否决了。最后，到会者达成一项妥协，通过了社会科学教员安德鲁·科恩的动议：继续进行3天罢课，此期间学校当局必须公开告知他们对学生要求的立场，到那时再决定是否继续罢课。[②]

4月14日下午的大会以后，哈佛大学学生的政治热情开始退潮。在这一周学生斗争的高潮时期，"争取民主社会学生组织"未能在学生和教师中扩大支持者的队伍。这次大会以后，"争取民主社会学生组织"发现它自身已处在一种无力的地位。大会通过了"激进的结构改革委员会"提出的动议，这使得"争取民主社会学生组织"难以在学生中得到更多的支持。绝大多数学生希望危机结束，在教员中更是普遍地存在这种心理。持久的政治活动消磨了学生的能量和兴趣，学生抗议运动又没有得到校外的支援，学生运动难免衰落。

4月18日上午，哈佛大学罢课的学生再次在演武场召开群众大会，有五六千人参加了大会，大会最后以2411票对1129票通过了结束罢课的决议。[③]

---

① 艾克尔、乔斯特、勒斯金和诺伊施塔德：《哈佛的罢课》，第210—211页。
② 同上书，第217页。
③ 同上书，第259页。

第五节　其他院校的学生运动　"气象员"

1967年10月16日,这天是星期一,在位于麦迪逊的威斯康辛大学,学生们看到一份没有署名和日期的传单。传单写道:"从本周的星期二到星期五,道化学公司将在这所校园内招募人员。星期二,这件事将引起整个校园的关注。星期三,学生将会阻止道化学公司的招募活动。"道化学公司为美国军方生产化学武器已是众所周知,这种劣迹在威斯康辛极不得人心。威斯康辛大学是一所富于斗争传统的学校,1966年5月在这里爆发了反对选征兵役制的静坐示威,1967年2月在这里举行过反对道化学公司的示威。而威斯康辛大学校方支持政府的战争政策早已为师生所共知。大学校园内设置的"军事教学研究中心"为国防部服务一事早已被揭露出来,3年以后,这个中心发生了爆炸。

10月17日上午,学生在商学院所在的商业大楼设置了200人组成的纠察哨,那里是道化学公司招募面试的地点,学生打起了反战的标语。将近中午,纠察哨散去。中午时分,学生在图书馆的林荫道上举行了抗议集会。18日上午,学生在商业大楼再次设置纠察哨。10时半左右,100名纠察队员进入大楼,在道化学公司招募办公室门口静坐,他们手挽着手。前往招募办公室的通道被350名左右的激进学生堵塞了,招募工作无法进行。大楼外则聚集了2000多名学生。在大楼门口,学校行政官员恳请学生离开,当天还雇用了麦迪逊20多名不当班的警察前来维持秩序,但学生中没有人退让。中午以后,又有30名麦迪逊的警察前来增援,警察在大楼门前排成行。[1] 在商业

---

[1] 柯克帕特里克·塞尔:《争取民主社会学生组织》,第369—371页。

大楼中，警官拉尔夫·汉森向学生提出，如果学生撤出，那么道化学公司的人员也将撤走，学生未接受这个意见。下午1时30分，汉森警官在征询了校行政官员的意见后，警告学生说，他们将面临被逮捕的危险。随后发生了冲突，防暴警察未做任何警告便发动了野蛮的袭击，警察使用了棍棒，把学生打出大楼。学生头上流着血，痛苦地呻吟、喊叫，他们被打伤，一瘸一拐地向外走。一个女青年被推倒在地，一个男青年被前额上流下的血蒙住了眼睛，愤怒地惊叫着。在十几分钟的时间里，学生便被清除出去。数千名学生被这一暴行所震惊，他们打电话给大学医院，但被告知医院拒绝派救护车。受伤的学生只得冲上大街，拦下小轿车，将受伤的学生送到医院。其他的学生投入混战，把示威者从警察手中夺回来。把他们掩护到人群中去，防止他们再次被捕。当6名学生被推进警方的囚车时，旁观者围住了囚车，用拳头捶击囚车，最后警察记下被抓学生的姓名后，将他们释放了。在和学生的冲突中，警察施放了催泪瓦斯。

中午时分，被催泪瓦斯攻击的学生被激怒了，他们开始反攻。他们把花园中的卵石、砖块以及任何可以抓到的东西掷向警察，抗议军警的暴行。一个警察脸部被砖块掷中，失去知觉后倒地。之后，县行政司法长官派来配备有防暴装备和警犬的一队警察。学生们厌倦了，他们感到已取得了胜利。6时半，群众渐渐散开了。有6名警察被送进大学医院，他们中有3人骨折。而被打伤的学生达到65人，一些学生伤势严重，其中一人被诊断可能永远失明。[1]

一小时后，在大学图书馆前林荫道上举行了群众集会，对军警的入侵和暴行表示抗议。估计有5000名学生和200多名教职工参加了

---

[1] 柯克帕特里克·塞尔：《争取民主社会学生组织》，第372—373页。

集会，会场的气氛愤怒激昂。到会者一致认为，从现在起不去上课，直到大学当局禁止道化学公司在校园内招募人员为止。学生的报纸撰文支持罢课。周三和周四，几乎所有的班级都停了课。周末，学生的注意力转到去五角大楼示威。到了下一周的周一，罢课的人数仍然很多。教师召开了第二次会议，讨论如何对待危机问题。周一晚，威斯康辛大学建立了一个学生和教员的委员会，以调查在校园内道化学公司招募人员一事。到了星期二，罢课结束。有 16 名学生被休学，3 名教学助理因为参加罢课被处罚，而道化学公司征募人员的工作也暂时被取消。①

1968 年 6 月 9 日至 15 日，在东兰辛密执安州立大学召开了"争取民主社会学生组织"的年会。有 800 人参加了这次大会，其中大约有 500 人是有表决权和选举权的正式代表。在法国兴起的"五月风暴"和美国本国学生运动高潮的影响下，到会代表提出富于革命性的动议。有的代表提出，要求展开"一场起革命作用的运动"，有的代表要求"摧毁这个资本主义、帝国主义和种族主义的制度"，还有的代表提出创立一个"职业革命家"的组织。用一个采访记者的话来说，在专题讨论会、全体大会和核心秘密组织的会议上，甚至在餐桌上，"在整个大会过程中，'革命'是讨论中居支配地位的话题"②。大会的文件提出："我们的运动要起一种从美国的结构中困难地形成的革命先锋队的作用。"汤姆·海登的话反映了当时产生的一种非常普遍的认识："很明确，我们正在朝着权力行动，如果这部机器不能用于满足人类的目标的话，这种权力就要停止这部机器。"而鲍勃·帕

---

① 柯克帕特里克·塞尔：《争取民主社会学生组织》，第 373 页。
② 同上书，第 457—458 页。

登则说：" 在那一年，人们逐渐得出结论，结束战争〔指侵越战争〕的唯一途径是发动一场革命，结束种族主义的唯一途径是发动一场革命。"①

在1968年秋季"争取民主社会学生组织"发布的一些文件中，提出要使这一运动"成为一个革命的青年运动"。当时担任这个组织书记的迈克·克朗斯基指出，这个组织当时的"主要任务是摆脱依赖学生运动这一局限性"，要"决定它对于工人阶级的方向"，"在校园内外都要扩展到新的民众中去，并把'争取民主社会学生组织'组成一个革命的青年运动"。②

1968年12月26日至31日，在安阿伯召开的有1200人参加的会议上，通过了旧金山的"进步劳工党"的提议。提议认为，种族主义是统治阶级压迫工人阶级的阴谋，由于黑人是工人中受剥削最深的部分，所以黑人问题极为重要，黑人争取解放的斗争事实上是现时革命锐利的锋刃。大会还通过了关于妇女问题的决议，决议认为："通过男性的优势对妇女的压迫，无论在数量上或性质上都比对一般工人阶级的压迫要严重。"③

在1968年与1969年之交，"争取民主社会学生组织"发展到它的顶点。它的地方组织共有60000—80000人，而3年前它只有8000人。在哥伦比亚大学学潮以后，美国几乎每所大学，包括一些很小的学院，都有"争取民主社会学生组织"的分支。学生运动也在迅速发展。根据1969年5月的资料，在这以前两年中，在211所学院中共发生了471次学生骚乱和冲突，学生占领了270座建筑，598人在与

---

① 柯克帕特里克·塞尔：《争取民主社会学生组织》，第458页。
② 同上书，第506页。
③ 同上书，第509页。

军警冲突中受伤,有 6185 人被捕。

1968 年 12 月,在"争取民主社会学生组织"全国委员会的会议上,反对进步劳工党的会员在"革命青年运动"的旗帜下联合起来。到了 1969 年,"革命青年运动"分裂为两个部分,称"革命青年运动Ⅰ部"和"革命青年运动Ⅱ部"。"革命青年运动Ⅰ部"即"气象员","革命青年运动Ⅱ部"又称作"马克思主义者-列宁主义者"。

"气象员"这一名称来自"争取民主社会学生组织"活动家鲍勃·迪伦的诗句"没有气象员你也能知道风往哪边刮"。在鲍勃·迪伦笔下,"气象员"这个名称具有"警惕欺骗""保持清醒的嗅觉"的含意。

1969 年 6 月 18 日,"争取民主社会学生组织"在芝加哥戏院召开的大会上,向到会的 1500 名代表分发了"气象员"的声明书。

"气象员"组织的声明是由一个由 11 人组成的未公开的委员会起草的。这个委员会包括卡伦·阿希利、约翰·雅各布斯、杰夫·琼斯、马克·拉德、史蒂夫·塔皮斯、比尔·史尔斯、杰姆·梅伦、特里·罗宾斯、伯纳戴恩·多恩、格里·朗、豪伊·马赫廷格。哥伦比亚大学学生运动领袖约翰·雅各布斯在起草这份声明时起了主要作用。[①]

声明一开始便称:"亚洲、非洲和拉丁美洲革命人民与以美国为首的帝国主义之间的矛盾是当前世界的主要矛盾。这个矛盾的发展推动了全世界人民反对美帝国主义和它的走狗的斗争。"这是《人民战争胜利万岁!》一文中的话。声明写道:"人们问,什么是我们谈到的革命的性质?""它的目标和战略是什么?""在回答这些问题时压

---

① 柯克帕特里克·塞尔:《争取民主社会学生组织》,第 509 页。

倒一切的考虑是，今日世界进行的主要斗争是美帝国主义和反对它的民族解放运动之间的斗争。这确定了当代世界的本质。""因此，在考察从苏联帝国主义或以色列帝国主义到法国和捷克斯洛伐克的'工人斗争'每一种其他力量或现象时，我们根据他们是否帮助美帝国主义或是打败它来决定谁是我们的朋友以及谁是我们的敌人。""革命斗争首要的任务是要解决在世界人民方面的这个主要矛盾。"[①]"气象员"派本能地认同于新左派、古巴革命和第三世界国家的游击队员，认为这些力量严重地打击了美国的世界体系。它赞美所有"黑人的解放斗争"，认为黑人在革命中作用十分重要，甚至他们在没有白人支持的情况下也"可以单独完成它〔即革命〕"。它认为，青年人在帮助黑人展开斗争和在国际的解放运动中起着特别的作用，因为他们在帝国主义的社会中受到学校、军队镇压以及失业的压迫和直接伤害，他们与帝国主义社会没有共同利益。它否认自由职业者或白人工人阶级会起真正的革命作用，因为后者会被短期的或长期的"既得利益"所收买，因为他们不会为自己的种族地位冒险，或者因为他们不理解他们真正的利益只能通过革命才能满足。它坚持认为，美国青年人的任务是在国内展开抗议活动，通过开辟另一条反帝国主义战线，包括在需要时进行武装斗争，来与世界范围内的"解放力量"表明团结一致。声明最后宣布，为了获得支持，必须创建一个以城市的白人、青年人的武装力量为基础组成的，有一个"具有处于秘密状态的自力更生的骨干组织""集中化组织"的"革命党"。

"气象员"的声明只是简单地提及妇女问题，它并没有试图提出解决妇女问题的任何纲领，它把黑人置于美国经济结构的中心地位也

---

① 哈罗德·雅各布主编：《气象员》，兰帕特出版社1970年版，第51—52页。

是不正确的，它自信地预言美国资本主义体系即将崩溃。

"气象员"的声明有两个最为突出的弱点。第一，它不同于"争取民主社会学生组织"的《休伦港声明》，在那份声明中表现出它努力鼓动群众并争取群众支持的意向，而"气象员"的声明则具有一种排他意识和精英意识。它提出，"最重要的任务"是"创立一个群众革命运动"，因此，它最终使"争取民主社会学生组织"的领导与其会员及学生群众相分离。它的第二个弱点在于，它认为美国白人革命者斗争的胜利和解放只能尾随黑人和第三世界的游击队员之后，即美国革命不是通过自己众多的人民实现社会转变而达到的，而是通过美国在它奴虐的有色人种那里的军事失败，加上少数青年工人的帮助来实现。[1]

"气象员"的成员选举马克·拉德为全国书记，比尔·艾尔斯为教育书记，杰夫·琼斯为组织书记。[2]

1969年9月的芝加哥大会之后，"气象员"的领导人汇集在芝加哥全国办事处，开始监督执行夏季两项主要行动计划。第一项计划是进行宣传，招募青年工人参加革命，第二项计划亦称"全国行动"，即独立地进行反战进军，宣称要"把战争引向国内"。[3]"把战争引向国内"是1968年5月哥伦比亚大学的约翰·雅各布斯等人使用过的口号。《新左派短简》将这个口号用两英寸大的字体印在它的封面上。它解释这个口号说："当我们和世界人民站在一起反对统治者的利益时，我们可以预料这些顽固派会倒在我们面前。所以，我们建立起一支站在越南人民、黑人和一切地方被压迫人民立场上的战斗力量。这

---

[1] 柯克帕特里克·塞尔：《争取民主社会学生组织》，第560—563页。

[2] 同上书，第576页。

[3] 同上书，第579页。

是一场我们无法'反对'的战争。这是一场我们必须参战的战争。我们必须展开反对美帝国主义的另一条战线,在学校中,在军队和其他行业中……展开斗争。"①

在实施其计划过程中,"气象员"在若干中等大小的有一定工人人口的城市中租了一些公寓套房。他们派出了 200 多人,大约 30 人去了西雅图,15 人去了西部的丹佛,大约 40 人去了底特律,30 人去了克利夫兰、中西部的阿森斯和哥伦布,30 人去了纽约,6 人到东部的纽瓦克,进行招募青年工人参加革命的工作。一般说来,那些被吸引来参加这项计划的,是大学校园中参加"争取民主社会学生组织"分部的学生,例如哥伦比亚大学、威斯康辛大学、州立肯特大学、科罗拉多大学、芝加哥大学和西雅图社区学院的学生。②

可以举出"气象员"在俄亥俄州哥伦布市实施其"行动计划"的例子。这年夏季,大约有 20 名"气象员"成员来到该市,其中有 4 人来自州立肯特大学,其中包括这一计划的负责人,2 人来自宾夕法尼亚大学,其余的来自俄亥俄州其他的学院。他们来到哥伦布市以后,有 6 名该州其他大学和高等中学的学生参加进来。他们以每月 60 美元的租金租了 3 座公寓住宅,他们中有 1/3 为女性,年龄在 18—24 岁。他们中有一些人开始时找到了工作。但由于他们中大部分人不熟悉这个城市,因此一时难以找到工作。但这对他们不是大问题,因为他们中大多数人的父母都准备了他们度暑假的开支,有的学生的父母很富有,另一些学生的父母愿意用自己过去积蓄下来的钱为他们支付开支。此外,在芝加哥的"气象员"组织也给了他们一些经

---

① 柯克帕特里克·塞尔:《争取民主社会学生组织》,第 600 页。
② 同上书,第 580 页。

费。他们在开始时,根本不知道如何去实施联系和争取工人阶级青年的计划。例如参加这个计划的一个女青年洛兰·罗萨尔说:"我们中有的人,无论是男的还是女的,离开我们的学校时都提心吊胆,害怕搬入市区,但更多的是在心理上害怕民众。"7月4日,这些自认为是革命者的青年人举着"新左派"的旗帜,走过一个地方公园,散发了他们的传单,传单的内容谈及下一次革命与以往的革命的差别。然而,他们的这次行动没有得到什么支持和响应,绝大多数在假日中散步的市民对他们表示敌意或迷惑不解。当晚在焰火照耀下,他们进行了突然的宣传活动,也为当地右翼分子冲散而告终。[1]

当"气象员"派在社会上发动运动的计划遭到失败后,它的成员开始通过自我思想改造来加强自己的革命性。许多"气象员"成员决意使他们自己从思想上成为真正的"革命者"。他们努力去克服自己固有的那种旧的中等阶级的观念和举止,试图把自己转变成"新人",转变为他们所说的"好的共产主义者"。对他们来说,政治就是一切。比尔·艾尔斯曾说过:"我们有一项任务,那就是使我们成为革命的工具。"许多"气象员"成员认为,资本主义制度的运行,不仅通过明显的物质的和军事的途径,而且也表现在日常生活和思想中,它通过种种观念的方式加强其力量,尽管觉悟不一定就反映在实践上,但却很重要。他们说:"为摧毁我们中间的伪装而战斗,是建设新社会的一个组成部分。"他们崇奉毛泽东和马克思,学打太极拳、吃黄糙米做的饭、戒毒、戒酒、不爱宠物,甚至把自己拥有的衣服减至一套。他们用集体主义精神取代个人主义和自私自利。他们放弃一切个人的愿望,甚至个人离开住所去散步也要经过集体的讨论。他们

---

[1] 柯克帕特里克·塞尔:《争取民主社会学生组织》,第581页。

个人对于财产和物质的观念也转变了,甚至达到了这样的地步,要求"气象员"的成员把个人的积蓄献给集体,这一点使许多人感到难以实行。如果他们中有人在语言和行动中表现出大男子主义,也要加以整肃。在"气象员"组织中,实行严厉的"批评与自我批评",这种做法甚至被它的成员称为"拷问"。在这种强烈的内部压力之下,其参加者日渐减少。如在哥伦布城,最初参加这种"全国行动"的有24人,后来只剩下6人,其余的人都回学校上课去了。

在"气象员"成员的床头常常贴着这样的口号:"斗争是建立一个战斗性运动的唯一途径。"极端政治化是"气象员"组织活动的突出特点。洛兰·罗萨尔回忆说:"贯穿这些斗争的极端政治化已经成为我们的组织成功的基础,一天比一天更清楚,斗争是建立一个战斗性运动的唯一的途径。""我们拒绝使我们自己在国内、在工作中和团体内,起一种作为保守力量壁垒的资产阶级的作用;我们已经批判了我们被当作帝国主义的剩余劳动力和种族主义的走狗,作为奴隶,破坏国际解放斗争的作用。相反,我们已经接受了一种新的角色,一个有尊严的角色,作为一支妇女军队,不仅为自己的解放,而且为所有人的解放而斗争的角色。"[1]

"气象员"展开的活动可分为两类:一类是较为温和的活动。如在纽约和底特律散发传单,在音乐会幕间休息时发表演说,在电影放映中间休息时发表演说等。另一类是暴烈的行动。例如,7月7日在纽约与"进步劳工党"以及"工人-学生同盟"用拳脚相加及用椅子腿斗殴。7月16日在波士顿与"进步劳工党"冲突;在丹佛为反对"防务分析研究所"而与警察发生冲突,为此有6名"气象员"分

---

[1] 柯克帕特里克·塞尔:《争取民主社会学生组织》,第586页。

子被捕。9月27日，在底特律，为抵制警察逮捕其领袖约翰·雅各布斯的企图，与警察展开斗争，有11名"气象员"成员被捕。此外，在1969年夏季，"气象员"在波士顿、芝加哥、哥伦布、底特律广泛地采取了"侵入"学校和教室的斗争策略。例如，7月31日在底特律近郊的沃伦，10名女青年突然来到梅科姆县社区学院，闯进一间学生正在考试的教室，对30来个手足无措的学生发表关于反对帝国主义、种族主义、性别歧视内容的讲演。教师召来了警察，逮捕了这批青年，之后她们交纳了6500美元的保释金被释放。[①]

"气象员"极左的又很幼稚的行动使他们与其余的"争取民主社会学生组织"成员发生矛盾和冲突。1969年7月，米克·克朗斯基等一批人士就对"气象员"的策略表示怀疑。他批评"气象员"对工人阶级关注得太少，过于"傲慢"和"好斗"，破坏了蓝领对于学生运动潜在的支持。最后，米克·克朗斯基退出了芝加哥的"全国行动委员会"。马克·拉德和特里·罗宾斯则代表"气象员"组织对克朗斯基等人的批评加以反击，捍卫自己激进的斗争方式。到了这年夏末，"争取民主社会学生组织"严重地分裂了。[②]

1969年7月，"争取民主社会学生组织"全国临时委员会的成员琳达·埃文斯和另外6位反战人士访问河内去争取3名被俘的美国飞行员获释。他们在越南目睹了这个国家如何通过人民战争抵抗美帝国主义的经验。他们返回芝加哥以后，充满热情地表示，相信越南人民将赢得"全面的胜利"。一周以后，一个"气象员"代表团去古巴参加了有越南北方和越南南方民族解放阵线代表参加的会议。古巴的社

[①] 柯克帕特里克·塞尔：《争取民主社会学生组织》，第588页。
[②] 同上书，第591—592页。

会状况和制度运转对他们影响甚大。越南正在进行的革命战争给了"气象员"成员两个教益,一是美国绝不可能逃脱人民战争的汪洋大海;二是美国的革命者必须通过自己的活动对政府施加压力,迫使政府从越南南方撤军,每个美国革命者"必须在本国发动革命"。"气象员"的一位积极分子泰德·戈尔德在一篇文章中写道:"作为生活在庞然大物内部的人民来说,革命的美国人有能力决定性地破坏美国统治阶级继续扩大它统治的计划。即将到来的美国在越南的失败将给这些计划以致命的打击,我们必须力争做一切我们能加速这种结果的事情。"[①]

1969年8月29日到9月1日,在克利夫兰召开了中西部地区的"全国行动大会"。这实际上是"气象员"组织的第一次全国大会,大约有300人参加了这次会议。在这次会议上建立了"气象员"机构。这样,"气象员"组织成为一支统一的政治力量。在这次会议上形成这样一种看法,即革命组织应当是层叠的、自上而下的等级制度,而进入领导层的人士应当是强悍的、有果断决定权的领袖,"强有力的领袖便是好的领袖"[②]。

到1969年秋季,"气象员"组织再也无法吸收广大大学生参加它发动的"全国行动",在大学校园中也越来越孤立。这时,它成为一个人数不多的小团体,成员总数不过200—300人,"气象员"与大学的学生运动脱离了联系。"争取民主社会学生组织"对"气象员"组织不再感兴趣,而"气象员"组织也对"争取民主社会学生组织"持厌恶甚至憎恨的态度。马克·拉德有一次曾说:"我憎恨'争取民主

---

① 柯克帕特里克·塞尔:《争取民主社会学生组织》,第592—593页。
② 同上书,第594—595页。

社会学生组织',我憎恨这些令人不快的无聊的自由主义群众。"[1] 在衰落的形势下,"气象员"组织在内部划分成较小的"小组",并最终转入地下状态。1969 年末,自称为"红军派"的组织成立,这派大约有 200—300 人,该派宣称:"古巴〔革命〕是以 80 人攻打蒙卡达〔兵营〕为开始的","越南的 General Giap 是以 35 人的武装宣传开始的"。他们试图在美国继续坚持左的"革命道路"。他们最终采取了像炸弹爆炸和纵火那样的"暴力斗争"方式。[2]

至于"争取民主社会学生组织",它则和"进步劳工党"于 1969 年 12 月 28 日至 31 日在纽黑文召开它的全国委员会会议,在会上提出学生与校园内工人结盟的斗争策略。会议提出:"我们相信,学生和工人的同盟是唯一的反对越战、种族主义这些美国统治者施加给本国和世界人民以非正义行为的方式。"

"气象员"派转入地下状态后,在发表的第一份公报中说:"全世界反对美帝国主义的人民都关注着美国青年人在敌人战线的后面采取联合其他力量的战略主张。""黑人数年来几乎一直在孤独地作战。我们已经知道,我们的任务是领导白人进行武装的革命。我们绝对无意以后 5 年或 25 年间在狱中度过。自从'争取民主社会学生组织'变得革命以来,我们已试图表明,有可能克服在试图改革现存制度斗争中的挫折和无力……成千上万的人已经知道,抗议和长途进军无法奏效。革命暴力是唯一的道路。"[3]

事实证明,这不仅是"气象员"派的雄辩之辞,他们把它付诸

---

[1] 柯克帕特里克·塞尔:《争取民主社会学生组织》,第 598—599 页。
[2] 同上书,第 630 页。
[3] 哈罗德·雅各布主编:《气象员》,第 509 页;柯克帕特里克·塞尔:《争取民主社会学生组织》,第 631—632 页。

行动。在 20 世纪 60 年代学生运动后期，美国发生的爆炸和暗杀事件越来越频繁。自 1968 年春季白人左派第一次使用炸弹进行爆炸之后，这年春季在大学里共发生了 10 起爆炸事件。这年秋季，发生了 41 起爆炸事件。1969 年春季，在大学校园内发生了 84 起爆炸事件，在校园外发生了 10 起爆炸事件。从 1969 年 9 月到 1970 年 5 月的这个学年中，在校园内至少发生了 174 起炸弹爆炸事件，而在校外发生了 70 起以上的炸弹爆炸事件。爆炸的目标主要是"后备军官训练队"的建筑物、政府机构的建筑。此外还发生了除炸弹爆炸和焚烧以外的暴力行为。1969 年，攻击警察的行动数量增加了，这年共发生了 33604 起攻击警察的事件，有 86 名警察被杀。[①]

1969 年 10 月，美国学生在全国组织了为期数日的称为"愤怒日"的斗争。

10 月 8 日傍晚，在芝加哥林肯公园南端，聚集了由"气象员"组织成员率领的近 600 名学生。对于这次行动，他们中有一个人宣布说："这是一个人数非常少的团体试图开展的一场革命。"他们中有相当一部分人与"气象员"组织有关。他们进行的不只是一场和平的示威进军。他们中大多数人头戴头盔（有的是军队的剩余物资，有的是骑摩托车用的头盔，还有的是橄榄球队员用的头盔）、防毒面具、护目镜等。将近晚上 9 时，伯纳迪尼·多恩向群众发表讲话，指出组织这次集会是为了纪念切·格瓦拉之死两周年。另一位讲演者发表了反对帝国主义的演说，他提到建立一支"红军"的问题。呼应着他的讲演，群众高呼："建立一支人民的军队，进行一场人民战争。"有人试图带领人们高唱"黑豹党"的歌曲："革命已经开始，警察滚开！是

---

① 柯克帕特里克·塞尔：《争取民主社会学生组织》，第 632—633 页。

拿起枪的时候了！警察滚开！"但是，唱了一阵后，歌声便消失了。在会场上，新左派的旗帜高高悬挂。

晚上 10 时 25 分，有一个人高喊："我是马里恩·德尔加多！"这是一个人人都在等待的"气象员"夜间行动的暗号。他简短地鼓动说，林肯公园南部是富人居住的地区，正是马里恩·德尔加多要去的地方。于是，人们涌出林肯公园，高喊着欢呼着走上市区大街，用最快的速度向前奔跑。这时，芝加哥的警察已做好了准备对付"气象员"，当时政府动员了不少于 1000 名穿警服的警察。冲过街道的学生们高呼"胡—胡—胡志明！""敢于斗争，敢于胜利！"他们把石头和砖块掷向路两旁的公寓的玻璃，并打碎了停放着的小轿车的玻璃。示威的学生向南冲击时与防守在那里的军警发生了冲突，几个"气象员"领袖冲在前面。但学生们不是警察的对手，大约有 30 名学生最终被警察制服，塞进囚车带走。遭到警察阻击后的学生队伍分成了几股。警察追着用防暴警棍殴打毫无防备的学生，同时使用了催泪瓦斯。一个被 3 名学生围着的巡警抽出手枪来对学生开枪，另几个警察也向学生开枪。警察还从警车中用霰弹枪射击。在持续了一个多小时后，"气象员"的队伍溃散了。马克·拉德幸免于被捕，但许多学生领袖被逮捕。在当晚的冲突中，有 28 名警察受伤，但没有受重伤的。至少有 6 名学生被枪击，有 68 名学生被逮捕，其中 25 人是女性。[①]

10 月 9 日和 10 日没有发生大的冲突。10 月 11 日，200 名"气象员"再次走上大街。没有什么人前来支持他们。便衣警察在学生出发前逮捕了 4 名学生，其中有马克·拉德。在当晚学生与警察的冲突

---

① 柯克帕特里克·塞尔：《争取民主社会学生组织》，第 603—609 页。

中，有 123 名示威学生被逮捕，他们大多数受了轻伤，有 36 名警察被打伤，沿街有 19 扇玻璃窗被打破。[①]

10 月 10 日，设在波士顿的"争取民主社会学生组织"全国总部就这次全国行动发表声明，对"气象员"的冒险主义策略表示反对，谴责"气象员"的煽动行动，认为"愤怒日"行动是一小批警察代理人挑起的事件。并且声明，以马克·拉德为首的"气象员"派与"争取民主社会学生组织"毫不相干，并且表示希望建立一种与广大美国群众站在一起的组织。[②] 到新学期开学时，在大学校园内，"争取民主社会学生组织"的"气象员"派和"进步劳工党"已失去广大学生的同情和支持。[③]

1970 年 3 月初，在纽约曼哈顿西 11 大街 18 号格林威治村，广播电台所有人詹姆斯·普拉特·威尔克森拥有的优雅的四层楼中，聚集了属于"气象员"派的七八名男女青年。他们从新罕布什尔州买来两箱炸药。在作为临时车间的地下室里，放着 50 多根 TNT 棒，另外还有一批爆炸引线，装炸药的铅管等物品。这些青年人中，有房主的女儿凯瑟琳·威尔克森，她是斯沃恩莫尔女子学院 1966 年毕业的学生，此外还有黛安娜·奥顿、凯西·博丁、苏珊·韦杰、泰德·戈尔德、特里·罗宾斯，他们均是富家子弟。6 日中午将近 12 点的时候，堆放的烈性炸药发生爆炸。接着，煤气总管着了火，又引起了两次爆炸，摧毁了整座房屋。爆炸是怎样发生的已无法确切知道。可能是有人不小心引起了爆炸，这个人可能是黛安娜，因为她的肢体被炸得四分五裂，戈尔德和罗宾斯被炸死。凯瑟琳·威尔克森和凯西·博丁被

---

① 柯克帕特里克·塞尔：《争取民主社会学生组织》，第 610—611 页。
② 同上书，第 614—615 页。
③ 同上书，第 615 页。

炸得衣冠不整，她们从邻居处借了衣服穿上，假称去药房买药，离开爆炸现场，不知去向。之后，她们向家人捎信说她们还活着。爆炸发生后，消防队员在屋子里发现炸药、雷管和成堆的"争取民主社会学生组织"的宣传小册子。[1]

纽约曼哈顿西11大街发生的爆炸事件，是"气象员"派活动结束的标志。

1970年4月30日，美国总统理查德·尼克松公然违背国际法，宣布美国军队入侵柬埔寨，这一做法甚至违背了美国传统的政策。连参议院都强调，只有国会才有宣战权，它通过一项决议案，要美军在7月之前撤出柬埔寨，并停止对那里的空中支援。美军入侵柬埔寨，引起了学生的强烈不满，大学校园中立即发动了抗议示威。在耶鲁大学举行的群众反战集会号召3天以后，在全国举行总罢课。之后的两天中，有60个学院的学生举行罢课，有30个大学的学生示威游行。到5月底，共有415所大专院校为抗议美国政府的战争政策而罢课。直到学期结束时，还有286所学校仍处于瘫痪状态，另外43个州的129所学校虽然宣布复课了，但很多教室空无一人。[2]

美国侵略柬埔寨的政策和做法使得本已趋于衰落的美国学生运动再次掀起了高潮。

1970年5月2日，星期六，州立肯特大学的激进学生800人在得到校方同意后，当晚举行了一次群众集会，对美国对柬埔寨的侵略战争表示抗议，学生群众把这次大会变成了一场示威。途中，他们冲散了一个舞会，又把火把扔进广场对面后备军官训练队的房屋。当消

---

[1] 柯克帕特里克·塞尔：《争取民主社会学生组织》，第3—5页；威廉·曼彻斯特：《光荣与梦想》，第1682—1684页。

[2] 威廉·曼彻斯特：《光荣与梦想》，第1699页。

防队来到现场时，示威学生用石块掷向他们，用大砍刀把水龙软管砍断，使营房最后被烧光。市长萨特朗在没有通知学校当局的情况下，向国民警卫队求救，调来一支500人的全副武装的军队，扑灭了大火。这时，罗兹州长来到肯特大学校内。他出于竞选的目的，试图利用当时学生运动的形势，召开了记者招待会，宣布处于紧急状态。对于学生，罗兹说："我们将用执行法律的一切手段，把他们从肯特大学赶出去……他们比褐衫党、共产党、夜间骑士和自卫团更坏。他们是我们在美国包庇的最坏的一类人。"罗兹的煽动性的恶意讲话，引起了学生的强烈不满。

5月4日，星期一，当时已经复课。中午，大约1000名学生聚集在校内广场举行了和平示威，另外大约有200人在一旁观看。这时，开来了国民警卫队的两辆吉普车。国民警卫队要学生撤出广场，说他们无权集会。学生向国民警卫队扔了石块，大声叫喊："猪滚出校园去！我们不要你们的战争！"国民警卫队的西尔威斯特·德科尔索少将也向学生投掷了几块石头。12时15分，国民警卫队的两个班向学生施放了催泪弹。[1]

12时25分，一个由25人组成的国民警卫队分队在肯特大学没有人对他们挑衅，并且在未做任何警告的情况下向聚集在一起的大约200名没有武装的学生开了61枪，当场打死4人，有9人受伤，其中一个下半身终身瘫痪。[2]

政府的军警在州立肯特大学开枪镇压学生的消息传遍了全国，引起了普遍的抗议运动。从5月5日到5月8日，每天都有100所以上

---

[1] 威廉·曼彻斯特：《光荣与梦想》，第1703—1704页。
[2] 柯克帕特里克·塞尔：《争取民主社会学生组织》，第635—636页。

的大学举行抗议示威。全国共有350所大学及学院、536所学校举行了罢课,其中有51所学校全部停课。在全国1350余所大学和学院中,有一半以上被抗议、示威的浪潮席卷。

在康奈尔大学,学生们使用自制的"和平战车"围攻了后备军官训练团。在康涅狄格大学,1000多名用油彩和羽毛把自己伪装起来的学生占领了后备军官训练团大楼,他们在墙上画上花朵、漫画和象征和平的符号。在密执安技术学院,200名后备军官训练团的学员加入到1000余名学生中,建立了一英亩面积的花园,作为反战和对肯特大学被害学生的纪念。在丹佛大学学生中心附近,学生搭起帐篷和餐厅构成的一个中心,命名为"西伍德斯托克和平与自由共同体",在5月9日这个周末,有1000名学生聚集在那里,表示"反对在东南亚的战争,反对美国的种族主义,抗议在州立肯特大学杀害4名学生"。大学校长下令解散,但没有一个学生理睬他。校方召来警察,逮捕了30人,中心被摧毁。随后,有600名学生返回来重建了中心。当局派出1000多名克罗拉多州国民警卫队和丹佛警察,第二次拆毁了中心。次日,学院430名教员中有400人集会,表示支持"西伍德斯托克精神"。①

州立肯特大学枪杀学生事件之后,全国示威总人数达到435万人。至少有73所大学发生了暴力抗议行动,全国1/3最大最有影响的学校在此之列。在26所学校中,示威很激烈,持续时间很长,学生与军警发生了猛烈的冲突,军警使用催泪瓦斯,打伤并大量逮捕学生。从5月1日到15日,共逮捕学生1800人以上。国民警卫队在16个州的21所大学中全天活动。

---

① 乔治·卡茨阿菲尤斯:《新左派的创造力:1968年全球分析》,第147—148页。

5月9日是周末，有10万人前往华盛顿举行一次大规模的示威游行。政府在白宫布满防守的军队，如临大敌。① 傍晚以后，许多示威者占领了街道，打破了玻璃窗，中断了交通，推倒了街头的垃圾桶，并与警察发生冲突。有413名群众被捕。第二天是星期日，学生乔治·温纳以自焚来抗议美国政府的侵略战争政策。

在5月这一个月中，至少发生了169起炸弹爆炸和纵火事件，其中95起发生在校园中，另外65起发生在政府机构中。在5月的第一周，各大学校园中有30座后备军官训练队的建筑爆炸或被焚烧，每天平均发生4起以上。②

1970年5月14日，在密西西比州的杰克逊城，白人警察和州巡警用铅弹枪、机关枪、步枪和穿甲枪向杰克逊学院一座宿舍楼内赤手空拳、毫无防备的黑人学生开火，打死2人，打伤12人。③ 但由于这些学生是黑人，所以州政府对于这种残暴的行径表示沉默和接受。以前加利福尼亚州州长威廉·斯克兰顿德为首的一个总统委员会，把这起开枪杀人事件称为"一次超出常规的无理的过火反应"。当地的一个大陪审团却进而指责学生："有人要去……参加社会骚乱和暴乱活动，当执法官员奉命前去恢复秩序时，发生了这个事件。"④ 随后，有53所大学的学生举行了抗议活动，他们绝大多数是黑人。对于暴行负有责任的尼克松政府，最初不以为然，认为屠杀是由于学生诉诸暴力导致的。但是，随着学生愤怒的爆发，事态的发展使政府逐渐明白了，全国正面临一场危机，政府被迫修改了自己的政

---

① 威廉·曼彻斯特：《光荣与梦想》，第1699页。
② 柯克帕特里克·塞尔：《争取民主社会学生组织》，第637—638页。
③ 同上书，第638页。
④ 威廉·曼彻斯特：《光荣与梦想》，第1700页。

策，公开对其言辞表示道歉，任命了两个高级调查委员会去调查发生的事件。[①]

1970年是美国20世纪60年代中期爆发的大规模学生运动结束的年代。在美国学生运动的尾声中，《新左派短简》于1970年8月发表了一篇题为"下一次是大火"的文章。文章写道：

> 我们这些加入"争取民主社会学生组织"的人相信，唯有社会主义革命才能解决帝国主义问题。自由主义改革无法改变社会的基本结构，它将不会结束富人对工人的剥削。如果我们获得自由，完全控制了我们经济和社会生活的帝国主义这个巨兽必将被完全摧毁，并为社会主义取代。
>
> 我们的计划是通过一场社会主义革命完全重组美国，工人将控制他们生产的商品和财富。学校、交通、房屋和所有其他社会福利设施将由人民来控制，而不是由那些现在统治美国的少数富人来控制。黑人和有色人种人民将控制他们的团体，并且夺回数世纪以来帝国主义压迫曾从他们那里掠夺走的文化。妇女将不再只是起第二等的作用，她们在资本主义的美国到处都是，而只有和男子在一起才会发展起非剥削的人类关系。[②]

这不啻是美国20世纪60年代学生运动左翼美好的理想和这个运动最后的呼声。

马尔库塞在1971年夏天总结这场运动时写道："应该区分暴力和

[①] 柯克帕特里克·塞尔：《争取民主社会学生组织》，第638页。
[②] 同上书，第453页。

革命暴力。在当今的反革命形势下，暴力是统治集团的武器。在机关和组织里，在劳动和业余时，在大街和公路上，在空气中，到处都有暴力。但与此相对立的革命暴力，应该终止暴力的革命暴力，今天却不存在。革命暴力是群众和阶级的行动，他们能够推翻已有的制度，以建立一个社会主义社会。这方面的例子有全面总罢工或同时占领和接收企业、政府大楼、新闻中心和交通中心。美国并不存在进行这些行动的条件。好斗左派的活动范围是很狭小的，而绝望地企图扩大这一活动范围的做法，将导致越来越多的肉体暴力行为的发生。左派运动本身必须控制和约束这种暴力行为。为了那些不明确的、一般的、不能把握的目标而行动是没有意义的，甚至是很糟糕的，这些行动增加了左派运动反对者的数目。""这些活动给人民带来的损失远比给统治阶级带来的大。"[①] 马尔库塞对美国学生运动后期出现的一些极左派别的盲动策略的批评，应当说是十分中肯的。

---

① 马尔库塞：《反革命和造反》，载《工业社会和新左派》，第122—123页。

第三章　英国的学生运动

第一节　20世纪60年代英国学生运动发生的背景

英国有着激进的学生运动的传统。英国的"全国学生同盟"建立于1922年，它是在各种校际组织的基础上建立的。从20世纪20年代后期起，它主要致力于组织学生的假日旅行活动、提高大学的福利、推动学生健康计划、核准教科书、对不公正的导师制提出动议等活动。也就是说，在整个20世纪50年代，学生的状况和福利问题是"全国学生同盟"关注的中心。第二次世界大战以后，政府对于"全国学生同盟"只能讨论与学生有关问题的限制放宽，开始允许讨论政府的教育政策。但是，一些限制仍然存在。例如，在任何情况下"全国学生同盟"不得"成为一般的政治论坛"。到1964年为止，"全国学生同盟"所关心的政府政策主要是关于取消对领取补助金的学生的考察、支付学生的国民保险费、住宿和运动设施、教师的薪金和工作条件之类的问题，它还就南非在教育领域的种族歧视隔离政策和英国政府的种族歧视政策组织群众性运动。1965年，"全国学生同盟"就教师的工资水准问题组织过大规模的示威游行。[1]1964年工党在竞选

---

[1] 戴维·威杰里：《全国学生同盟——学生的消声器》，载科克本、罗宾·布莱克奔编：《学生的力量》，企鹅丛书1969年版，第120—121页。

时提出的纲领没有重视教育学院中建筑费用被削减、教师薪金和学生补助金的不足,这引起了"全国学生同盟"的极大不满。此时,"全国学生同盟"的领导人较为温和,但同盟中出现了一些激进分子。1965年10月,一个称作"现在为进步而行动的学生"的组织在伦敦发行一种时事通讯《猛击》,在学生中散发。《猛击》第一期的文章中写道:"我们相信学院学生之间的交往很有价值。这个国家的学生尚未在心理上团结起来——这不是因为学生共同关心的事情和行动真的不存在,而是因为绝大多数学生不了解它。"[1]

作为学生运动兴起的背景事件之一是20世纪50年代末开始发动的核裁军运动(CND)。英国核裁军运动是1959年初由一批著名的进步知识分子和政治家创立的,他们包括哲学家贝特兰·罗素、朱利安·赫克斯利,《新政治家》的编辑奎斯利·马丁,以及工党左派发言人米切尔·富特,而核裁军运动的主要支持者则是青年人。[2] 核裁军运动与新左派运动几乎是同时发展起来的。核裁军运动吸收了新左派运动关于英国退出北大西洋公约组织和采取积极的"中立主义"的立场,而新左派运动则把核裁军视为自己政治斗争的一个目标。新左派运动宿将默文·琼斯曾说:"今天做一个社会主义者,必须是一个和平主义者,而要做一个有效的和平主义者,他必须是一个社会主义者。"英国的新左派积极参加了核裁军运动,约翰·雷克斯写了《英国没有炸弹》(1960年),琼斯写了小册子《不再恐惧》(1961年),斯图亚特·霍尔写了《朝着和平之路》(1963年)。

---

[1] 戴维·威杰里:《全国学生同盟——学生的消声器》,载科克本、罗宾·布莱克奔编:《学生的力量》,第126—127页。

[2] 斯蒂芬·哈奇:《从核裁军运动到新左派》,载戴维·马丁:《无政府主义和文化》,哥伦比亚出版社1969年版,第123页;林春:《英国新左派》,第8—9页。

核裁军运动在1959年复活节组织了一次大规模的群众示威。发动这次示威的是"反对核战争直接行动委员会",它受到甘地的和平主义的影响,参加者则有教友会教徒、无政府主义者和其他的和平主义者。他们是理想主义者,相信施加这种压力可以对统治阶级起某种作用。①

1960年,80多岁的贝特兰·罗素创立了"一百人委员会",这是一个核裁军运动中市民的直接行动组织。这个组织的活动策略深深地影响到未来的英国学生激进派。②

随着核裁军运动的发展,在它的大量参加者和支持者中,工人阶级和中等阶级下层青年中出现了意见分歧。核裁军运动的领导者主要是坚信英国自由主义传统的中产阶级人道主义者,而在核裁军运动中占据主导地位的则是左派社会民主主义者,他们把核裁军运动作为一种媒介,以在工党内部扩大自己的影响。他们非常担心这样一个左翼运动的发展会扩大共产主义的影响。当核裁军运动要求英国退出北约时,遭到工党人士的反对。核裁军运动的左翼是英国的新左派,《新左派评论》积极投入争取核裁军运动,在全国各地都建立了左派俱乐部。③1961年复活节,争取核裁军运动组织动员了10万人④前往伦敦特拉发加广场参加示威。这年9月,核裁军运动组织了5000名群众准备去唐宁街示威,在这一计划被制止后,群众转到特拉发加广场静坐。当局认为这种行动危及英国政权,于是逮捕并判处贝特兰·罗素

---

① 塔里克·阿里:《正在到来的英国革命》,第四章"抗议政治:核裁军运动和青年激进化的开始",伦敦1972年版,第97页。
② 罗纳德·弗雷泽:《1968年:反叛的一代学生》,第31—32页。
③ 塔里克·阿里:《正在到来的英国革命》,第104页。
④ 威杰里:《英国的左派:1956—1968年》,第19页。

等 6 名核裁军运动领袖 18 个月徒刑。这对于"一百人委员会"是很大的打击。1962 年古巴导弹危机发生，使得核裁军运动参加者对于在斗争中取胜失去了信心。①

1964 年以后，美国加紧对越南的侵略战争。1965 年 2 月，美军飞机开始轰炸越南北方。3 月，美国海军陆战队在越南南方登陆。约翰逊表示："将对东南亚任何为保卫自由而向我们提出要求的国家给予帮助。"美军在越南的战争升级和屠杀行动引起欧洲和英国人士的强烈抗议。

1966 年，贝特兰·罗素创立了"国际战争罪行法庭"。罗素指出："我们并不代表任何国家权力，我们也无法迫使政策制定者对反对越南人民的罪行负责并在我们面前被起诉。我们缺少不可抗拒的力量。""我曾经历过德雷福斯案件，并参加过对利奥波德国王在刚果罪行的调查。我能够回忆起许多次战争……根据我自己的经验，我无法找到一种可以〔与越南〕相似的形势。我无法回忆起有哪个民族如此受折磨。我不知道是否有过任何其他的冲突在其中外部力量如此悬殊。"贝特兰·罗素通过出版他的很畅销的《自传》的第 2 卷、第 3 卷，来资助和平基金会和"国际战争罪行法庭"。"国际战争罪行法庭"由 3 名官员和来自德国、瑞典、土耳其、意大利、法国、墨西哥、英国、南斯拉夫、菲律宾、古巴、巴基斯坦、日本和美国的 23 人组成。

1967 年 5 月，"国际战争罪行法庭"在斯德哥尔摩召开。罗素本人由于年迈无法出席，他担任了名誉主席。萨特则出任执行主席，弗

---

① 塔里克·阿里：《正在到来的英国革命》，第 106 页；罗纳德·弗雷泽：《1968 年：反叛的一代学生》，第 31—32 页。

拉迪米尔·德迪耶尔担任主席。美国出席该法庭的有4人，他们是作家詹姆斯·鲍德温、黑人激进主义者斯托克利·卡迈克尔、戴维·德林杰、原"争取民主社会学生组织"主席卡尔·奥格尔斯比。参加法庭的人士还有伊萨克·多伊奇、西蒙·德·波伏瓦、墨西哥前总统拉萨罗·卡德纳斯、法国数学家洛朗·施瓦茨。作为罗素"国际战争罪行法庭"派到越南北方去的见证人，塔里克·阿里在1967年初到了越南，他为美国在越南的战争罪行所震撼。他后来写道："这是一次使人极度悲伤的经历。我从未对美国是主要敌人这点怀疑过，但现在它对我一生都打下了烙印。当时我对一个人说我要留在那里并战斗时，并非在进行煽动，我不想再回来。"① 阿里在法庭上作证说，美国反对越南的战争具有种族主义的因素，在二战之后，欧洲还没有出现过这种方式。② 萨特在法庭上陈述说："我们发现了越南战争的真相，它可以与希特勒所说的一切相比。他杀害犹太人是因为他们是犹太人。美国军事力量在越南折磨和杀害男人、妇女和儿童，是因为他们是越南人。"③

在听取了证词后，"国际战争罪行法庭"的11名成员一致通过了决议。决议中写道：

> 我们发现，美国政府的武装力量蓄意系统地和大规模地轰炸平民目标，包括平民聚居地、住宅、村庄、水坝、堤防、医疗设施、麻风病人隔离区、学校、教堂和宝塔。法庭一致得出结论，即美国犯下了种族灭绝的罪行，它对犯人的处置及它使

---

① 罗纳德·弗雷泽：《1968年：反叛的一代学生》，第112页。
② 塔里克·阿里：《街垒战之年：60年代的自传》，伦敦1987年版，第123—124页。
③ 戴维·考蒂：《68年：街垒战之年》，第13页。

用了包括战争法禁止的凝固汽油弹，违背了日内瓦公约。[1]

核裁军运动从一开始便吸引了众多的各阶层群众参加，就其参加者的主要成分而论，核裁军运动属于中产阶级激进运动。如加雷斯·斯特德曼·琼斯所评述的，核裁军运动表现了英国政治文化中的自由主义传统，它更多地与当年反对布尔战争的活动相似。[2] 核裁军运动的参加者在20世纪60年代中期融入了反对美国侵略越南的反战运动和学生运动。

对英国20世纪60年代学生运动在观念和语言上起着很大影响的是英国新左派运动。英国新左派运动是1956年开始形成的。

1956年2月末，在苏共二十大上赫鲁晓夫作了《关于个人崇拜及其后果》的秘密报告。这个秘密报告的内容很快传到欧洲各国。3月14日，东德的乌布利希透露了报告的部分内容。3月16日，在波恩已看到赫鲁晓夫秘密报告的文本。3月17日，匈牙利政府宣布为匈牙利前共产党书记纳吉平反昭雪。赫鲁晓夫的秘密报告在英国共产党内引起很大的震动，英国共产党的报纸《工人日报》在这个时期收到关于苏共二十大的大量来信。在3月底召开的英国共产党的大会上辩论了关于斯大林和苏共二十大的问题，相应的批评和讨论在英国共产党内日益增多。英共领导人对此小心翼翼，反对进行公开的严肃的讨论。英共党内一批知识分子对党的领导人的做法不满，他们希望就相关的理论和路线问题展开公开的讨论。E. P. 汤普森在同年4月4

---

[1] 戴维·考蒂：《68年：街垒战之年》，第13页。
[2] 加雷斯·斯特德曼·琼斯：《学生反叛的意义》，载科克本、罗宾·布莱克奔编：《学生的力量》，第43—44页。

日写给约翰·萨维尔的信中谈道：

> 如果必要的话，我们恐怕得离开党而建立一个不大的马克思主义教育联盟。我希望这不会发生，但非常重要之处在于，我们应当仍然保持我们作为马克思主义知识分子对马克思主义而不是对党在任何情况下的忠诚。我们作为诚实的知识分子对于英国工人阶级的职责比起盲目地忠诚于一个已经被一系列历史事件扭曲的党更为重要。但是，这是一种极端的局面，我希望我们将不会走到这一步。[1]

1956年7月中旬，一份与英国共产党相独立的刊物《理性者》创刊。约翰·萨维尔和E. P. 汤普森是这份刊物的编辑。这份刊物表示，它将对"基本的原则、目标和战略"问题展开讨论，它指出，英国共产党内出现了巨大的危机。在这份刊物上发表的关于1956年匈牙利事件的文章中，E. P. 汤普森批评斯大林主义是"机械唯物论"，以及它强调阶级斗争和无产阶级专政丧失了"人道的要素"，"斯大林主义使列宁主义撞上了巨石"，需要深挖斯大林主义的根源。E. P. 汤普森认为，对斯大林主义的批判，是一场对由精英转化成的官僚的虚假的意识构成的意识形态的反叛，是对教条主义和反知识分子主义的反叛。这场反叛的内容可以描述为"社会主义的人道主义"。但E. P. 汤普森认为，不可以把斯大林主义同俄国革命以及共产主义等同起来。[2]

---

[1] 约翰·萨维尔：《E. P. 汤普森：共产党和1956年》，载《社会主义记事》，1994年，第23—24页。

[2] 林春：《英国新左派》，第33—34页。

在《理性者》第 1 期上，刊载了题为"为什么我们要发行"的编者文章。它强调，公开对现有的危机展开辩论是必要的，因为在目前现有的党的刊物上不可能进行。编者文章写道："我们的运动首先需要的是社会主义原则的再生，确保不再回归到教条主义态度和理论的迟钝。""我们和所有的共产党党员都承认，需要在讨论和集体做出决定的基础上，在行动中有某种程度的自我约束。过去这种关于纪律的概念始终被解释得过于僵硬，并且党内民主的进程无疑需要加以注意。但是，我们必须强调说，我们没有想要看到党退化为一些争吵不休的派别和固执己见的个人，这份杂志根本没有鼓励形成政治派别的目的。""总之，现在对我们来说十分清楚，在一个政党的行动中，纪律的必要性和价值不能并且绝不可能被扩大到讨论、创造性写作和理论争论的过程中。"①9 月和 11 月，不顾英国共产党中央委员会的反对，《理性者》出版了第 2 期和第 3 期。在《理性者》第 3 期编者的文章中，E. P. 汤普森和约翰·萨维尔提出："我们要求恢复理性的人道的和自由主义因素在共产主义传统中的地位。"②E. P. 汤普森发表在该刊物第 3 期上的另一篇文章中写道："斯大林主义是一种失去了人道主义成分的社会主义的理论和实践。斯大林的思维方式不是辩证唯物主义，而是机械唯物论。""如同我们从匈牙利得知的，这样一种专政无法得到被奴虐的群众长期的同情和要求。""把所有有不同看法的人，所有有犹豫的人等同于'蓄意的'反革命是错误的。"③

---

① 《社会主义记事》，1994 年，第 27 页。
② E. P. 汤普森、约翰·萨维尔：《一个共产主义者的敬礼》，载威杰里：《英国的左派：1956—1968 年》，第 90 页。
③ E. P. 汤普森：《穿过布达佩斯的硝烟》，载威杰里：《英国的左派：1956—1968 年》，第 68、69 页。

11月，英国共产党执行委员会做出决定，对E. P. 汤普森和约翰·萨维尔实行留党察看3个月的处分，以观后效。E. P. 汤普森和约翰·萨维尔随即发表声明："我们无意于反对执行委员会的决定，我们两人决定立即退党。"[①] 随后，有7000余名共产党人退出了英共。从1956年到1958年，英共失去了10000名党员，这相当于它原有党员人数的1/3。[②]

从1957年夏季开始，约翰·萨维尔和E. P. 汤普森创办了另一份刊物《新理性者》。批评斯大林主义和恢复马克思主义是《新理性者》的宗旨。这份刊物表示："我们无意于冲动地中断英国马克思主义和共产主义的传统。相反，我们相信这种来自威廉·摩里斯和汤姆·曼的传统""需要再次发现和再次肯定"。这份刊物的编者和绝大多数撰稿人都认为自己是"民主的共产主义者"或"社会主义的人道主义者"。他们表示，要与苏联和东欧为恢复共产主义原则以及扩大被斯大林主义剥夺的自由而斗争的那些工人和知识分子站在一起。E. P. 汤普森在这份刊物第1期上发表的长文中指出，重新发现社会主义的人道主义是西方的新左派和东欧的左翼反对派共同的目标。《新理性者》尽管每期只发行2500到3000份，但它的读者遍布在世界各地。[③]

1957年春季，《大学和左派评论》创刊，这是一份英国独立的左翼知识分子的刊物。它最初的四名编辑是斯图亚特·霍尔、加布里埃尔·皮尔逊、查尔斯·泰勒和拉菲尔·萨缪尔，他们都与牛津大学有联系，平均年龄只有24岁。他们属于二战后成长起来的年轻一代具

---

① 《社会主义记事》，1994年，第31页。
② 威杰里：《英国的左派：1956—1968年》，第86页。
③ 林春：《英国新左派》，第10—12页。

有批判精神的左翼知识分子。这份刊物的期发行量很快达到 8000 份。《大学和左派评论》的许多撰稿人使用了马克思主义的概念和术语。《大学和左派评论》第 1 期的编者文章指出："这份杂志试图提供一个论坛，在这里不同的硕果累累的社会主义传统的讨论可以以公开辩论的形式进行自由讨论。"《大学和左派评论》的第 1 期便收入了具有不同传统的不同年龄的左派人士的文章，他们中有多伊奇·柯尔、E. P. 汤普森、霍布斯鲍姆、让·罗宾逊、林塞·安德逊。雷蒙德·威廉斯在《大学和左派评论》的活动中起了重要作用。

在 1959 年的大选中，工党遭遇了失败，这对左翼力量是一次打击。它促使英国的左翼人士团结起来。1960 年 1 月，《大学和左派评论》与《新理性者》合并为《新左派评论》。在《新左派评论》周围，汇集了不同倾向的左翼知识分子。他们中有的是以工人阶级文化和 19 世纪本国的激进主义传统为基础的有自己独立见解的共产主义者，有牛津大学和剑桥大学自由职业知识分子中的社会主义者，也有受欧洲大陆马克思主义影响和坚持国际主义的马克思主义理论工作者。其中一些来自《大学和左派评论》的年轻的人士则较多地受到马克思 1844 年手稿的影响，在他们的头脑中，"异化"概念取代了社会主义思想史上"剥削"一词占有的地位。这批新左派人士的活动具有突出的工人阶级文化活动的倾向。[①] 雷蒙德·威廉斯甚至认为，形成一场文化革命是基本的目标。他解释说："这并不降低传统意义上的经济矛盾"，"文化革命反对资本主义生产方式施加的整个文化和社会观"。[②]

---

① 林春：《英国新左派》，第 34 页。
② 同上书，第 53 页。

1961年12月,《新左派评论》编辑部改组,22岁的佩里·安德逊及一批青年同事组成了新的编辑部。《新左派评论》编辑部老的成员离开后,纷纷展开自己的工作。斯图亚特·霍尔在1964年建立了伯明翰大学当代文化研究中心。拉菲尔·萨缪尔于1966年在牛津大学拉斯金学院创立了《历史工场》。约翰·萨维尔和拉尔夫·密里本德在1964年创立了《社会主义记事》年刊。E. P. 汤普森于1965年在沃里克大学创立了社会史研究中心。而《新左派评论》则在1970年建立了自己的出版社,出版"新左派丛书"。[1]

英国新左派运动是与英国工党在政治倾向上有很大距离的政治派别。新左派仍然把资本主义、帝国主义和各国反动派视为自己的敌人,他们对工党在议会内部进行活动的路线表示异议,认为现有的资本主义政治机制实际上已完全排除了真正的民主制,他们把工党的议会主义道路称为"权力机构的自由主义",认为工党已背叛了工人阶级的事业。新左派认为,欧洲的社会民主党和英国工党采取的社会主义原则,是使资本主义仍然保持其统治地位,其政府的作用只是保证民众的顺从,而不希望与经济体制发生冲突。所以,英国的新左派不信任投票箱,对议会政治十分不满,新左派把苏共和紧跟苏共的英国共产党视为官僚制的、非民主的、非革命的政党组织。他们对于苏联的官僚体制及其自上而下的通过现代国家来实现社会主义的道路表示怀疑。他们认为苏联的国家体制已不能再代表无产阶级的利益,这是一个存在阶级统治的由专家来治理的国家。

英国新左派关注着越南战争、古巴革命和中国的"文化大革命"。英国的新左派认为,古巴和中国的革命不同于苏联从上层进行

---

[1] 林春:《英国新左派》,第61、64页。

革命的模式，前者强调普通人民日常生活的变革，它表明工人阶级已经控制了他们自己的生活，使自己的意识和眼光超出了剥削阶级施加的狭隘的限制。新左派认为，古巴和中国的革命模式强调道德和思想基础，而并非单纯的政治革命。这种工人直接参与的精神非常有意义，不应当把责任交给集权化的精英。他们认为，一场革命除非摧毁了先前的生活方式，是不可能彻底完成的。他们认为古巴和越南的革命战争有意义之处是提供了一种重要的游击战争的模式，它对于长期被认为是文明化生活模式的然而却是残酷的不道德的当代资本主义社会而言是一种威胁和恐吓。在富于浪漫色彩的青年革命者眼中，游击战是一种自主的非官僚的革命的斗争形式，因此，游击队员是理想的未被异化的人。出于对游击战的这种理解，西方大学中的学生把自己等同于丛林中的战士。不仅如此，英国的新左派还从更高的角度来概括越南战争，他们把越南人民的胜利看作所有反对他们所厌恶的人的胜利。这种观点为当时伦敦政治经济学院学生领袖、后任英国《新左派评论》主编罗宾·布莱克奔很好地表达出来。他写道："在维贝尔看来，现代官僚主义的军队是上层权力的最好的例子，并且是这种组织形式的合理性的证明。他的理论的整个发展确实反映了普鲁士军事官僚明显的成功对他的影响。然而，这个世纪的历史表明，官僚主义的军队能够被游击队所击败。今天，世界上最大的帝国主义大国的高度官僚化的军事力量已经表明，他们面对一支真正的人民军队时他们的无能。每支这类游击队都是对维贝尔的最高合理性理论的冲击。"[1]

---

[1] 罗宾·布莱克奔：《资产阶级意识形态简要指南》，载科克本、罗宾·布莱克奔编：《学生的力量》，第181页。

异化理论对英国新左派产生了很大的影响。20世纪60年代是西方资本主义高度发展的时期，西方社会生活水准比过去有很大程度的提高，社会富裕程度有很大发展。这种资本主义的社会变化使人们对于社会阶级不平等的概念产生了看法变化。新左派对于资本主义社会的批判，开始从对有形的剥削即物质的剥削和物质生活的不平等，转到对参与、工作中的权力和控制中的不平等地位的批判。批判的话语则集中到工人从事生产劳动的环境以及如汽车工业批量生产中流水线工作的异化作用的批判。马克思在早期著作如《1844年经济学哲学手稿》中，曾经论述过异化劳动问题。新左派和广大"西方马克思主义"者极为重视马克思当时的论述，他们认为，投入生产过程的人在从事有意义的创造性劳动，理想的人是通过履行其职责来完善自我。在这种工作中，人的个性能动地投身于并自主地控制着他们的活动。但是，在资本主义制度下，劳动的情况则与之相反，在这里，人的劳动是在资本家雇主的控制下和监视下进行的，后者剥夺了前者的自主权，支配他们做什么和为何去做，而整个制度则为市场运作所指导和统治。一种非个人的非人道的力量，即金钱，在劳动者个性与他的劳动者之间设立了一种不可克服的障碍。人因此既为无意义，也为控制所剥夺。罗宾·布莱克奔说："作为资本主义社会本质的异化在于，它不是被人统辖，而是被市场统辖。"① 这样，马克思在19世纪40年代提出的异化概念现在成为新左派批判当代发达资本主义的一种哲学武器。英国学生青年在批判资本主义异化的过程中，直接引申出了"有意义的参与"，即积极参与社会事务的结论。而20世纪60年代

---

① 罗宾·布莱克奔：《新社会主义》，载于佩里·安德逊、罗宾·布莱克奔编：《朝着社会主义》，伦敦1965年版。

学生反叛的核心便是学生参与大学的事务，这成为学生运动最直接的目标。

第二节 伦敦政治经济学院的学生运动

伦敦政治经济学院是 20 世纪 60 年代英国学生运动的重心，学生运动在这里前后持续了 5 年之久。

伦敦政治经济学院早在 20 世纪 30 年代和 40 年代就享有左翼的盛名。当时，有两位著名的工党左翼活动家在该校任教，即哈罗德·拉斯基[①]和托尼[②]，在该校任教的还有其他的左翼知识分子。所以，伦敦政治经济学院有着明显的社会主义传统。1964 年工党在英国重新上台执政后，许多具有左翼倾向的青年进入伦敦政治经济学院求学，他们的初衷便是希望在这里结识某些左翼政治活动家。在伦敦政治经济学院，有着强大的工党组织"工党会社"在活动。1965 年10 月，在这里又建立了比"工党会社"更左的按照马克思主义-托洛茨基路线活动的组织"社会主义协会"。参加后一个组织的激进分子认为，工党已经背叛了工人阶级，倒向了资本主义。他们指责工党吹

[①] 拉斯基（Harold Joseph Laski，1893—1950），英国工党和费边社的理论家和政治活动家，1914 年毕业于牛津大学，后赴加拿大麦吉尔大学和美国哈佛大学任教，1926 年起在伦敦政治经济学院任教，著作有《主权问题研究》《现代国家的权力》《国家的理论与实践》《论当代革命》等。

[②] 托尼（Richard Henry Tawney，1880—1962），英国经济史学家，社会哲学家，在牛津大学巴利奥学院接受教育，后在工人教育协会任指导教师，并担任了 16 年的工人教育协会主席。1921 以后在伦敦政治经济学院任教，曾长期担任工党教育政策顾问，著有《十六世纪的农业问题》《宗教和资本主义兴起》《中国的平等、土地和劳动》《攫取的社会》等著作。

嘘"4%的经济增长率"而无视英国社会中存在的阶级斗争，认为工党不可能把人们从资本主义的压迫和异化作用下解放出来。他们努力与商店的服务员和多种工人代表建立联系，他们组织召开了一系列会议，安排像多伊奇那样的政治活动家来做讲演，而伦敦政治经济学院的"学生同盟"在政治倾向上则不同于上述组织。参加"学生同盟"的学生基本上接受了工党的政治主张，而不是马克思主义的影响。而对伦敦政治经济学院的马克思主义者来说，他们总的来说对学生政治运动不是非常感兴趣，他们通常只是在学生组织讨论政治问题时才参加学生组织的活动。[1]

伦敦政治经济学院学生运动兴起的一个直接原因是成立了全部由白人组成的罗得西亚殖民政府。11月12日，联合国安理会号召所有的国家不承认也不援助罗得西亚白人政权。英国工党虽然认为罗得西亚白人种族主义者的独立是非法行动，但拒绝对罗得西亚进行干涉，这种态度激怒了激进的学生。工党政府还进一步采取了两项具有种族主义倾向的措施，一是削减黑人移民来英国的数目，二是提高海外学生特别是第三世界学生的学费。此外，工党内阁首相攻击宣布罢工的海员工会。这使得激进学生的不满情绪更加高涨。1966年底，学生纷纷走出校园，走上大街示威抗议，全国共有10万名学生参加了罢课、集会、游行，抗议提高海外学生的学费。[2]在伦敦政治经济学院中非洲学生占了很大的比例。伦敦政治经济学院的非洲学生组织起来，到位于斯特兰德附近的罗得西亚会馆示威抗议。左翼学生要求英国政府出兵干涉罗得西亚，制止白人种族主义者单方面组成政权。这

---

[1] 柯林·克劳奇：《学生的反叛》，伦敦1970年版，第33—34页。
[2] 罗纳德·弗雷泽：《1968年：反叛的一代学生》，第109页。

一事件成为伦敦政治经济学院学生运动的肇端。

1966年2月,戴维·阿戴尔斯坦当选为伦敦政治经济学院"学生联盟"的主席。他出生于南非犹太人家庭,早年就读于曼彻斯特语法学校,时年19岁。他积极倡导学生民主参与运动,这个运动提出的口号是"学生权力"。[①] 他坚信,学生参与是实现民主的必要条件。他认为学生有可能通过施加压力更多地参与对大学的管理。他的当选,就使得伦敦政治经济学院的学生运动出现了一个新面貌。对于伦敦政治经济学院的学生来说,他们对于学院行政领导在学院管理中苛刻而缺乏人性早就极为不满,在这个学院中由教职工和学生组织的委员会没有起到应有的作用,这个委员会充其量不过是起着向学院的多种委员会转达学生意见的作用。对这个委员会工作的不满加强了学生要求参加学院管理的民主情绪,他们认为,民主参与是平等的本质要素。到1965至1966学年结束时,学生活动分子做出一项决定,在下一年10月,发动一场大规模的要求学生更多参与管理伦敦政治经济学院工作的运动。戴维·阿戴尔斯坦建立了两个小组进行准备工作,一个小组负责准备一项关于代表问题的政策意见,另一个小组则负责当这一要求得不到满意答复时,提出学生采取直接行动要达到的进一步的要求。在此时,学生尚未考虑像美国加州大学伯克利分校的学生那样采取静坐斗争方式,他们考虑最终只是中止图书馆的工作,伦敦政治经济学院的"社会主义协会"稍许介入了这项计划的制订,他们总的来说对学生状况问题不那么感兴趣。戴维·阿戴尔斯坦甚至怀疑"社会主义协会"在政治上不坚定。[②]

[①] 戴维·考蒂:《68年:街垒战之年》,第315页。
[②] 柯林·克劳奇:《学生的反叛》,第35—36页。

1966年，伦敦大学学院的院长瓦尔特·亚当斯博士被任命为伦敦政治经济学院的院长。这年夏季，"社会主义协会"的两名成员起草了一份名为"伦敦政治经济学院的新方向：给瓦尔特·亚当斯的报告"的文件，这份文件揭露，由于瓦尔特·亚当斯不愿意捍卫学术自由，避免做出重要的决策，他已完全被教职员和学生孤立。这份小册子在这年秋季学期开学后的第二周出现，立即引起人们的注意。

　　伦敦政治经济学院的"学生同盟"召开了一次会议来讨论瓦尔特·亚当斯的问题，登记的到会学生有600人。会议表明，学生对亚当斯问题的态度存在分歧。会议没有通过谴责亚当斯的任命的决议，而通过了由柯林·克劳奇和另一个学生联合提出的一项较温和的提案，对亚当斯的任命提出质疑，并要求瓦尔特·亚当斯在3周内对批评做出答复。这个决议事实上表明学生有权力对任命的但尚未上任的学院院长的行为进行考察并提出质疑。它表达了学生参与学院重要问题的决策的要求。就在此时，"学生权力"这一措辞开始为学生使用。[1]

　　伦敦政治经济学院董事会主席布里奇斯勋爵认为此时需要对有关亚当斯的批评做出答复了。于是，他便于1966年10月25日在《泰晤士报》上发表了一封信。之后，经过"学生同盟"会议的讨论，"学生同盟"的主席戴维·阿戴尔斯坦在10月29日的《泰晤士报》上也发表了一封信件。随后，阿戴尔斯坦与伦敦政治经济学院董事会董事西德尼·凯恩详细地讨论了各自的看法。西德尼·凯恩表示，对学生进行纪律惩罚是不可避免的。于是，伦敦政治经济学院的学生征集了有1250人签名的请愿书。请愿书说，决定向《泰晤士报》投书是"学生同盟"全体成员做出的决定，这不是阿戴尔斯坦的责任，

---

[1] 柯林·克劳奇：《学生的反叛》，第39—40页。

"学生同盟"应对此负责。这样,伦敦政治经济学院的学潮发展成为有广泛影响的学生抗议运动,它所包含和提出的内容也越来越广泛。它不仅牵涉一个学院院长的任命问题,而且还包括了关于"学生权力"这样一般性的问题。这时,柯林·克劳奇觉得有必要对学院当局采取某种直接行动。他便向"学生同盟"提出一项动议,举行一天的罢课以抗议学院当局的做法。这项动议得到"社会主义协会"的成员理查德·库珀的支持。但是,当时"学生同盟"尚未做好采取这种行动的准备,因此没有接受这项动议。①

在以后的两周中,学院当局采取了行动,对阿戴尔斯坦、布卢姆和4名"学生同盟"的成员提出指控,罪名是他们在院长已发布禁令的情况下带头开会。3名法律系成员和格里菲思教授出庭对学生领袖提出指控,审判拖延了数周。"学生同盟"一致决定抵制惩罚行动,并把讨论惩罚学生之日作为举行罢课的时间。到了那一天,"学生同盟"的200多名学生在讨论惩罚阿戴尔斯坦的房间外举行了静坐示威。"社会主义协会"的成员和同情者也参加了斗争。他们在吉他伴奏下高唱抗议的歌曲《我们将战而胜之》,学生们占领伦敦政治经济学院长达9天。②学生的斗争得到一些教员的支持和鼓励,特别是得到拉尔夫·密里本德博士的支持。③最终,阿戴尔斯坦没有受到处罚,

---

① 柯林·克劳奇:《学生的反叛》,第43页。
② 同上书,第44—46页。
③ 戴维·考蒂:《68年:街垒战之年》,第317页。拉尔夫·密里本德(1924—1994年),马克思主义政治学家。于1941年进伦敦政治经济学院学习,"第二次世界大战"期间的1942—1945年他在海军服役,1945年回到伦敦政治经济学院学习,完成博士论文。他在伦敦政治经济学院任教至1972年。后到里兹大学任政治学系主任、教授。先后著有《议会社会主义:工党政治研究》(1961年)、《资本主义社会的国家》(1969年)、《马克思主义政治学》(1977年)、《英国的资本主义民主制》(1983年)等著作。

这是学生组织一次很大的胜利。

这学期快要结束时，伦敦政治经济学院的领导向"学生同盟"提出了邀请，共同来讨论学生参与学院管理的问题。以后，一批学生代表与教职员及董事会成员举行过两次令人疲倦的会议，随后学期便结束了。

到了1966年12月份，一种激进的气氛在伦敦政治经济学院开始出现。学生们要求变革这所大学内部的关系和活动方式。在圣诞节假期中，关于美国加州大学伯克利分校学生骚动的激进书籍在这里流传，许多参加伦敦政治经济学院学生运动的学生都购买了这本书。学生运动的领导人是研究生会主席、美国学生马歇尔·布鲁姆。[1] 在此之前，马歇尔·布鲁姆参加过民权运动，取得许多斗争经验，他曾是美国南部黑人的代表，有过组织静坐斗争的经验。

1967年1月31日，在马歇尔·布鲁姆的组织下，在伦敦政治经济学院一个称为"旧戏院"的教室中召开了一次会议。这是"学生同盟"通常开会的地方。参加会议的学生大约有600人，会场外挤满了学生，他们准备以直接行动的方式阻止亚当斯就任伦敦政治经济学院院长。当学生开始冲击"旧戏院"大门时，一个学院的杂役爱德华·普尔奉命帮助看守大门，其间，他因心脏衰竭病发倒地，随即被抬了出去。学生最后冲断了锁门的链条，涌进"旧戏院"。[2] 1月31

---

[1] 马歇尔·布鲁姆在大学中是一名优秀学生，最初他在美国南部研究种族关系，随后他积极参加了民权运动，这时，他被直接行动的斗争策略所吸引。1966年马歇尔·布鲁姆成为伦敦政治经济学院的研究生。1967年春天他回到美国，经营一份激进的美国地下刊物。此后，由于他对美国的社会限制不满，也对新左派运动中的教条主义倾向不满，他脱离了学生运动，迁居到一个嬉皮士经营的公有制农场，在那里从事饲养牲畜和种植蔬菜的劳动，1969年11月初他自杀身亡（柯林·克劳奇：《学生的反叛》，第4—7页）。

[2] 柯林·克劳奇：《学生的反叛》，第49页。

日的事件发生后，学院当局决定给予学生运动带头人戴维·阿戴尔斯坦和马歇尔·布鲁姆在该学年剩下时间停学的处罚，其余的"学生同盟"委员会成员被认为无罪。

在伦敦政治经济学院的学生占领学院的大楼后，来自伦敦当地、英国各地和欧洲的激进分子源源不断地涌向这所大学，观察这里发生的斗争，或者试图以其自己的信条影响伦敦政治经济学院的学生运动，使之走上正确的道路，伦敦政治经济学院的墙上贴满了传单标语，有的标语写道："谨防教师的老人政治。"有的张贴了法国占领斯特拉斯堡大学的学生的文件《震撼大学的十天》，有的散发了传单。但这些活动对伦敦政治经济学院的学生产生的影响并不大。[1]

1967年夏季，伦敦政治经济学院学生组织选出5名学生参加学院的管理委员会，他们是阿戴尔斯坦、沃瑟斯顿、克里斯·密德尔顿、理查德·阿特金森和柯林·克劳奇。[2]

1967年初，伦敦政治经济学院被学生占领后，在几个月间，暂时还没有其他大学的学生仿效这一榜样。到了1967年夏季，形势发生了很大的变化，当时刚刚被选进英国共产党全国执委会的曼彻斯特大学的学生马丁·雅克回忆说："我真正感觉到某些大事要发生了。"形势的变化首先表现在1967年夏季召开的"解放辩证法大会"。这次大会是由R. G. 莱恩和3位精神病学专家组织的，会期为两周。到会的有法国、美国和英国左翼知识分子的杰出人物，他们中有卢西恩·科尔德曼、赫伯特·马尔库塞等，他们热情地在大会上讲话，会场上还有即兴表演、吸毒和嬉皮士聚会。大会主要关注的目标不是反

---

[1] 封丹：《1966—1974年伦敦变化的地下出版物》，第45页。
[2] 柯林·克劳奇：《学生的反叛》，第62页。

文化而是政治问题,这和两年前的诗歌节完全不同了,它从核裁军转向支持第三世界的革命运动。马尔库塞在大会上的讲话重申了马克思主义的一些观点。R. G. 莱恩则认为,顺应现有的资本主义形式无异于适应一个"变得疯狂的世界"。①

莱恩·韦杰里对英国的一些极左派如韦杰里派产生了很大影响。韦杰里这年19岁,3年前他因为在学校非正式的杂志上讨论性问题被驱逐出他所在的语法学校。此后,他积极投身核裁军运动。他蓄长发,表现出鲜明的造反意向。他加入了为托洛茨基派控制的"青年共产主义联盟"和"青年社会主义者"组织。那以后他去了美国,他为美国南北方贫富的悬殊所震惊。在美国南部韦杰里结识了一些"学生非暴力协调委员会"的组织者,他们向韦杰里介绍了美国黑人文化和自己的组织,对韦杰里产生很深的影响。随后,韦杰里访问了古巴。他到了古巴学生联盟总部,和学生领袖们讨论了暴力问题。他看到被巴蒂斯塔政府枪杀的36名学生运动领袖的照片。回到美国后,韦杰里访问了设在芝加哥的"争取自由学生组织"总部。美国的种族主义现实和发展起来的学生运动唤醒了他。韦杰里回到英国后,他决意不再胡作非为、消极反抗,而是积极投身于政治斗争。韦杰里加入"国际社会主义者"这个极左派组织。他进入伦敦医学校,他在那里成为"国际社会主义者"的学生领袖。②

1968年秋,新学期开始后,伦敦政治经济学院200名学生在10月16日向"学生同盟"提出了在10月27日进行援越抗美示威之时占领伦敦政治经济学院的动议。"社会主义协会"没有接受这个动议。10

---

① 罗纳德·弗雷泽:《1968年:反叛的一代学生》,第143—144页。
② 同上书,第144—145页。

月17日"学生同盟"召开会议，以321票对208票通过了这项动议。这项决议震动了伦敦政治经济学院的行政当局和学院的"工党联盟"。

10月23日上午11时，学生在3个阶梯教室参加了"学生同盟"的会议，参加者至少有1200人。到会者对10月17日"学生同盟"占领学院的决议展开了辩论，保守党和工党社团的领袖认为，发起占领学院，把它变成一个暴烈的政治示威的大本营，会破坏这个学院，而左派分子则反驳这种意见，他们认为，从先前发生的运动来看，伦敦政治经济学院事实上已成为政治运动的总部。经过3小时的辩论，"学生同盟"坚持自己的斗争主张，但是会议参加者以611票对533票否决了占领伦敦政治经济学院的提议。① 然而，占领伦敦政治经济学院的计划还是按期在第二天夜间付诸实施了。

10月24日晨，在伦敦政治经济学院院长的布告板上贴出一封亚当斯的公开信，他对学生中少数激进分子试图在10月26日至27日占领学院的建筑表示遗憾，他在信中还说，校董事会要他提前关闭学院，以阻止学生占领学院。

24日晚间，一批学生召开了会议，学生派出4名代表去面见亚当斯院长，要亚当斯明确表示，是否准备用关闭学院的方式来对抗学生的占领。亚当斯对学生的质问含糊其词，只说："可能是。"学生代表返回会场后，又经过一小时的辩论，以189票对185票通过了当夜占领伦敦政治经济学院的决议。② 当夜，学生组织占领了伦敦政治经济学院的大楼。在占领学院的过程中，"保卫委员会"起了重要作用，当夜，他们守卫着重要的大门、走道和电路保险盒。

---

① 保罗·霍克、维克·舍恩巴赫：《伦敦政治经济学院在这里从未平息：关于行动中的学生权力的报告》，希德和沃德有限公司1969年版，第12—13页。
② 同上书，第14—15页。

25日晨7时，当时大部分学生外出吃早点去了，大楼内只剩下30来人。这时，院长瓦尔特·亚当斯下达了锁上大门的命令。一时间大楼的第三层和第四层的楼门都被锁上了，从主楼到考克利门特楼的通道也被锁上了，放电话和复印机的房间也被锁上。瓦尔特·亚当斯和两名作为董事会常设委员会成员的教授试图锁上进入主楼的前入口，但学生们阻止了他们的行动，他们只得放弃了这个企图。9时30分，聚集在伦敦政治经济学院大门外的学生越来越多。学生们发现，大楼背后的消防出口可以打开，同时后门也被打开了。在楼内的学生走出大楼，与在学院大门外的学生群众会合了。支持学生的锁匠卸掉了锁，打开各道门，有1000多名学生进入学院的两座大楼。一幅巨大的标语从楼里挂了出来，那上面写着：

他们关闭了它，我们打开了它
伦敦政治经济学院被占领了[①]

随后，伦敦政治经济学院内开始了狂欢，占领学院的学生用吉他弹奏起民歌曲调，跳起了摇摆舞。他们朗诵诗歌，并展开了热烈的讨论。在学院食堂里设立了宣传站，以向校外发送宣传品，并从校外买进食品，同时采取了一定的保卫措施。一些学生组成了指导委员会，向报界发表声明。[②]

10月26日凌晨，有消息说警察可能来清除伦敦政治经济学院内的学生。于是，鼓动委员会在早晨5时到7时召开会议拟定防卫

[①] 保罗·霍克、维克·舍恩巴赫：《伦敦政治经济学院在这里从未平息：关于行动中的学生权力的报告》，第16—17页。
[②] 同上书，第18页。

计划。他们准备集中力量抵抗警察，以等待校外支援者到来。早晨 7 时，占领学院的学生群众被唤醒，通知他们警察可能发动攻击，让他们到"旧戏院"开会以决定采取何种斗争策略。到了 10 点钟，警报解除了，学生们才开始吃早餐。这是伦敦政治经济学院被占领的第二天。学生们组织了讲演、讨论班、放映电影，其中一个讨论班的主题是"关于苏联国家资本主义的性质"。在伦敦政治经济学院的学生中，"毛派"、无政府主义者和"国际社会主义者"都展开了积极的活动，但大多数罢课学生不赞成他们的观点。[1]

10 月 27 日是占领伦敦政治经济学院的第四天，伦敦政治经济学院的罢课学生设立了医疗队，并准备了两辆救护车，准备在与军警发生冲突时进行急救工作。中午过后，组织了学生向查宁克罗斯示威游行。当天，"保卫委员会"做出决定，结束对伦敦政治经济学院的占领，并在星期天晚上打扫学院，以免干扰下周一伦敦政治经济学院的教学工作。[2]

10 月下旬占领伦敦政治经济学院的事件发生后，学院行政当局为了防止学生再次占领学院大楼，特地加固了走廊各处的大门门锁，这种做法引起了学生极大的不满。10 月下旬以后，左翼组织在伦敦政治经济学院继续活动着。"社会主义协会"拟定了一个在规定的开会时间里组织革命讲演和研讨班的计划。伦敦政治经济学院内左翼政治的气氛浓郁，学生的斗争精神持续高涨。[3] 到 1969 年 1 月下旬，形

---

[1] 保罗·霍克、维克·舍恩巴赫：《伦敦政治经济学院在这里从未平息：关于行动中的学生权力的报告》，第 21—22 页。
[2] 同上书，第 23 页。
[3] 保罗·霍克、维克·舍恩巴赫：《伦敦政治经济学院在这里从未平息：关于行动中的学生权力的报告》，第 57 页。

成了又一次斗争高潮，学生再次占领了伦敦政治经济学院。

1969年1月24日上午，伦敦政治经济学院的学生开始散发传单。下午1时，"社会主义协会"召开会议，坚定地做出决议，要求采取直接行动，卸下学院的大门。如果通过谈判仍达不到这一目的，他们将在适当的时候自己来拆掉大门。下午3点多钟，"学生同盟"的领导人还希望与校方的谈判会达成某种协议。但是，下午4时，在"旧戏院"散发了伦敦政治经济学院院长给"学生同盟"主席的一封信件，信中说：

> 正如你们所知，最近，自从学院在没有被授权……的情况下被占领以来，发生了反常的情况。如果在未来类似的情况再次发生，再发生任何人在未授权的情况下占领建筑物，〔院方〕将打算使用各道门限制进入大楼的其他部分。①

院长这一威胁性的信件更激起了罢课学生的不满情绪。在场的"社会主义协会"的领导人立即提出拆掉大门的动议。但"国际社会主义者"派别的一位领导人表示反对。大会最后进行了表决，两次表决中先后以242票对236票、282票对231票通过了这项决议。② 在决议通过后，到会的一些无政府主义者呼喊着"让我们走吧！"于是人们蜂拥着走出"旧戏院"。他们拆除了地下室和学院内其他各处大门。之后，人们七嘴八舌，没有人知道下一步该怎么办，有的人准备散去，有的人准备建筑防御街垒，有的人则主张"积极抵抗"军警。

---

① 保罗·霍克、维克·舍恩巴赫：《伦敦政治经济学院在这里从未平息：关于行动中的学生权力的报告》，第62页。

② 同上书，第63—64页。

学生们又回到了"旧戏院",到会者选出 15 至 20 人的"行动委员会"来领导斗争。

一个半小时以后,伦敦政治经济学院所有的门都卸下了。这时,院长亚当斯宣布,伦敦政治经济学院将无限期关闭。这时,学生的集会已经结束,许多学生已经离去,但酒吧中满是学生。随后,大批警察很快到来了,他们关闭了学院 3 座大楼,只允许学生从出口处一个一个出去。警察先是逮捕了 3 名学生,以后又逮捕了 20 名学生。被捕学生第 2 天在法庭受审,之后他们又被关押了 24 天。2 月 18 日,他们的案子被提交检察官,直到 3 月 11 日才被放回。[1]

学生占领了伦敦政治经济学院以后,学生组织建立了一个信息中心,在那里装备了 5 部打字机和 2 部复印机,以传达来自外部其他学院的消息。在这里,有 40 个人昼夜不停地轮班工作,他们印刷出 25000 份《伦敦政治经济学院自由出版社公报》,它通过"革命社会主义学生联盟"的组织渠道在全国范围内发送。1 月 25 日,"革命社会主义学生联盟"召开了一次会议,它号召大约 100 所大学和学院发动一周的统一行动,以支持伦敦政治经济学院学生的斗争。"革命社会主义学生联盟"总部的杰出协调作用产生了效果,在 10 天之内,全国有 13 所院校的学生举行了静坐和示威,有 25 所院校的学生向学院当局发出了最后通牒,有几十所院校的学生同盟通过了决议,坚决支持伦敦政治经济学院的学生。在伦敦政治经济学院关闭 48 小时后,消息便传递到联邦德国社会主义学生联盟。1 月 26 日晚上,联邦德国社会主义学生联盟便在柏林举行了支持伦敦政治经济学院学生运动

---

[1] 保罗·霍克、维克·舍恩巴赫:《伦敦政治经济学院在这里从未平息:关于行动中的学生权力的报告》,第 66—70 页。

的群众示威。①

1月27日是星期一，上午11时在"伦敦大学联盟"所在地召开了伦敦政治经济学院学生大会，有600名伦敦政治经济学院的学生参加了这次大会。"行动委员会"的成员在大会上提出了"大学不要大门，不要欺骗，不要警察，并且立即重新开放伦敦政治经济学院"的动议，这项动议几乎一致通过。大会最后，参加"行动委员会"的两名"国际社会主义者"成员提出动议，和平地游行到伦敦政治经济学院，这项建议也被大会通过。

在游行队伍向伦敦政治经济学院出发后，大会余下的参会者在无政府主义者和"毛派"支持下，通过了占领"伦敦大学联盟"所在地的决议。②在主张占领"伦敦大学联盟"的人们中间，存在着两种不同意见：一种意见以伦敦政治经济学院的学生为代表，他们认为，在伦敦政治经济学院被关闭的情况下，学生容易离散，占领"伦敦大学联盟"所在地，可以把它作为一个举行会议、宣传活动和争取学院重新开放的活动基地；而在绝大多数"革命社会主义学生联盟"的支持者看来，占领"伦敦大学联盟"是一个重新组织"革命社会主义学生联盟"的极好机会，可以为进行革命活动在伦敦中心建立一个基地。

学生们在占领"伦敦大学联盟"所在地以后，召开了大会，选出了"占领指导委员会"。伦敦"毛派"的主要领导人被选为该委员会的主席。此外，学生中还成立了一个由无政府主义者组成的"安全委员会"。当时，"毛派"、托洛茨基主义者与无政府主义者之间发生了激烈的争论。"毛派"强调要加强"革命纪律性"，意在使局势不受

---

① 保罗·霍克、维克·舍恩巴赫：《伦敦政治经济学院在这里从未平息：关于行动中的学生权力的报告》，第72页。
② 同上书，第76—77页。

无政府主义者的控制。而无政府主义者则指责"毛派"说，他们自己要求的是"真正的占领"，而其他人要求的只是象征性的占领。

1月28日，英国各地的大学学生如爱丁堡大学、纽卡斯尔大学的学生对伦敦政治经济学院大学生的行动表示支持。然而，28日中午，"伦敦大学联盟"的学术委员会发表声明，指责学生占领大学的行为。声明说："学术委员会以最强烈的词语谴责1月24日一批学生和外来者采取的攻击学校财产的暴烈行动……委员会确认，首先要关心的是应当恢复使学院能尽快地重新开放的环境，并且尤其是要能够重新建立进行教学和研究的正常安排。"①

1月31日，选举产生了由23人组成的伦敦政治经济学院学生同盟委员会，其中有21人是"社会主义协会"的成员。当天下午，"革命社会主义学生联盟"组织了学生到教育和科学部的示威游行。游行持续了3个小时，游行阻挡了高峰时的交通，政府调动了几百名警察以防范学生。"革命社会主义学生联盟"采取了示威游行的策略，以此向政府施加压力，以促使伦敦政治经济学院重新开放。②

在伦敦政治经济学院被关闭以后，直到2月12日董事会宣布学院重新开放以前，一些系在学院外伦敦的其他地方开设课堂，继续进行教学工作。但在一些系中，特别是在社会学系，相当数量的讲师和研究生导师拒绝在学院关闭的情况下在新的场所继续进行教学工作。有一些教师参加了"社会主义协会"组织的"自由大学"开设的马克思主义讲座和讲习班的授课工作。③

---

① 保罗·霍克、维克·舍恩巴赫：《伦敦政治经济学院在这里从未平息：关于行动中的学生权力的报告》，第82页。
② 同上书，第96—97页。
③ 同上书第111—112页。

在伦敦政治经济学院开放的前一天,被法庭审理的13名学生接到院长瓦尔特·亚当斯的一封信。亚当斯表示允许他们进入学院,参加听课、讲习班和听取教师指导,可以在图书馆和教师图书馆阅读书籍,但不允许这些学生参加政治活动。其中8名学生当即给亚当斯院长写了一封回复信。信中说:"我们希望通知你,我们将继续行使我们基本的政治权利,包括参加学生同盟的会议。"[1] 有300多名学生在靠近伦敦政治经济学院的林肯法学院广场聚集起来,朝着伦敦政治经济学院方向举行了狂欢节似的游行。当他们来到学院的入口处时,他们高呼"解放!解放伦敦政治经济学院。把它从资产阶级手中夺过来!"并且伴着流行音乐的曲调嘲笑院长瓦尔特·亚当斯。下午两点钟,1000名学生涌入"旧戏院"和"新戏院",召开了"学生同盟"的会议,大会最后通过了几项义正词严的反对学院行政当局的动议。[2]

4月18日,罗宾·布莱克奔被伦敦政治经济学院开除,随后,贝特森也被开除,这个消息激起伦敦政治经济学院学生的强烈不满。"学生同盟"召开会议,决定再次罢课,随后,80名进步教师开会,讨论他们如何支持被开除的同事。最后,他们中间的43人签署了一份声明,对学院开除激进教师提出抗议。声明说:"仅仅因为教师表述了他们的观点就开除他们,这违反了学术自由;学院当局的这种行动,不利于作为一个学术机构的学院的生活,它不可能解决任何学院的问题。我们相信,纠正这一做法对学院的未来是必需的。"[3] 但是,伦敦政治经济学院的"大学教师协会"不赞成"学生同盟"继续进行

---

[1] 保罗·霍克、维克·舍恩巴赫:《伦敦政治经济学院在这里从未平息:关于行动中的学生权力的报告》,第122—123页。

[2] 同上书,第139页。

[3] 同上书,第139页。

罢课的意见，他们要求在伦敦大学设立一个上诉法庭，重新考虑开除贝特森和布莱克奔的决定。

同一天，英国议会上院就伦敦政治经济学院开除教师一事展开了激烈的辩论。温·琼斯勋爵公开反对伦敦政治经济学院当局这种做法。他说："我想，今天，一个大学学院的委员会居然断然罢免一个教员，这是一件令人吃惊的事情。我认为，做出这件事是荒谬绝伦的和无法容忍的。我认为这场捍卫学术自由的罢课是完全有根据的。"牛津大学经济学高级讲师巴罗夫勋爵也指出："思想自由一直在被侵犯，而它现在正在伦敦政治经济学院被教授、一大批保守党教授和保守党俗人侵犯，他们不希望向那些和他们自己观念相对立的观念妥协……""在法国、瑞典，真的，在任何国家都不会发生教育部长以大学教授的建议为根据来雇用教员和罢免教员的事情……我深深地感到羞耻"。①

4月29日，伦敦政治经济学院又举行了一天的罢课。

4月30日，英国议会下院关于教育问题的特别委员会访问了伦敦政治经济学院。上午，委员会成员同学生代表举行了会议。午饭后，议会特别委员会成员同亚当斯和罗宾斯等院方人员见面，他们向罗宾斯提出了关于伦敦政治经济学院的历史和结构方面的一系列问题。他们希望知道，伦敦政治经济学院的结构以后会不会有所改变，意见的交流会不会有所改变。

5月16日，是法院对伦敦政治经济学院被捕的师生受审判的日子。伦敦政治经济学院的"学生同盟"在这一天再次组织了抗议活

---

① 保罗·霍克、维克·舍恩巴赫：《伦敦政治经济学院在这里从未平息：关于行动中的学生权力的报告》，第142—143页。

动。当3名被起诉人霍克、斯莱克和罗斯在高等法院出现时，大批学生组织的警戒线包围了法院，封锁了法院所有进出的门。参加设置警戒线的学生人数各家报纸估计不一，数目为120至200人。在审判过程中，伦敦政治经济学院的律师出庭指控3名学生犯了"公然蔑视学院权力"的罪行。在谈到霍克时，指控他"取下了一幅罗宾斯勋爵的画像"。这种不能构成罪行的指责甚至引起了法官的不满。法官打断了学院律师的话，法官说："你绝不能因为某人取下了一幅画像而把他送进监牢，我根本找不到任何证据把霍克博士送进监狱。"最后，法官宣布了审判决定，他说："这是一件极端严肃的事。违反国家法律是一件与学生不遵守纪律这种小事完全不同的事情。""我确信，如果打算把这两名被告短期送进监狱，恐怕有害无益。"[①] 三名被告被无罪释放。

第三节 1968年英国学生运动的高潮

到了1968年，反对美国侵略越南战争的运动和学生运动相结合，加之法国"五月风暴"推波助澜，使英国学生运动发展到一个高峰。

在1967年以前，英国关注越战问题的全国性团体主要是英国共产党和工党左翼影响下的"英国争取越南和平委员会"，它们的口号主要是在越南实现和平。但后来，从这个组织派生出了"与越南团结运动"，它致力于展开与越南南方民族解放阵线并肩战斗。1967年10月，在伦敦特拉法加广场组织了一次反对越战的示威，有20000

---

① 保罗·霍克、维克·舍恩巴赫：《伦敦政治经济学院在这里从未平息：关于行动中的学生权力的报告》，第163页。

人参加了这次示威,示威者堵塞了整个道路,随后向位于格罗夫纳广场的美国大使馆进军。示威者排成 4 人横列,下院议员和教士走在前面。[①] 示威群众喊出了"越南南方民族解放阵线必胜!"的口号。1967 年 12 月,位于伦敦摄政街的综合工艺学院的学生以及霍尔本法学院、商学院的学生为争取学生权利举行了静坐示威。一个月以后,伯明翰阿斯顿大学的 250 名学生发动示威,包围了学校的委员会。[②]

1968 年 1 月 26 日,爆发了反对工党议员有关移民政策的地方学院的活动。当首相威尔逊到设菲尔德访问时,有 300 人举行了示威,高呼"威尔逊滚回去!"的口号。

1968 年 2 月,莱斯特大学的学生运动开展起来。莱斯特大学学生联盟提出了派自己的代表参加大学管理机构的要求。当莱斯特大学评议会讨论学生联盟参加管理机构的要求时,学生挤满了会场外的走廊。当评议会否决了学生的要求后,学生随即发动了静坐,学生联盟以 449 票对 235 票通过了斗争的决议。副校长诺贝尔表示,他和评议会不接受学生的要求,拒绝做出让步。几天以后,学生联盟决定停止静坐,与校方进一步谈判。

1968 年 2 月,苏塞克斯大学因为美国大使馆官员来访并谈及越南问题,引起学生不满,一个学生用红油漆浇了这个使馆官员一身。[③]

3 月,类似的事件在埃塞克斯大学爆发。两个保守党下院议员伊诺克·鲍威尔和安东尼·巴克,在一个会议上发表讲演后欲离校时被

---

① 克里斯·哈曼:《刚过去的烽火:1968 年及以后》,伦敦 1988 年版,第 149 页。
② 戴维·考蒂:《68 年:街垒战之年》,第 302 页。
③ 柯林·克劳奇:《学生的反叛》,第 100 页;克里斯·哈曼:《刚过去的烽火:1968 年及以后》,第 150 页。

学生围住了，埃塞克斯大学的学生早就发现鲍威尔在有色人种移民问题上有种族主义言论。他放在校园内的小轿车被学生破坏，这件事使警方非常恼火。①《黑矮子》评述说，从1968年2月到6月，埃塞克斯大学"处在一种局部骚乱和全部骚乱状态中"。学生们还对该校研究人员进行把化学和生物学用于军事的研究表示抗议。校方被迫找来警察和警犬，并对带头抗议的学生领袖予以休学处罚。②

1968年2月，越南南方民族解放阵线发动"春季攻势"。3月17日，"与越南团结运动"发起了第二次大示威。这次示威比1967年10月的示威规模更大，斗争性更强。示威群众高呼"胡，胡，胡志明！""胜利属于越南南方民族解放阵线！"向前进发。沿途到处都有越南南方民族解放阵线的旗帜和红旗。在美国驻英国大使馆前，示威者高呼"嘿！嘿！你们今天又杀了多少儿童？"③

1968年4月底，《黑矮子》在英国创刊，这是一份双周刊，创办这份刊物的是一批左翼知识分子。它把注意力放在反映学生和激进知识分子的活动上，称他们为新的"先锋队"。它用大字标题标明"致工人、学生和知识分子"，它把"学生，新的革命先锋队"，以及"工人们、学生们，不要去要求什么，占领它！所有权力归校园苏维埃"作为头版标题。这份刊物吸引了一批有才干的左翼知识分子，他们中有剧作家戴维·默塞尔、罗杰·皮尔斯，马克思主义历史学家埃里克·霍布斯鲍姆，诗人艾德里安·朱切尔和克里斯托弗·洛格，艺术批评家和小说家约翰·伯杰，漫画家拉尔夫·斯特德曼和波西·西蒙

---

① 柯林·克劳奇：《学生的反叛》，第100页；戴维·考蒂：《68年：街垒战之年》，第303页。
② 克里斯·哈曼：《刚过去的烽火：1968年及以后》，第150—151页。
③ 同上。

兹，新闻工作者理查德·戈特和文学代理人克莱夫·古德文，它的主编是学生领袖、援越抗美运动的活动家塔里克·阿里。塔里克·阿里1943年生于巴基斯坦的拉合尔，1963年到英国进入牛津大学。后于1965年参加贝特兰·罗素战争罪行法庭，访问柬埔寨和越南北方。1968年他参加托洛茨基派国际马克思主义组织，是其活跃的成员，他是《新左派评论》编委会成员。《黑矮子》在此前后刊登了歌颂切·格瓦拉、马尔科姆·爱克斯、毛泽东的文章。它还转载了一篇阿里等人批评卡斯特罗支持苏联出兵捷克斯洛伐克的文章。《黑矮子》的观点混杂了格瓦拉主义、毛泽东思想、恩内斯特·曼内尔的观点和托洛茨基主义。《黑矮子》向一批学生运动领袖敞开其版面，为它撰稿的学生领袖有霍尔大学的汤姆·福索普和保罗·格哈特、莱斯特大学的皮特·吉本、埃塞克斯大学的戴维·特里斯曼、伯明翰大学的皮特·高恩，以及戴维·威杰里和"国际社会主义者"的成员钱尼·罗森伯格。《黑矮子》一期有时印到30000份。[1] 正是在1968年这种革命浪潮中，一种更左的革命观念被提出来。一位用假名写作的作者曾在《新左派评论》上发表文章，提出了以中国革命的道路和模式为榜样的"学生革命"理论。文章认为，大学可以转变成为"红色根据地"，"在社会学上这对于统治阶级的镇压力量来说是无法接近的"，这正像过去中国延安根据地的红军一直"在地理学上无法接近"一样。[2]

5月7日，波通细菌战研究所的英奇博士到埃塞克斯大学校园来招募工作人员，在一个会议上发表讲话。学生同盟执行委员会推选出戴维·特里斯曼对这一活动提出抗议。英奇拒绝回答学生提出的任何

---

[1] 克里斯·哈曼：《刚过去的烽火：1968年及以后》，第154—155页。
[2] 威尔科克斯：《两种策略》，《新左派评论》第53期。

问题，双方发生争吵。在青年时代，特里斯曼的父母希望他成为一个医生，但特里斯曼从语法学校毕业后，拒绝了父母的安排。在进埃塞克斯大学以前，他干过多种工作，如建筑工人、运货汽车司机、仓库保管员、伦敦晚报报道社会事件的记者。他决意进大学研究社会学和经济学。特里斯曼之所以选择埃塞克斯这所在 20 世纪 60 年代才创立的新大学，是因为这里比传统的大学更民主。[①] 在当时的争吵开始后，当局召来了警察以保护科学家。学生们向英奇博士高呼"禁止使用芥子气！"。第一天，埃塞克斯大学副校长阿伯特·斯洛曼在未加调查的情况下便宣布禁止特里斯曼和另两名学生进入校园。对特里斯曼来说，这意味着禁止他参加最后的考试。特里斯曼参加了学生组织的大会，到会的 1200 名学生和大部分教师要求特里斯曼和另两名学生不要离开大学校园。副校长阿伯特·斯洛曼表示，他不能把这一案件交给通常处理教员和学生的纪律惩戒委员会，因为"中断讲演"并未列入被禁止的行为之列。他把这个事件的罪名定为攻击学术自由。随后，250 名学生对此进行了抗议。学校的学术官员同情被处罚的学生，他们出来确保没有发生暴力事件。但这些意见均未被校方采纳。最终，拉尔夫·哈伯斯塔特、戴维·特里斯曼和皮特·阿杰德这三名学生被开除，但他们拒绝离开校园。

5 月 15 日，埃塞克斯大学所有的班级都停课了。在学生强大的压力下，大学评议会召开会议，重新审理 3 位被处罚学生的案件，并讨论推迟学期考试事宜。经过几小时的会议，尽管到会的学术人员 167 人中有 98 人批评阿伯特·斯洛曼的做法，会议仍对副校长的行动表示支持，并批准成立一个调查委员会来调查有关事务，实行自由

[①] 罗纳德·弗雷泽：《1968 年：反叛的一代学生》，第 245—246 页。

言论的原则。5月17日,恢复了3名学生的学籍,但埃塞克斯大学已无法恢复正常的秩序。学生要求取消考试,要求在大学的评议会中有自己的代表,要求大学实行自由。活跃在埃塞克斯大学校园中的情境主义者在这次学生运动中起了重要的作用。在占领大学期间,戴维·特里斯曼仿照其他地方学生运动的模式建立了"自由大学",开设了关于英国经济及其与帝国主义的联系,关于越南、第三世界的课程。学生们还走出大学,到邻近的城市科尔切斯特散发传单,要求人们不去相信报纸的宣传,邀请人们加入他们的行动。特里斯曼和他的同志还邀请 R. G. 莱恩和激进的精神病学专家戴维·库珀来埃塞克斯大学与细菌战研究所的科学家进行辩论。皮特·唐森教授说:"这是我全部大学生涯中最有益的体验。"[1]

1968年5月,法国掀起了"五月风暴"。消息传到英国,1968年夏季号的《国际社会主义者》杂志发表编辑部文章评论说:"法国反抗的意义已经回答了……所有那些相信工业化国家的工人阶级在政治上已经完结了,〔他们成为〕被收买的被欺骗的步入持久冷淡的人士……西方资本主义的脆弱性和法国工人阶级的力量和创造力,都以极为明了的和令人吃惊的速度表现出来。"克里斯·哈曼本人评论说:"1968年是一个一点也不亚于1793年、1830年、1848年、1917年和1936年的国际革命的年代。在30年的失败和蛰居之后,我们经历了国际马克思主义运动的再生。"[2] 针对法国共产党对学生运动的态度,英国著名的马克思主义者、历史学家埃里克·霍布斯鲍姆

---

[1] 戴维·考蒂:《68年:街垒站之年》,第304—305页;柯林·克劳奇:《学生的反叛》,第102—107页;罗纳德·弗雷泽:《1968年:反叛的一代学生》,第245—247页。

[2] 克里斯·哈曼:《刚过去的烽火:1968年及以后》,第152页。

犀利地评论说:"尽管政治家不知道这一点,但我们知道人民并没有满足。他们感到他们在消费社会中的生活毫无意义。他们知道,甚至当他们很舒适时(他们中许多人并非如此),他们也还是比以前更加无权,更加被庞大的机构支使着,对他们来说,他们是成品而不是人。他们知道,代表他们的官方机构如选举、政党等,具有变成一种完成空洞仪式的礼仪性机构的倾向。他们并不喜欢它——但是,直到晚近,他们不知道如何去对付它,并且还可能怀疑他们是否可能对此有所作为。法国所证明的就在于,当一些人试图证明人们并非无权时,他们已开始再次行动了。"[1]

但是,在60年代中后期,英国学生运动的领袖们在思想上并未预期革命很快会在英国发生。当他们听到法国"五月风暴"的消息后,他们认为法国发生的事情远离英国的日常生活,英国的大学不像法国和其他国家的大学那么僵化,英国的大学富于弹性,足以应付激进的压力。伯明翰大学的托洛茨基派学生领袖皮特·高恩说:"我们相信,在英国,学生代表了革命运动的再次诞生,但是我们完全了解,如果我们在这里打算起一种认真的政治作用的话,我们需要对工人运动施加压力。"[2]而在法国"五月风暴"开始前数日,按照传统观念应当将其划入工人阶级中最激进部分的伦敦码头工人和肉市场搬运工一起游行前往议会大厦,支持保守党影子内阁成员伊诺克·鲍威尔,他因为发表了反对黑人移民大量来英国的言论而刚刚受到议会的谴责。[3]

在霍尔大学,1968年5月下旬,霍尔大学的学生汤姆·福索普

---

[1] 塔里克·阿里:《街垒战之年:60年代的自传》,第199—200页。
[2] 罗纳德·弗雷泽:《1968年:反叛的一代学生》,第244—245页。
[3] 罗纳德·弗雷泽:《1968年:反叛的一代学生》,第245页。

在巴黎停留几天后回到英国。他在法国"五月风暴"的影响下，认识到英国大学考试制度的弊端，他在考试中罢考，当场撕掉了他的试卷，表示对考试制度的抗议。[1] 随后，他带领 200 余名学生占领了霍尔大学行政机构所在的侧楼。5 月 30 日，该校"社会主义协会"召开会议，提出了包括结束考试在内的 8 项要求。6 月 8 日，他们来到校行政楼，要求在所有的管理机构中有同等的学生代表，学生有充分的投票权，"一人有一票"[2]。还要求由学生控制管理居住的大楼。26 名教员签名表示同情学生，有百名教员呼吁改革。对于考试问题，"国际社会主义者小组"发表了一份小册子，题目是"教育、资本主义和学生反叛"，它写道："等待学生的，不是对他们允诺的精神王国……而是加入一个需为之道歉的充满着金钱和黩武主义的、贫穷和警察暴力的世界，而他们不是要找机会去理解这个世界和社会，他们自己被迫服从于生硬的量化，而不是代替考试来探知现实。"[3] 汤姆·福索普在自己撰写的题为"教育还是考试？"的小册子文前援引了法国"五月风暴"中写在巴黎的墙上的口号"考试＝屈从、社会钻营和等级制社会"，他提出："不考试的教育将对所有的人开放。这些学位工厂是以居支配地位的假定为基础的，即每个社会必须有其统治者和被统治者，它的精英和群众，那些发号施令的人和执行命令的人组成。取消考试和所有其他形式的等级和分类划分，是对我们的社会实质性的深刻的颠覆。"[4]

---

[1] 克里斯·哈曼：《刚过去的烽火：1968 年及以后》，第 153 页。
[2] "一人有一票"，原载《黑矮子》第 13 卷第 2 期，1968 年 7 月 5 日，载威杰里：《英国的左派：1956—1968 年》，第 328—329 页。
[3] 戴维·考蒂：《68 年：街垒战之年》，第 305—306 页。
[4] 汤姆·福索普：《教育还是考试？》，伦敦 1968 年版。科克本、罗宾·布莱克奔编：《学生的力量》，第 99、102 页。

1968年英国各院校中学生运动规模较大，持续时间较长的，当数伦敦霍恩西艺术学院。霍恩西艺术学院位于伦敦北部克劳奇安德山顶部维多利亚时代的建筑群之中。

1968年5月28日晚间，在靠近霍恩西学院的一座楼房的三楼，霍恩西学院的"学生行动委员会"召开了它的第一次会议。由于该学院的会计冻结了学生同盟的基金，在学生同盟第二届年会上，学生的不满情绪爆发出来，他们组成了一个致力于直接行动的团体"学生行动委员会"。参加"学生行动委员会"第一次会议的有30至40人，他们的力量很快发展到几百人之众。学生在会上表示，他们将不再采取容忍的态度，他们强调要加强团结。在"学生行动委员会"刚成立时，它还是一个较为松散的组织，对于运动的发展也没有什么预见。但它采取了秘密活动的方式，在深夜召开会议，并对会议的内容保守秘密。在5月28日凌晨"学生行动委员会"召开的罢课前的最后会议上，对发动学生运动做了周密的准备。

从5月28日早晨开始，"学生行动委员会"开始每两小时出刊一期新闻公报。

28日中午，由小汽车组成的车队把学生带到学院的主楼，安排了对公众的讲演，由邀请来的演讲者做了简短的讲演。从事公共关系和新闻工作的人员、打字员、电话接线员和电工都做好了准备，他们在攻占学院大楼后可以立即搬入新址办公，他们还做好了对付警察进攻的准备。在"学生行动委员会"总部张贴着时间表，面带严峻、果断表情的学生挤在那里的两个房间中，准备应付发生的事件。[①] 这天散发的一份传单写道："要求每个系的所有学生参加在1968年5月

---

① 《霍恩西事件》，企鹅丛书1969年版，第31页。

28日星期二下午4时召开的这一极为重要的会议。""读了张贴在每个系周围直观的广告,可以准确地了解纲领是怎么商定的。""现在你们有机会在学院内部推行早就该实行的改革。""不要失去你们的机会,星期二下午4时到学院主楼。"①

下午4时,召开了群众大会。学生们在会上进行了激烈的讲演,各个演说者发言的内容各不相同,但都不是老生常谈。围绕着学生的自治权问题,展开了群众讨论。

当天下午,由一位讲师撰写的对霍恩西学院的教育制度尖锐批评的分析文章不胫而走,文章是这样写的:

> 我们是历史形成的高高在上的管理权的牺牲品。
> 一种以前曾起作用的教育制度,现在只是用来剥夺我们必需的东西。当这种传统的制度运行的时候,曾能够适合它本身的发展和满足改革的需要。在目前这种毫无先例的变革时代,我们愚蠢地试图采纳并改革旧的方式。但是破旧的衣服不可能经重新裁剪以适应时代要求。
> 改革是无用的。
> 重新考虑是必要的。
> 这个制度是以把知识按门类分散和专门化为基础建立起来的,而晚近的改革考试引入了两项新的专业研究,即补足研究和形象化研究。后者对一所艺术学院的实质性作用比以前稍有些进步。
> 这两种新的专业研究,就像把一块新布补缀在破旧的织料

---

① 《霍恩西事件》,企鹅丛书1969年版,第33—34页。

上，最终是把这个制度撕掉。目前学院中特别是自圣诞节之后出现的冷淡情绪，正是我们绝对的和最终的幻灭的反映。[①]

这样，最初引起学生组织关注的对基金的控制问题被搁置到一边，而长期以来积蓄的愤懑倾诉出来。

其实，早在5月28日学生运动发动的前5天，即5月23日，"学生同盟"已发布了一份传单，它以"批评大学的设计"为题，传单写道："对霍恩西艺术学院的结构进行分析批判"，"调查对学生的挑选和考试问题"，"为改革艺术教育研究一份学生要求的纲领"，"学生建议对霍恩西艺术学院进行改组"。[②] 这表明，对霍恩西学院进行改革是学生早就有的要求。

5月28日以后，"学生行动委员会"的活动性质发生了变化，它每天上午都召开会议，在会议上对学生运动采取何种政策展开了讨论。它的成员变动不定，不断有旧人退出，又有新人加入。在它内部意见时常发生分歧，因为这个委员会对其功用尚未认真讨论就组织起来了。而在委员会会议之外，学生们通宵达旦地讨论和辩论他们的计划和观点，他们的狂热到了几近疯狂的边缘。而到了上午，"学生行动委员会"的会议则使学生运动的骨干分子恢复冷静和理智。"学生行动委员会"除了运动的决策工作外，还承担了内外联络、文件复印、出版、接待和安全保卫、电话交换台、邮寄、张贴标语等工作。5月28日下午，"学生行动委员会"接管了伙房，占领了电话交换台和院长办公室。[③]

---

① 《霍恩西事件》，第34页。
② 同上书，第55页。
③ 《霍恩西事件》，第35—36页；戴维·考蒂：《68年：街垒战之年》，第308页。

霍恩西学院的学生发动起来后，发布了大量的文件和宣传品。在 5 月 28 日到 29 日那个晚上发布的最早的一份文件中这样写道：

> 霍恩西艺术学院，学生行动委员会。
> 学生现在控制了学院，并将继续这样下去。
> 学院的当局和行政机构已经没有权力了。
> 对峙和谈判都没有必要。
> 未来采取的行动：以声明为基础举行讨论会。[①]

在 28 日举行的讨论会上，提出了若干在霍恩西学院内部实行改革的建议，准备在次日提交给院长哈罗德·谢尔顿先生。建议的要点如下：第一，直到在学生和教师中对课程结构的改革进行讨论，学生不应该再从事计划中的工作；第二，所有车间里的装置供那些掌握了必要知识或有技术人员帮助的学生使用；第三，在提交一个由学生和教员组成的委员会讨论前，学生和教员团体的成员不应当被驱逐出学院；第四，学生应当参加一个委员会，并选择参加该委员会的教员；第五，我们无意于改变现存的结构，而是要改变我们使用这种结构的方式。[②]

5 月 29 日上午 10 时，召开了有 600 名左右学生参加的会议，会议上充满了革命情绪。会议进行过程中通过了一项动议，它补充了头一天晚上对学院进行改革的要求。这项动议说："我们注意到并接受两个讨论班集体提出的有关学院学术组织的要求内容。我们要求大多

---

① 《霍恩西事件》，第 106 页。
② 《霍恩西事件》，第 43 页。

数教员和学生参加学院的领导机构。我们要求对于学术的和非学术的'违规'有公正的纪律惩罚程序，要求拥有公正地审判、盘问和由同盟的代表或律师作代表出庭的权利。我们要求有系统地表述和发展关于教育的目的看法的自由。我们应当自由探讨和发展达到这些目的和补充这些目的的手段。"[1]

在这天上午晚些时候召开的一次学生讨论会上，提出了使上述目标具体化的措施。讨论会指出："为了使之实现，我们建议成立一个选举的评议会以取代管理委员会。它应当由5名学生、5名教员、5名地方评议员和5名学院以外的人士组成。这个评议会应当每3个月选举一次，并在任何需要的时候召开会议。这个评议会应当成为达到我们的目标的控制团体，作为我们和地方评议员的中介者展开活动。我们将待在这座建筑物中，直到这一要求实现。要紧的是，我们已经取得教员的支持。"[2] 这是一项具有民主参与内容的改革学院领导体制的大胆建议，学生们希望教师委员会支持他们的建议。

教师委员会经过讨论后答复说，他们也在致力于减轻如同学生一样的在学院内遭到异化、分裂和精神紧张的伤害。他们响应"学生行动委员会"的号召，推选6名代表与6名选出的学生代表会晤。这天晚些时候，学生的讨论会接受了教职工委员会的声明，同意选举6名学生代表。

5月29日学生运动起草的一份文件声明：

霍恩西艺术学院现在已完全为学生控制。

---

[1] 《霍恩西事件》，第44页。
[2] 同上书，第45页。

学生现在可以立即自由地贯彻一种新的教育结构。

一个有生气的教育结构的基本原则必定是对个人的培养。

目前的反叛表明，现存的教育结构无法满足学生个人的需要。

这份文件指出，要建立新的教育结构应当具有下列特征：

这是一种开放的体制，因此，所有个人的要求不论如何专门或者内容如何广泛，都应当加以考虑。

为建立一个在任何时候都适应个人或个人组成的团体所需要的学科，它的课程表将持续处于不断变动中。

在任何时候实施的课程表中，对每个人来说，应当有完全自由选择的机会和有效的组合。

每个个人或集体，在有导师帮助或没有导师帮助的情况下在任何时候进行研究，都有完全的自由。①

5月30日，星期四，下午1时30分，由6名教员代表和6名学生代表参加的会议召开，院长应邀参加了这次会议。会议讨论的中心问题是实施被所有人接受的最佳改革方案。会议最后由除院长外的所有参加者签署了一项声明，决定在6月14日召开学院教师和学生大会。

5月31日，由霍恩西艺术学院的教师和学生团体代表组成的民主组织"霍恩西艺术学院成员协会"发表了一封公开信。信中说："霍恩西艺术学院的学生已经接管了并直接控制了学院的建筑和设施，

---

① 《霍恩西事件》，第47页。

用以帮助建立一种'新的'教育结构。""学生行动委员会所有从事高等教育的学院、大学和学生团体支持我们在这个国家实际地建立一种真正纯粹的教育制度——就我们的教育进行对话,向当局请愿,为学生在全国积极参与教育发展领域的工作。"[1]

从 5 月 28 日起,在霍恩西艺术学院不断地召开宣讲会,成百上千的教师和学生就学院的艺术教育体制和教育政策在会上展开讨论和激烈的辩论。这种活动形式从 5 月底一直持续到 7 月初,共持续了 6 个星期。这种活动形式在报纸上引起了反响,进而影响到全国其他的学院。

6 月 3 日,"霍恩西艺术学院成员协会"发表了一份题为"艺术教育的结构和内容"的研究报告,提出了一系列基本的要求。其中包括:解决教育的框架结构,取消以学术研究为基础的强制性考试,取消职业课程和学位课程的区别。[2]

6 月 5 日,霍恩西艺术学院的 160 名教员举行了一天的会议,他们邀请谢尔顿院长到会,但谢尔顿托辞已有安排,拒不到会。教师的会议通过六项决议,支持学生的要求。[3] 但是,在以后的学生运动中,霍恩西艺术学院的学生拒绝使学生运动朝着政治性方向发展,他们畏葸不前,霍恩西艺术学院的学生运动没有再次出现激烈斗争的场面。

6 月 11 日,在霍恩西艺术学院附近的帕克伍德学校,学院的教师召开了一次会议,他们表示支持学生的斗争,提出建立一个由 16 名教员和 16 名学生组成的联合委员会来研究学院的行政和学术结构。

---

[1] 《霍恩西事件》,第 129—130 页。
[2] 同上。
[3] 戴维·考蒂:《68 年:街垒战之年》,第 308 页;《霍恩西事件》,第 147—148 页。

这个委员会在以后的罢课斗争中成为一个主要的组织。[1]

7月4日，政府派来带警犬的安全部队，封闭了霍恩西学院的大门，这时离暑假开始还有8天。当时只剩下20名学生在占领的大楼内，院长于是回到了他的办公室办公。随后，霍恩西艺术学院的学生召开会议，接受了这一事实。少数学生激进分子离开了霍恩西学院，前去参加占领吉尔福德艺术学院的斗争。[2]

9月23日是秋季学期开学的第一天。霍恩西艺术学院返校的学生发现他们被关在校门外边，学院并没有开学。学院一直拖到6个星期以后的11月4日才开学。学生和部分教师有意发动新的斗争，但最终放弃了这一计划。他们在哈林格镇公所的大楼前举行了静坐抗议后，有200名学生决意离开霍恩西艺术学院，另去建立他们自己的学院。[3]

在批判现存的资本主义教育制度和大学体制的基础上，革命学生在伦敦按照自己的理想建立了不组织考试也没有其他评估形式的"反大学"。阿兰·克雷布斯在伦敦里文顿街49号租下了贝特兰·罗素和平基金会的7间房屋，在那里创立了"伦敦反大学"，他成为这所大学的协调人。在这所"反大学"中，医学博士约瑟夫·伯克开设了关于反大学、反医院、反戏院和反家庭的课程。艺术家约翰·拉塔姆开设了"反知晓"课。其中，约瑟夫·伯克的课程在内容和形式上能够反映出这所大学的特点。根据一个目击者的叙述，约瑟夫·伯克向他班上的学生发问："我们怎么能讨论，我们怎么能讨论我们要讨论的问题呢？"随后，一个学生打破沉寂说："可能我们不需要去讨论

---

[1] 《霍恩西事件》，第151—152页。
[2] 戴维·考蒂：《68年：街垒战之年》，第309页。
[3] 同上。

它。"约瑟夫·伯克讲得很少,在他离开后,全班继续讨论了一个小时。约瑟夫·莱瑟姆向学生指出,一般说来需要的是"行动而不是知晓,知识是人们的一种幻觉"。理查德·马丁就"从德耐瓦到乔伊斯的炼金术士和幻觉"课题开设了"反逻辑课程"。古斯塔夫·梅茨格就"一种自我破坏的艺术理论"开设了讲座。左派活动家也来"伦敦反大学"讲课。C. J. R. 詹姆斯就历史上的工人权利开设讲座。朱丽叶·米切尔就文学和心理学开设讲座。托尼·斯迈思就公民自由开设讲座。鲁思·菲尔斯特讲授非洲政治。肯·考蒂斯讲授工人控制问题。罗宾·布莱克奔和尼古拉斯讲授了古巴革命。"伦敦反大学"吸引了从温和的到激进的各种左翼政治家,这所大学中还有人认为,由于教师和学生的区别是一切罪恶的根源,所以对教师不应当支付薪金,或者说,授课应当付酬的话,就不应当去授课。①

"伦敦反大学"发表的宣言说:

> 我们必须摧毁学生、教师和课程这些被篡改的概念,重新赋予这些词汇以本来的意义。教师是把传统传授下去的人;学生是研究学习这些学问的人,课程则是在某个地方进行传授和学习这两项活动的场所!在反大学里,不仅有伦敦人,还有来自欧洲、美洲和第三世界的活跃的激进艺术家、积极分子和知识分子,他们将在这里相聚,探讨交流他们的思想与工作。反大学教学的重心着眼于多样性的实践,我们将尝试在这方面努力进行工作,把众多不同的实践方法统一起来。首先我们必须战胜存在于学科与艺术形式、理论与行动之间的那些人为的断

---

① 戴维·考蒂:《68年:街垒战之年》,第306—307页。

层和分界线。对于参加反大学学习的人,基于探求和继续传授正在发生什么的需要,反大学不设置某些先验性的障碍。我们优先录取那些没有(在国家教育制度下)受过教育的人。

伦敦反大学不是(人们所熟悉的一般意义上的)大学和学校。它不授予任何(学生)头衔与称号,不颁发毕业证书。那些在这所大学的一个系或几个系进行研究与学习的学生,可以得到一份证明,证明他在某一方面拥有足够的知识,具备参加更高一级结业考试的资格。[①]

到了1968年7月,"伦敦反大学"所在的建筑变成了擅自居住者的营地,乱七八糟,厕所被堵塞,窗户也被打坏了。不久,它被原房产所有者罗素基金会收回。[②]"伦敦反大学"的反传统的实践,反映了它在反对资本主义教育制度的同时,具有浓厚的乌托邦和文化虚无主义的缺点。

1968年6月3日,牛津大学大约有200名学生进入了牛津大学行政机构所在的克拉伦敦大楼,占领了学监的办公室。学生们要求校方撤销关于禁止在未被许可的情况下散发传单的禁令。学生组织"92人委员会"违背了学监的规定,在一家汽车工厂外散发了传单,其内容是批评威尔逊政府的收入政策。学生运动发动起来后,高级学监查尔斯·史密斯和学生进行了接触。在学生占领办公大楼5小时后,校方做出让步,同意撤销关于散发传单的禁令。第二天,在保守党协会的策划下,1000多名大学生签署了一项声明,对日前占领牛津大学

[①] 卢兹·舒伦堡:《1968年:文件和报道》(德文版),汉堡1998年版,第104页。
[②] 戴维·考蒂:《68年:街垒战之年》,第307页。

行政大楼一事表示悔恨。马克斯·贝洛夫教授说，如果学监关于禁止散发传单的规定取消的话，这种出于学生压力而让步的做法是错误的。随后，牛津大学成立了一个由哈特领导的委员会来调查存在的不满和可能实行的改革。哈特要求"学生同盟"派出代表参加大学的机构以讨论纪律惩戒事宜。一年以后，牛津大学把哈特教授提出的报告送给研究生和本科生，人手一份，它包括调查委员会与学生代表委员会谈判的建议内容。然而，此时学生代表委员会业已解体。10月，牛津大学一个社会主义团体向万灵学院提出"最后通牒"。该学院抵制教育改革也遭到"大学调查委员会"的批评。万灵学院院长约翰·斯帕罗最近曾诬蔑激进学生是"不洁的脏女人"，连其性别都不易确定，这更激怒了学生。学生提出了三项要求：万灵学院必须在其500年历史上首次接收本科生；公布学院的账目（因为学院积蓄了大宗地产的收入）；民主选举评议员。学生还在学院的墙上写了毛泽东语录，但学生的要求都未能实现。①

1968年6月14日，在法国"五月风暴"影响下，英国一个新的全国性学生团体"革命社会主义学生联盟"在伦敦政治经济学院召开成立大会。两位法国学生运动的领袖科恩·邦迪和阿兰·热斯马出席了这个大会。"革命社会主义学生联盟"对议会政治持反对态度，它在1968年底宣布它有2500名会员。1968年11月，"革命社会主义学生联盟"在伦敦圆顶大厅召开了第一次全体会议。会议通过的声明号召在大学建立红色根据地，所有权力归学生、教员和行政管理工人组成的总会议。②

---

① 戴维·考蒂：《68年：街垒战之年》，第311—312页。
② 同上书，第320—321页。

10月27日,英国的"与越南团结运动"计划在这一天举行一次反对越战的示威。它引起资产阶级社会的极度紧张。9月5日的《泰晤士报》在头版印出了一个大标题"伦敦害怕军事阴谋",该报的文章写道:"一小股有武装的好斗极端分子计划于下月在伦敦中心地区夺取极为敏感的建筑物……这个使人震惊的阴谋已经被一个专门的侦探小组发现。"但苏格兰否认了有密谋的说法。10月27日这一天,有百名警察守卫着广播大厦,英国广播公司甚至派出一班人马去伯明翰,以防伦敦的播音室被左翼分子占领,公司可以在伯明翰继续工作。伦敦的市民社会中存在着保守反动的情绪,全国抽样民意测验结果表明,有56%的居民主张禁止一切政治示威,有65%的居民主张使用催泪瓦斯对付示威者。[①]

组织10月27日反战游行示威的,有托洛茨基派、主张宪政道路的工党派别、工会会员和共产主义者。在聚集的游行队伍中,飘扬着红旗和新左派的旗帜,队伍中还有反资本主义的法国"五月风暴"中出现过的标语口号,示威意义绝不限于支持越南人民抗美救国的斗争。这是自20年代以来英国规模最大的革命示威。示威参加者的领导人塔里克·阿里回忆说:"我们希望改变西方的文明,因为我们认为它在政治上、道德上和文化上都名誉扫地了。这便是1968年的特点。"[②] 出发前,一批身材魁梧的伦敦码头工人来到游行队伍中,他们手挽手地站在队伍前排和队伍两侧起保卫作用,他们是英国共产党派来的,他们和游行队伍一同走到示威的终点。有一批参加示威游行的无政府主义者来到唐宁街入口处,他们高呼:"威尔逊,我们

---

① 塔里克·阿里:《街垒战之年:60年代的自传》,第226页。
② 同上。

要你……死！"并在警察的警戒线前扔了烟火信号弹。由于受到警察阻挡，大约有3000名示威者沿着摄政街向格罗夫纳大街跑去。他们高呼"胜利属于越南南方民族解放阵线！""〔去〕美国大使馆！"在当天与军警的冲突中有11人被捕，有25名警察和22名示威者被送去医治和观察。根据《新社会》对147名示威者的调查，64%的人年龄在18岁到24岁之间，其中75%是学生。他们中有13%认为自己是无政府主义者，有46%表示支持马克思主义团体，有17%是共产主义者，只有23%的人表示支持工党。被调查者一致谴责美国侵略越南的战争政策，不过他们各自的目标有所不同，其中56%的人希望激进的新左派取得胜利，但是有38%的人希望通过妥协来解决问题。[①]

11月末，伯明翰大学被学生占领了9天，副校长布罗基·亨特被关在他的办公室里，和他同时被关在办公室里的还有学籍注册干事。经过长时间的谈判后，校方允许学生派代表参加大学的绝大多数委员会，但学生代表没有投票权。全校6000名学生中有400人参加了占领学校的斗争。12月3日，"本科生协会"在表决中以2346票对1542票决定结束持续了6天的静坐，但是，协会的"指导委员会"以71票对42票通过继续静坐的决定。两天以后静坐结束，达成了妥协。

12月，布里斯托尔大学的学生提出向那些状况不佳的学院学生开放同盟大楼，但校方表示反对。随后，学生占领了高级教员楼达4天之久。学生与校方发生冲突，布里斯托尔大学学生运动爆发后，伯明翰大学、霍尔大学和加的夫大学学生派来了增援力量。最后，"学

---

① 戴维·考蒂：《68年：街垒战之年》，第313—314页。

生同盟"的会议以 773 票对 215 票通过决议停止静坐。[①]

第四节 沃里克大学的学生运动

沃里克大学是英国在 60 年代新建立的大学，1965 年招进第一批本科生，共 450 人。作为一所新的大学，它与英国伦敦政治经济学院这样一些老的大学和学院便有明显的不同特点，它没有什么悠久的激进主义传统可言。沃里克大学自由气氛很浓，学生可以对课程内容和教师教学工作提出批评。相对来说，沃里克大学的学生对校外发生的事情关注得不多，他们关心的主要是发生在校内的事情。

英国学生运动的兴起对沃里克大学仍产生了一定的影响。沃里克大学的学生也在不同程度上卷入了外部的学生运动。当伦敦政治经济学院掀起第一次大规模的抗议美国侵越战争的示威时，沃里克大学便有学生参加了这个运动。当 10 月份美国特使来英国为捐助的一座大楼剪彩时，沃里克大学一批学生掀起了小规模的反战抗议示威，这是沃里克大学校园内第一次学生示威运动。沃里克大学学生示威吸引了兰开斯特综合工艺学院和坎利教育学院的学生的参加。警察在此时第一次开进沃里克大学校园。在沃里克大学建立的第二年，就建立了学生组织"学生同盟"。"学生同盟"中设立"学生代表委员会"作为"学生同盟"的领导机构，它由每个系派一名代表组成。

这以后，沃里克大学的学生运动越来越活跃。1969 年初，当时伦敦政治经济学院的学生占领了学院，在学院建筑物内装上了钢门。沃里克大学是全国第一个起来支持伦敦政治经济学院学生运动的大

[①] 戴维·考蒂：《68 年：街垒战之年》，第 323 页。

学。沃里克大学的学生举行了集会,后来发展成为在图书馆大楼内24小时的静坐。参加静坐的学生当晚参加了"学生同盟"的会议,做出了占领学校的决议。静坐之后,学生行进到考文垂示威,向人们解释他们的意图。在当年,学生还发动起来,为一名因违背上司不得要领的命令而被开除的职员复职向校务委员会提出呼吁。[1]

1969年秋季学期,在沃里克大学蔓延着一种对课程冷淡、厌恶和不满的情绪。"学生同盟"召开的会议参加者很多。

1970年1月27日,"学生同盟"组织了一次会议,讨论长期拖延的社会学大楼的建设问题。学生组织邀请沃里克大学副校长参加,但副校长未到会,派了副校长助理和学生注册干事前来参加会议。这两名学校官员都是晚近才任命的,学生们向这两名官员提出了一系列质问,如谁是该大楼建设的最后决策者,大楼建成后能为学生提供多少住宿名额,但这两名官员因上任不久,不了解情况,无法回答学生的问题,引起了学生的不满。会后,学生们起草了并向学校提出了一份详细地反映他们要求的文件,他们要求教员和学生的住房一体化,由使用者自己来控制管理,否则,大楼应当由学生来管理。

2月2日晚,在沃里克大学的鲁特斯大楼,"学生同盟"的执行委员会和"社会主义协会"分别召开会议,讨论学生运动的策略问题。在活动策略上,"学生同盟"比"社会主义协会"更为激进,他们试图说服"社会主义协会"支持其"直接行动"的计划。

2月3日,"学生同盟"召开了有400余名学生参加的大会。大

---

[1] E. P. 汤普森:《沃里克大学股份有限公司:工业、管理和大学》,企鹅丛书1970年版,第42—45页。

会以压倒多数通过了静坐的决议。中午，有 300 名学生占领了注册处。这时，"学生同盟"选出一个委员会，为占领沃里克大学做必要的准备工作。他们从考文垂的批发商那里买来食品，准备了一封供发表的声明，并成立了安全委员会。但是，由于注册处楼内空间狭窄，没有召开大会的地方，学生只得终止静坐的计划。

6 天以后，沃里克大学行政当局向"静坐委员会"的 8 名成员送去一封信件，指责他们在 2 月 3 日冲入大学注册处的行为。然而，被校方指控的 8 名"静坐委员会"的成员事发时均不在场。事情发生时，他们中有 2 人在"学生同盟"的办公室，1 人在考文垂，1 人在为准备静坐沐浴。

2 月 11 日上午，校长召开了大学评议会咨询委员会会议，讨论了对学生运动带头人实施纪律处罚的意见。会议的意见写成文字置于一只蜡封的信封内，这个信封在校长手中。

中午午饭时分，"学生同盟"组织了一次集会，集会在鲁特斯大楼内一个休息室举行，有 500 人以上参加了这次会议。到会学生对于学校当局准备对"学生同盟"委员会成员采取纪律惩罚措施一事表示了极大的义愤。根据当时的群众情绪，倘若打开校长手中的信封，说明学校将对"学生同盟"采取惩戒措施，无疑会激起学生的直接行动。但是，校长却宣布学校不实行惩戒程序，当时缓解了学生的不满情绪。

随后，"学生同盟"通过了一次重新占领注册处的决议。于是，学生们以红旗为前导，从吉伯特大楼奔向注册处。学生们未被阻挡便进入注册处大楼，学生要求在那里办公的行政人员离开，并且在离开时所有的办公室都不要锁上门，副校长助理瓦尔特·库兹同意了学生们的要求。学生们占领注册处大楼后，担心警察随后会赶来，于是，他们用桌椅在大楼进口处筑起堡垒，准备在那里固守，但随后警察并没有来。

晚上8时，一个学生到副校长办公室隔壁的一间办公室翻阅一宗名为"学生与大学关系"的文件。发现在这宗卷中，收入了一个叫卡奇普尔的人写的一份关于美国研究劳工史的历史学家戴维·蒙哥马利博士前一年访问沃里克大学的小报告。该学生知道，蒙哥马利博士是E. P. 汤普森[①]的同行和友人，E. P. 汤普森可能希望了解这份报告的内容。他随即打电话给 E. P. 汤普森。当 E. P. 汤普森赶来时，那份搜出的报告信已向在场的 200 余名学生宣读了。学生们听了这封报告信后十分愤怒，他们随即决定搜查所有办公室的文件。凡是与学生有关的文件都要复印整理出来。[②]

当时担任沃里克大学社会史研究中心讲师的 E. P. 汤普森在 12 日发表了一封致沃里克大学所有的教员和学生的信，信中写道：

> 蒙哥马利教授是个优秀的学者，为了邀请他接受这个职位，

[①] E. P. 汤普森（1924—1993 年），英国马克思主义历史学家，新左派政治活动家，毕业于剑桥大学，曾任里兹大学讲师，在约克郡哈利法克斯从事工人教育协会的教育工作，于 1955 年出版《威廉·摩里斯：从浪漫主义者到革命者》。1963 年，出版了著名的《英国工人阶级的形成》一书。在 18 世纪英国社会史领域写有多篇论文。1991 年，出版了《民众的习惯》（论文集），和沃里克大学社会史研究中心的同事合著了《阿尔比恩的致命之树》（1975 年），1970 年以后还著有《理论的贫困和其他论文》（1978 年）。政论著作有《灯下随笔》（1980 年）、《抗议和得救》（1980 年）、《无价值的选择》（1982 年）、《沉重的舞者》（1982 年）等。
戴维·蒙哥马利（1927 年生），美国耶鲁大学历史系教授，著有《平等以外：1862—1872 年的劳工和激进共和主义者》（1967 年）、《美国的工人控制》（1979 年）、《劳工家庭的衰落》（1987 年）等著作。

[②] E. P. 汤普森：《沃里克大学股份有限公司：工业、管理和大学》，第 51 页。

大学听取了在美国的著名学术顾问的意见。他接受了一份工资和这一身份来到这里，尽其全力在中心和历史学院起了积极作用，在文科委员会和几个大学委员会中工作，为图书馆购书提出建议，并在比较劳工史这一硕士课程上有成功的创造。作为一个劳工史专家，他也应邀参加了工会和工党团体的几次会议并发表讲演。

使考文垂工党和考文垂工会委员会惊讶的是，我们的副校长一直在接收对于这些事件的秘密报告。如果这些文件的含意是某些人看来属于深谋远虑地采取反对蒙哥马利博士的措施，那么，我一点不怀疑，他们会像我一样吃惊。[1]

从注册处查出政治性黑材料的消息传出后，引起了全校师生的愤怒。法语系首先就政治文件问题举行了罢课。消息传来，"学生同盟"中断了召开的会议，人们回到自己的教学单位，发动并召开各系的大会。各个系讨论与学术事务无关的问题，这在沃里克大学的历史上是第一次。在各系召开的教师和学生参加的会议上气氛激烈，通过了在沃里克大学进行公开调查、摧毁政治文档的决议。这些会议的消息迅速传遍了校园，沃里克大学沸腾了。[2]

12日下午5时，沃里克大学召开了一次教员和学生参加的群众大会。如此多的教员和学生聚集在一起开会，这在沃里克大学也是第一次。在大会上宣读了从注册处搜出的文件，其中包括暗中进行政治调查的材料。E. P. 汤普森用最强烈的词语谴责了保存这种政治文件

---

[1] E. P. 汤普森：《沃里克大学股份有限公司：工业、管理和大学》，第124—125页。
[2] 同上书，第53页。

的行为。他号召学术团体的成员重新申明自己的明确态度,并且警告学校行政当局任意镇压学生的惯常做法。参加会议的教师和学生认识到,这是一场对整个大学结构和体制的挑战,特别是对工业资本家控制教员和学生行径的挑战。会议做出停止静坐的决定。因为斗争的性质已发生很大的变化,占领大学给了学生以极大的支持,现在已无须再和校方进行谈判了。在注册处的学生把他们检查档案资料的工作在夜间继续下去。

当晚 11 时 30 分,在注册处连夜工作的学生听到外边有电子扩音器的喊叫声。学生们看到,在墙外,有 4 名律师打扮的绅士用麦克风在宣读一份禁令,在他们身后站着注册员和副校长。禁令开列了 21 名学生的名单,但这 21 人中有 4 人没有参加静坐,有 7 人众所周知态度很温和,名单提到的休·阿姆斯特朗则查无此人。

2 月 13 日召开了非正式的教员会议,会议对学校的政治档案落入教员和学生之手表示不安,表示要求立即消灭任何现在尚存的这类文件。会议表示要继续努力,揭露大学行政工作的真相,但会议不支持学生提出的由公众来调查大学行政工作的建议。①

2 月 14 日上午 10 时召开了沃里克大学的评议会,会议一直开到当晚 7 时 30 分才结束。第二天夜晚发表了评议会的声明,评议会支持"禁令"的精神,提出要在校内采取纪律处罚措施。评议会还宣布决定邀请拉德克利夫勋爵前来调查有关情况。②

14 日晚上,举行了另一次大会,有千余名教职工和学生参加,包括副校长在内的评议会全体成员参加了大会。会上宣读了各个系会

---

① E. P. 汤普森:《沃里克大学股份有限公司:工业、管理和大学》,第 124 页。
② 同上书,第 56、126—127 页。

议的报告，有几个系要求副校长辞职。会议的情况表明，评议会无法调解不满情绪。在评议会成员退场后，会议气氛显得很宽松。会议通过了一系列动议，其中包括一项否认评议会声明的决议。会议进行了3个小时，会场上旗帜飘扬。

随着学生运动的进展，到这时，沃里克大学的学生已经清楚地认识到，斗争的焦点不是什么大楼建设问题，而是整个大学的观念和结构问题。他们开始起草一份新的大学民主宪章，准备把它呈交给枢密院。[①]

2月16日，"学生同盟"召开大会，向在美国的戴维·蒙哥马利发出一份电报，就秘密档案一事向蒙哥马利教授表示歉意。电报中说：

> 我们这次在沃里克大学召开过的最大的学生和教员的会议，就在大学卷宗中出现的关于你的政治活动和观点的秘密报告的可鄙的证据向你表示歉意。我们向你保证，我们对此毫无所知，对此十分痛心，并将尽我们所能，以确保这类事件不再发生。[②]

在1968年春天，成立了"争取工人控制研究所"，这是一个为了召集会议的出版和联络的机构。支持这个研究所的有罗素和平基金会、工党左派等一些组织和个人。一批新左派和工党经济学家及政策分析家如巴特勒·布朗、约翰·休斯、肯·科特和托尼·托珀姆成为这个运动的主要发言人。科特认为，由国家权力支持的资本主义财产关系，在从工人控制转到自我管理的过程中必须改变，这在本质上是一个民主的计划过程。这种自我管理而不是空洞的平等，应当属于社

---

① E. P. 汤普森：《沃里克大学股份有限公司：工业、管理和大学》，第59页。
② 同上书，第127页。

会主义的目标。在此之前，科特、托珀姆和佩里·安德逊曾希望工人代表动员起来推动一场资本主义体制内的斗争，以取得整体的变革，他们对工人的控制和自我管理持积极和乐观的估计。但拉尔夫·密里本德认为"一种收入政策对于治疗英国资本主义的时代病恐怕毫无用处"[1]。

在英国20世纪60年代中期前后，工人运动的兴起与学生运动在时间表上不同步，直到学生运动高潮过去之后，工人运动才相继展开。1967年利物浦造船工人发动罢工，随后引起汽车工人、清洁工人和建筑工人的罢工。1969年2月27日，克莱德赛德的45000名工人和默西塞德的50000名工人发动罢工。1969年5月，兰开郡的莱兰德货车制造工人发动罢工。6月，阿伯丁的拖网汽船工人发动了为期6周的罢工。7月，塔尔伯特港鼓风炉工人发动了为期7周的罢工。1970年1月，里兹的被服工人发动罢工。1970年2月，斯温西的汽车工人发动罢工。[2] 英国工人罢工的总工作日数1968年为500万天，1971年为1350万天，1972年为700万天，1974年为1475万天。换言之，英国的工人运动是在20世纪70年代初达到一个高潮。[3] 而此时学生运动的高潮早已过去。在英国20世纪60年代学生运动中，学生运动没有和工人运动相配合，是其一个明显的缺点。

20世纪60年代英国学生运动另一个特点是，英国的新左派基本和学生运动保持着距离。新左派运动的一些理论观念和口号曾在不同程度上作用于英国学生运动，但影响英国学生运动较大的左翼思潮却不是新左派，而是托洛茨基主义等极左思潮。新左派对英国学生运动

---

[1]　林春：《英国新左派》，第84—85页。
[2]　克里斯·哈曼：《刚过去的烽火：1968年及以后》，第228—231页。
[3]　同上书，第226页。

的态度，可以从《五一宣言》中看出来。

在老的《新左派评论》编辑部分裂之后，英国老一代新左派活动家沉寂了。1966年8月，由雷蒙德·威廉斯发起，新左派活动家重新聚集起来。1967年，他们起草并印出了《五一宣言》的第一稿，这一稿基本上是由雷蒙德·威廉斯起草的。1968年，修改并起草了《五一宣言》的第二稿，它在篇幅上比第一稿要长一倍。《五一宣言》是英国老一代新左派在20世纪60年代特定的学生运动和革命动荡环境中对于与英国密切相关的国内外形势、革命策略、政治、经济和社会问题的一般态度。参与这份文件起草工作的有米切尔·巴特勒·布朗、伊恩·克里斯蒂、布赖恩·达林、特里·伊格尔顿、肖恩·格维赛、斯图亚特·霍尔、乔治·欧文、理查德·帕克、鲍勃·罗索恩、迈克·拉斯廷、E. P. 汤普森、多蒙西·韦德伯恩、汤姆·温特拉夫等。将《五一宣言》编辑成文的是E. P. 汤普森、斯图亚特·霍尔和雷蒙德·威廉斯。

1968年的《五一宣言》除前言外，分作50章。其中有"今日的贫困""居住、健康和教育""现代化的涵意""新资本主义的需求""新帝国主义""第三世界的文化""战争和冷战""英国资本主义独特的特点""劳工和世界经济与危机""资本和劳动在英国的权力""选民、代表制及其他""社会民主的双重意义""工党"等章目。从《五一宣言》的内容来看，它基本上是使用马克思主义和社会主义的措辞来评述当代世界政治和英国状况。它对当时英国和西方资本主义世界的阶级和社会关系的评述，并没有多少新的术语，倒是更多地接近老左派的笔调。例如，它在论及英国劳工和工会运动时强调说："尽管工业在衰落，但工会成员仍然众多，像煤矿、铁路和纺织业中，工会会员人数在增加，并且整个体力劳动者有组织的部分一直在维持着。""尽管把白领工人组织进工会很困难,但这些工人的加入始终增长很快,并且,体力劳动者与非体力劳动者的团结一直在发展。"[1]

《五一宣言》没有对正在蓬勃开展的学生运动予以特别关注,而只是在"其他激进团体"这一章(即第46章)中用两段文字分别论及核裁军示威运动和学生运动。《五一宣言》对英国学生运动的评论十分谨慎。它是这样表述的:

> 学生的状况现在非常相似。与其他任何群体相比,他们恐怕更多积极地或消极地抵制提出的社会目标或自我限定;在多数情况下,它们因为不值一谈和荒唐无稽而被收回,并且,对所谓的学生权力提出了模糊的普遍的怀疑,或者提出更积极的要求。
>
> 学生在社会中依然起两种决定性的作用:作为有着潜在理解力的能表达意见的社会群体……不可避免地要提出一种对社会发展的理解和对它的价值判断;然而,它作为一个严格挑选出来的关注着当代教育所有明白的阶级事实的群体,它现在根本不准备写作它自己的著作或表达其智慧,但是它同样不准备恭顺地受这些为完全不同的标准所控制的目标或态度所支配。[2]

---

[1] 雷蒙德·威廉斯主编:《1968年"五一"宣言》,企鹅丛书1968年版,第132页。
[2] 同上书,第166页。

第四章　法国"五月风暴"

第一节　"五月风暴"发生的背景和前奏曲

"五月风暴"作为一场法国批判现代资本主义社会制度、教育制度和文化观念的运动,它在1968年爆发并不是偶然的。"五月风暴"并不是一场突发性的事件。在这个运动发生之前,已经发生了可以看作它的前奏曲的一系列事件。而从更广阔的视野来看,在世界范围内发生的一系列革命运动和西方他国的学生运动也对"五月风暴"的发生在不同程度上产生了影响。在思想领域中,"西方马克思主义"思想家,批判资本主义社会制度的各种理论学说是激进学生运动的思想养料和斗争武器。而法国社会生活中严重的失业问题和工厂工人社会处境中种种严重问题,则使得法国工人运动和学生运动相结合,使"五月风暴"震撼了法国资本主义社会。

在历史上,法国工业化过程开始得较迟。在19世纪末法国工业革命完成后,法国工业中仍然保留着较多的小生产成分。20世纪开始后,资本主义经济大萧条在法国持续的时间比其他国家要长得多。到第二次世界大战爆发时,法国经济仍未从大萧条的打击下真正恢复过来。第二次世界大战以后,法国的经济恢复创造了奇迹,它改变了法国经济的面貌。但是,到了1968年春季,法国的经济形势出现了问题，生产停滞不前，投资降低，甚至交易所的活动也不如以往那么活跃。雇主与工人关系的问题出现了，工人收入与管理阶层间收入的沟壑加深了。共同市场国家保护主义政策的结束，使法国雇主产生了恐慌。1966年法国发生了比前10年多得多的公司兼并事件，对工人来说，失业的威胁加大了。到"五月风暴"前夜，法国工资劳动者有1/4月收入低于550法郎（相当于110美元）；有1/3的工资劳动者月收入低于720法郎（相当于144美元）。有150万工资劳动者月收入不过400法郎多一点（约80美元），处在社会阶梯的底层。他们的工资率低于欧洲共同市场其他国家（意大利除外）很多。1968年1月，法国失业人口达到50万人以上。青年工人的失业率尤其高。在勃艮第，25岁以下的青年工人失业率为29%。[1] 失业工人中有相当一部分是工厂干部和白领工人。在"五月风暴"前十年间，上层和下层工人收入的差别增加了40%。最上层10%的人口收入是最下层10%人口收入的75倍。[2] 法国工厂内部的状况也无法与英国和美国相比。雪铁龙公司被工人称作"反省院"，而不像是一所工厂。这家公司完全无视工会的权利，规定来自阿尔及利亚、南斯拉夫、西班牙等国的工人在生产线上不准说话。雪铁龙公司在巴黎的工厂中的工人，有1/3是移民，他们居住在公司的旅馆中，公司可以随时取消他们的工作许可证，这对工人工会的激进精神常常是很大的威胁。其他很多公司实行了传统的家长制统治，工厂的管理计划、生产目标或近期的任务都不告诉工人，甚至对下层管理层也实施这种保密，所以绝大多数熟练工人和管理人员在1968年5月至

---

[1] 约翰·格莱顿：《学生和工人》，伦敦1969年版，第141—142页。
[2] 波斯纳：《1968年法国革命回顾》，巴尔的摩1970年版，第58页。

6月都支持罢工。①1968年3月2日，法国劳工总同盟和法国民主劳工联盟反对政府在公有部门的收入政策，指出工资增长率抵不上生活开支的增长。3月9日，在南锡爆发了反对失业的示威。3月13日，在布列塔尼的雷东，罢工工人与警察发生了冲突。3月29日，在鲁昂造船厂发生了罢工。②4月16日在里昂，贝利耶卡车工厂工人、技术人员和管理人员发生了罢工。4月24日，在土伦发生了反对失业的大规模示威。纺织业工会联盟号召为争取更高的工资举行罢工。同时，在邮政系统开始了一系列争取更高工资的罢工。4月25日，全国发生许多反对失业的罢工。③

在对1968年法国学生运动产生影响的思潮中，列斐弗尔的异化理论和日常生活批判理论占有重要的地位。列斐弗尔1901年生在巴黎，毕业于巴黎大学，担任巴黎大学楠泰尔学院社会学教授，他是一位对法国共产党的路线持不同看法的"西方马克思主义"者。列斐弗尔在解释和阐述马克思主义时，认为异化理论是马克思理论的一个重要部分，在马克思那里，异化具有"多样性和无所不在性"，它表现在"生产力上、生产关系上，也在意识形态上，而且还更深刻地，在人和自然以及人和他自己本性的关系上"。他说："在马克思看来，劳动构成了作为创造者的人的本质，人是需要创造他的各种需要的一种存在物，而异化要使它屈服的，要把它粉碎的，要把它压倒的，恰恰就是劳动。"列斐弗尔认为，异化具有普遍性，资本主义社会发展的一个方面就是这种社会中异化的不断增长。列斐弗尔认为，

---

① 柯克帕特里克·塞尔、莫林·麦康维尔：《红旗和黑旗：1968年法国革命》，伦敦1968年版，第155—156页。
② 波斯纳：《1968年法国革命回顾》，第61页。
③ 同上书，第63页。

政治在异化过程中扮演了重要角色。"国家拥有非人性的势力而支配着全部社会的生活,它把这种势力巩固和确定下来。"现代法国的异化是"在国家中和在国家帮助下"实现的。异化广泛地浸弥于人的全部生活,使人无法从中解放。列斐弗尔认为,人应当是一个"完整的人""全面的人",为达到这一根本目的,必须摆脱异化。

列斐弗尔从异化理论和"全面的人"的理论推导出他的"日常生活批判"理论。列斐弗尔指出,经济和意识形态只有在发生革命危机的时期,才能提高到政治意识的水平,在那个时候,社会实践中,自发意识中,群众生活和阶级生活的一切因素都凝结而集中在政治生活上。而除了这些时刻以外,社会实践的各个方面是互相分离的。现代资本主义维持自身的最有效的东西,并不在生产关系本身,而在于日常生活领域。"在日常生活中,直接的东西,也就是意识形态的东西,便把经济现实、现存的政治上层建筑的作用和革命的政治意识等包罗起来,又把它们掩盖和隐蔽起来。所以,一定要撕破面纱才能接触真相。这种面纱总是从日常生活中产生着,不断地再生产着。并且像作为日常生活的更深刻、更高级的含义而把日常生活隐蔽起来。"[①]因此,应当把"日常生活批判"放到极其重要的位置上,通过日常生活的平凡事件来研究和揭示社会相互对峙的因素及矛盾。列斐弗尔作为一个社会学教授,他认为日常生活中的社会事件和社会矛盾常常被上层建筑掩盖起来,必须用一种社会学来研究和揭示它们。通过这种"哲学的概括与分析……揭示(日常生活的)矛盾——它的卑劣与繁荣、贫穷与丰饶——并通过这些非正统的方式释放出它的主要部分即创造性活力。"列斐弗尔的这些理论观点,对于法国学生中的激

---

① 徐崇温:《西方马克思主义》,天津人民出版社1982年版,第399—401页。

进分子影响很大。[①]

列斐弗尔还基于对苏联模式的社会主义的批判，对未来的社会主义制度做出了设想。他认为苏联模式迷信于政治和国家，要人们做出无条件的牺牲，压抑对自由的向往来服从环境。他提出工人自治的社会主义理论，他指出，在现代社会中，实行自治，便引入了运动这一有效的挑战的唯一形式。要是没有它的话，那就只有成长而没有发展（生产的量的增长，实践和社会关系的质的停滞）。在这个意义上，自治的思想和自由的思想相一致。正是自由的理论本质，在今天集中在一个实际的和政治的观念之中。自治是产生于这些矛盾，解决和克服这些矛盾的一种趋势，它是作为阶级斗争的一种实际的和普遍的形式而被产生出来。他认为，必须从两个方面去研究和认识自治，即作为一种斗争手段，可打开道路；作为一种重新组织社会的手段，从日常生活到国家全面改造社会。[②] 这样，当列斐弗尔从"日常生活批判"理论发展到工人自治理论时，他实际上针对当代资本主义社会国内的矛盾，提出了一种可付诸实际运动的斗争策略。当然，列斐弗尔的这种策略设计，具有某种无政府工团主义的色彩，它在理论上至关重要的弱点在于，它忽略了国家权力和国家强制机器的存在和统治阶级运用它对付这种实践活动的可能性。在1968年"五月风暴"中，参加造反的许多大学激进青年包括邦迪，都是列斐弗尔的学生。他允许他们成立组织，但列斐弗尔本人没有参加"五月风暴"运动，他认为造反在当时历史条件下没有长久的前途。但他支持学生并相信这种造反方式符合当时资本主义社会现实问题的需要。他赞扬造反学生的总体

---

① 米切尔·科恩：《列斐弗尔》，载罗伯特·戈尔曼：《"新马克思主义"传记辞典》，第157页。
② 徐崇温：《西方马克思主义》，第408—412页。

反抗精神和坚持独立、拒绝与现存社会一体化的精神。[1]

对法国激进学生运动产生重要影响的还有法国存在主义哲学家萨特。萨特1905年生于巴黎,在巴黎高等师范学校攻读哲学,1929年获博士学位。以后,在德国研究胡塞尔和海德格尔的现象学,以及黑格尔、克尔凯郭尔和笛卡儿的著作,第二次世界大战期间萨特曾参军服役。二战结束后萨特逐渐左倾,曾自认为是马克思主义者。50年代萨特曾与法国共产党联系密切,努力影响法共的政策,但未正式加入法共。但随后便与法共在对待一系列问题的路线和看法上发生冲突。他先是反对法共对匈牙利事件的态度,后来批评法共在1963年在阿尔及利亚问题上的立场。萨特在1943年出版了《存在与虚无》一书,阐述了他的存在主义哲学。在萨特的哲学思想的辩证理性中,他认为实践是可理解的,他认为,实践是个人或组织成为一个集团活动,它在社会生活的所有层次上起作用。当辩证理性通过人的活动起作用时,它具有总体化的能力。这种总体化是理解和创造历史的过程。萨特在1946年写的《唯物主义与革命》一书指出:"除了工人阶级的解放以外,人类别无其他什么拯救之路。"表明他与资产阶级社会斗争到底的决心。他指出,工人与单独进行反抗的人不一样,他懂得只有整个工人阶级解放了,他自己才会获得解放。资本家已经把工人作为单纯的物件,可是工人一旦以人的身份体会到自己并不是物件之后,就永远有可能与其他工人联合起来反抗资本家的压迫。"工人大概不会自己选择在这种条件下、这么长的时间内、为这么多的工资干这种工作,那是强加给工人的。"[2] 只有用革命手段推翻现行制度,

---

[1] 米切尔·科恩:《列斐弗尔》,载罗伯特·戈尔曼:《"新马克思主义"传记辞典》,第514—519页。

[2] 高宣扬:《萨特传》,第260页。

工人才能获得自己的自由；反过来，这场革命本身又该保证工人摆脱当前困境走向光明未来的基本自由。在 1960 年出版的《辩证理性批判》中，他深刻地分析了资本主义社会的个人异化过程及其后果，他把这种异化称为"实践-惰性"的因素。他认为，资本主义制度对工人阶级有一种巨大的异化作用，使工人变得异于他们自己，异于他们所属的阶级。他认为，必须首先摧毁物对人的统治，然后才能建立人与人的同伴关系。他批评斯大林化的马克思主义具有一种保守主义的面貌。[1] 该书集中研究了群体的历史实践活动的意义。他指出："工人阶级的整体化因而是可理解的，综合行动……确实只是根据条件来重新造就一种通往目标的整体化实践。"[2] 他在研究了历史上的资产阶级革命中群众运动和当代工人阶级群众运动后指出："通过人民的这种战斗，他们预感到的不仅是惰性言语对他们暗示的东西；它的'力量'，以通过它或反对它来实行统治的矛盾的'必然性'等；他们预感到历史在揭示新的现实。"[3] "当游行者们重新聚集的时候，每个人在他人那儿重新找到了自己的实践，而他人从另一条街上出现，并同正在形成的群体会合。但是，由于每个人是他新行动的自由根源，他在他人中重新找到这种行为时，不是作为他的他人存在，而是作为他自己的自由。"[4] 萨特在该书中详细研究了群众运动的积极作用，实际上预见了并启示了一场新的革命群众运动的爆发。萨特的批判资本主义社会的哲学理论通过它诉诸实践，同时由于萨特同激进的学生始终保持密切联系，所以对 1968 年法国的"五月风暴"产生了很大的影

---

[1] 让·保罗·萨特：《辩证理性批判》（上册），安徽文艺出版社 1998 年版，第 103 页。
[2] 让·保罗·萨特：《辩证理性批判》（下册），第 893 页。
[3] 同上书，第 547 页。
[4] 同上书，第 556 页。

响。"五月风暴"期间,在巴黎大学的校园里、走廊上,到处张贴着的萨特的语录和毛泽东、马尔库塞的语录,一起对学生产生了极大的鼓动作用。

影响1968年法国激进学生运动的思想家还有高兹。高兹(1924年生)在思想上受萨特的存在主义的马克思主义影响,同时受到一些意大利激进的工会战略思想家如维托里奥·福柯和布鲁诺·特伦廷的影响。1964年高兹出版了《劳工战略与新资本主义》一书,该书对法国"新左派"以及刚刚成立的统一社会党在思想上产生了相当大的影响。他在该书中认为,在西方发达资本主义社会中,匮乏越来越不是一个主要问题,进行彻底反叛的自然基础受到削弱。他提出,与新的先进生产技术分不开的新的现实,即当代"新资本主义",产生了一个由专家、技术人员、专门职业者和官僚组成的新的中间阶层,高兹称之为"新无产阶级",这个阶级应当扮演社会生活中的先锋队角色。在工人的实践路线方面,高兹主张动员高度分化的不同层次的工人阶级去实现预定的目标,不仅要改良资本主义,而且要颠倒资本主义的逻辑,尤其是要对工作场所实现这种颠倒。在斗争中,通过民主手段控制的工会通过坚持对工作场所的控制,对工作目标的控制和训练的控制,对劳动组织和分工的控制,将日益改变社会秩序的面貌,而资本主义的等级制最终将受到削弱,并将为一个自治的社会所取代。[1] 高兹的理论,尤其对1968年5月发动起来的工人运动产生了较大的影响。

"五月风暴"前夜在法国产生很大影响并且在1968年的"五月风

---

[1] 米切尔·科恩:《高兹》,载罗伯特·戈尔曼:《"新马克思主义"传记辞典》,第351—353页。

暴"中起重要作用的一个派别是"情境主义国际"。"情境主义国际"是在意大利1957年召开的一次国际会议上正式成立的，它的代表来自几个有影响力的先锋派组织。这批人士聚集在一起，研讨现代文化和生活的危机问题。由于他们彼此间思想倾向基本一致，他们决心组织起来，尝试用美学去干预现代文化，以加速革命进程，打破艺术和生活之间的人为的屏障。此后，"情境主义国际"新的一批领导人的思想超越了原先的理论观点，对现代资本主义社会进行了深刻的全面批判。情境主义者强调，在资本主义社会中存在着由生产结构优先性向消费结构优先性转变的历史过渡时期，并推断说，这种转变必然导致激进主义实践和运动，从而根本改变权力性质。这样，情境主义者在维护历史唯物主义关于阶级统治和阶级斗争的基本原则的同时，扩展了对统治和异化的批判。他们提出了空间、日常生活、景观以及与它相对的被构筑的情景等范畴，这些范畴和概念与卢卡奇、葛兰西、亨利·列斐弗尔的思想极为相似。情境主义对现代资本主义社会批判的思想核心是"景观"概念，这个概念的直接含意是少数人演出、多数人默默观赏的文化状况，即控制和默从，分离与孤独。这个概念包含了在直接的暴力以外，权力将潜在地具有政治的、批判的和创造性能力的人类归属于思想和行动边缘的所有方法和手段。由于受到景观社会所提供的广泛的"娱乐"的迷惑（包括从商品和服务到各种消遣和便利设施），人类偏离了自己的最具有批判性的改造世界和解放日常生活的工作。与此同时，官僚政治统治也改进和完善了统治技巧。情境主义认为，在由"早期"资本主义向"晚期"资本主义发展时期，其特征是消费优于需求。这个时期，一方面它克服着资本主义积累的危机，这是帝国主义自身难以做到的；另一方面又使得资本主义制度更加合法化。过去人们亲自经历和不企望的异化痛苦，现在在消费中已经变成了无意识的、"被迫感到舒适的"东西。以强制和经济手段为主的统治方式,现在已转化为意识形态和文化的统治。现实世界和景观机制形成的意识形态控制力量,通过社会文化设施特别是大众媒介而广为扩散。情境主义理论认为,如果不首先批判景观社会的空间组织结构,特别是城市环境,对景观社会的批判就很难实现。革命就是在日常生活平面上摧毁景观,暴露和超越意识形态。文化革命虽然不可能代替推翻资本主义的斗争,但却是不可缺少的第一步。情境主义理论提出了在商品极其丰富的条件下日常生活的惊人贫困。他们试图论证现实生活与理想生活之间的差异,打破商品消费社会意识形态的迷惑,以揭示我们被压抑的欲望更为真实的本性。情境主义者试图找到严重地束缚着无产阶级的意识形态结构的途径。他们认为问题最终在于资本主义和商品拜物教;最终的决定性的解决办法掌握在有觉悟的、积极主动的无产阶级手中。[1] 情境主义者和存在主义者一样,从根本上否定资产阶级的生活方式,他们认为:"除了它的现代化以外,日复一日存在的无聊的、呆滞的生活仍然是现代资本主义本质的产物。"他们努力抓住现实的问题,他们反对一些陈腐的观念,情境主义者为自己处于无权地位而感到痛苦,情境主义者也反对苍白无力的无政府主义。[2]

情境主义者居伊·德波尔在《社会景观》一书中谴责了人们之间的社会关系被影像所调节的"悲惨景况"。他认为后期资本主义社会不只是通过物质的贫困或者甚至是精神的异化,而且是通过不停地生

---

[1] 贝尔登·菲尔登、斯蒂文·贝斯特:《情境主义国际》,载罗伯特·戈尔曼:《"新马克思主义"传记辞典》,第766—771页。
[2] 理查德·约翰逊:《法国共产党对学生:1968年5月至6月的革命政治》,耶鲁大学出版社1972年版,第85—88页。

产不真实来维持其统治。①

1966年5月,一批接近"情境主义国际"的富于斗争性的分子夺取了"斯特拉斯堡学生联合会"的领导权,并着手改变"斯特拉斯堡学生联合会"原先的组织活动的方针。他们批评早先的学生运动属于资产阶级官僚主义社会的一个组成部分。他们散发了一份名为"论学生贫穷的生活"的小册子,表达了学生对其社会处境的不满。②该组织散发的小册子写道:"法国学生的复苏太晚了,他们对于与世隔绝的世界感到的骄傲都注定是历史上很久以来已被证明是荒谬的站不住的错觉。""他们得到的机械的、专门化的教育,与先前一般资产阶级文化水平相比,已经沦落到极低的水准……这归因于简单的事实,即统治所有这些经济制度的人要求对无知的没有思考能力的学生进行大规模生产。""学生继续在极为尊敬地听取他们那些决意要使他们摆脱一切批判精神和意识的老师的讲课。""学生们甚至还不了解,历史也正在改变着他们'隐居'的可笑的世界","大学的危机"只是现代资本主义更为普遍性的危机的一个细节。③

影响1968年法国学生运动的左翼思潮,是《社会主义或野蛮》杂志所代表的流派。《社会主义或野蛮》杂志是一份从1945年起直到1965年间发行的期刊。这份杂志的名称来自罗莎·卢森堡的著作。卢森堡认为,资本主义的崩溃为世界工人阶级提供了在社会主义或野蛮状态之间的一种选择机会。创立这份杂志的是托洛茨基主义者,这派人士最初专注于对苏联的分析和研究。属于这一派的科内乌斯

---

① 基恩·里德:《法国1968年5月的事件》,第51页。
② 伯纳德·E.布朗:《巴黎的抗议:对反叛的分析》,新泽西1974年版,第5页。
③ 施纳普、维达尔·纳凯:《1967年11月到1968年6月的法国学生起义》,第3、65页。

基·卡斯托莱迪斯和克劳德·勒福尔发表了一系列文章，批判奉行斯大林主义的苏联政权，认为苏联不是一个"蜕化变质的工人国家"，而是一个由新的统治阶级即官僚阶级统治的新型阶级统治制度。这个流派活动的初期，许多持不同倾向的左翼人士参加了这派组织的活动，因此在这个组织内部同时并存着许多不同的观点，而卡斯托莱迪斯是这个组织的核心人物。后来，一些持不同观点的参加者退出了这个组织。20世纪50年代初，该组织曾与少数激进工人和雇员结成联盟。随后，在斯大林去世后，东欧发生激变，并爆发了阿尔及利亚战争。1958年戴高乐上台时，这个派别已经成长壮大了。这个团体中一些人认为，戴高乐上台是一个新法西斯主义时期的序幕，在这个组织内部开始激烈地讨论"体制问题"。当卡斯托莱迪斯试图把这个组织改造成一个具有严明纪律的政治组织时，导致了这个组织的分裂。一批反对强化组织等级层次的人士退出这个组织。这份杂志宣传说，在现代工业社会中，除了存在着马克思所说的那些掠夺剩余价值的人对那些提供剩余价值的人的古典式的压迫外，还存在着一种实际上不包含什么经济和社会内涵的对立或压迫，即那些有权发号施令的人（如各种官员和经理）与那些执行命令的群众之间的对抗，没有后一部分人，社会的任何功能都无法履行。但是，这些人被实业界、政府、政党这类人构成的统治集团所压迫。卡斯托莱迪斯认为，阶级已经丧失了作为社会革命基础的重要作用，他强调用管理者和被管理者之间的划分，取代资本家阶级与无产阶级之间的划分。对于当代资本主义社会的矛盾，他认为，资本主义的经济危机并没有日趋加剧，相反，消费在不断扩大。对现代资本主义社会的反叛，不再单纯来自贫苦的无产阶级，而是来自诸多阶层，如工人、学生和妇女等，他们反对现存体制强加给他们的对创造力的异化和扭曲。卡斯托莱迪斯对经典马克思主义的批判,在 1963 年导致了"社会主义或野蛮"派别内部的分裂,一个坚持马克思主义的派别从中产生。1965 年,这份刊物停刊。以后,这个派别最后解散。总的说来,这个派别是处于传统的无政府主义和马克思主义以外的一个派别,当时对于左翼运动产生了一定的影响。[1]

《社会主义或野蛮》杂志在《宣言》中说:

> 一百五十年的"进步"和"民主"已经证明,找不到任何改革资本主义制度的办法来改变工人的实际状况。通过不停止的斗争使其购买力得到的改善,只是对持续增长的需求的补偿,而首先是对持续加大速率和强度的劳动,以及把工人和职员转变为机械般工作的人这些高昂代价的补偿。工人获得的政治权利和其他的权利无法改变社会继续由一个按照自己的利益管理它的由资本家和高层官僚构成的特权阶级统治这一事实。
>
> 领导改革派政党和工会的不能罢免的官僚是现存制度的组成部分,他们利用工人的力量为他们自己在社会管理中获得一个位置。"共产党的"官僚希望利用工人的斗争去建立一种可以使人误解地称为"社会主义的"俄国式的制度,在这种制度中,这些控制了政府和经济的人士取代了私营企业的寡头,而在此同时,工人的实际处境仍然毫无改变。
>
> 工人将无法免于被压迫和剥削,除非他们的斗争最终建立一个真正的社会主义社会,在这个社会中,工人委员会将拥有

---

[1] 保罗·马蒂克:《"社会主义或野蛮"》,载罗伯特·戈尔曼:《"新马克思主义"传记辞典》,第 772—775 页。并见施纳普、维达尔·纳凯:《1967 年 11 月到 1968 年 6 月的法国学生起义》,第 3 页。

全权，生产和经济计划都由工人来管理。通向社会主义社会的唯一道路是工人群众的意识和自主行动，而不是通过试图建立它自己专政的官僚化的政党的政变来实现。

要捍卫这些观念并让它们广泛地在工人中流传，以无产阶级民主为基础的新的革命组织是必须的。它的斗士将不再是为行政官僚支配的单纯的执行者，相反，他们自己将对其组织的方向和行动以及它所有的方面做出决策。这个组织的目标将不是去领导工人阶级，或强迫它接受这样的领导，而将成为工人斗争的一种工具。[1]

法国大规模的学生运动可以上溯到20世纪50年代中叶到20世纪60年代初法国对阿尔及利亚的殖民侵略战争时期。1954年，在法国的殖民地阿尔及利亚，民族解放阵线组织和领导了公开的反法起义，这导致了持续8年之久的法国对阿尔及利亚的殖民侵略战争。与在东南亚的侵略战争不同，法国在当时冷战的背景下也无法以"遏制共产主义"为理由为这场战争辩护。法国共产党从阿尔及利亚战争一开始就没有谴责这场战争。法国军队在阿尔及利亚残酷镇压民族解放阵线的反抗，在法国国内激起了大规模的学生反抗运动。1956年1月，法国富尔内阁辞职，社会党人居伊·摩勒组阁。法国政府加紧征募兵力派往阿尔及利亚。这引起了法国学生极大的不满。他们组成了反对法军在阿尔及利亚法西斯行为的委员会，站到阿尔及利亚人民一方。法国青年学生展开了地下斗争，保护逃亡的阿尔及利亚斗士，为

---

[1] 施纳普、维达尔·纳凯：《1967年11月到1968年6月的法国学生起义》，第66—67页。

他们转送活动资金。1957年9月30日，继任的激进统一社会党人莫努里内阁因为在阿尔及利亚问题上坚持镇压政策而倒台。法国反战学生运动愈演愈烈，1960年10月27日，"法国学生全国联盟"在当时全法国蔓延的种族主义和战争歇斯底里的气氛中，号召在巴士底广场举行一次反战示威，当时皮埃尔·冈迪兹任该组织的主席，表现出相当的政治勇气。而法国共产党和法共领导下的工会联盟则嘲笑"法国学生全国联盟"这一发动群众的举动。随后，法国政府进行干预，禁止示威，法共和"劳工总同盟"屈服了，公开谴责"冒险主义"，但冈迪兹坚持自己的意见，认为示威应当按计划进行。以后，示威行动组织起来，在靠近索邦大学的互助会大厦举行，到会的有10000人，它得到"天主教工会联盟"和"劳工总同盟"的钢铁工人分部的支持。阿尔及利亚战争期间，左翼刊物《信使报》把"法国学生全国联盟"的主席皮埃尔·冈迪兹的画像作为它的封面，这使得法共很狼狈。而从20世纪50年代后期起，法共对阿尔及利亚战争的暧昧态度引起了法共青年组织"法国共产主义学生联盟"成员的不满。到了1961年，该组织从法共的控制下摆脱出来，实现了事实上的自治，影响很大。

在阿尔及利亚战争时期发生的第二个事件是在1961年4月创立了"大学反法西斯阵线"。它是一个支持阿尔及利亚独立事业的战斗组织，它把不同色彩的左翼青年激进分子联合起来，特别是以来自"法国学生全国联盟"和"法国共产主义学生联盟"的坚定分子为核心，这个组织得到广大学生的热烈支持。法国学生组织反战集会，阻拦运输新兵的军用火车。1962年2月，有8名群众在巴黎的反战示威中丧生，随后有70万人参加了他们的葬礼。在国内左翼力量的压力下，1962年3月19日，法国与阿尔及利亚签订了埃维昂协议，最终结束了法国在阿尔及利亚的战争。阿尔及利亚战争结束后，法国国内的学生运动平息下来。法国革命学生在这场斗争中感到，他们能够在政治生活中不依靠法共而发挥自己的作用。对阿尔及利亚殖民战争激起了众多法国学生青年的政治激情，一种新的左翼力量开始形成。[①] 阿尔及利亚战争结束后，法国学生意识到，学生运动不能只关注学生自身狭隘的利益。他们认识到，学生在改造整体社会的过程中会起作用的。在阿尔及利亚战争以后，学生运动对广泛的问题，如反对种族虐待、反对大学的官僚权势、反对大学作为技术社会的仆役、对教学设施不足和教学内容的僵化的不满以及大学生的个性解放，展开了讨论。阿尔及利亚战争时期法国学生的斗争传统成为一种精神财富影响到20世纪60年代后期法国学生运动。

1964年2月，意大利总统安东尼奥·塞尼访问法国，政府准备在索邦宫举行一次独特的欢迎仪式。"法国学生全国联盟"鉴于学生们对于学习条件过于粗陋、补助金微薄、教室人满为患、餐厅拥挤、大学教授用高压手段来对付学生极为不满，借此机会表示反抗，他们威胁要占领这座建筑，反对安东尼奥·塞尼来访。警察采取了行动，与学生发生混战，有160名以上的学生被逮捕。[②] 这一事件成为战后学生与法国当局最严重的一次冲突。

到20世纪60年代中期，法国的大学确实存在严重的问题。战

---

① 罗纳德·弗雷泽：《1968年：反叛的一代学生》，第32—34页。参见理查德·约翰逊：《法国共产党对学生：1968年5月至6月的革命政治》，耶鲁大学出版社1972年版，第40—41页；苏尼尔·基尔耐里：《围绕革命发生的争论：战后法国左翼知识分子》，耶鲁大学出版社1993年版，第106页；柯克帕特里克·塞尔、莫林·麦康维尔：《红旗和黑旗：1968年法国革命》，第42—45页。

② 约翰·阿德：《新法国革命：1945—1967年法国社会经济概览》，伦敦1968年版，第322—323页。

后出生的大量年轻人使得学生人数猛增。1960年学生为247000人，1967年上升为514000人。在格勒诺布尔，学生人数从1952年的3800人增加到16000人以上。在卡恩，1939年以来学生人数增加了10倍。越来越多的中等阶级的后代进入大学争取学位，而教师的数目"还没有学校房间的数目多"。到了20世纪60年代，教师和设备的短缺达到最高点，一个可容纳500人的讲演厅有时聚集了两倍的人，有的学生甚至在上自己的课之前就在下一节课的教室里占一个座位，等待下一节课。因为实验室的人太多，科学家常常无法组织考试，学生公寓也不够用。此外，大学不能为学生提供正确的训练方法，因此，有70%登记注册的学生无法获得学位，许多学生只有在未获得学位的情况下直接参加工作。学生中只有22%的人能得到正规的助学金，助学金数额则偏低。① 因此学生中存在着普遍的不满情绪。

到了1967年，这是进行"富歇改革"的第二个年头，但这时法国的高等教育仍面临着许多尚未解决的弊端和困难。法国中等教育毕业考试太难，大学入学考试则失之过宽。法国的教育制度，从小学到教师会考，始终实行优胜劣汰的选拔制度。而大学文学院则对学生来者不拒，学生进入大学后，有人连一年级的年终考试也不去考。相比较，专科学院则较严格，并非什么学生都收。② 当时的法国大学校园中空间狭窄，同时缺乏教学人员。楠泰尔学院的设施仅可接纳10000名学生，但它在第4年开始时，却有将近12000名学生。该学院的哲学系、心理学系和社会学系都在学院的C楼。楠泰尔学院的文科具有开明和开放的传统，在那里曾激烈地反对阿尔及利亚战争并反对驱

---

① 约翰·阿德：《新法国革命：1945—1967年法国社会经济概览》，第323—324页。
② 《雷蒙·阿隆回忆录》，生活·读书·新知三联书店1992年版，第589—590页。

逐激进学生,主张教授有学术自由,对学生宿舍也不派人加以监视。当时楠泰尔学院的学生绝大多数出身中等阶级家庭,他们通常毕业于天主教私立学校,只有10%的学生来自工人阶级家庭,这个比例大大低于英国,当时英国至少有30%的学生来自工人家庭。楠泰尔学院绝大多数学生富裕、时髦、生活奢侈。女学生穿着裙裤、有光泽的皮装、迷你短裙、长丝袜。对于绝大多数楠泰尔学院的学生来说,教育并非是在社会阶梯上攀升的必要条件,他们的社会地位早已确定了。[①] 这里的学生在思想上和政治上并不比其他学院的学生更左倾。在全部7000余名学生中,"法国学生全国联盟"的参加者仅有500人左右。

和美国20世纪60年代学生运动一样,性解放运动是法国大规模学生运动爆发的肇端之一。导致大学生不满情绪的爆发,是学校当局对男女学生宿舍实行严格的分离。男女青年学生要求自由进出对方的寝室,为教育部和学校颁布的条规严加禁止,宿舍的看门人则严格加以执行。在"五月风暴"掀起以前的3年中,这是学生斗争的一个直接目标。在1965年,掀起了第一次反对男女学生寝室分离的斗争。这年秋季,在巴黎最老的又是最大的学生宿舍区安东尼区,1700名学生用强力阻止工人在女生宿舍前建造看门人的传达室,校长召来警察在那里露宿,直到传达室建成。为此,在三个月的时间里,示威、混战不断。为了平息学生的情绪,教育当局撤销了安东尼督导的职务,派出了新督导。1966年1月,新督导雅克·巴兰提出了一项较为灵活的规则,允许21岁以上的男女青年在宿舍房间中招待异性朋

[①] 柯克帕特里克·塞尔、莫林·麦康维尔:《红旗和黑旗:1968年法国革命》,第26—27页。

友，而年龄较小的学生则要得到他们父母的书面允许。[1]

1967年春季，在楠泰尔学院发生了学生为宿舍问题发动的骚动，男生进入女生宿舍走廊，学校当局召来了消防队和警察。由于这场冲突，另一名督导由最高教育当局下令解雇。1968年1月下旬，法国政府的青年和体育运动部长弗朗索瓦·米索非来到楠泰尔学院，为新建成的游泳池举行落成典礼。他正要离开时，遭到愤怒的学生们的包围。学生质问米索非部长："部长先生，你起草了一份长达600页的关于法国青年的报告，但在其中一点没有谈到我们的性问题，这是为什么？"部长表示，他愿意讨论体育问题而不是性教育问题，这引起了学生极大的不满。[2]1968年2月14日这天是圣瓦伦丁节，学生为争取在男女学生宿舍之间自由走动而发动的骚乱像野火一样烧遍了法国，"法国学生全国联盟"策划了这场斗争。法国大多数高等学校的院长都在等待巴黎的指示，只有在楠泰尔、尼斯和蒙彼利埃，学院院长把警察召来对付学生。在蒙彼利埃，女生和男生一起把警察赶了出去。在楠泰尔学院，反叛的学生占领了校长的办公室，后来为警察所击败。一周以后，教育部长佩雷菲特提出新的规定：21岁以上的女生可以在男生宿舍待到晚上11时，但不准男生到女生宿舍去。[3]这成为后来学生的不满发展为与政府对抗的原因之一。学生从反对限制男女学生交往的大学当局开始，进而把斗争矛头对准整个教育制度和资产阶级国家。

法国大学生另一个不满是针对当时的教育制度。从1967年11月

---

[1] 柯克帕特里克·塞尔、莫林·麦康维尔：《红旗和黑旗：1968年法国革命》，第29页。
[2] 同上书，第33页。
[3] 同上书，第30页。

17日开始,索邦大学社会学系发动了罢课,罢课期间,学生代表参加了25日的教师会议。11月20日,"索邦大学学生委员会"发布第一号传单,要求教师"不要讲那些无价值的东西,不要柏格森式的叽里咕噜,不要那些训猴式的考试,不要教授的压制。这样才有希望使我们对学业感兴趣"。传单最后说:"我们明白,没有一场革命,实现这些目标显然是不可能的。"[1] 到了1968年1月,学生对当局的敌视态度加剧了。楠泰尔学院的学生抗议学校当局开列积极参加政治活动的学生的黑名单。[2] 1月26日,人们把拍摄下来的便衣警察在学院建筑物周围巡行的照片公布于众,学生用粗暴的态度对待学校行政官员。院长格拉平感到受到侮辱和威胁,召来警察,但警察被一批学生赶走了。面对这些事件,教职员提出建立"教授与学生联络委员会",这个委员会的职能只是相互沟通信息。"法国学生全国联盟"和"全国大学教师联盟"最终接受了建立这个混合委员会的建议。[3]

3月14日,在罗伯特·弗朗塞斯教授开设的心理学课上,社会学系学生对晚近他们由于行政压力参加的一次考试的不公正的结果提出质问。他们提出,考试"不应当更多地要求记忆,而应当要求主动性和个人研究素养"。这位教授则答复说,大学第一年的工作要求所有的学生"形成一种精确表述观点和严格地理解基本法则和研究的习惯",拒绝了学生的要求。学生散发了一份名为"看楠泰尔如何训练呆鹅填食"的传单。传单说:"昏昏欲睡、失望和厌恶构成了所有教

---

[1] 施纳普、维达尔·纳凯:《1967年11月到1968年6月的法国学生起义》,第102—103页。
[2] 波斯纳:《1968年法国革命回顾》,第59页。
[3] 施纳普、维达尔·纳凯:《1967年11月到1968年6月的法国学生起义》,第103—104页。

学楼日常的气氛，而不只是在大学一年级特别突出。任何真正的适应性都失去了。剥夺了谋求专业职务和受尊敬的机会"，"由于采取了一种表面上看来有点堂皇，然而在基质方面是迷惑人和僵化的教学方法，一切思想活力都被一点点地吞噬了。实际上，当我们需要尽可能扩大我们精神眼界的时候，学院提供给我们的是一种粗鲁的家长制统治，它通过给呆鹅填食的方法，使我们始终处在一种思想的贫乏状态"。"在我们看来很清楚，问题一方面在于对我们进行教育的这种结构，另一方面在于进行考试和评分的方法。"①

3月15日至17日，在亚眠召开了"促进科学研究发展研究协会"的第三次讨论会。阿兰·佩雷菲特出席了这次会议。参加这次讨论会的有500余人，其中包括作为协会主席的改革派、法兰西学院教授A.利什勒诺维兹，参加会议的也有"全国大学教师联盟"的激进分子。会议的中心是试图使"极端集权的僵死的富于惰性的"大学教育制度适应于经济和工业社会。

在3月晚些时候，法国大学生主张改革教育的态度已变得很激烈。他们中一些人主张采取更有力的行动。在"法国学生全国联盟"的出版物《法兰西学生》第19期增刊上，发表了措辞激烈的文章，文章号召学生将斗争方式从讨论和宣传转为罢课和上街游行。这篇文章指出，西欧现存的大学状况不能令人满意，它是由两个基本的原因造成的，一个原因在于从中世纪继承下来的、后来在19世纪第一次工业革命时期加以改造的结构不再适合现实状况；另一个原因是19世纪以来情况又发生了很大的变化，当时西欧是工业革命的大本营，是世界上高度发展的地区，而今天，发展的中心已经转移，法国已处

---

① 施纳普、维达尔·纳凯：《1967年11月到1968年6月的法国学生起义》，第108页。

在不发达的中间国家之中。在这样一个科学革命的时代，我们的社会却已显现出，它自己无力把基础研究、发展研究、应用研究同生产结合起来。我们政府的政策只是基于把研究和教育的重要性狭义地理解为满足这种生产过程变化的需要。与此同时，他们决心把教育制度作为最强有力的把个人整合进经济和社会制度的代理人的工具，采取措施对他们加以限制。而大学是整合机制中最重要的一环。

文章指出，要教育人民了解为什么他们不幸福，并能够针对这种情况施加影响。"让我们冒险使用一个会遭致人们嘲笑的词语，这就是因为长期以来它被过分糟蹋了，我们需要革命家。""如果我们要使社会教育体制避免完全崩溃的话，推翻现存的结构是极其必要的。罗马、柏林、华沙、马德里的例子……使我们感到，在这里解决问题是时候了。"文章最后说，非常乐意看到通过法律对管理方针、必修课程和经费加以调节，否则就举行罢工和上街示威。[1]

3月18日拂晓前两小时，一支左翼学生突击队越过塞纳河来到右岸，用小包炸药炸开了美国曼哈顿银行巴黎办事处和世界航空公司巴黎办事处的玻璃窗。两天以后，又打碎了美国快运公司的玻璃窗，这都是学生反对美国侵越战争斗争的一部分。22日晨，警方逮捕了6名学生[2]，其中一名是楠泰尔学院的格札维埃·朗格拉德。随后，在楠泰尔学院，一个消息迅速地流传开了，说这些学生遭到拷打，并且要长期监禁他们。

3月22日晚，在巴黎大学楠泰尔学院召开了一个学生组织的会

---

[1] 施纳普、维达尔·纳凯：《1967年11月到1968年6月的法国学生起义》，第111—115页。
[2] 柯克帕特里克·塞尔、莫林·麦康维尔：《红旗和黑旗：1968年法国革命》，第19页。

议，讨论如何对付政府的逮捕，采取何种对应的行动。科恩·邦迪提议占领行政大楼，随后学生们占领了行政机构所在的大楼第8层供学校评议会开会的会议室，一直占领到凌晨1时30分。学生们在那里建立了一个委员会，讨论形势的发展和他们的打算。学生们还决定把3月29日作为"反对帝国主义辩论和斗争日"。学生们召开的会议对他们的行动进行了表决，有142人赞成、2人反对、3人弃权。这次会议形成了一支新的力量，最初它被称为"142人"，后来改称"3月22日运动"。他们之所以这样命名他们的组织，实际上是效仿他们所尊敬的卡斯特罗领导的古巴"726"革命运动。[1]

一位作者描写了当晚楠泰尔学院内的场景：

> 气氛有点奇怪。欢乐和严肃同时存在着。在一个角落，一个蓄胡须的青年在弹吉他。随着讨论愈加激昂，他们要他保持安静，不时有人送来盒装的三明治和成捆的啤酒……讨论的内容包括对大学的批评、反帝斗争和现今的资本主义。他们寻找方法弄清楚资产阶级国家的镇压结构，寻找暴露它们的时机和引爆它们的行动方式。他们还提出了学生的斗争怎样才能与工人的斗争相联系、如何把现时反对警察镇压的抗议转变为持久的冲突。[2]

3月22日这一天，"3月22日运动"散发了第一份传单，传单内

---

[1] 柯克帕特里克·塞尔、莫林·麦康维尔：《红旗和黑旗：1968年法国革命》，第19页；基恩·里德：《法国1968年5月的事件》，第8页。
[2] 吕西安·鲁和勒内·巴克曼：《五月的爆发》，巴黎1968年版，第38页，转引自克里斯·哈曼：《刚过去的烽火：1968年及以后》，第87页。

容包容了收在《社会学家为什么这样?》一文中和这个组织以后在4月份提出的所有要求。传单中写道:"统治阶级为达到其目的,势必在每个层次实施压制;重新考虑工人召开会议的权利;实行社会安全机构的一体化;对我们社会实行自控;把心理社会学技术引入实业界,以安抚阶级冲突(我们中一些人正为从事这项工作进行训练);资本主义不再那么难以捉摸;我们必须放弃示威游行的办法,因为它无法达到任何目标","对我们来说,重要的事情是在大学里讨论这些问题并在那里采取我们的行动"。①

在3月下旬,科恩·邦迪、让·皮埃尔·迪泰尤尔、贝特朗·热拉尔、贝尔纳·格拉诺蒂埃这些社会学系的学生发表了题为"社会学家为什么这样?"的文章,要求改革楠泰尔学院的教学方法,对于一些社会学家充当雇主的工具提出了尖锐的批评。文章写道:

>我们在这里只是想考察当代社会学中居支配地位的倾向。随之而来必须做更详尽的研究,在这一点上所有有助于我们的抵制都受欢迎。
>
>从始终作为哲学的附庸的学院式的社会学向一种具有科学意向的社会学的转变,是与竞争的资本主义向有组织的资本主义的转变相一致的。
>
>社会学的兴起日渐为通过理性化的实践以服务于资产阶级目标的社会要求所束缚着,即为金钱、利润、维持法律和秩序的要求所束缚着。

---

① 施纳普、维达尔·纳凯:《1967年11月到1968年6月的法国学生起义》,第121—122页。

有大量证据表明,工业社会学首先追求使工人适应他的工作,相反的观点很少出现,因为由资方付给薪金的社会学家必须注意经济体系的目标,即尽可能多地生产,以取得尽可能多的金钱。政治社会家计划进行浩繁的研究(今天它的前提是选民的选择便是今日政治的所在)通常是蒙蔽人的,它从未问及中心问题是否在其他地方。

可以发现,社会学家在做宣传时,在对不计其数制约消费者的形式和对传媒的经验研究中,常常根本没有批评这些传媒的社会功能的意图。

另一方面,美国的社会学家又怎么会想到社会阶级这样的焦点问题呢?阶级的概念和"突变性"(阶级斗争)的概念被排除了,并且被由不同身份、权力和声望构成的诸阶级和阶层的概念所取代。在这种概念中,存在着连续性的阶梯,其中,每一个阶梯都有相应的一定量的权力和声望,在递进的阶梯上,有一个阶层接近顶端。因此,当然从一开始就假定,因为他们处在一种民主制度中,每个人都有攀登到社会等级金字塔顶端的机会。这种理论除了遭到米尔斯和 D. 雷斯曼在理论上驳斥外,在美国实际生活中还遭到亚无产阶级(在种族上居少数)的驳斥,并且,那些反对他们的工会机构的工人团体足以驱散实现整合的梦想。

这篇文章集中批评了法国社会学的现状。作者尖锐地揭露了在这个资本主义时代社会学理论的混乱和相当一批社会学家为资本主义制度辩护的本质。文章写道:

我们已经看到，社会学与社会要求密切联系。有组织的资本主义的实践导致了巨大的矛盾；社会学家进行研究的每个个案也存在这种情况。有的研究有幼稚的缺点，另一些研究具有种族主义倾向，还有一些研究则属于蹩脚货。每个人都试图对他研究的局部问题做出解释，并推敲出一种理论来解决他正在研究的有限的冲突。这样，我们的社会学家在充当一只"看门狗"的同时，也会使他自己为拼凑社会学的"理论"做出些贡献。①

文章提醒人们注意，现时人们所使用的社会学概念如"等级制度""仪式""整合""社会功能""社会控制""均势"等，都具有保守性的特点。理论家必须在解释地方性冲突时不涉及社会总体情况以免引起他们愤怒。这表明，在目前的冲突中，社会学家选择了站在实业界经理和支持他们的政府一边。文章揭露了社会学家已成为资本主义制度的辩护士。②

邦迪等人在文章结束时指出，当时在学校内部视野还有局限性，要做的最重要的事情是使其余的学生领悟大学的社会功能，特别是在社会学领域，必须揭露错误的议论，阐明社会学在发展中抑制人的企图，消除在这个问题上的错觉。③ 这篇文章明确地表示了对当时法国社会学表现出来的为现有资本主义制度和文化辩护的倾向，反映了青年知识分子的政治觉悟。

3月22日事件发生以后，楠泰尔学院从3月28日（星期四）起

---

① 施纳普、维达尔·纳凯：《1967年11月到1968年6月的法国学生起义》，第117、118页。
② 同上。
③ 同上书，第120页。

停课，直到4月1日（星期一）。在这期间，"法国学生全国联盟"从3月27日到29日在全国范围展开鼓动。全国的大学生都行动起来，要求进行教学改革。在这个时期的学生运动中，"大学行动运动"这个组织在学生运动中起了重要作用，领导这个组织的有佩尼诺和克拉维兹等人。

楠泰尔学院停课以后，学院的教师和行政人员中的法共成员采取了一致的立场，他们表示按照党组织的指示进行活动。3月28日，楠泰尔学院教职员共产党员小组发表公报，表示了自己对于学生运动的温和态度。公报中说，楠泰尔学院教职员人数已大大超过学生人数（11000人），而物质条件和教学条件已经恶化。实施戴高乐的教育改革，结果是使众多学生看不到在未来有什么前途。政府要对它蓄意采取的政策在学生中造成的所谓的不安定承担全部责任。这种形势被有意煽动的"小团体"所利用，公报谴责他们的做法。正当政府准备进一步削弱高等教育结构时，这些"小团体"致力于阻止所有的学生结社，同时迷惑和麻痹工会运动。他们通过这些方法，目的在于使学生运动丧失声誉并促进政府的计划。共产党员教授相信学生群众没有诉诸暴力，这能使一小撮煽动者哑口无言，并且，在"法国学生全国联盟"这个唯一真正的学生联合组织的支持下，使学院恢复一种有利于学习、共同讨论和共同行动的环境。公报反对一切使用警察和行政镇压的措施，主张维护所有学生和全体教职人员表达他们政治观念和采取联合行动的权利，要求在楠泰尔建筑新的大楼和新的文学院。建议对大学进行民主改造，认为这是唯一可行的解决办法。[①] 与此同时，一批教授在对待学生运动问题上不再站到"疯人派"一边，而采取了

---

① 施纳普、维达尔·纳凯：《1967年11月到1968年6月的法国学生起义》，第125页。

温和的立场。

3月29日，法语系27名助教和教员在一些教授的支持下集会，他们表示反对任何警察闯入校园和学院，他们再次重申学生有权利在学院同意后参加关于大学文化、工会和政治问题的讨论。他们决定在学生中展开不排斥任何人的讨论，来研究他们的问题和要求，并尝试着规定共同行动的条件。他们强调，应当形成一种不以任何方式限制任何学生在正常条件下进行学习的自由，无论如何不以任何方式干扰大学制度的正常功能。面对发动起来的学生，当时召开的教师会议意识到问题的严重性，对学生做出了一些让步，允许学生自由使用会议室，可以在那里进行辩论。[1]

1968年4月，德国社会主义学生联合会主席卡尔·迪特里希·沃尔夫来到楠泰尔学院活动。该联合会认为，学生起义将在世界范围的阶级斗争中起作用，学生在现代资本主义社会中处于受压迫的地位，学生们可以以他们的大学为基地，发展一种未来民主社会的模式。[2]

楠泰尔学院院长格拉平试图在复活节前用关闭学院数日的方式来遏制学生运动的势头。他把一个教室交给学生们。学生取得这个教室后，把它重新命名为"切·格瓦拉阶梯教室"，并且不满足地说："我们不要这一点礼物。当我们需要的时候，我们将夺取我们需要的建筑。"[3]

4月4日至18日是复活节假期，但是在假期结束后，学生运动

---

[1] 施纳普、维达尔·纳凯：《1967年11月到1968年6月的法国学生起义》，第125—126、124页。
[2] 柯克帕特里克·塞尔、莫林·麦康维尔：《红旗和黑旗：1968年法国革命》，第58页。
[3] 同上书，第64—65页。

并没有结束。4月22日，学院委员会开会做出决定，在学院建立一支警察力量，在楠泰尔学院设立一个大学惩戒委员会，校园内可供公众通行（其真实含意是由警察监视）。做出这样的决定的意思十分明白，即通过强力来解决学生和教员的关系并恢复秩序。

4月19日，巴黎数千名学生在拉丁区举行示威，声援被刺伤的西德学生运动领袖鲁迪·杜切克。①

4月25日，楠泰尔学院内法国共产党员和法国共产主义学生联盟利用院长给予他们的自由，试图组织一个有共产党的代表、大学事务专家皮埃尔·朱坎参加的集会。但是，这个会议被来自巴黎的"马克思主义-列宁主义"组织的学生破坏了，朱坎也未能在会上讲话。随后不久，在一次会议上，洛朗·施瓦茨和安德烈·高兹做了讲演。他们讲演后，由于"革命学生联络委员会"的挑动，发生了骚动。②

1968年的最初几个月，在法国其他城市，学生运动也发动起来。3月2日，在雷恩和贝桑松，学生为争取自己的居住权利举行示威。3月15日，在巴黎，同时也在第戎、波尔多、克莱蒙菲朗和圣艾蒂安，学生举行集会和示威要求大学进行改革，在波尔多示威尤其激烈。3月21日，南特的学生进行示威和集会，抗议警察审问在大学改革中学生的活动。3月23日，在第戎大学，学生占领了行政区，抗议学校当局惩罚参加政治活动的学生。同一天，尼斯的中学生发动示威，要求在公立中学中有自由表达政治见解的自由。3月26日，有许多大学的科学学院院长参加的会议，支持巴黎科学学院院长查曼斯基关于鉴于财政状况限制新生入学的提议。28日，在巴黎科学学

---

① 波斯纳：《1968年法国革命回顾》，第62页。
② 施纳普、维达尔·纳凯：《1967年11月到1968年6月的法国学生起义》，第133页。

院召开的抗议集会，反对查曼斯基的提议，要求重新讨论大学在社会中的作用，反对把大学作为训练技术人员的基地。[①] 4月23日，图卢兹文学院的学生占领了一座大楼，他们模仿"3月22日运动"，创立了"4月25日运动"。25日，在图卢兹大学，警察30年来第一次干预左翼和右翼学生团体之间发生的冲突。[②]

4月25日，楠泰尔学院的"法国大学教师联盟"人文科学分会召开会议。会议认为：

> 学生运动表达了我们社会存在着真正的普遍危机。
>
> 目前的大学可以说具有一种阶级的大学的性质。这由于它迎合的学生的类型；由于它确定的目标是按照一个扩张的社会的命令，即按照法国统治阶级的目标并置之于世界竞争的范围内来选择干部；由于它传达的文化和意识形态的内容及价值体系；由于作为它基础的教师关系及控制和处罚的方法。尽管在文化和教育学上对大学的阶级性质进行批判和分析具有矛盾，但批判的文化和教育学的概念及内容就其出发点来说，仍然可以系统地表述为一种特别的理论研究框架中的阶级分析。大学的批判实践与一般的社会批判实践是不可分离的，它必然随着革命的阶级斗争的其他方面而定。因此，也必然以工人的阶级斗争为开端。楠泰尔学院人文科学部要求全体教师集体来调查这些问题，并寻求与他们共同行动的特别的方式。楠泰尔学院人文科学

---

① 波斯纳：《1968年法国革命回顾》，第61页。
② 柯克帕特里克·塞尔、莫林·麦康维尔：《红旗和黑旗：1968年法国革命》，第64页。

部将着手在反大学的框架内寻求与学生运动合作的形式。①

4月29日，楠泰尔学院助教和助理教授的全体会议承认，目前无论从经济还是从教育学观点来看，或是从社会目标来看，传统的大学结构处于真正的危机状态，而且这种危机不是通过实施我们指望的专家淘汰计划就可以解决的。会议反对在学院内部建立任何种类的固定的警察力量，并且反对任何企图封闭学院的计划。② 这表明，助教和助理教授的立场已转到学生一边。

4月30日晚上，在文学院召开了由"全国大学教师联盟"索邦大学分部发起，由院长主持的所有助教、助理教授、导师和其他教授参加的重要会议。这是索邦历史上第一次教授和所有助理在一起参加的会议，学生观察员出席了会议，他们代表了索邦所有的政治运动和联盟，这是索邦历史上从未有过的事情。这次会议通过的决议如下：

> 救治大学目前的危机状况的唯一方法，是仔细检查整个制度，而首先是重新审查以不宽容的"选择"制度和等级分级制度为基础的教学方法。
>
> 索邦的教职员充分了解他们对于自己起的作用和自己做出的决定负有的责任，他们公开宣布，他们打算在从1968年6月到10月的学期内不再为考卷判分，所有的应试者都被认为已通过考试。③

---

① 施纳普、维达尔·纳凯：《1967年11月到1968年6月的法国学生起义》，第135页。
② 同上书，第136页。
③ 同上书，第138页。

5月1日,"青年共产主义者同盟"的刊物《人民的事业》第一期发表了题为"学生们,发动群众起义!"的文章。文章向学生呼吁说:

> 我们的讲坛应当为人民的事业服务。摆在学生面前有两条道路:第一条道路是做资本主义忠实的走狗,或者是第二条道路,让自己服从工人、劳动者和贫苦农民的安排。我们选择我们的位置在人民一边。
>
> 雇主和为他们服务的压迫人民的政府,迫使他们悲惨地生活。他们一切装模作样都是徒劳,事实在于:存在着100万以上的失业者;所有那些已退休的、失业的年青人、即使缺钱也有义务待在家里的妇女、被贪得无厌之辈赶离了土地的农民都在之列。而坚持认为他们也"有困难"的雇主说:"那些有工作的人和你们不相上下,你得给他们支付薪金。为了照顾你们那些失业的同志,你们得做出牺牲、暂时被解雇、缩短劳动时间,接受难以维持温饱的工资和更快的工作节奏。"工人对此答复说:"那是你们的事,而不是我们的事。"
>
> 所有的剥削者都害怕人民的愤怒,他们知道它造成的损失,他们回想起过去发生的一次次重大的斗争。他们每天从工厂、从失业的雇员那里听到类似的愤怒之声,他们在勒芒、在卡恩、在雷东听到过这种愤怒之声,几天前在拉罗歇尔又听到它。他们知道"粗暴而愚蠢的"武装治安警察会是怎样的粗暴,正如他们在雷东看到的,他们寻求用任何一种可能的手段来镇压这些斗争,他们绝不会成功!
>
> 当工人在斗争中联合起来,当有了工作的和没有工作的人们在斗争中团结起来,当工人和贫苦农民在反对共同敌人的斗

争中联合起来，雇主就无法实现他们的意向，治安警察也会一事无成。

<u>在战斗中的团结是</u>
<u>人民反对他们的雇主的力量所在</u>

这种压制不住的力量正在增长，但也存在巨大的困难。事实上，一些分支已经由一些特别的人士很好地组织起来。

大学将提供：(1)"组织"生产劳动的技师，这意味着在工厂实行专政；(2)专门从事"人际关系"工作的心理学家，这就是说在工厂从事侦察工作；数学家将做出正确的秘密的计算并隐瞒社会统计；省长、大臣、将军、成千上万的资产阶级作家和报纸撰稿人都出自大学。它最好的教育也是用来压迫人民的！

当然，剥削不是你们在大学中学的唯一的事情。人们对于科学、文化、艺术、进步已经谈得很多，但是，他们小心谨慎地并没有对学生说起的是，雇主是在那些工人为之付出代价而取得的显著进步中获利的人。

对资产阶级很不幸的是，学生们了解了这一点。起义在全国各地爆发了，而楠泰尔的运动规模是最大的。当然，事情还不十分明朗，但是，学生群众的动机在于，他们不承认资产阶级的独裁权力，并且拒不接受它所希望的他们起的那种作用，这就是为什么楠泰尔学院为所有的资产阶级报刊所攻击和诋毁。学生们被称为"无政府主义者""左派"和"徒劳无益"之辈，但是，当通过选择的办法把工人的后代从大学中淘汰出去，并且把精英组织起来受剥削者支配时，向学院当局表示祝贺，而这便是学生要求与之"对话"的当局！一个由人民支配的大学将由工人们来建立，而学生的造反使之得到发展的学校将与他们和农民共同工作，而它自己准备去批判阶级的大学，那些认为通过糟蹋它的名声和警察的镇压能摧毁运动精神的人完全错了，他们所做的一切只会使它更巩固地团结在一起。

为了支持人民的运动，这个运动由所有寻求以具体的形式支持工人阶级斗争的人们组成。在巴黎，同时也在外省、在学院和高等中学中都组成了委员会。

存在着不计其数的形式。正是在现在，雇主采取了使工人失业的进攻方式。无论如何，使工人与群体脱离是危险的，这就是为什么我们要通过宣传工作条件和不同的群体的斗争帮助他们实行一个地区的工厂的联合，我们还要给予具体的帮助，形成无工作的工人与那些有工作的工人的联合，通过宣传、募捐、参加示威，在物质上帮助工人行动取得成功……

我们的报纸将致力于把典型的斗争公开化，去解释我们的工作。它的每一页都向那些想要分享他们的经验或者是分担他们的困难的所有工人开放。它也向所有希望向人民的事业提供帮助的进步人士开放。

我们主要的任务是：(1) 打破有利于雇主的沉寂；(2) 同时对于工人的斗争给予实际的帮助。

我们靠我们自己能达到这个目的吗？我们不能。只有接受伟大的工人群众的领导去工作，我们才能了解他们斗争的需要并去响应他们。我们必须向他们学习，他们是我们的老师。

一场广泛的学生群众运动正在发展，它将分析有关为工人服务的实际问题。

这就是我们要向工人们说的，这就是我们应当了解的。

他们将告诉我们，什么对他们的斗争有用，他们会站在工厂大门口纠正我们的错误。

这做起来不那么容易，但我们确信我们走的是正确的道路。[1]

在楠泰尔学院，"3月22日运动"在5月2日发动了"反帝国主义战役"。在两天中，对大学的组织、教学方法和教材内容进行了激烈的批判。索邦大学校长让·罗歇禁止"法国学生全国联盟"散发抵制考试的传单。[2] 法国共产党领导人乔治·马歇也谴责楠泰尔学院的学生运动，他说："伪革命者在楠泰尔和其他地方都是徒劳的，他们丝毫无法改变历史现实。"法共机关报《人道报》发起了猛烈攻击索邦大学少数派学生的战役。[3]

5月2日，在爱克斯，左翼和右翼学生之间发生冲突。在蒙彼利埃，神学院学生因为对专业课程设置不满举行罢课。在卢瓦尔，各系委员会因为学生中的政治活动分子"参与与他们无关的事件"而取消发放的助学金。[4]

5月2日，当大规模的学生运动将要发生时，总理蓬皮杜和外交部长顾夫·德姆维尔在他们的夫人陪伴下，到德黑兰去访问。学生运动爆发以后蓬皮杜不在国内，使得法国政府失去了一个本来有可能在学生反抗运动形成声势之前制止这个运动的人物，因为在内阁中，只有蓬皮杜能够背离戴高乐的政策行使行政权。这样，当5月3日学生的斗争一浪高过一浪地向前发展时，总统戴高乐认为，学生的吵闹微

---

[1] 施纳普、维达尔·纳凯：《1967年11月到1968年6月的法国学生起义》，第92—95页。
[2] 波斯纳：《1968年法国革命回顾》，第64页。
[3] 同上书，第65页。
[4] 同上。

不足道，不值得他个人进行干预，并没有采取行动。而蓬皮杜离开后作为实际执行总理的路易·若克斯则缺少足够的权威以把自己的自由主义观点强加给他的内阁同事们。此后有十天时间，法国政府对学生运动没有采取任何措施。[1]

从4月底到5月初，右翼学生组织也表现出了自阿尔及利亚战争以来从未有过的暴烈情绪。右翼学生不超过几百人，他们有两个组织，一个叫"民族主义学生联盟"；另一个是准军事性组织"西方"[2]，这个组织多年来一直反对左派，他们借助"自由"的名义用恐怖主义对付法国青年。"西方"这个组织试图建立一种民族主义制度来反对左派。5月2日早晨，一支"西方"组织的突击队袭击了隶属于"法国学生全国联盟"的索邦大学"文学院学生团体联盟"的总部（这里是"大学行动运动"的根据地），他们烧着了这间屋子，扯下了电话线，这是几个月来在索邦左翼学生与右翼学生之间愈演愈烈的斗争的继续。右派的黄色小报 Minute 说："应该抓住科恩·邦迪的颈背把他送到边疆去……如果当局没有能力做此事，据我们所知，一些法国青年正渴望执行清除这些公共垃圾的任务。"[3]右派散发的传单说，他们正准备在楠泰尔学院"根除左派歹徒"。于是，左翼学生请来经过巷战技术训练的毛派激进分子来帮助他们守卫大学。5月3

---

[1] 柯克帕特里克·塞尔、莫林·麦康维尔：《红旗和黑旗：1968年法国革命》，第66页。
[2] 右翼组织《西方》在5月以前散发的宣传品说："法国青年已疲倦于持续地在他们的劳动场所、他们的学院和他们的学校大门口散发小册子以支持越共秘密组织的成员。""我们看到，那些昨天还在以'和平'的名义支持越盟被拷打的人和阿拉伯恐怖主义者的真正的卖国贼，今天却成了越共的佣工。"（约翰·格莱顿：《学生和工人》，第99—100页）
[3] 柯克帕特里克·塞尔、莫林·麦康维尔：《红旗和黑旗：1968年法国革命》，第65页。

日清晨,两三百名"毛派"学生,在"青年共产主义者同盟"领导人罗伯特·林哈特的率领下来到了楠泰尔学院。①

5月2日,在楠泰尔学院,勒内·雷蒙德的班级在阶梯教室上当代史课时被一批"疯人派"打断,300余名"疯人派"占领了阶梯教室,随后在那里放映一部关于切·格瓦拉的电影。一队负责保卫的学生用勾索和石块做武器,严阵以待,防备扬言要用暴力击溃"马克思主义者"的"西方"组织的攻击。②

当天,科恩·邦迪和其他5名学生在巴黎法庭被指控用语言攻击"法国学生全国联盟"的一个领袖。③ 当晚,格拉平院长决定无限期地关闭楠泰尔学院。他声称:"在这个学院存在着一种奇怪的风气……一种非常真实的战争精神状态。""3月22日运动"谴责关闭学院的做法,号召学生在索邦发动一次示威以示抗议。

第二节 活跃在1968年5月的主要组织

和欧美其他国家相比,20世纪60年代法国学生运动的组织程度较好,在"五月风暴"中活跃着众多组织。这里择其要者作一介绍。

"法国学生全国联盟"是由各个大学院系的学生总会组成的,最初是1877年在南锡组成了这种学生团体。而在30年之后,法国各学生总会联合组成了"法国学生全国联盟"。到了第一次世界大战以后,它较好地反映了学生的利益,它曾积极参与在1919年建立的第

---

① 罗纳德·弗雷泽:《1968年:反叛的一代学生》,第177页。
② 柯克帕特里克·塞尔、莫林·麦康维尔:《红旗和黑旗:1968年法国革命》,第65页。
③ 波斯纳:《1968年法国革命回顾》,第64页。

一个国际性的学生组织。在两次世界大战之间,它开始关注社会问题。因为当时法国的中等阶级较为贫困,经济萧条使得能够完全依靠父母的支持完成学业的学生越来越少。在它的参与努力下,1930年法国取消了中等教育收费的制度。这个组织还参与了为学生提供住处、餐厅、旅行和健康设施的活动。但是,在这个时期,它属于一种松散的、行会式的组织,它也缺少物质基础,还算不上一个全国性的学生联盟。[1] 第二次世界大战结束后,1946年4月26日,"法国学生全国联盟"在格勒诺布尔召开大会,起草和通过了"格勒诺布尔宪章",会议的参加者把这个宪章称为战后和平环境中"新的人权宣言"。它表述了法国青年对自己使命的认识。它指出,学生是青年知识工人,学生拥有青年人应有的权利和职责。他们在物质、知识和道德领域都有自己的考虑。学生具有工人应有的权利和职责,作为一个工人,学生享有在最好的条件下劳动和休息的权利,享有物质上的独立性,他们有结盟的权利。学生作为知识分子,他们有追求真理和自由地进行研究的权利,有传播真理和捍卫真理的权利。[2] 在20世纪50年代中期到60年代初阿尔及利亚战争期间,由于"法国学生全国联盟"积极支持阿尔及利亚人民争取独立的斗争,在全国产生了很大的影响,它的人数有很大发展,从1946年的29000人发展到1960年时的10万人。"法国学生全国联盟"支持阿尔及利亚民族运动的立场触怒了法国政府,法国政府迅速做出了反应。1960年6月,法国教育部长路易·若克斯在任时撤销了对"法国学生全国联盟"的财政资助。随后,1961年1月,在政府的扶植下,建立了一个与之相竞

---

[1] 约翰·格莱顿:《学生和工人》,第68—69页。
[2] 《法国学生全国联盟1946年格勒诺布尔宪章》,载约翰·格莱顿:《学生和工人》,第97—98页。

争的学生组织"法国学生全国联盟"。尽管这个组织在外省拥有不少追随者,政府也视之为代表性的学生组织,但它始终没有发展起来。1963年1月,教育部长克里斯蒂昂·富歇恢复对"法国学生全国联盟"的政府资助。但是,当1964年2月"法国学生全国联盟"组织学生上街示威,反对富歇的改革措施时,教育部又撤销了对该组织的支持。① 阿尔及利亚战争以后,"法国学生全国联盟"的发展遇到很大的困难。原因之一是政府的反对态度,原因之二则是在它内部产生的各种派别阻碍了"法国学生全国联盟"作为一个整体在法国发挥作用。"法国学生全国联盟"成为"共产主义学生同盟"、托洛茨基派、亲华的"马克思列宁主义共产党"等各个派别竞争的场所。它很难形成一种能够为全国学生运动一致接受的政策,每年它召开年度大会也遇到很多障碍。20世纪60年代从"法国学生全国联盟"中发展出了若干抗议运动,其中一个主要的运动便是要求允许男女学生在彼此的宿舍中自由交往,这一运动在1968年以前3年间便展开了。②

在1968年5月,直到5月11日发生大规模的学生示威,"法国学生全国联盟"虽然人数较少并遭到"3月22日运动"的批评,但它还是能够反映学生运动的一般要求。从5月16日"法国学生全国联盟"发表的文件来看,它的思想不十分清晰。"3月22日运动"批评"法国学生全国联盟"态度不够激进,采取拖延策略并有和政府谈判的企图。③

"大学教员全国联盟"是法国大学教员的组织,参加该组织的有全国1/4的大学教员。其中有一些人是真正具有改革思想的教师,他

---

① 约翰·格莱顿:《学生和工人》,第70页,注5。
② 同上书,第71—72页。
③ 施纳普、维达尔·纳凯:《1967年11月到1968年6月的法国学生起义》,第295页。

们认为，只有学术自治才能取得改革的成功。这部分人中有许多是共产党人。他们中间的另一部分人以阿兰·热斯马为代表，他们在关心改革的同时认为，如果需要的话，他们愿意"走上大街"，以争取必要的改革。这两派在这个组织中结成了联盟。他们具有反对正统的法国共产党将其活动纳入纯粹的工会活动范围内的倾向。在5月24日"大学教员全国联盟"的大会上，一些共产党人提出一项和"劳工总同盟"联合行动的动议获得通过。在学生示威的影响下，大会提议加入学生的示威。这个组织在贝藏松文学院的成员决定举行8天的示威，它的一些参加者支持正统的共产党人。"大学教员全国联盟"的参加者在"五月风暴"中的态度很明显不统一，它内部的矛盾人所共知。在1969年3月14日至16日召开的"大学教员全国联盟"的大会上，法国共产党发动它的一些成员从中瓦解了它的左翼多数派，"大学教员全国联盟"也因此寿终正寝。[1]

"全国越南委员会"创立于1966年，它的创立者中有让·皮埃尔·维吉尔和属于"青年共产主义者"的阿兰·克里文。这个组织反对美国在越南的侵略政策，他们批评戴高乐的立场，认为这种立场对于制止美国在越南的政策起不到什么作用。"全国越南委员会"在巴黎组织了激烈的反战示威，并同右翼组织"西方"发生冲突。1968年3月18日和20日，这个组织对在巴黎的美国产业发动了攻击，结果使得它的一些领袖被捕，最终导致了3月22日楠泰尔学院的示威。"全国越南委员会"主要的功绩是为反对美国侵越战争抗议运动提供了强大的群众基础。[2] "全国越南委员会"建立了自己的地方组

---

[1] 施纳普、维达尔·纳凯：《1967年11月到1968年6月的法国学生起义》，第304—305页。

[2] 约翰·格莱顿：《学生和工人》，第79—80页。

织，它在大学中建立了自己的委员会，委员会的设立在发动中学生参加运动中起了积极作用。1967年底，它在原先建立的地方组织的基础上建立了"公立中学学生行动委员会"，成千上万的中学生参加了这个组织，一个生于1950年名叫米夏尔·雷卡纳提的学生是这个组织的少年政治家。"公立中学学生行动委员会"的激进分子认为，自己在中学过着地狱般的生活，受教师压抑，他们提出了"在学校行动自由！"的口号，他们要求有请愿、散发传单、罢课、破坏考试的自由。他们在思想上把阶级斗争与在学校内、课堂上的斗争等同起来，他们还从现代法国历史上找到少年参加政治斗争的先例。例如二战期间，法国布封学校的学生参加了战时抵抗运动，有5名学生因此被德国法西斯杀害；1962年左翼学生在巴黎街道上与"秘密军事组织"展开战斗。法国"五月风暴"期间，"公立中学学生行动委员会"的成员阻挠业士学位考试这一国家教育制度的基石。女学生们则叫嚷："我们要用避孕药丸。""我们在17岁时要过正常的性生活。"[1]

"革命学生同盟"是由"革命学生联络委员会"在1968年4月28日建立的。至于"革命学生联络委员会"则是在1961年由"重建第四国际共产主义组织"的激进分子所创建的，这是一个托洛茨基派的组织。它又因其领袖皮埃尔·朗贝尔而被称为"朗贝尔派托洛茨基主义者"。[2] 朗贝尔本人还是"工人力量"巴黎地区分支的成员。这个组织在南特工人中有着雄厚的组织基础。1968年5月，"革命学生

---

[1] 柯克帕特里克·塞尔、莫林·麦康维尔：《红旗和黑旗：1968年法国革命》，第55、57页。

[2] 贝尔登·菲尔登：《托洛茨基主义和毛泽东思想在法国和美国的理论与实践》，第48页。

同盟"在"革命学生联络委员会"控制的组织中，如索邦哲学小组、克莱蒙和贝藏松总会等在巴黎的拉丁区起了重要的作用。

"革命学生同盟"的激进分子具有强烈的"工人倾向"，他们不相信单独的学生运动能成就大事业。一方面，他们猛烈地批评"法国学生全国联盟"的领导人；另一方面，他们努力推动这些领导人去发动全国范围的示威、把工人群众引向拉丁区并最终带领他们向爱丽舍宫进军。"革命学生同盟"的理论模式很明显来自托洛茨基本人的理论。这个组织在3月22日出版的《起义者》有一个刊头标题是"任何事情都是可能的"。在1968年5月的学生运动中，"革命学生同盟"反对那些由冒险者或小资产阶级发动的示威，包括5月3日发生的示威和5月10日至11日夜间的街垒战，它坚决地致力于建立一个"集权化的劳工委员会"。克洛德·希塞里曾写过一篇文章，发表在5月15日出版的《起义者》第19号上，这篇文章表明了这个组织的态度。这篇文章的标题是："工人和学生的共同斗争万岁！""我们必须组织起来取得对政府的完全胜利！"这篇文章指出，自从5月3日警察开进索邦大学校园逮捕富于斗争性的学生时起，"这场学生的战斗就不仅仅是一场专门的以大学问题为基础的学生的战斗，而是一场包括学生和青年工人、老年工人在内的反对资产阶级政府的真正的阶级战斗"。文章认为："多年来，革命学生联络委员会一直在学生范围内展开对小资产阶级理论的斗争，它具有使学生孤立于工人阶级的倾向。"而现在到了一个新时期，"不存在什么学生问题，相反，一般的问题使得学生方面的斗争表现为阶级斗争"。"心理学不是历史的动力，唯有阶级斗争是历史的动力。"文章尖锐地批评了学生运动中的小资产阶级观点。它说："这些小资产阶级认为，无产阶级完全被异化和反动了，因此，那些先锋队的行动或煽动分子的行动是必需的，他们拒绝在群众中发动他们、组织他们、帮助他们动员起来展开反对资产阶级政府的斗争。他们把工人阶级等同于斯大林主义的官僚,而在事实上起到一种试图把学生的斗争同工人的斗争分离开来的结果。他们为了向无产阶级的斯大林主义者的政治领导挑战而拒绝战斗。他们所做的一切,如同斯特拉斯堡情境主义者正在做的,只是在开玩笑。"①克洛德·希塞里的文章批评了学生组织"占领索邦"的策略,他认为采取这种策略只会遭到警察的打击并遭到失败。因此,"革命学生同盟"的领导人应采取的现实的立场是号召学生分散开会,选举他们的代表重新组织罢工委员会。②"运动的一个教训是,这个运动必须重新组织,而在组织它时,我们必须建立革命党和革命的青年组织……没有一个革命党,就不会取得胜利。""我们必须把'革命学生同盟'发展成为未来斗争不可缺少的工具。"③

在1968年5月30日戴高乐在电视上发表猛烈的反共讲演之后,"革命学生同盟"散发了一份指导性的传单。传单的标题是:"鼓动委员会向所有的学生、倾向不同的联合起来或没有联合起来的人号召保卫'法国学生全国联盟',反对镇压。"传单写道:"戴高乐讲话以后发生的变化是很清楚的:不是社会主义就是法西斯主义。""这就是说,或是加强所有工人、学生和教师的斗争,或是加强法西斯主义和警察国家制度。""面对从现在开始的凶猛的镇压,法国学生全国联盟总部提议组织一次所有工人、学生和教师的总示威:这是当前斗争的

---

① 施纳普、维达尔·纳凯:《1967年11月到1968年6月的法国学生起义》,第255—256页。
② 同上书,第257页。
③ 同上书,第258—259页。

方向。"①

"统一社会主义大学生"是在"统一社会主义党"领导下的学生组织,该组织参加"法国学生全国联盟",作为它的一个组成部分,"统一社会主义大学生"在里昂与"里昂学生总协会"以及与"法国民生劳工联盟"合作,在运动中发挥了重要作用。该组织在1968年4月末于里昂发表的一份传单中说:"我们关心的是与资产阶级的大学做斗争,把庞大的思想镇压机器置于工人这一边。但是,就大学在社会中履行的作用来说是完全不够的,它必须被取代。"文章在列举了欧洲各大学的学生运动后说:"由于正逐渐把大学置于有组织的资本主义支配之下,现在大学正在发挥并且将发挥更大的作用,在科学和技术、专门技能的生产中甚至能起更大的作用。因此,我们可以考虑学生直接参加阶级斗争,而通过迫使他们拒绝社会'选择'和要求他们真正接触科学知识,使他们比起采用更轻易做到的因此更为无力的工人倾向的政策,可以更有效地帮助工人。""和工人们团结一致!""不要进入为资产阶级服务的大学!"②

"革命共产主义青年"是经过长时期的酝酿之后,1966年3月由索邦大学文学院学生阿兰·克里文创立的,这是一个托洛茨基派组织。③阿兰·克里文是富裕的法国犹太人牙医的儿子,27岁,索邦大学历史系学生,他的妻子是一位左翼作家和政治家的女儿。克里文开始其政治活动是作为法共青年组织"共产主义学生同盟"的成员。他在阿尔及利亚战争期间离开了正统的法国共产党。他创立的这个组织致力于训练革命骨干这种坚定分子,而从未设想将其发展成一个群众

---

① 施纳普、维达尔·纳凯:《1967年11月到1968年6月的法国学生起义》,第259页。
② 同上书,第274—275页。
③ 理查德·约翰逊:《法国共产党对学生:1968年5月至6月的革命政治》,第15页。

性政党。"革命共产主义青年"的基层组织叫"小组",它的正式成员身份只有在遵章参加活动3个月以上才授予。参加者必须熟悉该组织的原则,宣传这些原则并为之辩护。"革命共产主义青年"在吸收青年人时很谨慎,它吸收那些有高度理想、遵守纪律、有魅力的青年人。其成员犯了错误必须受到"集团"的审查,将其降级至"被察看等级",重大违反纪律者将被开除。该组织解释说,开除要经过"民主"讨论,而不是"官僚式的"清洗。[1]

"革命共产主义青年"认为,在法国需要建立一支革命领导的先锋队,没有这样一个领导,不可能建立有效的群众性的革命政党,也不可能夺取政权,他们的许多信条来自托洛茨基。这些青年托洛茨基主义者认为,法共已经僵化,为等级制所虐待,存在着一种冷冰冰的官僚主义,在完成上述任务方面已毫无希望,不比左翼社会民主党更好些。他们指望与资产阶级联盟,梦想在议会中受人尊敬,用三色旗把自己包裹起来,缺少革命热情。"革命共产主义青年"认为,法国工人群众仍然忠实于法共,这无法通过外部的宣传来解决,必须在法共内部发动斗争,以恢复其革命性。该组织认为,要通过革命行动,利用在工厂里和街道上的冲突,诉诸议会外的力量,暴烈地夺取国家政权。"革命共产主义青年"在宣传中强调说:"关于这种争夺是否流血,将不取决于无产阶级,而是取决于资产阶级。""在任何事件中,工人阶级必须做武装斗争的准备。"[2]"革命共产主义青年"激烈的政治观点和以弗兰克为领袖的"国际主义共产党"很相似,后者是第四国际的法国分支,这两个组织都受到古巴革命的很大影响。"革命共

---

[1] 柯克帕特里克·塞尔、莫林·麦康维尔:《红旗和黑旗:1968年法国革命》,第49—50页。
[2] 同上书,第50—51页。

产主义青年"发行的月刊《青年先锋队》，在其中刊载有这个组织在外省活动的消息、越南发生的流血事件、古巴革命事件、意识形态信仰等内容的文章，它支持第三世界一切左翼激进组织和运动，如卡斯特罗和格瓦拉的主张，它的一些创建者在阿尔及利亚战争后期积极支持"阿尔及利亚民族解放阵线"。1966年秋季，"革命共产主义青年"与"统一社会主义党"的成员及其他同盟者，建立了一个"全国越南委员会"。

"革命共产主义青年"是首先承认科恩·邦迪的斗争潜势的政治派别，并与科恩·邦迪在学生运动中通力合作，该组织因而在楠泰尔学院牢牢地扎下了根，帮助创立了"3月22日运动"。"革命共产主义青年"相信一种"打入内部"或"渗透进内部"的哲学，即他们不愿公开在外部与法国共产党相竞争，而主张打入法共内部。"革命共产主义青年"表示不愿去寻求控制学生运动，而给予"3月22日运动"无条件的支持。这样，它便取得了科恩·邦迪及其朋友们的支持，在1968年"五月风暴"中，"革命共产主义青年"处于运动的中心。[1]

在5月18日出刊的《青年先锋队》第13期（专号）上刊登了这个组织撰写的名为"学生的斗争和工人的斗争"的文章，这篇文章阐明了"革命共产主义青年"在"五月风暴"中的立场。这篇文章强调学生运动与法国工人运动相结合的重要性，强调无产阶级的历史作用。文章说："在法国，已经证明学生运动在政治上成熟了，它恐怕比意大利和德国的运动更为强大。它深深地植根于组织得很好的工人运动中，这有助于解释这一点。""作为先锋队的激进分子几乎毫无异

---

[1] 柯克帕特里克·塞尔、莫林·麦康维尔：《红旗和黑旗：1968年法国革命》，第60页。

议地承认马克思主义理论分析的工人阶级所起的历史作用。""学生群众通过他们的实际经验,已经表现出他们行动的局限性和限度。在楠泰尔学院抗议罢课时,他们明白了,只有当他们得到一个强大的同盟军的支持时,他们基本的要求才能得到满足。在进行巷战和街垒战的时候,他们发现,只有当某种能够解决一切资本主义矛盾的强大的力量能够补充他们时,他们反对资本主义国家和它的镇压机器——警察的斗争才能成功。从现在开始,无产阶级的历史作用不再是一个简单的抽象概念,而为实践证明是必需的。""为了取得在学生斗争和工人斗争之间这种必要的结合,有一个为历史证明了的解决办法,这就是不要考虑他们的社会出身,把富于战斗性的先锋队重新组织在一个革命政党中。在这样的政党中,'工人阶级和知识分子之间的任何区别都应当根除'。而大多数富于战斗性的学生都同意,如果这样一个政党存在的话,他们的位置应当在这个党之中。""但是在今天,当大的工人阶级政党对于他们不再具有任何革命性的时候,难道我们必须满足于被加以极大限制的摆脱权威和官僚的基层民主制,同时训练和武装起来等待精英理论家不屑一顾的'伟大的日子'?"[①]

文章写道:"我们的马克思主义-列宁主义同志们说,我们必须为人民服务,我们必须把我们自己置于工人的权威之下,否则,学生运动就是反动的。但是,谁代表了工人的权威呢?并非他们那些修正主义者。""今天,简单地宣布进步学生运动的目标是为工人服务,这只是证明对学生运动的历史性的决定性作用完全缺乏理解。"[②] "革

---

① 施纳普、维达尔·纳凯:《1967年11月到1968年6月的法国学生起义》,第243—244页。
② 施纳普、维达尔·纳凯:《1967年11月到1968年6月的法国学生起义》,第245—246页。

命共产主义青年"注意到了"五月风暴"发展过程中所显示的特点，即学生的斗争产生了极大的反响，带动了工人运动。它的文章指出："这像是晴天霹雳；学生斗争的反响已经超过了所有参加者期望的，学生斗争已经向最广大的群众展现了道路。在以后的日子里，一些工厂举行罢工，店铺被占领。每一次过程都是相同的：青年工人自发地参加罢工和占领工厂。这些消息像野火一样烧到商店。"[①]

"3月22日运动"是法国"五月风暴"中活跃的一个群众性组织，它与那些根据某种理论信条建立的组织有着不同的特点。"3月22日运动"在1968年5月发布的一份文件中表示："要在行动中，而不是围绕一条政治路线或一种意识形态来取得直接的革命团结。""任何革命行动的首要条件是每个人要有说话的权利。只有当每个人他们自己直接说话，而不是通过任何中间人做代表时，群众才可能行动起来。在实现这一点的同时，还要有绝对的多数倾向和他们表达意见的权利。""这种群众说话和行动的权利，适用于那些他们正在创建他们自己的表达和行动机构的人：以基层民主制建立的行动委员会，自发地尊重任何种类的政治组织和工会组织。"这表明，"3月22日运动"把充分的民主形式作为它的活动方式，它还主张建立民主委员会来掌握管理商业和工业的权力。"在商业和工业中以工人权力为基础的工人管理，其权力只能属于基层民主委员会。"在活动方式上，"3月22日运动"采取了张贴传单、举行政治集会、占领建筑物、破坏考试、民众在街道上集会、建筑街垒和建立像革命行动委员会等机构来组织斗争，它认为："不同层次的斗争，只要它是打击资本主义和资产阶级政府并倾向于摧毁它，斗争就是革命的。"[②] "3月22日运

---

① 施纳普、维达尔·纳凯：《1967年11月到1968年6月的法国学生起义》，第252页。
② 施纳普、达维尔·纳凯：《1967年11月到1968年6月的法国学生起义》，第317页。

动"联合了要求建立具有高度组织性政党的托洛茨基主义者和无政府主义者。①

"共产主义学生同盟"是法国学生组织中人数较多的一个组织，在 20 世纪 60 年代初期，它被一个与法国共产党相抗衡的"意大利人"派别所控制，但这种状况没有维持多久。1965 年法国共产党加强了攻势，把意大利人驱逐出去，重新控制了该组织。但是，在此期间，一个激进的派别在"共产主义学生同盟"内部成长起来，这些激进分子很快便与法共领导人发生冲突，因而最终被驱逐出该同盟。当瓦尔德克·罗歇取代生病的多列士担任法共领导人之后，罗歇采取了比多列士灵活得多的政策，把法共转变成一个在大选中与社会民主党结盟的政党，在 1965 年 12 月总统竞选中，法共支持社会党人密特朗。这种与非共产党右翼结盟的策略遭到了"共产主义学生同盟"中青年激进分子的坚决抗议，他们希望法共更加革命，他们嫌恶当年人民阵线那种形势，他们反对"和平共处"，他们反对任何与资产阶级在国内或世界范围的妥协②，随后，法国共产党在青年运动中开除了大约 600 名亲华派。③ 此后，1966—1968 年间，其成员从 4000 人下降到 1500 人以下。"共产主义学生同盟"内部变得清一色了，但却毫无生气，它对学生运动的影响减小了。1968 年 5 月初，它追随法国共产党对学生运动采取谴责态度。到 5 月 7 日，它开始改变这种态度。5 月 22 日，它表示理解学生发动的"人道的起义"。该组织于 5 月 21 日在马赛发表的一份题为"争取民主的大学"的传单中对戴高

---

① 基恩·里德：《法国 1968 年 5 月的事件》，第 9 页。
② 柯克帕特里克·塞尔、莫林·麦康维尔：《红旗和黑旗：1968 年法国革命》，第 47—49 页。
③ 理查德·约翰逊：《法国共产党对学生：1968 年 5 月至 6 月的革命政治》，第 15 页。

乐政府的批评采取了比较温和的调子,它指出:"戴高乐派的政策是与学生的利益、工人的利益和民族的利益相对立的。""戴高乐政府的政策限制了大学的民主自由,并且有利于站在金融权势一方加强对文化事务的控制。""戴高乐派的政策成为使人民与文化生活相分离的障碍。"[①]"共产主义学生同盟"对"五月风暴"的态度基本上反映了法国共产党的意向。

"青年共产主义者同盟"成立于1966年12月,当时,一批受阿尔都塞影响的持亲华态度的人士从"共产主义学生同盟"中被清洗出来,他们建立了这个组织。[②] 这个组织的领导人是罗贝尔·林哈。[③] 从1964年1月开始,"共产主义学生同盟"中一部分成员在哲学家阿尔都塞的影响下,开始对马克思的《资本论》和其他马克思主义、列宁主义的经典著作进行研读,形成了一个"乌尔姆派"。当时"乌尔姆派"并不是一个思想上同质的派别,其中有些人不是马克思主义者。它的某些成员受托洛茨基主义影响,无政府工团主义思想在其成员中很流行,其中也有些自由主义派和在艺术上持自由态度及资产阶级美学观点的人,其成员的观点可分为三类:第一类人士只是在理论上对马克思主义有兴趣,并不准备积极参加阶级斗争,他们属于学术界人士;第二类人士主张进行革命并与帝国主义做斗争,并主张采取实际行动,他们受卡斯特罗思想影响较大;第三类人士坚信中国革命的道路是全世界的正确道路,他们热切地研究来自北京的消息和中共

[①] 施纳普、维达尔·纳凯:《1967年11月到1968年6月的法国学生起义》,第284—285页。
[②] 理查德·约翰逊:《法国共产党对学生:1968年5月至6月的革命政治》,第16页。
[③] 柯克帕特里克·塞尔、莫林·麦康维尔:《红旗和黑旗:1968年法国革命》,第54页。

中央提出的关于国际共产主义运动总路线的建议,他们认真研读毛泽东的《中国社会各阶级的分析》《湖南农民运动考察报告》《〈农村调查〉的序言》以及哲学著作《矛盾论》。经过 1964 年一年的活动,在"乌尔姆派"中形成了以研究马克思主义和列宁主义人士为中心的核心。"青年共产主义者同盟"的最终成立是在两年以后的 1966 年,当时在阿尔让特伊召开的中央委员会的会议上,一批人士发动了反对法国共产党的"修正主义"路线的斗争。与此同时,在"法国共产主义学生联盟"内部也创立了马克思主义—列宁主义秘密组织,这些马克思主义—列宁主义小组争取了一批群众,在各个城市的"法国青年共产主义联盟"的分部领导了反对"修正主义"的斗争。在巴黎高等师范学校的"共产主义学生同盟"中建立了"青年共产主义者同盟"。[①]

"青年共产主义者同盟"在人数规模上和斗争的决心上和"革命共产主义青年"属于同一类型的组织。但是,它与"革命共产主义青年"组织的活动策略不同。"青年共产主义者同盟"从一开始便把它的活动重点放在工厂中而不是放在大学里,它和"毛派"一样对工人阶级采取了谦卑的态度,对学生运动不感兴趣,它提出"为人民服务"的口号,这也是该组织一种出版物的名称。该组织有几十个激进分子放弃了在大学的学习而到工厂中去工作,他们对工人顶礼膜拜。该组织的不少领导人原先都是巴黎高等师范学校的学生,他们虔诚地信仰毛泽东思想,同时他们激烈地攻击法共领导下的总工会的官僚,他们攻击法国共产党时称其为"修正主义"。[②] 这派在 1968 年学

[①] 施纳普、维达尔·纳凯:《1967 年 11 月到 1968 年 6 月的法国学生起义》,第 265—272 页;贝尔登·菲尔登:《托洛茨基主义和毛泽东思想在法国和美国的理论与实践》,第 89 页。
[②] 柯克帕特里克·塞尔、莫林·麦康维尔:《红旗和黑旗:1968 年法国革命》,第 54 页。

生运动开始时，谴责科恩·邦迪一派是"反动派"。但到了4月，这派改变了看法，公开在800名学生听众面前忏悔它的错误，表示说，"我们曾对学生运动有先入为主的偏见""但是我们现在决心与'3月22日运动'相汇合，就像鱼汇入水中一样"。引起了全场雷鸣般的掌声。① 1968年5月1日，它的刊物《人民的事业》第一期发出了"学生们，准备群众起义"的号召，它写道："把我们自己置于广大工人群众的领导之下，我们能够了解他们的斗争需要什么，并且试着去呼应他们；我们会从他们那里学到很多，他们将成为我们的老师。"早在5月学生运动掀起以前，"青年共产主义者同盟"的激进分子已经给予在卡昂、雷东、勒芒发生的罢工以支持。在楠泰尔学院，他们在文学院建立了一个据点，他们试图在附近的外国侨民工人居住的贫民区展开工作。在"五月风暴"中，他们要求学生运动努力与工人阶级相结合。

这个组织后来在1968年6月写成的一份具有自我批评色彩的文件中，在叙述5月10日至14日期间的运动时说："在这个时期，我们忽略了拉丁区的爆发作用，并且过高地估计了在第一阶段由学生和其他青年人发动的反对戴高乐派的起义运动所起的作用……突然爆发的反对戴高乐派的战斗不是在受压迫的工人阶级难以维持温饱的工资和失业的主题下展开的，而是在对我们死气沉沉的帝国主义社会的意识形态的批评，以及对颓废的教育方法的文化革命式的批评的主题下展开并迅速扩大的。无论在我们对年轻人和学生的工作中或是在组织我们的宣传服务中，我们都尚未准备进行一场与之相应的文化革

---

① 柯克帕特里克·塞尔、莫林·麦康维尔：《红旗和黑旗：1968年法国革命》，第61页。

命,这导致我们把对于工人阶级尤其对年轻人来说,具有某种真正革命意义的意识形态的斗争,描述为某种小资产阶级或反工人的立场。"

当罢工运动展开后,"青年共产主义者同盟"在工厂中进行了大量的工作。他们发行一种名为《人民的事业》的日报,他们在墙上张贴宣传标语,它宣传的内容做到了通俗化,《人民的事业》报提出的口号包括"不支持密特朗!","反对背叛的鼓吹者,诉诸阶级斗争","劳工总同盟万岁!"。5月23日以后,它用"无产阶级的工会"(即"劳工总同盟")的名义在雷诺工厂发表文章,号召"工人团结"。《人民的事业》报在1968年秋季后,成为"无产阶级左翼"的报纸。[①]

"马克思列宁主义法国共产党"是亲华的法国马克思主义组织。它在索邦大学校园中建立了自己的组织,并在里昂的工厂中获得工人群众的支持,在格勒诺布尔和里昂这样的地方城市中影响较大,但在巴黎的学生中影响较小。该组织的中央委员会在1968年5月17日发表的宣传品的标题口号为"静坐万岁!无限的罢工万岁!工人和学生〔采取〕街垒策略!我们必须按基层民主制组织起来诉诸行动!"它引用了关于在世界上没有平坦的道路可走,不可能设想在一天之内世界上的反动派都会跪倒在我们脚下这样的语录。这篇文章有几个特点:第一,它列举事实说明,"在反对垄断权力的斗争中,革命知识分子和工人阶级的联盟正在成为现实"。第二,它谴责了"修正主义"的议会斗争道路,并指出修正主义者和改良主义者领袖的议会和平路线已经被暴露,实际上,只有坚定地用基层民主制的和革命无产

[①] 施纳普、维达尔·纳凯:《1967年11月到1968年6月的法国学生起义》,第261—263页。

阶级的暴力斗争，才能对掌权的资产阶级的反革命暴力进行有力的抵抗。它揭露法国共产党和"劳工总同盟"的"修正主义"的领导人"试图为资产阶级利益服务和保存现存的秩序"。第三，文章强调了只有基层民主制才能使知识分子和工人阶级取得共同的胜利。[1]

从"五月风暴"期间法国有组织的学生运动的构成来看，显而易见，其色彩纷呈，成分极为复杂。就主要的学生组织的性质而论，它们中既有纯粹的民主性学生组织、反战组织，也有参政党法国共产党的下属组织，和法共分道扬镳的左派共产主义组织，社会民主主义的学生组织，托洛茨基派的极左组织。人数不多的右翼法西斯主义组织也在学生运动中活动。"五月风暴"中不同色彩的群众组织，一方面反映了历史上沿袭而来的各种社会思潮的影响，另一方面也反映了20世纪60年代世界共产主义运动中论战的深刻影响，此外，在某种程度上还受到中国当时的极"左"思潮和"文化大革命"的影响。

第三节 "五月风暴"的掀起

法国1968年的学生运动自5月3日起大规模地发动起来。从5月3日到5月12日，是五月群众运动的第一阶段。

5月3日，由于楠泰尔学院被关闭和训导处传唤"3月22日运动"的激进学生，引起了学生的强烈不满，学生组织了集会。午餐后不久，当到了下午上课的时候，大约有500名愤怒的左翼学生聚集在索邦大学内铺着石头的院子里，抗议院长格拉平关闭索邦大学文学院

---

[1] 施纳普、维达尔·纳凯：《1967年11月到1968年6月的法国学生起义》，第263—265页。

和传讯包括科恩·邦迪在内的 6 名"疯人派"学生。学生领袖们在附属小教堂的台阶上发表了慷慨激昂的演说,"五月风暴"中法国主要的组织都有代表到场,其中有"法国学生全国联盟"的学生发言人,有"革命共产主义青年"的领袖阿兰·克里文,有属于托洛茨基派的"革命学生同盟"的狂热分子,有科恩·邦迪领导的来自楠泰尔学院的"3 月 22 日运动"的分队,还有索邦大学本身的参加"大学行动运动"的有政治经验的研究生。这时,法西斯主义组织"西方"的突击队在拉丁区游荡。索邦大学左翼学生组织了他们自己的民兵,用木棍、铁棒武装起来维持秩序,防止右翼破坏分子捣乱。[①]

索邦大学当局对形势感到忧虑,如果右翼组织真的如他们扬言的那样采取行动"清扫场所",那么在索邦大学就会发生一场学生之间的大冲突,大学就要变成战场。当时,召来的警察增援力量部署在学校入口的大路上,以控制局势。巴黎大学校长让·罗歇是一个头脑冷静的生物化学家,这几天他关注着学生运动的发展,学生做出的抵制考试的决定使他震惊,因为在当时法国集权化的教育体制下,任何人采取这种行动就像触犯基督教《圣经》一样性质严重。让·罗歇打电话向教育部长阿兰·佩雷菲特请示如何处置这一事件。最后,他接受了佩雷菲特的意见,即在索邦大学聚集的群众必须解散,大学的庭院必须清扫干净。但随后,愤激的学生拒绝了大学官员反复向他们提出的结束他们的会议并立即解散的呼吁。索邦大学校园内形势不久便变得十分紧张,索邦大学的阶梯教室和图书馆都关闭了,有的学生拆散椅子,用木棍把自己武装起来。让·罗歇签署了书面的许可书,允许

[①] 施纳普、维达尔·纳凯:《1967 年 11 月到 1968 年 6 月的法国学生起义》,第 147 页;柯克帕特里克·塞尔、莫林·麦康维尔:《红旗和黑旗:1968 年法国革命》,第 67 页。

警察进入迄今为止是神圣不可侵犯的大学领地范围。诚然，没有教育部长佩雷菲特的压力，罗歇恐怕不会召来警察。但是，调动警察诉诸暴力，便没有留下任何余地，当局也走入一条死胡同。这时，"法国共产主义学生联盟"散发了一份传单，嘲笑那些左翼领袖在掩盖政府的失职，并且在学生试图阻止教员履行职能和阻止学生参加考试的问题上搞投机。[1]

下午4时45分，人数众多的头戴钢盔、用硬橡皮短棍和盾牌武装起来的警察小队，通过狭窄的拱形入口进入索邦大学庭院并包围了示威者，进行了粗鲁的殴打。出动的警察最多时达到1500人。[2] 在"革命共产主义青年"的领袖阿兰·克里文及其他学生领袖与巴黎省助理执行官罗歇·格罗佩兰谈话以后，学生们同意离开校园。但当学生从出口处一个一个离开时，却被警察诱捕了。他们被塞进了警车，以至于后来警车塞满了人，一点空间也没有。逮捕开始后，通往索邦大学的道路被封锁，一时间出现了宁静。随后，学生向前示威挺进，学生们高呼："给我们的同志以自由！""镇压可耻！"学生拿起铺路石展开反击。当时学生的行动明显是自发的，因为这时索邦大学绝大部分学生领袖都被捕了。政府的镇压行动使得大学生和他们的老师联合起来，在很短的时间里便形成了一场群众运动。

5月3日晚，在布里瓦-圣迈克尔，街垒已经建立起来。

入夜，警察和学生们在拉丁区的步行道上交织着，学生和群众跳起了奇形怪状的芭蕾舞。学生们在道路上燃起大火，熔化了铺在路面上的柏油，使路面疏松，能拣起铺路的石块作为与军警斗争的武器。

---

[1] 柯克帕特里克·塞尔、莫林·麦康维尔：《红旗和黑旗：1968年法国革命》，第68页。

[2] 约翰·格莱顿：《学生和工人》，第83页。

人行道上围住树木的铁栅栏被拉下来，交通信号灯被抛在车行道上，以阻挡警察的进攻。人们催促着向警察进攻，连续发动打击，石块横飞，警察野蛮地用警棍殴打人群。人行道上的餐馆被冲击，桌子被推倒，一些过路人也被警察逮捕，装进囚车送走。到处是催泪瓦斯，使人窒息。

到这一天结束时，有数百人受伤，警方拘留了596人，其中包括"法国学生全国联盟"的领袖雅克、索瓦热奥和科恩·邦迪。他们两人都被监禁24小时。到了这周末，有4名被监禁者被判处两个月的徒刑。于是，学生们喊出了新的口号："释放我们的同志！""法国学生全国联盟"号召巴黎地区的12万名学生在5月6日举行示威，"大学教员全国联盟"则号召举行教师大罢工，而巴黎正是在5月3日被选择为越南问题和谈的地点，是东西方关注的都市。巴黎此时已处于内战和革命的边缘。就在这时，学生开始和法国的工人群众联系，以争取工人对学生反抗运动的支持。①

5月3日冲突发生后，教育部决定无限期地关闭索邦大学。②

面对警察的镇压，从5月4日开始，学生运动和工会运动迅速发展。"大学行动运动"散发的一份传单向人们强调，形势表明有必要建立基层群众组织。这份传单写道：

> 星期五在拉丁区发生的事件使声势浩大的学生抗议运动明朗化了，它表明，众多的不属于学生联盟和政治组织的学生愿

---

① 柯克帕特里克·塞尔、莫林·麦康维尔：《红旗和黑旗：1968年法国革命》，第68—70页；施纳普、维达尔·纳凯：《1967年11月到1968年6月的法国学生起义》，第150页；波斯纳：《1968年法国革命回顾》，第65页。
② 约翰·格莱顿：《学生和工人》，第84页。

意参加到行动中来。

必须有一个富于战斗精神的人组成的、属于富于战斗精神的人的运动。

因为我们新的运动一个最大的缺点是缺乏组织性,政治斗士们分散在不计其数的团体中,许多人等待着来自本不存在的领导人的命令。

我们要向他们说明,我们的抗议不是一朝一夕的事情,我们必须把我们自己组织在以基层群众为基础的行动委员会之中。①

"大学行动运动"散发的第二份传单强调要建立专门的学生情报组织。从5月7日开始,一份富于战斗性的学生报纸《行动》开始发行。"大学行动运动"这个组织激烈地号召学生组织对警察的反攻,而不要等待来自"法国学生全国联盟"的全国委员会的指令。在当时环境下组成的"行动委员会"是一种新的组织形式,它的特点是有基层群众参加的组织。

5月3日,索邦大学的冲突发生以后,法国的资产阶级报刊和其他报刊肆意发表歪曲事件真相的文章,对学生运动横加攻击。《曙光报》和《人道报》撰文说:"在拉丁区发生暴动","忿激派采取了狂暴行动"。说5月3日事件是"一小撮学生"所为,他们是"骚动的制造者"和"鼓动者"。《新闻报》说:"400个性急的人走得太远",并把他们称作"一号公敌"。《费加罗报》无视事件真相,不是批评警察而是攻击学生。该报说:"这些青年人难道是学生吗?他们要向警察厅负责,而不是向学院负责。"《被解放的巴黎人报》承袭这种指

---

① 施纳普、维达尔·纳凯:《1967年11月到1968年6月的法国学生起义》,第151页。

责，它写道："公共舆论开始哗然，为何它对这一小撮学生如此的行动知之甚少。"①

然而，在法国学生运动掀起以后，法国共产党对学生反抗运动却采取了与资产阶级政府相仿的态度。5月3日，法国共产党政治局委员马歇在法共机关报《人道报》上发表题为"撕下假革命者的伪装"的署名文章。这篇文章把学生运动的组织者称作"假革命者"，表示了对当时发生的学生运动抵制、反对和攻击的态度，文章说："每当工人力量和民主力量的联盟取得进展时，左派小集团总要在各界骚动一番。这类左派小集团在大学生中间尤其活跃"，"这些假革命者在大学生中制造骚乱，这种骚乱有利于法西斯分子的挑衅，而与广大学生的利益背道而驰；他们并不以此为满足，居然还企图教训工人运动。越来越多地发现他们在企业的大门口或外籍工人的住处，散发传单及其他宣传品"，"必须坚决撕下这些假革命者的伪装，因为他们客观上在为戴高乐政权和大垄断资本家的利益服务"。"这些左派分子的思想导师是生活在美国的德国哲学家赫伯特·马尔库塞。""在我国，马尔库塞的信徒们……将矛头指向我们的党和法国总工会，并力图否定工人阶级在争取进步、民主和社会主义的斗争中的根本作用。"文章强调："这些人一般都是大资产者的儿子，鄙视工人家庭出身的学生。他们的'革命烈火'转眼间便会荧荧欲灭，那时他们便掌管起他们老子的企业，在最佳的资本主义条件下剥削工人。""不过，他们的恶劣行径不可等闲视之，他们企图在工人中特别是青年中制造混乱、疑虑和怀疑。尤其是他们的活动纳入了戴高乐政权和其他反动

---

① 施纳普、维达尔·纳凯：《1967年11月到1968年6月的法国学生起义》，第152—153页。

势力的反共运动。""左派冒险主义给革命运动带来最大的危害。""左派小集团的积极反共为资产阶级和大资本家服务。""工人阶级的历史使命是消灭资本主义,建设唯一的真正人道的社会主义。""工人阶级不拥有任何生产手段,它是受剥削最甚的阶级,因而它是唯一能真正革命到底的阶级。""楠泰尔的假革命者枉费心机,他们绝对无法改变这个历史现实。"马歇在文章中还借用20世纪初作家法朗士的话来教训学生们:"需记住,没有无产者,你们不过是一伙持不同政见的资产者,而一旦与无产阶级相结合并融为一体,你们就加入了为正义服务的行列。"文章强调说:"必须反对以革命词句为掩护,力图损害民主运动的那些左派小集团,并且孤立它们。我们越是让人们了解党的建设和争取社会进步、民主、和平与社会主义的统一政策,我们反对左派小集团的斗争就越能进行得好。"[1] 马歇的文章反映了当时法国共产党内的一些人固持关于资本主义社会阶级关系的教条主义见解,用宗派主义态度对待一切非党领导的政治运动。借用中国20世纪60年代的话语来说,他们是根据"唯成分论"把出身于中产阶级或大资产阶级家庭的大学生简单地划入资产阶级营垒。他们认为,既然学生运动采取了法共所不赞成的策略,违反了法共倡导的合法的议会斗争的活动路线,那么这些运动必然起破坏民主运动的作用。更为甚者,它居然认为正在发生的学生运动具有反共、反对工人阶级的反革命性质,这显然歪曲了事实真相。

5月4日,楠泰尔学院的法国共产党委员会也发表一项声明攻击学生运动,它写道:"某些小群体(无政府主义者、托派、毛派等)

---

[1] 转引自许明龙选译:《1968年法国五月风暴资料选》,《世界史研究动态》1984年第5期,第20—21页;并见基恩·里德:《法国1968年5月的事件》,第4页。

他们的绝大多数成员都来自中产阶级上层,并且,他们为德国无政府主义者科恩·邦迪所领导……因此在客观上帮助和助长了政府及其政策。"[1]

同一天,"3月22日运动"在一份很长的声明中谴责法共试图在全国分裂进步力量,特别是分离学生批判大学的运动和工人阶级批判社会的运动。声明宣布,在一个新社会中,只有通过一种新的政治运动和一种新的组织形式才能确保变革。[2]

5月5日,教育部长阿兰·佩雷菲特对学生运动做出反应,他称"高等教育全国联盟"的罢工是"非法的"。奥尔塞新科学学院的20名教授签名号召发动罢教运动。同日,法庭开庭,对6名参加星期五示威的学生处以罚款和囚禁。巴黎省长M.保罗·德卢维耶宣布禁止一切示威。[3]

在这种形势下,"大学行动运动"在5日散发一份传单,回击了从法共机关报到各种资产阶级报刊对学生运动的攻击。传单指出,5月3日,几百名学生在索邦大学的集会和讨论是在绝对平静的气氛中开始的,但是头戴钢盔的武装警察突然侵入索邦大学,把527名学生送上囚车。传单揭露说:"政府知道,学生正是用这种拒绝的方式向社会每个角落的资产阶级和它的官僚权力提出质疑。""这就是为什么政府希望把学生和民众的其他部分以及工人隔离开来的原因。"传单最后写道:"我们号召民众拒绝报纸的谎言并且支持我们。"[4]

---

[1] 约翰·格莱顿:《学生和工人》,第86—87页。
[2] 波斯纳:《1968年法国革命回顾》,第66页。
[3] 同上。
[4] 《大学行动委员会的传单》,载施纳普、维达尔·纳凯:《1967年11月到1968年6月的法国学生起义》,第153—155页。

同一天,"法国学生全国联盟"散发传单,号召学生们发动群众。传单强调,学生的斗争和工人的斗争具有同样的性质,"工人们不接受剥削他们的社会,学生们不接受有助于使他们成为一种基于剥削制度的驯服的领袖,有时甚至使他们成为大学这种剥削的直接帮凶"。"资产阶级知道,学生与工人在一起并且只有与工人在一起才能获胜。"因此,"反动报刊旨在把学生描述为一种特权青年的反抗,并试图切断我们的自然的联盟"。"资产阶级要求的是孤立和分裂运动。""工人们,公立中学和大学的学生已经本能地与'法国学生全国联盟'一起对警察的挑衅做出反应。"它号召:"反对警察镇压,反对反动报刊,反对资产阶级大学。"它号召从星期一开始举行总罢工,每个人都去参加星期一下午 6 时半在拉丁区举行的示威,直到所有被捕的同志获释。在做法上,它号召学生在大学各学院中组成基本的"战斗委员会"。①

在"法国学生全国联盟"发出总罢课的号召的同时,"大学教员全国联盟"的全国委员会也发出了大罢工的号召,它要求高等院校的所有成员和学生团结一致,在所有各大学参加总罢课。

但是,在外省也有对总罢课持不同看法的学生组织。例如,"革命学生同盟"下属的"克莱蒙学生总会"在散发的传单中指出,索邦大学被警察侵入,这在大学历史上是第一次,"当'清除一切'的命令下达后,警察的反动达到了顶峰。带铅头的橡皮棍棒高举着,武装治安警察竭尽其全力在所有方面发动进攻"。武装治安警察无处不在,活动猖獗,它发出了策略性的呼吁:"同学们,我们不应当让我

---

① 《大学行动委员会的传单》,载施纳普、维达尔·纳凯:《1967 年 11 月到 1968 年 6 月的法国学生起义》,第 155—156 页。

们自己被镇压和威胁所吓倒!""学生们,我们必须组织一次反击,我们必须保卫我们的组织'法国学生全国联盟'!"[①]

5月6日上午9时,学生示威从巴黎拉丁区的边缘地带开始。参加示威的学生大约有8000人,他们斗志旺盛。高呼"罗歇辞职!"的口号。有几十名大学教师在示威时和学生走在一起,这是自阿尔及利亚战争以来第一次出现这种情况。午饭过后,在科学系外面组成一支队伍,下午3时这支队伍来到索邦大学,遭到警察凶猛的冲击,示威队伍丢下受伤的学生,退回到圣日耳曼林荫大道。[②]示威一直持续到下午6时30分,随后召开了有2000人参加的大会。6日中午在葡萄酒市场召开了另一次群众集会,集会者和警察发生冲突,示威者把小汽车交错地垒起来以阻挡警察的进攻。大约下午4点钟在圣雅各街,当晚在圣日耳曼林荫大道,无政府主义者的团体打着黑旗出现了,这是无政府主义者组织在"五月风暴"中第一次在公开场合露面。当天,有422人被逮捕并被审讯。[③]

"法国学生全国联盟"的激进分子、"革命学生同盟"全国局的成员普尼·米歇尔于6日上午11时在巴黎大学惩戒委员会面前陈述说:

> 阁下,我向你们挑战,我向惩戒委员会挑战,我向你们的法庭挑战。

[①] 施纳普、维达尔·纳凯:《1967年11月到1968年6月的法国学生起义》,第156—157页。
[②] 柯克帕特里克·塞尔、莫林·麦康维尔:《红旗和黑旗:1968年法国革命》,第72、73页。
[③] 同上书,第74页;施纳普、维达尔·纳凯:《1967年11月到1968年6月的法国学生起义》,第158—159页。

> 阁下，我不是把你们作为教授和我的导师向你们挑战，这种工作对于像我这样将要从事的职业需要知识和文化的学生来说是非常重要的。
>
> 我向你们挑战，是因为你们今天聚集在这里，根据政府和国家的命令，用选择和大规模淘汰的方法，决定驱逐你们的同事，校长卡佩尔先生先前曾称之为废品的大学中有2/3的学生。
>
> 阁下，在向你们挑战时，我了解，我正在捍卫的不只是在大学中学习和自由的权利，还有你们作为教授的地位，你们作为教师的使命和你们自己的尊严。我的法官先生，此时我将不回答任何你提出的问题。[①]

他表现了对作为资产阶级和国家工具的大学当局的蔑视。

应该说，从5月学生运动一开始，法国的学生组织便意识到单靠学生力量来与政府和现存制度对抗是远远不够的，他们认识到与工人阶级联合行动和唤起工人对学生运动的支持极为重要。在5月6日散发的两种传单都表示了建立和工人阶级的联系的愿望。第一种传单是"大学行动运动"给巴黎工人群众的信。它主要是向不了解情况的工人群众说明最近发生的事件的真相，揭露资产阶级政府和报刊散布的谣言和诬蔑，呼吁工人阶级起来支持拉丁区的学生运动，传单中写道："今天早晨，拉丁区处于被围困的状态，昨天，有学生被判处重刑。""真的，这4天来报纸一直在撒谎，在诋毁学生，试图给他们的斗争蒙上耻辱，同时把他们与其他民众分割开。""政府十分清楚地知道，我们这种拒绝影响到资产阶级在社会每个角落的权力。这就是为

---

① 约翰·格莱顿：《学生和工人》，第109页。

什么警察在不加选择地触怒、攻击和拿棍棒殴打学生和过路人之后，还要把极少数人称为试图去袭击和平的、偶而来到这里履行职责的警察的'忿激派'。"这份传单最后呼吁说："不要听信政府和报刊散布的谎言，坚持从那些散发这些传单的富于战斗精神的人那里获得消息，和他们谈谈，保护他们免于警察的镇压。""我们的斗争是共同的斗争！"①

另一份传单是"3月22日运动"散发的，它则侧重强调工人在全国各地的斗争的重要性，以及学生运动与工人运动联合的重要性。传单在列举了近日来资产阶级政府对学生运动的打击和迫害后分析说："正如同在卡恩、圣纳泽尔、雷东和罗得阿塞塔的罢工一样，资产阶级已经感到了危险。因为从现在开始，学生们正在使用工人阶级中最富于斗争性的那部分人使用的同样斗争方法……""资产阶级了解，当遭到工人和学生联合力量打击时他们是极其脆弱的，它必然试图诋毁学生的行动，歪曲事实，并且根本不提工人，在还来得及的时候通过暴力镇压他们的运动。""为了赢得这场斗争，为继续把斗争进行下去，这就意味着把所有准备去斗争的力量集合起来，联合他们的能力，团结他们的力量。""我们必须组织起来"，"在我们邻近之处和我们的工作场所，我们必须保持大学和中学学生同工人的联系"。"正如我们在工厂或学校大门内的斗争从一开始就不可能停止一样，也不可能把它限制在一个国家。"传单最后高呼："国际工人的团结一致万岁！""越南人民的斗争万岁！""工人和学生的斗争万岁！"②

5月6日，以阿兰·热斯马为书记的"大学教员全国联盟"号召

---

① 施纳普、维达尔·纳凯：《1967年11月到1968年6月的法国学生起义》，第159—160页。

② 同上书，第160—161页。

各大学的全体教职员工对学生的示威采取响应的态度，和学生一道上街去示威游行。

一个由青年工人和其他雇员组成的"独立的青年客栈运动"散发传单，号召青年工人加入学生的运动，与学生团结在一起。传单中写道："青年工人们！把学生的斗争和青年工人的斗争结合起来。文化不应当继续成为资产阶级私有的东西。"传单陈述了这个组织的斗争口号："反对警察的镇压""要求真正的言论自由，同时要求释放被囚禁的斗士""敦促所有的斗士，号召所有的组织联合起来开展支持的行动"。[1]

在楠泰尔学院，"3月22日运动"在当日散发了一份传单，表示了异常激进的态度。传单写道："面对镇压，定要到来的斗争将不得不坚持暴烈行动的方式，目前唯有它才有力量。"传单批评各个其他派别说："暴力已经使小派别的领袖闭上了嘴；仅仅与资产阶级的大学抗争是没有意义的，现在必须摧毁整个社会。"传单以"忿激派万岁！""社会革命万岁！"[2]等口号作为结束。

这一天警察包围了索邦大学，封闭了所有入口。白天，巴黎拉丁区仍为右派学生控制着。入夜，造反的学生控制了局势，他们打着标志革命者的红旗和标志无政府主义者的黑旗。

在5月6日的示威中，学生有739人因受伤被送进了医院，另有数十人被捕，学生们为了保护自己，建筑起第一座街垒，这也是自1944年以来在巴黎第一次建筑街垒。5月6日，巴黎又有米舍莱公立中学和孔多塞公立中学的学生举行集会和罢课，至此，巴黎已有15

---

[1] 施纳普、维达尔·纳凯：《1967年11月到1968年6月的法国学生起义》，第161—162页。

[2] 同上书，第162—163页。

所公立中学罢课。

这一天,在蒙彼利埃、马赛、第戎和格勒诺布尔的科学学院发动了罢教和罢课。在格勒诺布尔、克莱蒙菲朗、斯特拉斯堡、鲁昂、图卢兹和南特发生了学生示威。①

5月6日,在法国"劳工总同盟"不支持学生要求的情况下,法国"民主劳工联盟"表示支持学生的正当要求。②

5月7日,"中学教师全国联盟"和"全国教育总同盟"都参加到学生运动中来。"全国教育总同盟"提出"把警察赶出拉丁区""在确定的时间前释放学生,并采取一切措施恢复平静"的口号。③

5月7日,"青年共产主义者同盟"和"'为人民服务'俱乐部"散发了一份题为"现在该到工厂去了!"的传单。传单写道:"群众中满是愤怒之声,有100万人失业,工资难以维持温饱。法西斯主义者在达索、雪铁龙、西姗卡和其他工厂中进行着镇压活动。武装治安警察在勒芒、雷东和卡恩对付工人和农民的示威。""民众反对雇主和戴高乐主义的反抗已经爆发好几个月了。"传单认为,有三种势力在镇压和阻碍革命群众运动,这就是戴高乐派、社会民主派和以法国共产党和"劳工总同盟"为代表的"修正主义者"。而现在工人们还没有起来为推翻戴高乐主义的政权而斗争。唯一能联合广大工人、贫苦农民和学生运动的旗帜是"推翻戴高乐主义政权""为广大人民群众争得自由""控制剥削者"。传单最后号召:"让我们扫除改革派的纯粹学术内容的口号,同时还有修正主义者和社会民主派团体,他们在

---

① 波斯纳:《1968年法国革命回顾》,第67页。
② 同上书,第69页。
③ 柯克帕特里克·塞尔、莫林·麦康维尔:《红旗和黑旗:1968年法国革命》,第79页。

一起工作是试图阻止我们接近人民群众和走向革命!""我们必须把与我们的关心不相同的资产阶级邻居抛到一边去。我们必须到工厂去,到工人阶级邻居中去和工人相结合。"[1]

5月8日,巴黎法学院的学生要求建立一个由教员和学生联合组成的委员会。教员们指出,只有和学生合作,才有可能建立一所新型的大学。在马赛,学生的示威得到了工人的支持,示威者在街道上欢呼。"法国学生全国联盟"指出:"在没有警察出现的地方便不会发生混乱。"在格勒诺布尔、里尔、鲁昂、贝桑松、卡恩和南特发生了学生示威。[2] 在雷恩、洛里昂、布雷斯特、勒芒、圣布里厄举行了工人和学生共同参加的示威。在南特,人们在讨论如何把学生与工人阶级的抗议斗争结合起来。在这一天,法国"民主劳工联盟"宣布支持"法国学生全国联盟",法国"劳工总同盟"则要求政府重新开放大学。[3]

当晚6时30分,"法国学生全国联盟"和"大学教员全国联盟"在巴黎的葡萄酒市场举行了一次集会,巴黎的"中学教师全国联盟"的下属组织参加了这次大会。会上,"大学教员全国联盟"的书记阿兰·热斯马宣布,在国民议会召开期间,学生和教师将睡在索邦大学。"法国共产主义学生联盟"也发出了通告。会议结束时,在拉丁区举行了示威,但示威被军警严厉地制止了。[4]

法国"五月风暴"一个令人吃惊的现象是数以千计的中学生也

---

[1] 施纳普、维达尔·纳凯:《1967年11月到1968年6月的法国学生起义》,第166—168页。
[2] 波斯纳:《1968年法国革命回顾》,第69页。
[3] 同上书,第70页。
[4] 施纳普、维达尔·纳凯:《1967年11月到1968年6月的法国学生起义》,第168页。

投入这场反抗运动,他们在街头喊出了"权力在街道上,而不在议会!"的响亮口号。法国的中学生组成了"法国公立中学生行动委员会",其实,法国中学生投身政治斗争的现象早在越南战争期间就发生了。从1966年11月起,法国中学生广泛地组成了"中学生越南委员会"。当1967年12月13日法国主要的工会组织和"法国学生全国联盟"发动罢工,抗议政府削减社会保障救济金时,巴黎有好几所中学也举行了同情工人的罢课。1968年5月3日军警攻入索邦大学的事件发生后,许多所中学立即举行了罢课,许多中学生上街参加示威,并有多人受伤。[1] 5月8日上午,在巴黎郊区维勒莫布的乔治·克列蒙梭公立中学的学生举行罢课,支持巴黎大学生的斗争。这所公立中学的学生提出了一些具体要求,包括在制度范围内给予言论和讨论的自由、提供适当的学校设施和运动设施、教师与中学学生合作、改革学生学位考试、对进入学校不要设置任何限制。学生们还提出了一些建议,包括在教师和学生中组成一个联络委员会,学生更多地参与中学的行政管理,切实让学生代表参加学校内部的委员会。[2] 5月10日,"法国公立中学生行动委员会"号召巴黎的公立中学举行全天罢课。有8000到9000名中学生和他们的大哥哥、大姐姐一起参加了示威。巴黎30所公立中学有20所宣布罢课。在全国其他地方有354所中学被学生占领。[3]

在"五月风暴"掀起的最初几天里,学生运动尚缺少有威信的领袖,也没有正式的发言人,这种现象一直持续到5月6日的示威活动

---

[1] 柯克帕特里克·塞尔、莫林·麦康维尔:《红旗和黑旗:1968年法国革命》,第124—125页。
[2] 施纳普、维达尔·纳凯:《1967年11月到1968年6月的法国学生起义》,第170页。
[3] 波斯纳:《1968年法国革命回顾》,第72页。

时。但是，到 7 日晚，三位学生运动的领袖或发言人涌现出来，他们就是雅克·索瓦热奥、阿兰·热斯马和科恩·邦迪，他们为学生众所周知和拥戴。[1]

丹尼尔·科恩·邦迪时年 23 岁，是楠泰尔学院社会学系二年级学生。他出生在法国的一个德国流亡者家庭，父亲是德国犹太人，母亲是法国人。科恩·邦迪 10 岁时回德国上学，父亲去世后他在 18 岁选择了德国国籍，持一本长期使用的德国护照，选择在法国接受高等教育，所有教过他的老师，包括楠泰尔学院的社会学教授，都对他的能力和智力给予极高的评价。在 5 月的学生运动中，他表现出对群众极大的魅力。他在学生运动中常常拒绝"领袖"的头衔，而宁可选择"发言人"的身份。他反复强调，这个运动没有组织，没有结构，没有寡头制，也没有纲领。[2] 他认为："我们运动的力量完全依赖于无法控制的自发性，这给它以冲动，而没有引导它向某个方向走的意图。""运动唯一的机会在于它的无秩序，因为它允许人民自由地说话，而它导致了一种自由的形式。"[3] 他论述说，群众不是按照等级制结构，而是靠"榜样的力量"动员起来的。他提出了关于"积极的少数"的理论，他认为："因为它理论上极为自觉和有充分准备，他们能够点燃导爆索并且找到突破口。"他号召在每个学院、工厂等单位建立"行动委员会"，这是一种没有上级和潜在压迫者的"协调委员会"。[4]

---

[1] 柯克帕特里克·塞尔、莫林·麦康维尔：《红旗和黑旗：1968 年法国革命》，第 126—127 页。
[2] 同上书，第 59 页。
[3] 理查德·约翰逊：《法国共产党对学生：1968 年 5 月至 6 月的革命政治》，第 88 页。
[4] 同上书，第 89—90 页。

在五月学生运动高潮过去之后,科恩·邦迪和他的兄弟加布里埃尔·科恩·邦迪出版了《已过时的共产主义:左翼的变化》一书,作为对"五月风暴"的回顾和总结。从这本书提出的结论来看,作者对社会主义史比较熟悉。该书的中心是对法国共产党官僚主义和错误路线的批判。该书写道:"我的论著的中心是分析官僚现象。""我已经考察了法国工人工会和政党,并且已说明了,他们的错误之处主要不在于他们如此僵化和背信弃义,而在于他们已经整合进资本主义国家整体的官僚体制中。""官僚倾向是一个世界范围的现象,资本持续地集中化,国家加强对经济和社会事务的干涉,已经造成了一个新的边缘阶级,其命运不再与生产资料的私人所有制联系在一起。""当领导人在政治等级制中追逐权力时,阶级斗争被忽视。"①

在这本书中,科恩·邦迪论述了对革命者作用的看法。他写道:"革命者是从各社会层次吸收来的富于战斗性的少数人,这些人因为拥有一种意识形态而被团结在一起。他们自己立下誓约展开反对压迫者的斗争、消除统治阶级和官僚的神秘性,宣布只有当工人把他们的命运掌握在他们自己手中时,才能保证他们自己并建立一个新社会,相信只有通过革命斗争和直接行动才能在政治上成熟。""具有斗争性的少数人通过他们的行动能做到的不过是支持、鼓励和澄清斗争。他们必须始终提防任何成为处于革命群众运动之外的压力集团的倾向。当他们行动时,它必须与群众在一起,而不是作为一个小派别。"② 关于革命者与工人阶级的关系问题,作者论述说:"工人阶级的群众参

---

① 科恩·邦迪、加布里埃尔·科恩·邦迪:《已过时的共产主义:左翼的变化》,伦敦 1969 年版,第 249 页。

② 科恩·邦迪、加布里埃尔·科恩·邦迪:《已过时的共产主义:左翼的变化》,第 251 页。

与是我们斗争最伟大的成就；它是朝着建立一个更好的社会前进的第一步。"[1]

这本书中，科恩·邦迪较为系统地提出了改造社会和政治的纲领性意见。书中写道：

> 从这个那个团体表述的观点中，我们能够得出关于未来运动必须采取的形式的某些看法。任何一个小的行动委员会都不亚于那些寻求改善所有人生存状况的任何一个群众运动。
>
> 第一，尊重并保证在革命主流中政治倾向的多样性和差异。它必须给予少数派团体相应的独立行动的自由——只有当多样性的观点被允许在社会实践中自身表达出来时，这种观点才有真实的意义。
>
> 第二，要确保所有代表负责于且接受于那些选出他们的人并可以被他们撤换，在每个阶段，通过拓宽所有人的技术和知识，反对引入专家和实行专门化。
>
> 第三，确保观点持续地交流，反对任何对消息和知识的控制。
>
> 第四，开展反对形成任何等级制度的斗争。[2]
>
> 第五，取消在劳动者中，特别是在体力劳动和脑力劳动之间任何人为的分工，以及基于性的歧视。
>
> 第六，确保所有的工厂和商业由那些在其中工作的人来经营。
>
> 第七，在实践中清除犹太-基督教伦理，以及关于放弃和牺牲

---

[1] 科恩·邦迪、加布里埃尔·科恩·邦迪：《已过时的共产主义：左翼的变化》，第252页。

[2] 同上书，第254页。

的要求。成为革命者的唯一理由在于,它是最好的生活方式。①

由此看来,丹尼尔·科恩·邦迪是一个富于斗争性和革命性的学生运动领袖,他坚决批评了法国共产党作为一个议会党团被整合进资本主义国家体制后采取的错误政策和立场,他注重工人阶级和其他革命群众在学生运动中的创造性,他非常注意革命群众运动中领袖和群众的关系。他希望取消现代工业中的劳动分工,在未来社会中取消精神劳动与体力劳动的差别,他的社会理想具有一种脱离眼下现实的乌托邦倾向。在批判了法共的错误做法之余,他的革命策略则带有某种工团主义倾向。尽管科恩·邦迪有某些理论上的缺点,但不可否认当时他是一个坚决批判资本主义制度的斗士。

阿兰·热斯马是巴黎大学科学系的化学讲师,时年29岁,他担任了"大学教员全国联盟"的总书记,这是全国规模最大的大学教师组织,参加该组织的有全国大约1/3的教授。5月3日,阿兰·热斯马提议罢课。他认为有可能以此为契机改革大学,但他的意见并没有被这个组织的成员接受。他在5月10日至11日的"街垒之夜"中表现突出,和学生十分亲近。他于5月27日辞去"大学教员全国联盟"总书记的职务。② 在法国1968年学生运动中,一批青年教师很活跃,尤其是科学系和数学系的青年教师。在这些迅速发展的学科领域中,最杰出的研究工作都是年青人做出的,他们聪明、有才能。然而,在当时法国的制度下,他们在学术地位上提升得非常慢,要从传统的学术阶梯一级一级地向上爬,青年教师要提升到学术阶梯的顶端很不容

---

① 科恩·邦迪、加布里埃尔·科恩·邦迪:《已过时的共产主义:左翼的变化》,第255页。

② 约翰·格莱顿:《学生和工人》,第90页。

易。阿兰·热斯马在 1967 年曾撰文对这种体制进行抨击。这批青年教师看到了现存教育体制的弊病。他们在反抗现存制度的学生运动中走在前列不足为奇。[①]

在从 5 月 6 日到 5 月 13 日的一周中，学生反抗运动的特点也发生了根本的变化：运动从街头辩论发展成为一场群众暴动。学生运动的领袖开始指挥群众运动，他们抓住时机展开斗争，使政府陷入一个又一个的错误之中。学生运动从巴黎向外省的大学传播得很快。在很短的时间里，在埃克斯-普罗旺斯、波尔多、卡昂、克莱蒙菲朗、第戎、格勒诺布尔、蒙彼利埃、南特、鲁昂和图卢兹都发生了学生罢课。[②] 5 月 7 日，全法国有 6 万名学生举行了示威。[③]

在 5 月 7 日，楠泰尔学院的"3 月 22 日运动"散发了一份传单，它在反对政府对业已发生的学生运动的镇压以及官方报刊对学生运动诬蔑的同时，对法国资产阶级教育的异化作用进行了批判。它写道："我们进行斗争"，"是因为我们拒绝成为那种教授，以此来为一种将由儿童和工人承担结果的专横的选择的教育政策服务"。"是因为我们拒绝成为那种炮制口号来为政府的选举战服务的社会学家。""是因为我们拒绝成为那种对于使工人具有牲畜功能以推进雇主利益负有责任的心理学家"，"是因为我们拒绝成为那种其研究工作将完全被用于以谋取排他的利益为方向的经济利益的科学家"。传单最后表示："我们拒绝这种'看门狗'的前途。"[④]

---

① 约翰·格莱顿：《学生和工人》，第 90 页，并见注 32。
② 柯克帕特里克·塞尔、莫林·麦康维尔：《红旗和黑旗：1968 年法国革命》，第 71 页。
③ 同上书，第 80 页。
④ 施纳普、维达尔·纳凯：《1967 年 11 月到 1968 年 6 月的法国学生起义》，第 173 页。

鉴于发动起来的群众与日俱增,"行动委员会"提出建立一种组织,以在街道上和学院中进行斗争。传单说:"到现在已有5天,学生们始终在拉丁区坚守着,抵抗闻所未闻的可怕的动员来的警察。在目前情况下,唯一合适的组织形式是创建在基层的行动委员会。""我们必须加强我们在街道上反对警察的行动,与邻里的工人联合。"传单对于如何组织基层群众做了具体的指导:"如果你们有一批同志,那么就组成一个委员会,你们自己起草传单,确定一个开会地点,决定示威的日期,和行动委员会的地方协调委员会联系,并指定一名联络代表。""每个委员会将每天开会","每个委员会将做出他们自己在工人中宣传的计划"。"行动委员会"的这份传单特别强调争取工人支持的重要性:"我们切勿忘记,争取工人的支持对于占领街道,反对警察的野蛮暴行无论如何是很重要的。今天在布列塔尼,工人和农民们正在罢工、示威,我们和他们站在一起,我们彼此相互帮助。"这份传单还提到越南南方反帝革命斗争的发展,"关于这一点,民族解放阵线向我们表明如何去做。从昨天开始,它控制了西贡大部分地区,并且胜利地抵抗了美帝国主义的进攻。然而,他们能做到这些,是因为他们已经把人民群众组织起来了"。传单最后号召:"把战斗的同志团结在一起,我们能赢得胜利。"[1]

5月8日,法国民意调查所报告说,有4/5的巴黎人支持学生。这时,一批杰出的左翼知识分子,包括萨特和波伏瓦在内,组成了"支持镇压中受害学生委员会"。5位法国诺贝尔奖金获得者雅各布、卡斯勒、利沃夫、莫里亚克和莫诺向戴高乐发了一份电报,要求赦

---

[1] 施纳普、维达尔·纳凯:《1967年11月到1968年6月的法国学生起义》,第171—172页。

免学生并重新开放大学。但戴高乐保持缄默[1]。5月8日，萨特、西蒙·德·波伏瓦、科莱特·奥德里、米歇尔·莱里和丹尼艾尔·盖兰发表声明，号召所有的劳动者和知识分子"在道义上和物质上支持大学生和教师发起的斗争运动"[2]。5月9日，萨特签署了一份宣言，向"用一切手段摆脱异化秩序的大学生们"致敬。他在这份文件中说："学生们为摆脱异化的社会秩序所做的一切努力是可歌可泣的。"这场席卷全世界的学生运动震撼了自称为"福利社会"的法国和西方国家，这首先是对各种谎言最有力的答复。在5月12日，萨特对卢森堡电台发表长篇谈话。他说，这些造反的青年们不接受他们的兄长们所生活的那种社会，他们不要把过去那样的社会作为他们的未来。萨特赞扬学生们回敬镇压者的暴力行动，认为这种暴力行为是自卫性的，是被逼出来的。萨特还指出，学生的斗争必须找到出路，必须同劳动人民结合起来。[3]

5月8日，法国内阁举行会议。佩雷菲特把危机看作是一些"特别的人士请愿"造成的，而不是大学本身固有的原因造成的，忽视了学生示威。当天下午召开了国民议会，佩雷菲特在议会进行的紧急辩论中也持前述态度。大规模的学生运动爆发，这在法兰西第五共和国历史上还是第一次，议员们感到需要对这一事件做出判断。佩雷菲特认为运动是一小批无政府主义者、卡斯特罗主义者和虚无主义者策划的，他拒不承认学生运动超出了可控制的范围并在迅速扩大。他估计

---

[1] 柯克帕特里克·塞尔、莫林·麦康维尔：《红旗和黑旗：1968年法国革命》，第79页；约翰·格莱顿：《学生和工人》，第88页，注29。
[2] 高宣扬：《萨特传》，第257—258页。
[3] 同上；费朗西斯·让松：《存在与自由——让·保尔·萨特传》，北京大学出版社1997年版，第235页，注5。

得很乐观："秩序得到恢复是完全可能的,与此相反的情况不可能发生。"戴高乐派对佩雷菲特提出指责,但佩雷菲特拒绝在自己的观点上让步。在国民议会的会议上,社会党领袖密特朗宣称:"青年人并不总是正确的,但一个社会欺骗青年人,误解他们并打击他们也是错误的。"法国共产党的议员在目睹了运动向左倾发展后,感到惊愕和愤怒,他们谴责"疯人派"是"极左冒险分子"。现在他们很不情愿地恢复对学生的支持,提出呼吁赦免学生,但是戴高乐派强调首先要恢复秩序。[①] 左翼戴高乐派人士埃德加·皮萨尼在国民议会辩论中做了引人注目的演说,对学生运动爆发表示理解。

5月9日,在克莱蒙菲朗,学生召开了一次和工会的会议,向工会解释了他们的行动和要求。在里昂,学生们与"民主劳工联盟"的青年工人举行了一次联合示威。在第戎,学生的示威得到了劳工总同盟、民主劳工联盟、社会主义工会联盟、法国共产党、统一社会主义党、民主和社会主义左派联盟的支持。这一天,贝桑松的院长撤销了对晚近示威的学生的指控。在斯特拉斯堡、南特、雷恩,好几个学院被学生占领。法国广播和电视服务公司的专家抗议公司无视学生示威运动。同日,科恩·邦迪与共产党员、诗人路易·阿拉贡,以及"3月22日运动"的激进派一同辩论文化革命的性质。[②]

5月9日晚上,"革命共产主义青年"在互助会会议厅召开了一次会议,在这次会议上对这次学生运动的各种问题进行了自由讨论,有3000多名学生参加了这次会议。这次会议讨论的有3个主要的论题:第一个论题是国际范围内学生的斗争应当团结一致的问题,这

---

① 柯克帕特里克·塞尔、莫林·麦康维尔:《红旗和黑旗:1968年法国革命》,第80页。
② 波斯纳:《1968年法国革命回顾》,第71页。

也是"革命共产主义青年"召开这次会议的初衷。有一批外国学生团体的代表参加了这次会议,他们中有意大利、德国、西班牙、希腊、葡萄牙和荷兰的学生代表,他们介绍了在自己国家中学生斗争的情况,表示他们要与法国的同志团结一致,休戚与共,到会者高唱了《国际歌》。会议讨论的第二个问题是对法国共产党的态度。学生们表示了对法共不信任的态度。几乎所有的发言者都嘲笑法国共产党自这次学生运动爆发以来采取的政策,许多学生称法共为"斯大林主义者"。一些亲华的"青年共产主义者同盟"的代表和"马克思列宁主义法国共产党"的代表用"修正主义"一词来称呼法国共产党。发言者中只有一个人试图为法国共产党辩护,但他的发言尚未结束,即被听众中发出的"呸!""呸!"声所打断,尽管主持会议的主席要求听众让他讲下去,却无济于事。这次会议讨论的第三个议题是在学生的斗争和工人的斗争之间建立必要的联系,所有的发言人都强烈地表达了这种认识。总的说来,在这次会议上,五月学生运动中不同的观点都得到了清晰的表达。譬如,科恩·邦迪在会上提出这样的问题,学生组织是否应该到工厂大门口去召开会议,去向工人发表演说,这样就有与工会官僚发生冲突的危险?学生是否应该像"青年共产主义者同盟"的代表所强调的那样,采取相反的做法,把学生置于"受工人支配"的地位?他们是否应该要求塞居根据"劳工总同盟"的激进工人的要求,发动一次总罢工?这些问题都在讨论中提了出来。科恩·邦迪在会上表示:"只要还有一个学生待在监狱中,就不会有人去上课。"托洛茨基派希望通过占领楠泰尔学院和索邦大学,发展到控制整个社会。托洛茨基派的国际领导人、比利时的曼德尔主张学生的斗争"必须发展到工人阶级加入实现一场社会革命的总斗争中去"①。

5月9日,斯特拉斯堡学生委员会发布了一个文告,它指出,要根据"法国学生全国联盟"的号召,继续进行无限制的罢课,直到被囚禁的同志获释和完全被赦免,要使当局承认我们作为一个拥有全权的学生委员会而存在,现存的政府应当在将来和我们协商我们的大学未来的所有事务。文告还号召法国所有的大学都建立学生委员会,对大学的社会功用特别是考试制度进行激烈的建设性的批评。文告最后呼吁教师联盟全国委员会和工人阶级的工会加入学生的运动。②

在学生运动影响下,法国的工人群众也逐渐参加到斗争中来。从索邦大学被学生占领的第一天开始,工人们就纷纷来到索邦大学和学生接触,和学生一起讨论关心的政治问题。③青年工人比其他人更直接受经济危机和波动的影响,在找工作时遇到更大的困难,他们在精神上遇到的困惑和危机也更大。所以,5月6日以后,已有成千的青年工人参加到运动中来。一位雷诺工厂的中年工人说:"在5月的最初几天,我每天晚上都携带五六名工人(他们通常是共产党员)乘我的小车去索邦。当他们第二天回去上班时,他们简直变成另一种人了。"④这位工人还回忆说:"许多青年工人在索邦那里重新发现了关于工人阶级革命传统的历史观点,并开始用革命的语言来讨论问题。"当然,并不是所有的工人都像这位工人一样同学生革命团体建立了联

---

① 施纳普、维达尔·纳凯:《1967年11月到1968年6月的法国学生起义》,第176页;柯克帕特里克·塞尔、莫林·麦康维尔:《红旗和黑旗:1968年法国革命》,第82页。
② 施纳普、维达尔·纳凯:《1967年11月到1968年6月的法国学生起义》,第17页。
③ 约翰·格莱顿:《学生和工人》,第185页。
④ 托尼·克利夫、伊恩·伯查尔:《法国的斗争在继续》,伦敦1968年版,第17页。

系，当时，绝大多数工人仍处于"劳工总同盟"的影响下。①

隶属于"劳工总同盟"的"青铜工艺工人工会"在5月8日发出了一份传单。它表示，工人们理解青年学生的要求。传单说："青铜工艺业的工人了解到青年学生和青年工人遇到的问题同样多，他们一贯反对政府忽视国民教育事业和攻击民主与工会自由的做法。""我们的工会毫无保留地赞成和支持参加工人和农民阶级斗争的学生的行动和要求。""害怕工人斗争的垄断国家想要把学生与工人阶级和广大人民隔绝开来，以此处在一种可以用大头棒殴打他们的有利地位。""只有工人、农民和学生的联合斗争才会使戴高乐政府的镇压失败，并且只有这样才能满足我们的要求。"这份传单提出了诸如"不减少工资，但恢复每周40小时工作制""结束失业，保证工作""增加工资"这些工人的要求，同时也提出了"从学校撤出警察并重新开放学院、撤销对学生的惩罚"这些支持学生斗争的要求。②

5月9日，"法国学生全国联盟"和"劳工总同盟"的领导人乔治·塞居及"法国民主劳工联盟"的欧仁·德康举行了一次会晤，他们讨论了学生和工会联合行动的条件。③

随着运动的发展，参加到反抗资产阶级政府的斗争中来的学生组织、政治组织和工会组织加强了联合的努力。5月10日，各派组织联合发表了一份宣言，支持在5月14日举行一次大示威。宣言说："诸如教育改革一类的问题将有利于工人充分就业，根据人民的要求

---

① 托尼·克利夫、伊恩·伯查尔：《法国的斗争在继续》，第17—18页。
② 施纳普、维达尔·纳凯：《1967年11月到1968年6月的法国学生起义》，第169—170页。
③ 柯克帕特里克·塞尔、莫林·麦康维尔：《红旗和黑旗：1968年法国革命》，第82页。

并为了人民而改革经济制度,成为基本要求。""工人的不满和斗争,像学生、教师和其他范畴的劳动群众的斗争和不满一样,对这种政策提出挑战,因为他们也频繁地反对同样的警察镇压和对工会和民主自由的妨害。"当时,"劳工总同盟""法国民主劳工联盟""法国学生全国联盟""著名高等院校校园同盟"和"全国教员联盟"都支持这份宣言。但随后在5月10日至11日晚间发生的事件使上述在全国范围内联合示威的计划未能付诸实施。

5月10日上午,索邦大学校长罗歇和各学院院长对当时的形势担忧地进行了紧张地讨论。午餐时分,他们公布了他们做出的一项决定,即重新开放大学并恢复工作。"法国学生全国联盟"立即做出反应,宣布学生的罢课继续进行,直到他们提出的三项条件满足为止,即释放所有被逮捕的学生、结束法庭对学生起诉的程序、撤走警察。"大学教员全国联盟"也决定教师继续罢工。这天中午,索邦大学的大门仍然锁着,由警察守卫着。教育部长没有做出打开大门的指示,这样一来,就使得上午校长和各院长做出的决定变得没有任何效力,使得缓和形势的机会失掉了。① 在这一天,有300名教授拒绝批改学生的考卷以示抗议。洛朗·施瓦兹和莫里斯·克拉韦尔宣布辞去大学教职。②

10日下午6时30分,代理总理路易·若克斯妥协的提议传到学生那里,他下令从拉丁区撤走警察,允许学生在那里开会,并且将在周六重新开放索邦大学。当群众听到这项提议后,他们以大声怒吼"释放我们的同志"作为回答。政府做出姿态为时太晚,使学生无

---

① 柯克帕特里克·塞尔、莫林·麦康维尔:《红旗和黑旗:1968年法国革命》,第81—82页。
② 波斯纳:《1968年法国革命回顾》,第72页。

法接受。聚集起来的学生、群众的目标对准附近的桑代监狱，认为他们的同志被囚禁在那里。在向桑代监狱进军的示威队伍中，有大批公立中学的学生参加，其中有来自医生学校、药学学校和法律学校的学生。众多的警察把群众拦在监狱墙外面一段路上，但是，有人从上了闩的监狱的窗子里伸出手来向学生们摆手示意。一批头戴防护镜的军人手挽着手阻止群众向前，并劝告他们转向国家电台所在的塞纳河右岸法国国家广播系统的环形大厦。这时，骑摩托车的信使传来消息，所有过塞纳河的桥梁都被警车堵塞了。这样，示威学生失掉了目标，便冲向河左岸的圣日耳曼大道，奔向拉丁区。在这里，示威队伍的行进再次被警察队伍阻挡，这就迫使示威队伍不可避免地取道圣米歇尔大道向索邦大学开过去，似乎当局选择了在学生自己的基地拉丁区与之战斗。学生组织的领袖们在迅速碰头商量之后，下达了一道命令："不论付出什么代价，拉丁区都应当是我们的！"随后，示威者的队伍本能地被激起。他们呼喊着"占领拉丁区！"的口号，像游击队员一样穿行在巴黎迷宫般的街道之间。在通往索邦大学的每条小道和胡同，警察都遇到学生，双方发生冲突。学生们开始拔起金属的窗栅栏和交通信号灯，掘起柏油路面下面的铺路石。推倒的小轿车和树枝都成为建筑街垒的材料。没有人下任何命令，学生出于斗争的本能，街垒拔地而起。第一座街垒于 9 时 15 分在勒戈夫街建成，在当天晚上，至少建立了 60 座街垒。[1] 这样就开始了著名的"街垒战之夜"。

若弗林在一本关于 1968 年法国学生运动的书里说："街垒是反

---

[1] 柯克帕特里克·塞尔、莫林·麦康维尔：《红旗和黑旗：1968 年法国革命》，第 84—85 页。

抗警察的象征，它们并没有任何军事价值。武装的大队人马开火，可以在 30 秒内摧毁它们，而无须坦克和大炮。""在 1830 年和 1848 年，巴黎人民可以〔用它来〕抵抗军队的炮火，打破骑兵的冲锋。那时街垒是一种技术；在 1968 年，它是一种信号，立即〔使人〕返回到 19 世纪，但结果是现代的。没有人希望内战……"他们想借此"恢复一种对巴黎公社冲淡的记忆形式，街垒把戴高乐派转化成凡尔赛，它激励着浪漫主义"①。

有新消息传到学生这里来，说正在召来增援的警察，于是学生加紧建筑街垒。墙被推倒，带有倒刺的铁丝被堆了起来，在所有的地方，小轿车被翻倒在地，堆在铺路石堆中间。学生们的忧虑被一时的欢乐掩盖着，人们好像把他们的生命置之度外。

晚上 10 点钟过后不久，索邦大学内的广播向学生领袖呼吁，邀请他们会面。随后，副校长夏兰和"大学教员全国联盟"的发言人阿兰·热斯马通过广播进行了谈判，这种新颖的谈判方式在历史上恐怕是第一次。卢森堡电台的播音员通过一个流动无线电广播车，播放了两人谈判的过程。热斯马宣布，直到被捕的学生被释放和特赦，否则不会进行任何谈判，事情似乎毫无希望了。午夜，科恩·邦迪等人与校长罗歇就学生提出的三点要求进行了谈判。谈判过程中，罗歇与教育部长佩雷菲特通了电话，由于教育部长不肯妥协，谈判破产。科恩·邦迪报告说："我们告诉校长，今晚在街道上发生的是反对社会的总起义。我们告诉他，如果警察不离开拉丁区，就会发生流血事件。我们知道，示威者将待在街垒后面，直到我们的要求得到满足。"到午夜 1 时 15 分，副校长宣布："我们曾试图谈判，我们曾试图通

---

① 基恩·里德：《法国 1968 年 5 月的事件》，第 11 页。

过所有可能的方法避免使用暴力，但形势现在已失去控制，我们失败了。"

5月10日夜间，一批政府的部长和总统府的高级官员整夜都在紧张地开会，他们中有代总理路易·若克斯、内政部长克里斯蒂昂·富歇、负责军队的皮埃尔·梅斯默、负责情报的乔治·戈尔斯和阿兰·佩雷菲特。来自总统府的官员有戴高乐的助手贝尔纳·特里科特与总统的安全和情报顾问雅克·福卡。政府的安全顾问不顾校长罗歇宽大处理的一再呼吁，做出了对学生发动攻击的决定。①

在火焰的红光中和辛辣的毒瓦斯的烟雾中，战斗进行了4小时。托洛茨基派"革命共产主义青年"在街垒战中起了突出的作用，他们组织的纠察队由伊夫·尼奥德和让·拉比比指挥，保卫着示威者的正面和侧翼。他们的领袖阿兰·克里文和亨利·韦贝尔下令把核心激进分子分成小组，帮助人们建立街垒。而"革命学生同盟"在冲突中起的作用就要逊色一些。他们的突击队在午夜过后才来到街垒，他们举着红旗并高呼："拉丁区有50万名工人！"

"德国社会主义学生联盟"的小分队和法国学生并肩战斗，但他们的人数不多。这个星期，"德国社会主义学生联盟"的两个领袖拉贝尔和赛姆勒曾来到巴黎的奥利机场，但被迫折回德国。一辆汽车满载着德国学生、演员停在斯特拉斯堡边境口岸，边境警察在大客车中发现了钢盔、短棍、革命小册子，还有中国和越共的旗帜，他们都是来支援法国革命学生的。

在巴黎当晚镇压学生运动的过程中，警察使用了催泪瓦斯、炸弹、氯气和氨气炸弹、燃烧弹和手榴弹。镇压如此残酷，许多受伤的

---

① 柯克帕特里克·塞尔、莫林·麦康维尔：《红旗和黑旗：1968年法国革命》，第86页。

示威者被装进警车。[①] 青年学生以极大的献身精神投入这场战斗。在许多青年人看来,这是他们学习仿效崇拜的革命者如格瓦拉等人的一个机会,他们表现出了极大的热忱。

这天夜间发生冲突的消息被独立的广播电台播放后,包括工人在内的成千上万的年轻人穿过巴黎的街道前来参加学生的斗争。应邀到巴黎来指导革命的来自布鲁塞尔的托洛茨基派第四国际的领袖厄内斯特·曼德尔在向青年激进派做了演说之后,他把自己的小汽车推倒,以构筑在布利瓦圣米歇尔的街垒。[②] 他爬上街垒,凝视着正在燃烧的自己的小汽车,用他凝重的比利时口音开心地欢呼:"啊!太漂亮了!这就是革命!"拉丁区的居民们目睹军警的进攻,十分反感,他们把食物和饮水递给战斗中的学生,通过泼水来消除催泪瓦斯,并把受伤流血和溃逃的学生藏在自己家中。有的警察闯进民居把学生抓走。一个女孩没有参加示威,她的房子也被警察攻击。红十字会志愿者用担架把学生抬走,他们自己有时则被警察毒打。[③]

11日凌晨2时以后,学生建筑的街垒开始被警察摧毁。[④]

两个大学生后来回忆和描述了此期间巴黎大学里的情况。政治学研究院一个叫布朗卡·康普吕比的三年级学生回忆说:

> 一夜间,巴黎大学的政治学研究院变成了列宁学院;那里有了一座切·格瓦拉大楼,一座毛泽东图书馆,一座罗莎·卢

[①] 施纳普、维达尔·纳凯:《1967年11月到1968年6月的法国学生起义》,第182页。
[②] 理查德·约翰逊:《法国共产党对学生:1968年5月至6月的革命政治》,第55页。
[③] 柯克帕特里克·塞尔、莫林·麦康维尔:《红旗和黑旗:1968年法国革命》,第86—89页。
[④] 施纳普、维达尔·纳凯:《1967年11月到1968年6月的法国学生起义》,第182页。

森堡阶梯剧场。红旗和黑旗悬挂在入口处。所有的体力劳动都由学生来承担,衣帽间里的外套从来没有像现在这样挂得那么整齐,厕所也从来没有如此清洁。我们的性格完全不同于索邦的那些我们不讲秩序的伙伴们。我们内部的计划是在一个组织协调和联络委员会领导之下。

但是,这种田园诗被中断了。作为所有左派死敌的右翼学生组织"西方",装备了一支突击队对学校发起攻击。他们头戴钢盔并用盾牌和短棍武装起来,他们打碎了建筑物背后的窗户并攻进来,使得在那里工作的500名学生惊慌逃跑,一些人无法逃跑,便奔上楼梯,把自己锁在那里,并从窗户向外大声呼喊。"西方"的成员扔出催泪弹……我们的朋友从索邦大学匆忙召集纠察队派过来——我们与文学院的学生从来没有相处得如此好。但是,在这样一个时刻,我们需要大兄长的帮助,我们的教授 M. 格罗塞指挥了这场战斗。随后是短兵相接的战斗。而"西方"的成员看到我们有武装并有朋友支援,便逃走了,丢下一个俘虏落到我们手里,他被锁在一间研究生的工作室里,照了相,并编上号。一个学生法庭宣布了判决:将把他交给警察……[1]

医学院二年级的学生米歇尔·莫兰回忆说:

就连对政治素不关心的医学院学生也参加到运动中来,医

---

[1] 柯克帕特里克·塞尔、莫林·麦康维尔:《红旗和黑旗:1968年法国革命》,第111—113页。

学院是慢慢地加入学生抗议运动的,它在巴黎最后一个飘扬起红旗。当时在医学院也建立了学生权力组织,各年级学生组成了行动委员会。像其他学院一样,我们建立了纠察队,用钢盔和棍棒武装起来,守卫我们的前门,防止警察和"西方"的成员攻进来。我们还有一支从事清洁工作的队伍——我们不能让人责备搞得十分肮脏,而当然,还有一个急救中心在巷战之夜开放服务。

对我们来说,有一种由我们自己来管理事务和打垮由教育部管理的整个法国庞大的大学旧体制的渴望。这是第一次学生感到他们同心协力来做一些事,我们的老师第一次站在我们一边。[1]

在5月10日至11日夜间的战斗中,有367人受重伤(其中包括251名警察),有720人受轻伤,有468人被逮捕,有188辆小轿车被损坏或摧毁(其中有60辆被烧毁)。[2]

5月法国学生示威开始以后,法国政府基本上采取了一种消极的无所作为的态度,这尤其体现在总理蓬皮杜身上。蓬皮杜于5月2日出访伊朗和阿富汗,11日晚7时许回到巴黎。当晚8时,蓬皮杜在马蒂尼翁大厦召开会议,若克斯、佩雷菲特、富歇、梅斯梅尔和其他部长出席了会议。蓬皮杜在会上说:"幸好,这些事情发生的时候,我不在这里,这就可以使我比较容易地处理这个问题了。"他告诉部

---

[1] 柯克帕特里克·塞尔、莫林·麦康维尔:《红旗和黑旗:1968年法国革命》,第113—115页。
[2] 约翰·格莱顿:《学生和工人》,第307页。而在柯克帕特里克·塞尔、莫林·麦康维尔的《红旗和黑旗:1968年法国革命》一书第89页的记述中,被逮捕的人数为460人。

长们，在飞机着陆前他已准备好了一份声明，他打算重新开放大学和复课。佩雷菲特问他，拘留在狱中的学生怎么办？蓬皮杜答道，要释放他们。若克斯告诉他，他曾花好几个小时的功夫说服戴高乐做出让步，但没有成功。佩雷菲特的说服结果也差不多，他们对改变戴高乐的意见表示怀疑。晚上9时，蓬皮杜来到爱丽舍宫拜会戴高乐总统，希望戴高乐总统接受自己的建议。在晚近几个月中，蓬皮杜不再扮演听命于戴高乐总统的角色，他在处理国家事务中越来越强势。戴高乐曾建议让蓬皮杜"多露露面"。对戴高乐的这种态度可以做出戴高乐对蓬皮杜表示信任或不信任两种解释。据说戴高乐在此前后曾说过这样的话："你是总理，球在你的场地上，如果你赢了，那好极了，法兰西就跟你一起赢。如果你输了，那你就倒霉了。"戴高乐与蓬皮杜在对待学生运动的策略上显然存在着分歧。①

11日晚11时15分，蓬皮杜发表电视讲话。他摆出一副既严肃又仁慈的面孔宣布了他的和解办法。他说，他已征得总统的同意，决定从星期一（5月13日）起，索邦大学将自由地重新开放，并将根据校长和各系主任的意见复课。为使考生们不致落下功课，已采取了一些措施。从星期一起，上诉法院将依法对被判刑的学生（即5月6日在与军警冲突中被捕的学生）提出的释放要求做出裁决。做出这些决定是出于对学生的同情和信任，相信他们是通情达理的。他指出，恢复索邦大学的教育功能，允许学生在自愿遵守纪律的条件下进行学习，是就大学的革新进行商讨时必须采取的做法。他表示，政府和他本人一再声明，必须进行革新，并将与教师、学生和一切人员合作继续进行这项工作。他要求每个人，尤其是有代表性的学生组织负责人

---

① 克罗泽：《戴高乐传》（下册），商务印书馆1995年版，第746—747页。

拒绝某些职业煽动家的煽动，为迅速和全面地平息学潮提供合作。他准备为此尽力。[1]

蓬皮杜的态度使法国统治阶级中一些人感到宽慰，另一些人则对他的怯懦感到震惊。他的讲话使警方受到沉重打击。他们发表声明说，总理的声明实际上等于承认学生做对了，也等于完全否定了警方遵奉政府的命令所采取的行动。

5月12日，佩雷菲特辞职。他事后解释他辞职的原因说，他认为蓬皮杜的让步会使极端分子拣便宜。蓬皮杜拒绝接受佩雷菲特的辞职，但他实际上已独揽了这位部长的权力，他同时还独揽了司法部、财政部、内政部和情报部的权力。[2]

5月14日，在法国国民议会关于教育问题的专门辩论中，蓬皮杜又做了议会讲演。他表示，他自己了解改革的需要，并愿意在促使学生与政府合作事宜上拟定详细的计划。他还坚持自己的主张，对"法国学生全国联盟"和其他学生组织，要在它们之间划一界限，分别对待。[3]

蓬皮杜事后在1968年7月底给雷蒙·阿隆的信中，向他解释了当时采取暂时让步策略的考虑：

> 在我看来，我于5月11日做出的决定，欲挽狂澜于既倒，可能性百不能一。您也许会问，那便怎样？而我就像将军稳不

---

[1] 原载1968年5月12日和13日的《世界报》，转引自许明龙选译：《1968年法国五月风暴资料选》，《世界史研究动态》1984年第5期，第21—22页，并见柯克帕特里克·塞尔、莫林·麦康维尔：《红旗和黑旗：1968年法国革命》，第90页。
[2] 克罗泽：《戴高乐传》(下册)，第728页。
[3] 约翰·格莱顿：《学生和工人》，第186页。

住阵脚，退守可守之地。我之所以使撤退显得出于主动，一为顾全面子，二为顾全舆论。我再补充说一下：我从阿富汗回国，局势似乎濒临绝境，巴黎舆论完全支持学生。5月13日，〔学生〕宣布示威，我当时认为，而且今天越发可以肯定，如不让出巴黎大学，示威运动不但将推翻政府，甚至拖垮整个政体，何况夺取巴黎大学乃势所必至……

果真弄到这步田地，学生不顾政府的决定，重新占领巴黎大学，那便真的走入绝境，不投降便打仗，舆论可不会同意打这样的仗。

归还了巴黎大学，示威者便失去了战略目标，再不能掀起暴动，而只得以示威始，仍以示威终。尤其是顺应舆情，责任便别有所归。从此理亏在"学生"，本来受政府与警察迫害的无辜学子，忽由自卫变为挑衅，从而成了挑衅者。我只消争取时间，控制住病患，等舆论厌倦，就可以采取无痛的攻势。这便是我始终如一奉行的行动路线。

碰到这样的事情，出路只有两条，要么从一开始便实行最暴烈、最坚决的镇压。我既没有这种嗜好，也不掌握这种手段……一个民主国家得不到舆论支持，决不能使用武力，而当时我们并未得到舆论支持。

要么就让步，虽然焦头烂额，仍可庆幸毕竟未至尽成灰烬。只消争取时间，学生就会渐觉厌倦而折衷言和。也有可能执迷不悟，一如日前，但这样的人越来越少，越来越不得人心。这也是已经见到的事实。时间一到，我便着手无痛攻势。

望足下不至误认为5月11日晚间做出的决定效果不良，恰恰相反，赖有这项决定，我已在政治上赢了一局。[1]

5月11日清晨5时，在巴黎拉丁区的巷战失败之后，在斯特拉斯堡，学生们占领了斯特拉斯堡大学，在那里升起了红旗，宣布这所大学从法国教育部管辖下"自治"。学生们建立了自己的民兵，并开始贮藏食品。大学生占领斯特拉斯堡大学后，几百名小学生前来支持他们，并向斯特拉斯堡居民散发传单，支持学生反抗警察的镇压，斯特拉斯堡学生的起义是对于巴黎发生的巷战的直接反响。因为斯特拉斯堡的大学生通过广播的转播，整夜愤怒地关注着巴黎的局势。[2] 同一天，雷恩的法学院和波尔多大学的一部分也被学生占领。[3]

5月11日上午，法国两个最强大的工会联合会"劳工总同盟"和"法国民主劳工联盟"，还有"全国教育联盟"这个法国最大的教师联合会，要求他们的会员在5月13日（星期一）发动总罢工和示威；5月13日是阿尔及利亚暴动10周年纪念日，戴高乐在那以后取得了国家权力。选择戴高乐上台的日子发动总罢工，表明现在的学生和工会是作为对现存制度的挑战者的角色而出现的。[4]

5月12日中午，在巴黎，"大学行动运动"的一小队激进分子大约40人，占领了桑西尔路文学院的附属建筑，在这里没有警察守卫，而当时索邦大学本部则被几千名警察包围了。"大学行动运动"的领

---

[1] 《雷蒙·阿隆回忆录》，第595—597页。
[2] 柯克帕特里克·塞尔、莫林·麦康维尔：《红旗和黑旗：1968年法国革命》，第90页。
[3] 约翰·格莱顿：《学生和工人》，第176页。
[4] 柯克帕特里克·塞尔、莫林·麦康维尔：《红旗和黑旗：1968年法国革命》，第91页；基恩·里德：《法国1968年5月的事件》，第12页。

导人提出，应当不惜代价去占领大学的建筑物，学生组织对此展开了辩论，而辩论持续了两天两夜没有中断。这种群众辩论的形式和占领工厂和学校的斗争形式以极快的速度传播到各地。直到工厂和公共事业部门全部瘫痪。①

5月12日，萨特接受了卢森堡电台的采访。他对学生采取激烈的斗争方式来反对资本主义制度造成的异化予以坚决的肯定。他说："这些年轻人不需要他们父辈的也就是我们的前途，这种前途已经证明，我们由于完全顺从而变成懒惰、衰竭、疲惫、软弱的人，完全成为封闭制度的牺牲品，在一个人到了工作年龄的时刻，这个制度就在劳动者之上自我禁闭。不管在什么制度下，暴力是留给学生的仅有的东西……"，"他们不想进入那个制度。换言之，他们不愿意让步，不希望别人安排一切事情"，"他们与学校唯一可能发生的关系，就是打碎它，而为了打碎它，只有一个办法，那就是上街"。"在我们这些老朽的西方国家，左派唯一的对抗力量是由学生构成的，我希望不久后能由全体青年构成，这种对抗力量是强烈的。""青年人有个共同特点……对他们来说，真正的问题是找到把他们的斗争与劳动阶级的斗争协调起来的途径。"②

一些法国作家和运动参加者把"五月风暴"称作"文化革命"。这场运动在文学艺术领域有着明显的表现。从5月8日起，国立高等美术学院就罢课了。里昂、马赛的艺术院校也发生了罢课。艺术院校的师生在运动中的活动可以分为两个方面：一方面，他们把艺术院校变成了工厂，为学生运动制作各种宣传品；另一方面，他们对当代法

---

① 柯克帕特里克·塞尔、莫林·麦康维尔：《红旗和黑旗：1968年法国革命》，第91页。
② 弗朗西斯·让松：《存在与自由——让·保尔·萨特传》，第222—223页。

国的城市规划和建筑设计进行了分析、反思。例如,在巴黎的国立高等美术学院,提出了"从内部向文化体制挑战,领导从怀疑的艺术向挑战的艺术迅转转变"。在该学院石印工作室的入口处,贴着这样的标语:

> 是人民的工场
> 不是资产阶级的工场[①]

该学院的罢课委员会提出了这样的看法:"我们要按照阶级斗争观点来处理问题。建筑中存在的不是它本身革命的问题。相反,它有一种异化和压迫的作用","通过规定建筑物的高度和灵巧地分配绿色空间只是表面的作用不大的补救办法"。"如果从政治上看,我们认为要决定性地改变在我们生活的社会中确立的结构。"学生们还声明,在斗争中"我们只是补充的力量,而工人组成主要的阵线。仅有他们便能从根本上改变权力的平衡"[②]。这个学院在5月14日被学生占领,它被改造成为一个生产革命的标语、广告的工厂。学院最活跃的青年画家成了革命肖像画家,他们制作了极其粗野但很有力量的漫画,用它们贴满了巴黎各地的墙壁,它们的产量是惊人的,最初设计出的350种漫画,至少印刷了10万份。在这里,宣传品的设计制作也采取了民主性的程序,设计者向一个由学生和教师组成的总代表会

[①] 塔里克·阿里、苏珊·沃特金斯:《1968年:在街道上前进》,伦敦1998年版,第102页。
[②] 施纳普、维达尔·纳凯:《1967年11月到1968年6月的法国学生起义》,第571、573页。

议提出自己的设计,然后表决通过。① 这里成了在巴黎最有影响的学生运动中心之一。

在5月运动的高潮中,有30名外省剧院和文化馆的导演在整整一周时间里聚集在巴黎,仔细地讨论了未来法国应该采取怎样的文化政策,他们都是非戴高乐派的左翼人士。在5月,一批画家、艺术批评家和画廊的经理组成了一个造型艺术行动委员会,他们决定封闭国家现代艺术博物馆以抗议它起的保守作用。当他们到那里时,发现大门关着,于是他们在门上贴上了"因为无用而关闭"的标语。艺术家和工会会员讨论在工厂展示他们的作品,他们在巴黎附近的工厂中展示他们的绘画,并设想在工厂车间创建几个文化馆,这些艺术家试图和工人相结合。② 5月21日,包括小说家米歇尔·比托尔和纳塔利·萨罗在内的十多个作家组成的队伍进入并占领了巴黎的"作家协会"总部。他们宣布,他们罢工是为了反对"腐朽的没有代表性的制度"。他们宣布成立一个"作家联盟",向所有那些相信文学实践不可分离地与目前的革命过程相联系的人开放。很快便有50余名作家宣布支持这个行动,他们中有萨特、波伏瓦、马格丽特·迪拉斯。③

第四节 "五月风暴"中的工人阶级

1968年5月,革命的幽灵重新又在巴黎游荡。蔓延在巴黎的革命精神不仅表现在人们恢复了对1789年资产阶级革命民主精神的记

---

① 柯克帕特里克·塞尔、莫林·麦康维尔:《红旗和黑旗:1968年法国革命》,第107页。
② 同上书,第134页。
③ 同上书,第137页。

忆，重新模仿法国大革命中激进民主派的组织形式，而且又加进了各种色彩的社会主义思想。

科恩·邦迪和他的同志们自称为"疯人派"，他们颂扬并模仿1793年时对无套裤党人影响很大的由札克·鲁、泰奥菲尔·勒克莱尔和让·瓦莱领导的极端派小团体。而5月的后半个月，每份法国报纸都把索邦大学描写成学生公社的总部[①]，而"公社"这个名称则是1789年革命群众攻克巴士底狱以后法国各地市政府的名称。

在1968年5月的学生运动中，在群众民主制的基础上，在巴黎的20个区到处都建立了"行动委员会"。它既是进行讨论和做出行动决策的论坛，又是便于直接领导的机构。在5月的3个星期中一共建立了至少450个"行动委员会"。各个"行动委员会"的功能和参加者有很大不同，但革命者宣称，这是一种新的创造性的"权力机构"。革命者甚至使用了"双重权力"的语言来肯定"行动委员会"的意义。"行动委员会"直接仿效了1789年革命中在巴黎管理48个区的无套裤汉委员会。1968年5月成立的"行动委员会"具有双重功能：第一，它们是管理团体，负责管理革命学生占领的"解放区"；第二，它们是动员群众的革命机构。从理论上说，这种组织是根据萨特关于个人自由的观念建立起来的。此外，高兹和特朗坦曾提出过可以通过把每个基本的社会单位转变为一种自由的、自主的工人合作体来实现向社会主义转变的理论，这对于"行动委员会"的诞生无疑提供了思想的启迪。"五月风暴"中，最积极支持建立"行动委员会"的是托洛茨基派"革命共产主义青年"。因为在他们看来，建立一个

---

① 柯克帕特里克·塞尔、莫林·麦康维尔：《红旗和黑旗：1968年法国革命》，第99页。

自治的集合体，与托洛茨基关于"双重权力"的革命策略理论很相似。他们希望用"苏维埃"来取代和摧毁流行的统治阶级的合法性机构，由它来承担通常由资本主义国家的代理机构履行的日常工作。①

在1789年，巴黎的葡萄酒馆成为交流革命观念和信息的一种有效的场所，在那里，地位低下的居民聚集起来闲谈和交流消息。而在1968年，在铺石路上和拉丁区宽敞步行道上的咖啡馆又起了类似的作用，人们在那里进行讨论，每个咖啡馆都成为革命者聚集的地方。在1968年5月，许多学生喝咖啡都是付款的。"卢森堡咖啡馆"是圣米切尔大道上一个著名的咖啡馆，它被警察用石块袭击，到了打烊的时候，咖啡馆的老板摊开他的手，深沉地对人们说："先生们，今晚卢森堡〔咖啡馆〕不会关门，它不赶任何人走！"而在现代社会中，五月的革命精神又有新的信息源。据说某些朴素的、富于热情和革命精神的人们曾通过未中断的长途电话向莫斯科和哈瓦那咨询革命如何进行下去。这表明，1968年时的法国激进派斗士们更多的是从当代革命者那里汲取灵感。

在"五月风暴"中，出现了新的政治词语和政治观念。从五月一开始，学生们和革命者就鼓吹"直接民主"，他们以此来反对与政府的谈判，也用以反对议会制中的权力代表制。学生们在诉诸"直接民主"的同时，还宣传"持久的抗争"，他们认为资产阶级国家所有的制度都必须受到持续不断的骚扰和挑战。②

从5月13日开始，法国"五月风暴"进入第二阶段，工人阶级在学生的影响下发动起来投身运动，使"五月风暴"发展到顶峰。

---

① 理查德·约翰逊：《法国共产党对学生：1968年5月至6月的革命政治》，第91页。
② 柯克帕特里克·塞尔、莫林·麦康维尔：《红旗和黑旗：1968年法国革命》，第97—98页。

在 1968 年"五月风暴"发生前，法国一些工厂中已建立了"工人管理委员会"一类的工人介入工厂管理的组织。当时的法律承认工人管理委员会具有经济和社会两方面的职能。它可以及时了解公司财政、技术和经济方面的管理决策，有权对公司领导设想的涉及劳动和雇佣条件的措施发表意见。工人管理委员会在理论上可以在改进成员的劳动和生活条件方面和管理者合作。工人管理委员会还参与组织社会活动，有时对这些社会活动负责。当时法国在有 50 名劳动者以上的企业中强制性地要求建立工人管理委员会，委员会的成员由在该公司至少工作 6 个月以上的工人每两年一次的选举中选出。每个正式代表每周可以用 20 个小时的时间履行其职责。

5 月 11 日至 12 日夜间巴黎大规模街头冲突爆发后，工人的工会就号召在 5 月 13 日举行罢工和示威。当学生示威队伍向爱丽舍宫进发和后来转向战神广场的过程中，许多工人加入了学生的示威队伍，使学生队伍越来越膨胀。①

"街垒战之夜"以后，在法国各地都爆发了工人的罢工和示威。工人的罢工是受学生的斗争鼓舞和引导而发动起来的，而主要不是由自己直接的经济斗争目标所驱动的。但是，那些最积极参加罢工和示威的工人主要属于在经济萧条地区和最近的工业骚动中心地区的那些收入最低的工人群体。从法国总体情况来看，"五月风暴"中大规模的罢工主要发生在图卢兹、里昂、格勒诺布尔、南锡、法国北部的矿区，在西部也发生了规模较小的工人罢工。在一些城镇，工人罢工是与示威同时发生的，示威游行产生的影响比单纯罢工产生的影响更大。在图卢兹、里昂和马赛，根据当时地方报纸的报道，每次示威的

---

① 约翰·格莱顿:《学生和工人》，第 177 页。

人数都在 30000 人到 50000 人之间。这是二战结束后法国人数最多的示威运动。在大多数情况下，示威中提出的口号完全是政治性的内容，与巴黎发生示威时提出的口号相似。在许多小城镇，示威者的队伍向省政府进发，在贝桑松、圣布里厄和卡恩，示威是和平地进行的。但在勒芒，有 300 名左右的年青人从示威队伍中分离出来，他们对政府机构所在地发动了猛攻，捣毁了院子中的小轿车，用石块砸玻璃窗。在南特，一次激昂的集会后，有 1500 至 2000 名学生在内的 15000 至 20000 人的群众队伍开向政府所在地，表示他们的不满。他们中一些人用棍棒把自己武装起来。人们在冲突中建立了街垒，最后，人民群众的代表迫使省长满足了人民所有的要求。[1]

5 月 13 日，蓬皮杜释放了被囚禁的学生，警察从拉丁区后撤。索邦大学校门重新打开，学生随即蜂拥而入，占领了索邦校园。重新开放索邦大学并没有结束大学的危机，戴高乐的政治体制遭到越来越多的人反对，危机加深了。[2]

为抗议政府在"街垒之夜"镇压学生运动的暴行，巴黎有 80 万群众在 13 日举行了大规模示威。这是一次规模空前的行动。热斯马、索瓦热奥和科恩·邦迪他们的手臂搭在彼此的手臂上，带领数十万人的队伍前进。走在他们后面的有左翼政治家密特朗、居伊·摩勒、瓦尔德克·罗歇等。[3] 学生对这些资产阶级政治家并无敌意，但这些政治家始终与示威队伍前排保持着距离。示威者高呼反对戴高乐的口号："十年太长了！""把戴高乐送进档案堆！把戴高乐送进修

---

[1] 约翰·格莱顿：《学生和工人》，第 178—179 页。
[2] 柯克帕特里克·塞尔、莫林·麦康维尔：《红旗和黑旗：1968 年法国革命》，第 93 页；基恩·里德：《法国 1968 年 5 月的事件》，第 12 页。
[3] 基恩·里德：《法国 1968 年 5 月的事件》，第 12—13 页。

道院！"①

在 13 日这一天，巴黎的学生领袖提出了新的更激烈的口号。雅克·索瓦热奥宣布："罢课将继续下去！所有大学的建筑物将被占领！我们的口号是在大学内部进行绝对自由的政治讨论，同时要求内政部长和巴黎警察总监辞职。"科恩·邦迪要求在巴黎的每个地区和每个工厂建立行动委员会。学生组成的纠察队在示威沿途维持着交通。当工人离开示威队伍解散后，学生的队伍来到埃菲尔铁塔下的三月广场，这里是古代的校场，在 1789 年大革命期间，在这里聚集过许多群众。这时，学生队伍分散开来，他们高呼"每个人都到索邦去！"②学生们占领了索邦大学。

在索邦大学被学生占领后几小时内，在它的墙上被学生涂写了许多标语。原来很古典的校园，现在插上红旗和黑旗，装饰了毛泽东、列宁、马克思、托洛茨基、卡斯特罗和格瓦拉的画像。持不同政治见解的人们在宣传各种革命观点。也有一个年轻人在一架大钢琴上弹奏爵士乐。许多青年人坐在或躺在台阶上弹着吉他，互相搂抱。他们刚刚扮演了游击队员的角色，现在却又扮演着像美国"垮掉的一代"那样的角色，沉醉于男欢女爱之中。他们在墙上涂写着这样的标语："我愈是革命，我就愈想做爱""禁止禁锢！"索邦大学的墙上还写着"严禁禁止。"

5 月 13 日，巴黎的新医学院被学生占领，科学学院要求大学实行完全自治。全国所有艺术学院的院长要求结束集中化的教育和政府

---

① 戴高乐自 1958 年起担任法兰西第五共和国总统，到 1968 年，任职已达 10 年之久。
② 柯克帕特里克·塞尔、莫林·麦康维尔：《红旗和黑旗：1968 年法国革命》，第 92—93 页；塔里克·阿里、苏珊·沃特金斯：《1968 年：在街道上前进》，第 99—100 页。

干涉。在楠泰尔学院，58名教授发表声明说，这种大学体制已经结束，他们不再承认这种教育制度，在法国各地，示威的规模在扩大。在南特有20000人参加示威，在马赛有50000人参加示威，在图卢兹有40000人参加示威。[①]

5月14日，楠泰尔学院的教师会宣布它是一所自治的大学。格勒诺布尔大学宣布它现有的管理机构已经解散。克莱蒙菲朗大学推迟进行考试，号召召开一次全国性的会议来讨论重新组织大学的问题。卡恩大学要求学生和教员共同来管理大学。同日，巴黎的国立美术馆被学生占领。法学院学生继续罢课，到了14日的午夜，几乎全国所有的大学宣布罢课或者被学生占领。[②]

从5月13日起，索邦大学建立了学生苏维埃，在群众广泛讨论的基础上，形成了一个临时指挥机构。它的基础是一个"总会议"。大量不修边幅的激昂的群众每夜都集中在圆形大剧场中，发表自己的意见。"总会议"在5月13日发布了第一批命令，其中之一是宣布索邦大学是一所自治的人民的大学，昼夜都向所有的工人开放。每天晚上，"总会议"选出一个由15人组成的"占领委员会"，负责执行"总会议"做出的决议。在理论上，"占领委员会"的权力只有一天一夜，以防止它官僚化、僵化，但这种制度只是在最初几天存在。以后，"总会议"逐步退化为偶然召开的不规则的机构，而"占领委员会"则变成常设机构。"占领委员会"又产生了20个附属委员会去处理伙食、与出版有关的事务、住宿、维持秩序、安排纠察、医务、筹措资金（在校园内和附近的咖啡馆筹集资金然后转交给它）、购买纸

---

① 柯克帕特里克·塞尔、莫林·麦康维尔：《红旗和黑旗：1968年法国革命》，第102—103页。
② 波斯纳：《1968年法国革命回顾》，第77页。

张和印刷传单、为夜班工人提供食物等事务。有的委员会需提供上百法郎去购买包扎用的绷带和药品,供别处的伤员用,有的委员会准备一批房间让一些活动分子住下,以便把他们派到别处去辩论和执行任务。教师和学生同时参加某个委员会的工作,人们看到,历史学家在一个房间,地理学家在另一个房间,英国语言文学的研究者在第三个房间开会,还有一些人专门在讨论第三世界问题以及性压抑问题,有一个文化请愿委员会较为固定地开会。一个由成年人帮助管理指导的由少年男女学生组成的"证据委员会"逐字记录下了警察的兽性行为,然后加以发表,被称作"黑皮书",它的控诉使人们读起来毛骨悚然。[1]

5月13日,里昂罗迪亚赛塔工厂的工人展开了罢工和激烈的示威。5月13日以后,法国工人阶级大规模地参加到运动中来。5月14日,靠近南特的布戈堡的絮德-阿维松工厂的工人举行了激烈的罢工斗争和示威,占领了工厂。康科德的国营飞机工厂工人同经理发生冲突,工人组成罢工委员会,设立了罢工警戒线。同一天,在靠近鲁昂的克莱翁,雷诺飞机工厂制造变速箱的几个车间工人罢工。引发了第二天雷诺工厂工人的大罢工,有5000名工人参加了罢工。他们要求与700名短期雇佣工人签订长期工作契约,每周至少要有1000法郎的工资(相当于每月20镑),每周工作时间为40小时,并给予他们组织工会的权利,工厂经理拒绝离开,他便成为罢工工人的俘虏。同一天下午,在靠近芒特的雷诺工厂弗林分厂的工人举行了2小时的同情罢工,第二天,这个工厂中11000名工人中的大多数同意举

---

[1] 柯克帕特里克·塞尔、莫林·麦康维尔:《红旗和黑旗:1968年法国革命》,第104—105页。

行罢工，到下午两点钟时，工人占领了工厂，飘扬起斗争的红旗。工人们还来到附近的农村，传播罢工的消息，并鼓励其他工厂参加罢工。到午夜时分，位于巴黎郊区的布洛涅·比扬古的雷诺工厂另一处分厂的 3000 名工人发动罢工，占领了工厂。靠近勒阿弗尔的桑松维尔分厂的 4500 名工人发动了罢工，勒芒分厂的 3000 名工人发动罢工，奥尔良分厂的 800 名工人发动罢工，他们都占领了各自所在的工厂。

此外，5 月 15 日，波尔多造船厂工人和空运业一些部门的工人发动罢工，空运业工人的罢工早在一周之前便有周密的计划。

5 月 17 日，里昂的罗迪亚赛塔工厂和贝利工厂发生了罢工。罢工斗争像野火一样传播开了。5 月 18 日（星期六），据估计，罢工工人达到几十万人。5 月 20 日，罢工工人超过了 100 万人。法国所有的交通运输都中断了，邮政通讯也中断了，工业供电业已中断。

5 月 22 日，参加罢工的人数超过了 900 万人。整个法国迅速地陷入瘫痪状态。尽管在巴黎的全国性工会组织还没有发出总罢工的命令，然而，工人阶级坚定的不可抗拒的斗争浪潮已遍及全国，波及所有重要的经济部门。在成千上万的工厂中，工人不只是举行了罢工，他们把自己和机器都锁在工厂内，工厂仿佛成了设防的军营。到 5 月 23 日，众人所接受的非官方的对罢工人数的估计是，在法国 1400 万就业人口中，有 1000 万人参加了罢工。唯一没有受罢工影响的是洛林的钢铁业。[1]

在南特飞机工厂最初的罢工发生后，消息便通过电话传到法国

---

[1] 约翰·格莱顿：《学生和工人》，第 180—181 页；柯克帕特里克·塞尔、莫林·麦康维尔：《红旗和黑旗：1968 年法国革命》，第 152—153 页。

最大的工会联盟即法国共产党领导的"劳工总同盟"和社会民主党领导的"法国民主劳工联盟"总部，一时这些工会领导人束手无策。工会领袖们不知道是怎么回事，他们想观望一下它未来的发展如何。两大工会领袖对政府向学生关于释放被捕者的要求让步感到震惊。"劳工总同盟"的领导人对于"革命共产主义青年"和"青年共产主义者同盟"这些政治派别对其施加的压力感到窘困。他们感到，他们理论上的敌人在削弱法国共产党对工人阶级的领导。为此，"劳工总同盟"下令禁止学生进入他们控制的工厂，试图分离工人与学生。"劳工总同盟"采取了疏远学生革命者，推崇工人阶级提出的纯粹经济要求的策略，它坚持分享资产阶级的蛋糕中的最大一块，而不改变或推翻资本主义制度的旧策略。为了与学生争夺工人运动的领导权，5月15日晚，"劳工总同盟"派出义勇队关闭了比兰库工厂并占领了该工厂。那里的 25000 名工人中有 60% 是忠诚于"劳工总同盟"的。①

"法国民主劳工联盟"对待学生运动的态度与"劳工总同盟"有所不同，它较快地宣布它同情学生运动。在大学生占领索邦大学后，"民主劳工联盟"的几位领袖随即去了索邦，他们聆听了喧闹的辩论，以判断学生的要求。"民主劳工联盟"的一位领导人阿尔贝·德特拉说："现在在街头斗争中黑旗向红旗挑战并非偶然。现在在这里有一种自由观念复活了。现在到了提醒一些政治领袖和工人领袖注意到一个社会若没有真正的民主就是一所兵营的时候了。"②

5月16日，"民主劳工联盟"全国执行委员会发表一项声明。声明说："学生在他们的行动中不只是倾向于在直接的物质条件或在他

---

① 柯克帕特里克·塞尔、莫林·麦康维尔：《红旗和黑旗：1968 年法国革命》，第 147—148 页。
② 同上书，第 150 页。

们未来的问题上限制他们自己,而是要从根本上重新考察那个他们在其中无法履行他们责任的以阶级为基础的僵化的令人窒息的社会制度。""学生使大学民主化的斗争和工人使工业民主化的斗争是同样一件事。学生反叛的压抑人的制度是与甚至更加宽容的工厂、工地、办公室和车间的形式相似的。""工业企业的自由是与大学的自由是一致的。因此,学生的斗争与自工会运动诞生以来工人阶级所致力的斗争是同样的。""工业和行政的独裁制必须被以自治为基础的民主制度所取代。""必须以比以往更大的热情去保证扩大工会权利、承认工会、保证就业和工人参与经济与工业管理。""民主劳工联盟的行动是基于它自己的认识,即工人必须尽可能充分地参与所有影响他们的决策。因此,现在它号召工人和他们的工会组织来讨论、组织和在其工作中采取行动,以获得对自由和民主的尊重。""民主劳工联盟充分意识到当前危机的宽度和广度并且忠诚于法国工人运动的传统,它充分支持为建立一个民主社会采取的所有行动。"①

在反抗运动从学生中扩展到工厂工人中的同时,它也扩展到工人以外的其他劳动者群体中。法国的农业工人在历史上具有保守性,他们与其他社会阶层多少有点隔绝。他们中大多数人在5月等待着"农业经营者联合会全国联盟"总部领袖的决定。但是,在5月13日,南特和大西洋畔卢瓦尔的农业工人也参加了学生和工人举行的示威游行。在法国西北部许多地区,"农业经营者联合会全国联盟"的地方组织举行了独立的示威,设置了路障,同学生联合行动。②

5月13日以后,法国的学生运动也在继续发展。5月15日,几

---

① 波斯纳:《1968年法国革命回顾》,第146页。
② 约翰·格莱顿:《学生和工人》,第182页。

百名学生组成的队伍离开索邦大学校园,来到了位于奥顿的法兰西剧院。学生冲进剧院时正值保尔·泰勒的芭蕾演出结束,观众离开剧场之时,剧院的总监让·路易·巴罗向学生弯下腰表示同情,他说了一句无可奈何的话:"巴罗不复存在了!"冲击法兰西剧院的行动是科恩·邦迪和"3月22日运动"计划的,这一事件表明学生的反叛越过了大学的范围。在法兰西剧院被占领的一个月中,它成为一个革命的会场、俱乐部,也作为集体宿舍昼夜开放,不再上演任何戏剧。但是,在这里上演着另一种革命戏剧:在这里展开了无数次马拉松式的辩论。但是,"3月22日运动"对法兰西剧院的占领遭到了"法国学生全国联盟"和"法国演员联盟"的谴责。[1]

5月15日,学生曾经打算进攻广播电台,在一个现代社会中,电台是社会的真正灵魂之所在,占领电台通常被视为一次革命成功的标志。在总统府和内务部得到这一消息后,产生了一种强烈的危机感,认为存在着一种真正的流血革命的预兆。但是,这一计划没有实现,向电台进军的计划被取消了。5月16日,法国共产党发表一份声明,把提议向广播电台进军谴责为"挑衅"。[2]

5月16日是形势发展的一个转折点,巴黎的大学生前一天占领法兰西剧院的事件,标志着学生群众可以随时攻击和占领其他政府拥有的产业,学生进攻电台的消息更使蓬皮杜感到了威胁。第二个大的危险是法国共产党领导下的最大的全国总工会"劳工总同盟"已经消除了对学生运动的怀疑,并开始给予学生运动以强有力的支持。鉴于

---

[1] 基恩·里德:《法国1968年5月的事件》,第13页;柯克帕特里克·塞尔、莫林·麦康维尔:《红旗和黑旗:1968年法国革命》,第107—108页。

[2] 柯克帕特里克·塞尔、莫林·麦康维尔:《红旗和黑旗:1968年法国革命》,第152页。

对政府不利的形势,蓬皮杜开始怀疑他当初采取的姑息学生的政策是否明智。这时在内政部,发生了令人吃惊的争吵。部长克里斯蒂昂·雷歇要他的助手们提出建议,如果学生发动进攻的话,应当派军队防守哪些公共建筑,以及是否应当把雷卡米埃剧院或法兰西剧院列入应加以驻军防守之列。蓬皮杜召集了军事委员会开会,讨论了相关事务。他随后决定在周四即5月16日晚间向全国发表讲话。他感到,需要把学生领袖与追随他们的学生群众分离开,把工人与学生分离开,而在当时最明智的做法是向公众表明,确实要发生一次革命了。

5月16日晚上8时30分,即蓬皮杜总理预定讲演的前一个小时,学生运动领袖科恩·邦迪、雅克·索瓦热奥和阿兰·热斯马在电视上与三名老练的记者进行了辩论。出乎蓬皮杜的意料,青年学生领袖击败了能言善辩的政治记者。因此,当蓬皮杜发表讲演之时,他极端忧郁地发誓说,政府将保卫共和国,他请求"学生们不要追随鼓动者",要"听从理性的声音"。他呼吁:"公民们,现在该你们起来表明……你们拒绝无政府主义,政府将履行它的职责,现在要你们提供你们的帮助。"[①]

5月18日,一项民意测验表明,55%的民众支持学生的要求,60%的民众希望看到一种新的社会形式,有50%的民众反对罢工罢课。同日,斯特拉斯堡大学、图卢兹大学和卡恩大学实行了联合管理,图卢兹大学宣布向社会开放。[②] 在法国广播和电视服务公司,电台记者控制了新闻节目,并且保证,未来播放的新闻将是高尚的和客观的。[③]

---

① 柯克帕特里克·塞尔、莫林·麦康维尔:《红旗和黑旗:1968年法国革命》,第151页。
② 波斯纳:《1968年法国革命回顾》,第85页。
③ 波斯纳:《1968年法国革命回顾》,第87页。

在学生运动的高潮中，"法国学生全国联盟"在 5 月 19 日发表了一份文件。它指出，从根本上说，与现存的大学对抗以及与现政权对抗是不可分割的，这也就是说，"斗争已在政治领域内进行"。当学生运动的发展已出现工人占领工厂的新前景时，"将目标局限于大学范围，或只考虑在索邦校园内集结力量，都会葬送运动。因此，这种企图必须反对。正因为如此，我们必须参加更加蓬勃的社会抗争运动，尤其必须在大学中发掘业已显露的请愿潜力。"这份文件向学生运动提出了四项主要目标。

第一项目标是立即在各校确立学生权力，包括对一切决定拥有否决权。文件指出："至关重要的是学生运动必须掌握大学中做出的一切决定，而要做到这一点，可以建立批判的大学或以学生为主的委员会，也可以彻底改变各系的群众大会。无论与基层讨论什么结构问题，对学生来说，唯有否决权才能使所有的决定变成事实，才能制止一切取消〔学生权利〕的现象。""从现在起，法国大学生联合会号召战士们立即夺取学生对大学机构的控制。"文件指出，对学校权力的控制只能交给 10 天来领导实际运动的斗争委员会、罢课委员会和行动委员会。

第二项目标是实行大学自治。文件指出："没有学生权力，大学自治便是一种圈套，因为那就等于把权力交给统治我们的官老爷们。反之，没有自治，学生权力也是一种圈套，因为政府和行政当局始终掌握着巨大的监督手段。自治就是刻不容缓地执行学生与教师一同做出的一切决定。"文件同时提出："应该立即要求宣布自治。"在自治时，"还必须获得其他必要的保障，使自治不致加强少数保守的教授和专家官员们的地位。"

第三项目标是把斗争扩展到一切意识形态部门。文件指出："资产阶级企图通过新闻报道这条渠道淹没我们的运动，我们必须反其道而行之，通过这条渠道使人们了解并理解我们的行动。""无论是口头报道（法国广播电视局、郊区广播站）或是文字报道，凡是为政权效劳的新闻报道必须否定，凡是捏造消息的报纸一律不准出版。此行动必须由全国记者和印刷工人一道进行。同样，一切青年宫和文化宫、剧场和所有艺术部门均应参加战斗，创立一种新型的人民文化。"

第四项目标是通过企业和职业团体提出与政权进行战斗的问题，实现与工农斗争的真正结合。这份文件重申了"学生斗争与工人斗争相联系"的任务。文件指出："只有当工人自身进行斗争时，现政权才可能垮台。这就是说，变革社会的主要力量是工人阶级，工人应该掌握自己的命运，从现在起就应在所在企业中向雇主的权力展开攻击。对我们来说，这就意味着持续不断地参加工人阶级的讨论，摆明我们的观点，但不是教育工人。另一方面，凡是学生控制的大学，在辩论时均应向工人开放。"在具体做法上，文件指出："工人已经开始占领工厂，我们的责任是扩大政治解释运动，制止政府和反对派割断学生斗争与工人斗争的联系。因此，法国全国大学生联合会的战士们应该参加工人组织的各种大小会议和示威游行，对于每一个人来说，这点极为重要。"[1]

5月20日，巴黎大学医学院院长布罗耶要求全体医学院的教员同意他的改革纲领，即：第一，承认学生在教学医院的权力；第二，教学医院实行自治；第三，对于在医院工作的医学院学生付给报酬；

---

[1] 许明龙选译：《1968年法国五月风暴资料选》，《世界史研究动态》1984年第5期，第22—23页。

第四,取消大学教授职位,将其归还给各个系。[1]

同一天,萨特来到巴黎大学的阶梯教室发表讲演。萨特对法国总工会提出批评。他说:"显然,目前的罢工运动源于学生的反抗运动。法国总工会采取了尾巴主义的立场。为了领导运动,它本应伴随运动而进,它却特别想躲避你们所创造的、扰乱了一切权力机关的这种野蛮民主,因为法国总工会就是一个权力机关。"[2] 5月21日,大约有1000万工人参加罢工。在许多工厂,占领者讨论了未来如何管理工业和社会的问题,工人们号召结束为了战争目的的核试验,摧毁核武器。[3] 在巴黎21日晚,不属于"劳工总同盟"的工会代表和"技术与民主"政治俱乐部的代表占领了"企业高级人员总会议"和"法国雇主全国中心"的办公室,他们希望通过自己的行动,实现必要的对法国社会的更新。[4]

5月22日,卡皮唐和前农业大臣埃德加·皮萨尼宣布放弃国民议会议员身份。为抗议政府拒绝科恩·邦迪回法国的禁令,在"法国学生全国联盟"和"全国高等教育联盟"的号召下,在不到两小时内,10000名学生聚集起来,前往波旁宫示威。在这一天,法国行政学院号召进行社会改革,奥尔良学院被学生占领。在里摩日宣布停止考试。学生把马赛中学改名为"巴黎公社中学"。"全国青年农场主中心"要求"真正的经济和社会民主",并号召青年农场主举行总罢工。"全国青年律师同盟"要求"司法人道化"。布鲁塞尼医院建立

---

[1] 柯克帕特里克·塞尔、莫林·麦康维尔:《红旗和黑旗:1968年法国革命》,第131—132页。
[2] 弗朗西斯·让松:《存在与自由——让·保尔·萨特传》,第223—224页。
[3] 波斯纳:《1968年法国革命回顾》,第90页。
[4] 约翰·格莱顿:《学生和工人》,第184页。

了一种集体管理制度。[1]

5月23日,"全国教育学院"被占领,更名为"人民教育学院"。教育大臣宣布,传统形式的全国业士学位考试不会举行。在南锡、波尔多、贝桑松、里昂、里摩日、雷恩、图卢兹和普瓦蒂埃,考试被推迟或取消。[2]

5月24日,在里昂、斯特拉斯堡、波尔多、佩里格和南特,工人、学生甚至还有农民与警察发生战斗,一名警官在里昂被打死。罢工工人事实上控制了南特。在南特,工人、学生和农民夺取了王宫,将其改名为"人民宫"。[3] 在这一天,全国有200万名农业工人举行了示威,青年农民组织"全国青年农场主中心"的旗帜在示威时与工人和学生的旗帜飘扬在一起。

5月25日,示威在上午仍然继续进行。在与军警的冲突中有500人受伤,有795人被捕。当天,法国的列维·斯特劳斯揭露政府对学生的威胁。蓬皮杜警告说,任何进一步的示威,"将用尽可能大的力量和速度驱散之"[4]。在布雷斯特、兰斯、格勒诺布尔、马赛、图卢兹、克莱蒙菲朗和波尔多,示威在继续进行,有100多人受伤。[5]

5月25日到27日,在蓬皮杜主持下,全国性的工会组织和雇主以及政府的代表举行了谈判。谈判在格勒内尔街的社会事务部进行。27日上午7时,会议达成协议,政府向工会做出重大让步,答应大幅度提高工资,签订的协议书史称"格勒内尔协议"。协议书的内容

---

[1] 波斯纳:《1968年法国革命回顾》,第92—93页。
[2] 同上书,第95页。
[3] 同上书,第95—96页。
[4] 同上书,第96页。
[5] 同上书,第97页。

包括：

自 1968 年 6 月 1 日起，将最低工资提高到每小时 3 法郎。

自 1968 年 6 月 1 日起，工资增加 7%（计入 1968 年 1 月 1 日以来已增部分）。自同年 10 月 10 日起，工资增长率由 7% 提高为 10%。

在第五个计划结束（1970 年）前，每周劳动超过 48 小时者，缩短劳动 2 小时；每周劳动 45 至 48 小时者，缩短劳动 1 小时。

关于向有了 3 个孩子的家庭提供家庭补助一事，将进行研究，予以安排。

自 1968 年 10 月 1 日起增加对老人的最低补助。

关于就业和培训，各工会及雇主联合会将于 10 月 1 日前对下列问题进行审议：重新定级的措施；建立就业对等委员会（所谓对等，即劳资双方的代表人数相同）。此外，政府保证增加就业机构的经费，并重点发展青年的职业培训。

在社会保险方面，医药费自理部分由 30% 减少为 25%。同意就法令的批准问题进行商讨。

因罢工损失的工作日原则上应予以补偿，所发的 50% 的工资应予以偿还，列入应补偿的工时账内。

关于企业内的工会的权利，一俟职业组织和工会组织经协商消除现存分歧后，由政府拟订方案。[①]

[①] 《世界史研究动态》1984 年第 5 期，第 25 页。

《格勒内尔协议》签订后，5月27日在布洛涅·比扬古，雷诺工厂有12000名工人集会，讨论了《格勒内尔协议》的条款。工人们对《格勒内尔协议》的条款不满，一致决定继续坚持斗争。集会时，法共领导人伯努瓦·弗拉商和乔治·塞居在场。工人们对他们连声"呸！呸！"，表示蔑视。[①] 在这个工厂散发的以"法国总工会""法国民主劳工联盟"和"工人力量"名义发布的传单标题是"坚持斗争，直到胜利"。传单说：

> 罢工第十一天……本厂的大部分工人十分镇静，充满坚持到底夺取胜利的信心和决心。
> 三个工会组织的团结在斗争中得到了巩固。
> 许多青年工人、外籍工人和临时工，都参加了日日夜夜对工厂的占领……
> 我们提醒大家：在雷诺工厂，我们要求在下列基础上进行讨论：
> ——以月工资不少于10万旧法郎为基础普遍增加工资；
> ——恢复每周法定的40小时工作制，工资不减；
> ——60岁退休；
> ——扩大工会自由；
> ——取消临时合同；
> ——罢工日照发工资。

传单还周知工人，8时在岛上集会，3个全国工会组织的领导人

---

① 克罗泽：《戴高乐传》（下册），第754页。

将出席集会。传单号召工人们"人人参加行动,人人参加集会,直到胜利"①。

5月27日,法国新闻社和它的出版机构开始罢工。巴黎国立工艺博物馆开始罢工。

在"五月风暴"过程中,当学生和工人发动起来,占领了大学、中学、工厂、城市和政府机关之时,在革命的工人和学生中产生了一种把直接控制作为实现一个新社会的手段的设想,这种设想在5月28日由一个工人-学生行动委员会明确表述出来:

> 自治作为一种经济制度和社会制度,它的目标至少是通过个人或集体负责,得以自由参与生产和消费。因此,这是一种首先是为人类创造的,服务于他们而不是压迫他们的制度。
>
> 尤其对于工人阶级同志来说,自我管理在于使他们的工厂……废除工资等级制,同时也废除雇用者和被雇用者的观念……建立由他们自己选举的工人委员会来实现每个工人联合体的自治。这些委员会应当建立与其他的地区、国家和国际范围内的委员会的密切关系。这些工人委员会的成员是在一个决定性的时期选出的,而其工作将循环往复。我们必须在事实上避免重新创造一种倾向于确立一个领袖的官僚体制,而那样便重新创立了一种镇压权力。
>
> 我们必须说明:在实业中工人的管理是一种可以为每个人做得更好的权力,而资本家则可耻地为少数人做事。②

---

① 《世界史研究动态》1984年第5期,第25—26页。
② 乔治·卡茨阿菲尤斯:《新左派的创造力:1968年全球分析》,第107页。

5月27日，法国"劳工总同盟"决定中止运动。[①]

第五节　资产阶级的反攻　"五月风暴"结束

戴高乐直到5月中旬尚对法国的局势表示乐观，他相信蓬皮杜能把危机减轻到可控的程度。从5月14日起，戴高乐总统对罗马尼亚进行了事先安排好的国事访问。然而，在戴高乐出访期间，学生运动达到了高潮。5月16日晚，在广播节目以后，在布加勒斯特的戴高乐和在巴黎的蓬皮杜在电话中进行了长谈。戴高乐决定缩短在罗马尼亚的访问。

5月18日，法国国家广播机构"法国广播电视局"的新闻编辑、播音员和剧本作者宣布，他们将不再接受内阁部长和政党的指令。[②] 当天晚上，戴高乐回到巴黎，他发现罢工已在全国发生，所有的铁路和航空交通均已瘫痪，邮政停滞，在尼斯、马赛和许多省城已没有公共交通工具，人们大量从银行提取现金，银行不得不按比例限额把现金支付给顾客。[③]

戴高乐回到爱丽舍宫后召见的第一位部长是军事部长皮埃尔·梅斯美。当天，发布了征召后备役军人参加警察队伍的命令。戴高乐表示："我们要控制这个局面，我们要像以往一样解决这些问题。我们将向法国人民呼吁。"午夜以前，戴高乐会见了总理蓬皮杜和各部部长。戴高乐大发雷霆，狠狠地训斥了他的政府班子把事情弄得不可收

[①] 波斯纳：《1968年法国革命回顾》，第103页。
[②] 塔里克·阿里、苏珊·沃特金斯：《1968年：在街道上前进》，第102页。
[③] 柯克帕特里克·塞尔、莫林·麦康维尔：《红旗和黑旗：1968年法国革命》，第157、158页。

拾，而蓬皮杜成为戴高乐总统责备的主要目标。由于蓬皮杜没有把事情的真实情况告诉戴高乐，使得戴高乐对形势估计发生错误。不管蓬皮杜这样做的目的是出于对形势判断错误，还是为了政治目的想趁戴高乐不在时露一手，戴高乐此时已决定让蓬皮杜下台。5月19日，戴高乐说出了"改革可以，胡闹不行"的话。[①]

5月21日这一天，法国国民议会开始了一场持续两天的辩论。辩论的问题是反对派提出的对政府不信任的动议。结果这项动议没有通过。戴高乐派的发言人和一些谣言制造者散布流言蜚语，说法国共产党正阴谋暴动。这种宣传遭到了法共领袖罗歇的警告。

5月23日，戴高乐召开内阁会议。他在会上发表讲话，他从技术文明受害者工人和学生的角度分析了技术文明带来的新问题。他指出，已经错过了一些机会，公共秩序遭到了破坏，但必须恢复。他披露了他的计划，打算就"合作"问题举行一次公民投票，他把自己的政治前途押在这个计划上。紧接着就是否应当举行普选的问题进行了激烈的辩论。戴高乐和蓬皮杜一致的意见是反对举行普选。[②]

5月24日，戴高乐发表电视讲话，他试图安抚不满的大学生，平息这场风暴。他向公众承认法国社会和大学存在着巨大的问题，他说："很显然，目前的大学事件和社会事件……表明我们的社会需要变动。一切都显示出，这种变动应该包含这样一个内容，人人在更大的范围内参与和自己直接有关的那些活动的进程与结果。"他认为，触发大学危机的原因"是大学这个巨大的机体不适应国家现实的要求，在发挥青年的作用和解决他们的就业问题等方面无能为力。大

[①] 克罗泽：《戴高乐传》（下册），第750—751页。
[②] 同上书，第752页。

学危机传染到许多其他部门,引起了一股混乱、放弃工作或停止工作的浪潮,结果使我国处于瘫痪的边缘"。"在今天动荡不安的形势下,国家的首要责任在于清除一切困难,保证全国的基本的生活必需和公共秩序,它正在这样做。同时,它还应协助重新起步,尤其应进行各种接触,促使重新起步。""嗣后还要改变结构,也就是进行改革。因为,在当代法国所完成的巨大的政治、经济和社会改革中,如果说许多国内和国外的障碍已经克服,那么,另外一些障碍仍阻碍着进步。深刻的动乱,尤其是青年学生中的动乱即由此而来,他们关心自己的作用,而前途则往往使他们感到忧虑。"

戴高乐在他过去的政治生涯中,当他面临危机时,他常常通过广播和电视讲话,击败对手,度过危机,戴高乐在做这次电视讲话时,对自己扭转局势似乎充满了信心。他说:"近三十年来,在严重时刻,事态多次赋予我责任,引导我们的国家承担起自己的命运,以阻止某些人不顾国家的意愿,擅自把握国家的命运。但是,这一次,特别是这一次,我需要,是的,我需要法国人民告诉我,他们要我承担这个责任。"他提出,他决定将一个法案提交全民公决,希望民众投票支持他,委托他来进行革新,拓宽大众参与政治建设法国的道路。①

5月27日下午,法国政府内阁举行了一次会议。当时,"法国学生全国联盟"正在拉丁区南部的夏勒蒂体育场召开群众大会。内阁把一项举行全民表决的草案交给了戴高乐总统。草案中规定:"在各级经济部门的专业职务中都要有工人参加。"戴高乐批准了这个草案,对它稍加改动后便交给行政法院,而行政法院以不符合宪法为名驳回了这

---

① 《世界史研究动态》1984年第3期,第24页;克罗泽:《戴高乐传》(下册),第752—753页。

个法案。戴高乐在 5 月 27 日决定,将在 6 月 16 日举行全民表决。①

同一天,法共总书记罗歇给密特朗写了一封信,这封信向社会党提出了组织民主团结政府以取代戴高乐政权的建议,信中说:

> 目前的局势要求我采取紧急措施,因此,我向你建议:我们两党的代表团今天举行会见,时间及地点由您选定。我们已为此做出准备。
>
> 法国共产党将会在全民公决中投反对票。法共提议:由一个以一项最低共同纲领为基础,有共产党人参加的人民和民主团结政府接替戴高乐政权。
>
> 这个纲领首先应包括 900 万工人罢工所争取的目标,满足他们的基本要求,此外还应包括创造一种现代的民主的大学。
>
> 我们今天就可共同做出这些保证。一俟我们达成协议,我们就可共同号召法国的人民群众支持我们的倡议。②

5 月 27 日晚,在巴黎拉丁区南部的夏勒蒂体育场,"法国学生全国联盟"等组织在"法国民主劳工联盟"的支持下召开了一次有 50000 人参加的集会。③ 这是第一次不是由"劳工总同盟"组织的左翼群众集会,皮埃尔·孟戴斯·弗朗斯参加了这次集会。如科恩·邦迪所说:"所有这些政治势力联合起来探讨政治出路,这是我们唯一的机会。"他还说:"我们都在为密特朗工作。"④

---

① 克罗泽:《戴高乐传》(下册),第 755—756 页。
② 《世界史研究动态》1984 年第 5 期,第 26 页。
③ 波斯纳:《1968 年法国革命回顾》,第 99 页。
④ 基恩·里德:《法国 1968 年 5 月的事件》,第 15 页。

在法国政局动荡的情势下,5月28日,两名资产阶级左翼政治活动家表示希望出面组织一个替代戴高乐的政府。他们中一位是弗朗索瓦·密特朗,一位是皮埃尔·孟戴斯·弗朗斯。皮埃尔·孟戴斯·弗朗斯是法国有影响的政治家,属激进派,他具有廉洁、独来独往和毫不妥协的特征。1960年统一社会党初建时他加入了这个党,但以后他在这个党内部起的作用不大。1962年他以无党派人士身份参加过竞选活动。诚然,他并不主张与法共建立联盟。皮埃尔·孟戴斯·弗朗斯没有多少群众基础,但他作为一个激进派改革家,在思想界影响很大。他在20世纪60年代后期主要通过某些新近成立的政治俱乐部来发挥他的影响。在"五月风暴"中,尽管他不是一个革命者,却是一个受革命者欢迎和信任的人士。[1] 而密特朗是当时社会党的领袖。

5月28日中午,密特朗在大陆饭店召开了一次记者招待会。他选择这家饭店召开记者招待会是有考虑的,因为戴高乐再度出山前,曾于1958年5月19日在这里召开过一次著名的会议。密特朗发表了一项声明,他强调目前法国政权已失去了控制,声明指出:

> 自1968年5月3日以来,国家在法国不复存在,取而代之的那个东西连政权的外貌也不具有。每个法国人都知道,现政权无力解决它所挑起的危机,它已穷途末路,只得靠渲染混乱状态吓人,企图再苟延残喘数周。其实它才真正应该对混乱状态负责。它那可怜的前程将会如何?谁也不知道,包括它自己。
> 然而,在无政府状态和那个人——对于这个人我今天不想说别的,但我要说它已不再能创造历史了——之间,我们的国

---

[1] 克罗泽:《戴高乐传》(下册),第756页。

家已无可选择。现在的问题是建立社会主义民主,向青年一代展示鼓舞人心的前景:社会主义和自由的新联盟。

今年在布拉格提出的问题,能否在巴黎找到答案,有赖于我们的想象力和意志;在手工业化的国家中,法国能否率先冲击它与那些国家迄今所承受的那种社会结构,同样有赖于此。

将要承担这个开创性责任的那个人品格如何,那是无关宏旨的,重要的是这项责任必须完成。然而,倘若回到以往的混乱状态,或者放弃将近3年前我所促成的民主力量和社会主义力量之间的和解政策,这项责任便无法完成。

恰恰相反,应当继续努力,促使这项政策取得它应有的一切成效。

新的力量在学生的造反和工人的罢工中出现了,谁也不能视而不见。不过,这些新的力量对于在艰难时期曾进行过战斗并为当今时代的到来创造条件的两个强大的人民组织,也不能视而不见。

密特朗在声明中对目前法国政权的命运做了判断。他认为,全民公决只不过是戴高乐妄图逃避灭顶之灾的手段,现政权已名存实亡。6月16日一过,戴高乐将军就将去职,政府必定下台。为此,密特朗建议,立即组织一个临时政府,由它来通过诚心诚意地与学生和工人团体对话,考虑经济、社会和大学机构必不可少的改革,重新开动国家机器;答复各个社会职业团体的正当要求,为总统选举创造实际条件;临时政府将持续到7月间共和国新总统的选举。密特朗还提出,共和国总统目前应当解散国民议会,同时向国民保证尊重个人自由和公共自由,应当在10月份选举新的国民议会。密特朗最后对两个重大问题表明态度,对于"谁来组织这个临时政府",他提出:"如果需要,我将负起这个责任。"他认为,其他人也有正当的权利要求承担这个责任,尤其是皮埃尔·孟戴斯·弗朗斯。对于"谁将是共和国的总统?"这个问题,他说:"普选将对此做出回答。"而且,他愿意做候选人。[①]

5月28日,电台广播了密特朗要组织临时政府以及罗歇要求参加政府的消息,引起了右翼戴高乐派的紧张。时任第1军第7师师长的德布瓦西厄和他的同事们都认为:"目前国家受到了威胁,军队的干部绝不能眼看着国家毁于阴谋家的威胁而袖手旁观。"他们研究了动用军队维持治安的各种方案。下午5时30分,德布瓦西厄接到戴高乐要他赶往巴黎的电话,随后他便去见戴高乐。

根据德布瓦西厄的记叙,当时戴高乐"烦恼不安,忧心忡忡",对形势做出了悲观的分析,他说:"在这种情况下,法国人民不需要戴高乐的领导了,我最好还是回家写我的回忆录!"德布瓦西厄向戴高乐详细汇报了军队的态度以及所采取的防范措施。戴高乐说:"看起来,共产党人把皮埃尔·孟戴斯·弗朗斯、密特朗等几个反对派政治家推向前台,他们想以这些人作掩护,采取极端行动……到最后必须进行较量,军队是什么态度?"德布瓦西厄对这个问题给了戴高乐肯定的答复。当时戴高乐告诉德布瓦西厄:"为了重新控制局势,我打算让法国人,甚至让政府陷入疑虑和不安之中。"[②]

5月29日9时15分,总统府秘书长贝尔纳·特里科接到戴高乐的指示,原定于10时举行的内阁会议改在第二天即星期四下午3时

---

① 《世界史研究动态》1984年第5期,第26—27页。
② 周荣耀:《戴高乐评传》,东方出版社1994年版。

举行，戴高乐将携夫人到科隆贝去一天，由特里科将这个决定通知蓬皮杜。蓬皮杜接到通知后，弄不清戴高乐的意图，他专门请特里科转告戴高乐，请求戴高乐临行前接见他。特里科吞吞吐吐，不置可否。在 11 时左右蓬皮杜又对特里科说，他必须在戴高乐动身前见到他。蓬皮杜当时不知道戴高乐是否会在科隆贝长期待下去，以及戴高乐是否会回来对付混乱的局面。

10 分钟以后，戴高乐把自己的想法告诉蓬皮杜，他说："亲爱的朋友，我离开一会儿。我感到累了，我要休息，一个人待着……我退后一点是为了看得更清楚。我去科隆贝，明天回来。"

蓬皮杜说："这很重要，我的将军，因为我不能肯定您是否回来……"

戴高乐说："啊！不。我明天下午还要参加内阁会议……就算我不回来了……我老了。您还年轻，您是有前途的，有希望的。但我告诉您，我会回来的，我拥抱您。"

5 月 29 日中午戴高乐离开爱丽舍宫后，高级大臣在召开的会议上曾设想他已经自杀。报纸上则写道："他恐怕一个人出走，到森林里去思考了。"当时呼声极高的蓬皮杜宣布说，第二天他要在电视上发表一项声明，但没有透露他要说些什么。谣言在法国四处流传，说是戴高乐已隐退到科隆贝，准备宣布他的辞职。[①] 下午 2 时，总统府秘书长特里科惊慌地告诉内阁部长们："将军不知去向，他没有去科隆贝。"整个内阁不知所措地度过了两个钟头后，才接到军方的通知，戴高乐到了西德的巴登-巴登。

在德国的巴登-巴登，戴高乐同法国驻德国军队司令马絮进行了

---

① 基恩·里德：《法国 1968 年 5 月的事件》，第 16 页。

谈话。据说，马絮将军说服了戴高乐，"除了返回巴黎以外，别的办法都必须放弃"。马絮不同意戴高乐采取那种"酷似最后引退"的做法，认为这与戴高乐"过去的做法和他的历史印象是不一致的"。马絮将军还向戴高乐保证，如果发生武力较量，他和他手下的部队是忠于戴高乐将军的。[①] 军队的支持使戴高乐又恢复了斗志。戴高乐决定回巴黎去，出乎人们意料地对反对派展开反击。

当天下午5时，蓬皮杜接到戴高乐从科隆贝打来的电话："我在拉布斯瓦里，明天回去，在内阁会议以前见您。"

5月30日中午，戴高乐回到爱丽舍宫，在2时30分会见蓬皮杜，然后召开内阁会议，戴高乐做出决定，先不举行公民投票，而是先解散国民议会，然后大选。4时30分，戴高乐在电台发表讲话。当时电视系统因为工作人员罢工，已经瘫痪，所以法国人未能见到戴高乐发表讲演时的精神状态。戴高乐在讲话中说："作为国家政权和共和制的监护人，24小时以来，我一直在考虑怎样维护共和国的各种可能性。我已经做出决定，在目前情况下我不引退，我有人民赋予的权责，我要完成这个权责。"他表示，他也不更换总理。戴高乐宣布："今天，我解散国民议会。"关于他曾建议的全民公决一事，由于"目前的局势在物质上妨碍举行全民公决。因此，我推迟全民公决的日期"。他强调："这种暴力局面倘若延续下去，为维护共和国，我将依据宪法采取全国直接投票以外的其他途径。"戴高乐最后诉诸资产阶级群众，他呼吁："各地公民的行动必须立即组织起来。组织公民行动的目的首先必须支持政府，其次是支持各地那些将成为或不再成为共和国委员的省长的工作，其中包括尽可能确保人民的利益，以及

---

① 周荣耀：《戴高乐评传》，第290、219页。

随时随地防止任何颠覆活动。""法国确实已受到极权主义的共产主义的独裁（这只能是极权主义的共产主义独裁）的威胁……"他表示："共和国决不退却。"①

戴高乐的短暂的沉默和去向不明，使他的幕僚做出了错误的判断，而左翼政党则在准备分配权力了，但投身"五月风暴"的学生和工人，他们的想法和目标本身就存在着很大差异。这个运动形成了很大的声势，但组织松散，没有明确的统一目标，他们也没有进行下一步活动的策略。

当戴高乐通过电台向法国人民发出呼吁后，在波旁宫的议员唱起了《马赛曲》。30日晚间，在协和广场，戴高乐派按照预定计划组织了与戴高乐讲话相配合的反对学生和工人运动的右翼势力的示威。② 大批中产阶级群众涌上街头，从协和广场到凯旋门，整条大街聚满了人。右翼报纸《民族报》报道，示威的有100万人，警方则估计为30万人。③ 参加集会示威的还有参加过抵抗运动的老战士、退伍军人，以及不愿跟着造反的大、中学生，工人和外籍居民。人们呼喊着各种各样的口号，有的呼喊："戴高乐不是一个人！"有的呼喊："把捣蛋鬼吊在电线杆上！""密特朗是江湖骗子！"④ 在法国中产阶级右翼的支持下，戴高乐扭转了巴黎的形势。

5月31日，戴高乐改组了政府。他把与五月的政治危机牵连最多的部门的负责人如富歇、若克斯和戈尔斯都调离了所在部门。此先

---

① 《世界史研究动态》，1984年第5期，第27—28页；克罗泽：《戴高乐传》（下册），第763—764页。
② 波斯纳：《1968年法国革命回顾》，第104页。
③ 基恩·里德：《法国1968年5月的事件》，第19页。
④ 周荣耀：《戴高乐评传》，第289页。

某些左翼戴高乐派曾想投票赞成弹劾戴高乐,让加比唐进入政府,戴高乐依靠这一改组内阁的措施来解决危机和准备选举。

为重新召开国民议会进行的竞选打击了各左翼政治派别,使左翼进一步发动群众动摇现政权的希望落空了,因为竞选对他们的派别在法国政治生活中的合法地位意味着更大的危险。6月1日,大批示威群众在蒙帕纳斯车站聚集,示威队伍穿过巴黎走向盖尔德奥斯特利茨车站,50000人唱着歌曲"这只是开始,我们继续战斗"。[1] 6月1日,"法国学生全国联盟"提出了"选举就是背叛"的口号,但它已很难取得大量群众的支持。在选举角逐开展的同时,6月1日,有人开始上班。6月2日,革命学生发动了示威,当晚又建筑街垒。6月3日,学生一度占领了法国电视和广播大楼。大学生继续和坚持罢工的工人站在一起,但他们得到的群众支持大大削弱了。[2]

6月16日凌晨,一个忧郁的学生用小刀自伤,学生把他送进医院。警察进行了调查,政府便以这一事件为口实,派出警察开进索邦大学,它们几乎没有遇到什么抵抗。一批教师和学生唱着《国际歌》被赶出了索邦大学。在林荫大道上,学生与军警发生了小规模的冲突,使用了一些石块和催泪弹。索邦校园内的红旗和黑旗都被拉倒,而由法国的国旗三色旗取代。从此,学生的斗争衰落了。[3]

6月17日,雷诺工厂工人在协议的基础上复工。6月20日,佩

---

[1] 波斯纳:《1968年法国革命回顾》,第108页。

[2] 雅克·夏普萨尔、阿兰·朗斯洛:《1940年以来的法国政治生活》,上海译文出版社1981年版,第599页;基恩·里德:《法国1968年5月的事件》,第19—20页。

[3] 柯克帕特里克·塞尔、莫林·麦康维尔:《红旗和黑旗:1968年法国革命》,第109—110页。

若工厂的罢工工人复工。但到 6 月 23 日，仍有 100 万以上的工人在罢工。6 月 30 日，一名学生在里尔被杀。[①]

6 月下旬，进行了国民议会的选举。在第一轮投票中，戴高乐派（保卫共和国联盟）获得了 950 万张选票，占有了 142 个议席。而在野派则遭到了严重的失败，其中统一社会党获得的选票将近 90 万张；共产党获得了 440 万张选票，在选举中丢失了 60 万张选票。密特朗的联盟派获得了 350 万张选票，失去了 50 万张选票。中间派在大选中也削弱了。这样，戴高乐派分裂了左派，联合了右派，达到了争取选民的目的。在第二轮投票中，在全部 485 个席位中，戴高乐派（保卫共和国联盟）取得了 294 席，它自己一党就占据了多数。加上独立共和党的 64 席，一共取得了 358 席，占有了全部席位的 3/4。共产党只获得 34 席，联盟派获得了 57 席。[②]

1968 年 6 月议会选举以后，戴高乐确定了更新政治的愿望。他选择了改革的方向，对政府班子进行了变动。因为此时，蓬皮杜已成为戴高乐派的另一个山头，他所代表的派别与戴高乐处于分庭抗礼的地位，而顾夫·德姆维尔从 1958 年以来一直对戴高乐绝对忠诚。7 月 11 日，戴高乐任命顾夫·德姆维尔替代蓬皮杜任总理，随后，对内阁进行了改组，由德勃雷任外交部长，埃德加·富尔任国民教育部长，奥托利任财政部长，莫里斯·舒曼任社会事务部长。这个新内阁班子就任以后，推动以"参与"为内容的改革。10 月 10 日，国民议会一致通过了一项关于建立大学自治和安排大学生参与高等教学的法律。同年的冬季，埃德加·富尔在这方面做了耐心的工作。此外，在

[①] 波斯纳：《1968 年法国革命回顾》，第 107 页。
[②] 雅克·夏普萨尔、阿兰·朗斯洛：《1940 年以来的法国政治生活》，第 600—601 页。

政治体制改革方面也试图采取一些措施，如提出了行政改革的法案，主张给予地方行政单位更大的权力，同时设立一个咨询参议院来代替经济社会委员会和参议院。[1] 但是，当时在法国国内，民众对于经济和社会问题一直存在着强烈的不满情绪，而在支持戴高乐的多数派内部，保守派则对戴高乐总统的改革举措表示担心，他们采取了抵制态度。在这种社会矛盾加重和内部不和的背景下，戴高乐做出了在1969年春季就地区改革和参议院问题进行公民投票的决定。

在1969年4月27日的公民投票中，反对票达到11945000张，赞成票为10512000张。戴高乐的改革政策遭到否决。[2] 4月28日晨，戴高乐发表公报，宣布他将停止行使共和国总统的职务，他宣布引退。一年半以后，戴高乐在1970年11月9日突然逝世。

1969年4月27日的公民投票否决了戴高乐的计划。这一统治危机在当时并不是不可能发展成为整个制度的危机。但是，由于多数派执政党在蓬皮杜的努力下，在克服内部的分裂、重新团结右翼力量方面做了努力，而法国政坛上的左翼力量则较为分散，没有能很好地团结起来。当时左翼力量之一的法国共产党，由于1968年8月苏联组织武装入侵捷克斯洛伐克声名狼藉而被孤立了，社会党人中发生了分裂，左翼力量未能提出一个统一的总统候选人。统一社会党提名它的总书记米歇尔·罗卡尔为候选人；共产党指定雅克·杜克洛为候选人；托洛茨基派"青年共产主义联盟"推举阿兰·克里文为候选人，这使得左翼在总统选举中候选人的选票得票极度分散，1969年6月进行了总统选举。选举中，蓬皮杜获得将近980万张选票，占有

---

[1] 雅克·夏普萨尔、阿兰·朗斯洛：《1940年以来的法国政治生活》，第604—605页。
[2] 同上书，第607—608页。

效选票的 43.9%。中间派候选人波埃获得了 520 万张选票，占有效选票的 23.4%。共产党的代表杜克洛获得 480 万张选票，占有效选票的 21.5%。克里文得票 20 万张，占有效选票的 1.1%。[①] 可以说，1969 年 6 月总统选举的结果，是当时法国各阶级、各种政治力量较量的最后结果。

但是，"五月风暴"后政局的恢复稳定，绝不意味着学生运动毫无意义和学生反抗运动的销声匿迹。到 1969 年初，法国的学潮还没有完全平息。各地大学和中学仍不时发生罢课、集会和暴力冲突。1 月 13 日，巴黎圣路易中学的学生不顾教育当局的禁令，放映了有关 1968 年"五月风暴"的电影。然后，学生前去占领教育局，与警察发生冲突，一些学生被捕。万塞纳大学的几百名学生和教师得知消息后，表示声援，占领了自己的学校，用新添置的桌椅、地毯、电视机等堆成路障，学生用石块同前来镇压的警察对抗，警察使用了催泪瓦斯。夜间，警察逮捕了 220 名教师和学生。天亮后，这些人未经审讯便被释放。当天，巴黎索邦大学校园内，黎塞留的像被学生乱涂乱抹。万塞纳大学开除了 34 名学生。2 月 21 日，左派学生在拉丁区召开了有 3000 人参加的抗议大会。萨特和福柯都在大会上讲了话，谴责警察的挑衅和蓄意镇压。

[①] 雅克·夏普萨尔、阿兰·朗斯洛：《1940 年以来的法国政治生活》，第 615—616 页。

第五章 联邦德国的学生运动

第一节 联邦德国学生运动兴起的背景

在第二次世界大战结束后的 20 年间，联邦德国一直致力于重建事业，人们对物质、财富和幸福的生活强烈地向往，联邦德国在经济政策上以社会市场经济作为其立国的基础，其社会市场经济的基本原则是为了限制"强权"对社会的垄断，遏制社会达尔文主义在德国重新生根发展。德国的经济恢复、发展很快，1946 年初德国的工业产量是 1936 年产量的 31%，1947 年初德国的工业产量达到 1936 年产量的 36%。1948 年 4 月马歇尔计划开始实施，美国提供 130 亿美元以援助德国的重建。1949 年初德国的工业产量达到 1936 年产量的 90%，1952 年初德国的工业产量达到 1936 年产量的 145%，比第二次世界大战前高出 50 个百分点。

1959 年联邦德国重新开始建立武装力量。随着联邦德国军事力量的增长，军国主义思想在联邦德国重新抬头。1966 年的大联盟政府，由在纳粹时代任过职的基辛格出任总理，年轻的一代感到正在建立的德国民主受到威胁。人们还看到，在联邦德国的政治生活中，议会中已没有反对党，国家立法基本上被政府垄断。在前三届联邦议会的立法中，有 1319 件立法草案是由联邦政府提出的，其中 1108 件获得通过；而由联邦议会提出的 822 件立法提案，只有 347 件通过；州政府在上议院提出的 54 个法案，只有 21 件获得通过。在获得通过的法案中，75% 是政府提出的立法提案，23% 是联邦议会的提案，州政府的提案占 2%。政府垄断着国家立法。1955 年 3 月 23 日，施密特曾对德国这种情况批评说："我们大家完全处于政府各部门官员的掌握之中"，他对此表示出极大的担忧。广大学生则对某些人借反共的名义复辟纳粹主义表示担心，对国家和民族的前途表示忧虑，在这种情况下，德国的学生运动逐渐发展起来。

1946 年 9 月，"德国社会主义学生联合会"创立了。这是一个隶属于德国社会民主党的学生组织，是二战后德国出现的第一个学生组织。在 20 世纪 40 年代后期和 20 世纪 50 年代初期，"德国社会主义学生联合会"与德国社会民主党保持了一种相互合作相互支持的关系。但从 50 年代末起，"德国社会主义学生联合会"和德国社会民主党则时常在原则问题上发生冲突。

20 世纪 50 年代末，美国在德国的领土上部署的核武器增加，引起了战后德国第一次大规模的抗议运动，"德国社会主义学生联合会"在国家防务问题上发生了严重的分裂。该组织中大部分成员都反对政府使德国重新军事化的计划，一些有远见的成员拒绝支持德国社会民主党对政府亦步亦趋的态度。在抗议运动中，组成了"学生行动委员会"，"德国社会主义学生联合会"的成员于尔根·塞弗特起了领导作用。塞弗特后来回忆说："我们每周出版一份小报，它有一页简短的和尖锐的分析文字，其余的篇幅则用来引述著名的教会人士和科学家关于核问题的言论。每期我们印刷 2000—3000 份。而凭借这种有限的手段，我们改变了明斯特的政治景观。我当时是那里的一个研究生，很快我们有一个德国社会主义学生联合会的成员加入了学生行动委员会的执行委员会。"①1959 年 1 月，在西柏林自由大学召开了一次学生反对核武器大会，"德国社会主义学生联合会"支持这次大会的召开。1961 年 7 月 18 日，西柏林自由大学的学生举行示威，反对前来参加纪念法西斯攻击王党政府 25 周年纪念活动的西班牙总领事，政府派出警察驱散了示威学生。

1961 年 8 月 13 日，德意志民主共和国构筑了一堵环绕西柏林的墙，以阻止东德居民逃往西德，西德学生对这一做法表示不满。

1962 年 2 月，自由大学校长阻止学生团体支持阿尔及利亚学生和流亡者。1962 年 10 月底，西德有影响的自由主义杂志《镜报》的发行人和几个编辑被政府逮捕并被指控有罪，政府这一行径引起了学生的强烈不满，这一事件在很大程度上唤醒了学生自由地表达自己思想的意识。

到了 20 世纪 60 年代初，"德国社会主义学生联合会"批评德国社会民主党为了争取一直在大选中支持基督教民主党的中产阶级选民而抛弃马克思主义的做法。同时，"德国社会主义学生联合会"支持联邦德国政府与东德政府就共同反对核军备竞赛进行谈判，并要求西德政府承认东德为独立国家的要求，"德国社会主义学生联合会"的政治态度趋于激进，引起了德国社会民主党的不满。德国社会民主党从 1961 年起取消了给"德国社会主义学生联合会"的活动经费。德国社会民主党采取了支持"德国社会主义学生联合会"内部右翼的立场。后者于 1960 年 5 月从"德国社会主义学生联合会"中分裂出去，组成了"社会主义大学同盟"。随后，德国社会民主党鼓励学生脱离"德国社会主义学生联合会"，加入"社会主义大学同盟"。"社

---

① 罗纳德・弗雷泽：《1968 年：反叛的一代学生》，第 48 页。

会主义大学同盟"在活动中遵循德国社会民主党的政策和纲领。1961年11月,德国社会民主党的执委会通过一项决议,规定不允许德国社会民主党党员参加"德国社会主义学生联合会",从此,"德国社会主义学生联合会"成为一个独立的学生组织,在它的活动中表现出清晰的左翼色彩和马克思主义的影响。

"德国社会主义学生联合会"第一批学生组织受法兰克福学派影响极大。法兰克福学派是20世纪20年代在法兰克福社会学研究所基础上发展起来的一个学派。参加法兰克福学派的研究人员有霍克海默、马尔库塞、阿多诺和洛姆等人。他们研究马克思和弗洛伊德,试图互补地利用他们两人的理论来解释社会现象。希特勒上台以后,法兰克福学派的代表人物大都移民到美国等其他国家。他们继续用马克思的社会学说及经济理论,结合心理分析学说来分析希特勒的残暴、破坏与摧毁人类文明的行为。二战以后,法兰克福学派的学者又用他们的理论来分析西方工业社会产生的各种社会现象。他们指出,奢侈与战争是商品生产、广告推销和超前消费等过激循环的必然结果。因为生产过剩已无法通过正常的消费渠道来解决。当权者"将现存制度美化",用"富裕""自由"来迷惑和欺骗大众。在这种制度下长期生活,就会形成一种错误的"自我意识",在这种"意识"中,不难发现被压抑、被控制、被统治和被侮辱的阴影。要使人重新获得幸福生活,必须要有个人的独立自主,有一个"人的世界",在这个世界中,减少强迫性的工作和增加人的闲暇,使人能充分地发挥他个人的才能,尽情地享受人生,这就必须将现存的、不能修复的、腐朽堕落的制度摧毁。从学生领袖杜切克的话中,可以看出法兰克福学派的思想影响。杜切克说:"我们反对的,不是制度中的小错误。更多的是总体性地反对(资产阶级)独裁国家的全部生活方式……系统地、监督性地、有节制地与国家机器对抗，促使代议民主制度的真面目——阶级性、统治性和权力的独裁性暴露出来。"但是在当时学生不关心政治和具有右翼倾向的学生的汪洋大海中，这批左翼学生仿佛是一个孤岛。当时一项对法兰克福大学的调查表明，只有9%的学生关心民主进程。

"德国社会主义学生联合会"在政治倾向上属于新左派。它宣布自己是和欧洲与美国的新左派类似的组织，它表示愿意接受美国社会学家C.赖特·米尔斯的思想。他们强调知识分子在战后社会中的作用，拒绝老左派坚持存在潜在的革命可能性和工人阶级中心地位的观点。他们认为，当时欧美的共产党和社会民主党都未能指出一条正确的道路，他们希望自己来探索这样一条道路。据1960年加入"德国社会主义学生联合会"的米夏埃尔·韦斯特的回忆，他们与英国新左派进行了接触，"正是通过他们，我们采纳了'新左派'的名称"[1]。

这批左翼学生持续地进行了一种研讨新的"理论路线"的活动。法兰克福大学研究生奥斯卡·内格特倡导了一种每周举行的马克思主义研讨班，对这个组织未来的发展产生了重要的影响。内格特回忆说："这是在德国社会主义学生组织中第一次深刻和彻底的对马克思主义的研究，整整一代未来的德国社会主义学生联合会的领导人自始至终地参加了我们组织的这个两到三年的研究团体。"他们不仅研究马克思主义，并且发掘出了老的社会主义和无政府主义的传统，以及批评社会民主主义过去的著作。这批左翼学生骨干企盼着未来会出现一个左翼学生运动的高潮。奥斯卡·内格特回忆说："我们中所有的人完全明白了，我们在为未来工作，即便我们的规模很小。""我们确

---

[1] 罗纳德·弗雷泽：《1968年：反叛的一代学生》，第49页。

信，我们对社会的分析是正确的，我们与第三世界的运动的团结一致是正确的。"①

联邦德国这批新左派反对的核心目标是为满足资产阶级生活方式而巩固下来的传统权威。他们批判"代议制民主的政治决策制度"。其政治目标是首先建立直接的民主制度苏维埃，以一种社会主义的自由人的联合体来代替政治统治，从而取消国家这种暴力机构。在意识形态方面，新左派没有一致的主张和思想，他们大体上以人道主义的社会主义为其出发点。他们带有存在主义的色彩，希望人类能有决定自身的主权，每个人都可以自主地对现存的存在形式做任何形态的塑造。另一方面，他们在心理学上要求放弃一切传统的禁律与讳忌，反对将人驯化为一个被社会、政治、经济所用的工具，认为人是有本能与欲望的，是不能以习俗制约和镇压来驯化的。在对生活的要求方面，联邦德国的新左派有很浪漫的幻想，希望建立一个未技术化的、没有官僚管理的世界，希望生活在一个自由选择的共同体中，要以公社式的共同生活代替传统的家庭生活，主张妇女解放、性自由。马克思的早期著作对联邦德国的青年左派起了很大的影响。

"德国社会主义学生联合会"关注着当时第三世界发生的民族解放运动和革命运动。如图宾根大学的尼尔斯·卡德里茨克回忆的，他们"是唯一的〔在德国〕提出第三世界问题，如阿尔及利亚、刚果和南非问题的组织"。②自1964年7月10日，冲伯开始担任刚果部长联席会议主席，在卢蒙巴被刺杀后，他作为美国人的傀儡建立了独裁政府。1964年12月，针对冲伯访问柏林，"德国社会主义学生联合会"

---

① 罗纳德·弗雷泽：《1968年：反叛的一代学生》，第51页。
② 同上书，第50页。

柏林和慕尼黑分部的成员联合起草了一份传单，发动了反对独裁统治的抗议活动。德国学生运动的左翼，对于切·格瓦拉领导的拉丁美洲游击战给予极高的评价，他们赞扬切·格瓦拉的英雄行为。他们从马克思主义中找到对付国家暴力垄断的办法，这就是使用革命的暴力。他们相信暴力是新社会的助产婆，是新社会诞生前的阵痛。

对资产阶级教育制度的不满，是西德青年学生中普遍存在的情绪。1961年"德国社会主义学生联合会"在西柏林的一个工作小组写道："传统大学寡头式的自治为教授统治着，它必须为一个更为民主的大学制度所取代。必须确保在所有的委员会中由助教和学生共同做出决定。必须把学生的地位从从属于学术界权威的地位改变为具有同等权利的公民。"西柏林的"德国社会主义学生联合会"抨击大学"迎合统治阶级的要求"。尽管大学当时学费很低，但大多数联邦德国的学生不得不通过自己的工作或家庭支持来支付自己的学习费用，他们要花好多年才能取得第一个学位。1965年海德堡的一位心理学家报告说，在联邦德国，有67%的学生对他们的学习失望，有52%的学生感到感情无助地从事他们的工作，有36%的学生感到神经紧张不安和压抑，有17%的学生报告说他们"受到侵犯"。[1]

第二节　联邦德国学生运动的兴起和高潮

1965年，美国在越南的侵略战争不断升级，美军对越南人民民主共和国的目标发动了近千次空袭。美国疯狂的侵越战争对年轻一代的思想产生了极大的影响，青年人开始对西方的价值观产生怀疑，对

---

[1]　罗纳德·弗雷泽：《1968年：反叛的一代学生》，第85—86页。

生活感到颓丧，反战情绪与吸食大麻和摇滚音乐同时兴起。1965年9月14日，在柏林森林剧场举行的滚石音乐会上发生骚乱事件，造成价值40万马克的财产损失。越南战争成为学生政治积极性增长的一个最重要的因素。从1964年开始，"德国社会主义学生联合会"组织了关于越南战争的多种活动，如放映专题电影、举办座谈会等。1966年1月28日，有人试图放置炸弹破坏在柏林科技大学学生宿舍举办的一个关于越南的讨论会。当时西柏林的报纸具有强烈支持美国越战政策的倾向。西柏林的许多学生觉得，反对越战必须走出校门。2月初，在西柏林，"德国社会主义学生联合会"与其他青年组织合作，动员了2000人发动了第一次大规模的反战示威。示威的前一天晚上，在西柏林和慕尼黑贴满了谴责基督教民主党总理和波恩的议会党团容忍美国在越南进行屠杀的标语。标语写道："留给被压迫者做的只有一件事：拿起武器！对他们来说，未来意味着革命！"张贴标语的，是"德国社会主义学生联合会"内被称为"颠覆行动"的一批活动分子。他们的活动方式与法国激烈地批判消费社会的"情景主义国际"相似。

"颠覆行动"的发起者之一迪特尔·金策尔曼一直是"情景主义国际"的成员，同时也是"慕尼黑反文化团体"的成员。这个反文化团体有一句名言："马克思以科学为根据搞革命，我们边玩边跳舞边革命。"在越来越强的无政府主义情绪的影响下，金策尔曼和其他"慕尼黑反文化团体"的成员开始考虑展开"集体抵抗"，致力于直接政治行动。这种"颠覆行动"理论影响了两名从东德逃亡出来成为西柏林自由大学学生的鲁迪·杜切克和贝恩德·拉贝尔。他们正在寻找一种反对拒绝向资本主义挑战的西德社会民主党并代替斯大林主义的新的政治理论。他们认为"颠覆行动"提出的"通过煽动进行启蒙"的理论是一种有力的动员民众的战略。拉贝尔觉得，那种激怒国家采取镇压措施的行动,可能撕下它表面上的仁慈外衣并显示它真正的暴虐的阶级本质。拉贝尔同时还批评"德国社会主义学生联合会"采取的组织大会,让名人在会上发表讲演,而不致力于罢教这一类行动的合法的抗议斗争形式。他说:"像我这样的更年轻的一代",不满足于"德国社会主义学生联合会"的"俱乐部式"的特点。拉贝尔说:"我们认为,如果某些领袖想要唤起群众觉悟的话,每一次革命都不得不超出资产阶级法律的限制。""我们认为,第三世界及其民族解放运动已经接替了 19 世纪无产阶级的古典的作用。在武装斗争的过程中,这些运动会发展起一种新的道德和信任,新的政府和社会的形式。但是,只有在第一世界头脑开通的人民的支持下他们才能得胜……我们应当根据在第一世界发生的革命变革来解释这些榜样。"

2 月 5 日,西柏林学生组织了游行。他们举着写有"西德和西柏林的政客正在支持屠杀越南人民""这种暴行是符合这种民主制度的"字样的标语牌,走上街头进行反战示威,并向柏林的美国大厦投掷鸡蛋。

出于对学生政治化的恐惧,自由大学在 1966 年通过决议,禁止学生在大学中举行任何政治集会或活动,这一决议违背了学校原有的关于学校向学生提供政治学习和教育场所的规定。为此,学生会向大学评议会递交抗议书,负责政治教育的桑特海摩尔教授也对大学评议会提出批评并辞职。为使学生没有时间参加反政府的活动,柏林自由大学计划实施限定学期制度,以增加学生的学习压力,超过规定学期数未能毕业的学生将被学校强迫退学。1966 年 6 月 22 日中午,3000 名学生聚集在大学会议厅,抗议学校的这一做法。学校当局和学生经过激烈的争论,直到当晚 22 时,学校最后收回这一决议,同意学生在自由大学举行政治活动。学生们在当日发表了一项宣言说,他们争取的不只是在大学内学习和表达意见的权利。这次获得的胜利，只是其目标的一部分，他们更重要的要求是，学校当局所有关于学生的决定，必须经过民主的程序并在学生参与下才能做出。学生们认为，目前大学内的主要问题，不在于学习时间的长短和更多的假期，而是取消少数人的专制，在社会的任何地方都必须实现民主自由。在这一阶段，学生开始组织各种政治学习班。11月26日，在一次"坐入"斗争（即抢占座位以示抗议）中，学生和校长的对话进行了整整两个小时，校长在回答学生提出的问题时不着边际，全无校长的风度。学生对此极为不满，在会上散发了一份题为"我们对此次对话无所期待"的传单，校长最后愤然离去。分发传单的学生都戴有"红卫兵"的袖章，柏林的报纸遂以很大的版面报道这一事件，称"毛的孩子破坏了自由大学的讨论"。

学生们除了采取直接民主的斗争形式外，在1966年夏季还采取了其他的斗争形式。"德国社会主义学生联合会"和其他学生组织在一家正在上映非洲种族主义内容影片的电影院门前设置了纠察队，他们还冲进电影院散发传单。

1966年中国的"文化大革命"开始后，对联邦德国学生产生了很大影响，德国新左派的力量不断发展。西德联邦政府为防止苏联与东德借学生运动蔓延之机，乘机渗透，有针对性地提出《紧急状态法》。1966年10月底联邦议会以"国家的民主处于紧张状态"为理由，正式提出实施《紧急状态法》，当时联邦德国出现了经济危机。1966年秋，基督教民主联盟被迫宣布重组政府。这时，作为反对党的社会民主党最终同意加入基督教民主联盟占主导地位的政府，以确保议会通过《紧急状态法》。这个法令将给予政府在国内动乱发生时使用武装力量强迫罢工工人复工的权力。在由基督教民主联盟和社会民主党共同组成的大联合政府中，社会民主党人威利·勃兰特出任外交部长，企业和政府采取"共同行动"，致力于经济发展。联邦德国国内政治发展的这种新形势使高度政治化的青年一代感到真正的幻灭。

于尔根·塞弗特这位"德国社会主义学生联合会"的老战士解释说，这样实施一种没有真正的反对派的议会民主制，就是选择一种独裁主义的国家，这一事件标志着学生运动的真正开始。激进的学生联想到，1933年希特勒在保守派政党帮助下成为德国总理后，就是利用类似的法律取得了专制权力。感到幻灭的不只是"德国社会主义学生联合会"的会员。德国社会民主党学生组织的成员尼尔斯·卡德里兹认为通过《紧急状态法》是对德国社会民主党人失去信任的关键事件。

这时，以前曾在"德国社会主义学生联合会"杂志上撰文介绍美国学生运动的麦克·韦斯特，又写了一篇名为《直接行动战略》的新文章，这篇文章列举了美国"非暴力合作委员会"的经验，以及美国学生占领大学的活动，反对核武器运动和"工人野猫"罢工的经验。此文对德国学生有很大影响。

1967年元旦，西柏林"德国社会主义学生联合会"的7名成员（其中四女三男）搬进了一个单元房同住，组成了"第一公社"。"第一公社"的行动很快不胫而走。"第一公社"的成员重印了奥地利心理学家威尔海姆·赖希的《法西斯主义群众心理学》一书。赖希认为，家长制家庭结构中的性压迫，只有在父权制社会中才出现，这是他或她个人本质异化的原因。该书在"德国社会主义学生联合会"成员中引起了对性解放和政治实践的关系的热烈讨论，如海德堡大学的蒂拉·西格尔所回忆的，学生中许多人把个人的解放和政治联系在一起来考虑。

1967年4月，美国副总统汉弗莱来柏林访问，在汉弗莱到来的前一天，学生组织散发了表示抗议的传单。警方遂逮捕了数名"德国社会主义学生联合会"的成员，他们中大多数是"第一公社"的成员，警方指控他们在塑料袋中装炸药粉以对汉弗莱行刺，其实他们正在练习抛掷蔬菜布丁，用来袭击汉弗莱的车队，以丑化汉弗莱。[①]

1967年5月初，西柏林有2000名学生举行示威，声讨美国的对越政策。其他大学的学生也奋起响应，他们还对社会民主党和基督教民主联盟组成的大联合政府表示不满，并对联邦德国的大学制度提出批评。政府出动警察镇压，学生愤怒地群起而攻之。

从1967年6月开始，联邦德国的学生运动大规模展开了。

1967年6月2日，伊朗沙阿巴列维访问西柏林。西柏林学生举行了示威游行，反对美国和伊朗的沙阿巴列维相勾结，压迫伊朗人民。西柏林政府对于沙阿巴列维和他的妻子采取了前所未有的安全保护措施。政府事先把许多伊朗学生流放到慕尼黑以外，封闭了公路，设置了特别的流动警察。但是，当沙阿巴列维前往歌剧院时，人们向他投掷鸡蛋和石块，成千的示威者并未使用暴力，但警察蛮横地殴打示威者。警察对示威学生进行镇压引发学生和警察冲突。其间，探长卡尔·海因茨·库拉斯强迫学生本诺·奥内佐格跪在地上，然后向他开枪。本诺·奥内佐格头部中弹，当场死亡。

本诺·奥内佐格被残暴地杀害的消息传出后，引起全国学生的愤怒，随后大约有15000人参加了奥内佐格的葬礼。各大学学生相继举行抗议集会。在全国各地都爆发了大规模的学生示威游行浪潮。法兰克福大学的德国社会主义学生组织"反权威派"的成员德特勒夫·克

[①] 罗纳德·弗雷泽：《1968年：反叛的一代学生》，第105页。

劳森回忆道:"为抗议枪杀事件,成千上万到那时为止尚未政治化的学生走上街头抗议这种政治暴行。""现在,我感到我们自己是一个被迫害团体的成员。""发生在奥内佐格身上的事,可能会发生在我们中任何一个人身上。"这种义愤从大学、中学传播到青年工人和学徒工中。当时西柏林一个洗盘子工人米夏埃尔·科勒目睹了为奥内佐格送葬的队伍从柏林走向奥内佐格的家乡汉诺威。他回忆说:"我想,这对我是真正的转折点。我曾在电视上见过鲁迪·杜切克,所发生的事情给我留下了深刻的印象。后来,我从一个公共电话间给德国社会主义学生联合会打电话,非常自然地问道,非学生是否可以加入这个组织。他们对我说:'有空来访问我们。'"在汉诺威奥内佐格的葬礼之后,杜切克在"德国社会主义学生联合会"的一次集会上号召说:"我们不得不蔑视警察对于示威的禁令,在次日组织行动。"① 然而,法兰克福学派的理论家于尔根·哈伯马斯随即指责杜切克和"德国社会主义学生联合会"的号召是在"助长左翼法西斯主义",他认为用这种方式向国家权力挑战是一种暴力冒险,那恰恰是希特勒和墨索里尼在1923年以前采用的做法。② 1967年夏季,联邦德国的学生运动暂时沉寂了。

1967年3月,马尔库塞访问了西柏林。他连续4天晚上向3000名以上的听众作讲演。他在讲演中提出这样的问题,即学生运动为什么而斗争,国家又会有什么反应。他强调,学生运动正在与功能齐备的社会以及民众的大多数相对立,而这个社会通常不会诉诸公开的恐怖。他还指出,他们还对抗着"体制无所不在的压力,它越来越不人

---

① 罗纳德·弗雷泽:《1968年:反叛的一代学生》,第123页。
② 同上书,第123—124页。

道,它通过它的压抑人的、破坏性的生产能力,把一切都转化为商品"。这样一种制度并非不可避免,它总要遭到打击,甚至只是遭到知识分子的反对。"如果我们想要工作和幸福,我们不得不继续斗争,因为在现存体制内,任何都不可能有。"[①]

这年秋天,大批新人加入"德国社会主义学生联合会",学生运动的力量增强了。一位学生运动活动分子回忆说:"当大批民众开始加入进来后,我们已经完全克服了夏天的低落带来的失望。在一个短时期内,德国社会主义学生组织的规模增长了10倍,真是意想不到!""我参加这个组织只有一年时间,现在我已成了一个'老家伙'。"由于参加者迅速增加,西柏林的"德国社会主义学生联合会"开始重新建设组织的工作。它围绕着4个"计划团体"进行建设,每个"团体"又分为若干个"研究团体",每个"德国社会主义学生联合会"的会员都加入一个"研究团体"作为其成员,以保证新加入者能够接受教育,加入组织和参加政治活动。"研究团体"选举代表参加全柏林的"德国社会主义学生联合会"的委员会。

在这个时期,柏林的学生展开了和平的和暴烈的两种形式的斗争。和平的斗争方式之一是在柏林建立批判大学。这一构想是在1967年6月2日柏林学生本诺·奥内佐格在学生示威中被警察枪杀后开始酝酿的。7月初,柏林批判大学的"临时教学计划目录"公之于众。这份文件指出,批判大学是西柏林的大学生和助教们在高等学校和专业学校内建立的自由组织。这所大学开设的课程面向所有有兴趣参与的学生、工人、职员和教师,其目标是促进其成员与社会人士获得政治上的组合和认同,即利用科学知识来塑造民主和法制国家的

---

① 罗纳德·弗雷泽:《1968年:反叛的一代学生》,第125页。

关系，这正是柏林自由大学校规上所规定的。批判大学将通过对教育改革进行不断地批判与实践，使所学的课程更有意义。批判大学将避免一种精神分裂的状态，即专业学习与个人兴趣间的断裂与疏离现象。批判大学将在科学与政治方面，为学生将来就业和步入生活做准备。批判大学将以柏林批判大学的模式在汉堡建立分校。①

处于当局血腥暴力威胁下的学生在另一方面还采取了纵火的斗争方式。这同时也是针对美国军队在越南肆意放火杀人的回应。1967年比利时首都布鲁塞尔的一家商场被人纵火后，5月24日柏林"第一公社"为此事印发了传单，鼓动人们学习比利时人的斗争方式，以此抵制越战。传单写道："直到今天，美军轰炸越南好像是为了表演给我们柏林人看，我们并不喜欢这些可怜的猪狗……血洒在越南的丛林里。""我们比利时的朋友们终于搞出了一个窍门，让大众亲身体验和参与正在越南进行的有趣的游戏，他们在一个商场里点燃了火星。""如果最近什么地方有商场被烧，什么地方有军营被炸，或者在什么地方运动场观礼台塌陷，请大家千万不要大惊小怪。"学生们认为一些大商场是"资本主义消费暴政的中心"，因此纵火焚烧。

大约在1967年5至7月间，"独立的活动中心和社会主义中学生"组织散发了一份题为"有些中学生他们现在不愿再这样生活下去了！"的传单。传单写道：

> 德国学生可以说是一个没有权利的受压制的群体，他们依赖于民主无法制约的有关当局，即在学校里，不合时宜的权威机构依然存在；在家庭中，家长拥有一切所谓的教育手段。

---

① Lutz Schulenburg, *1968 Dokumente und Berichte*, Edition Nautilus, Hamburg, 1988, pp. 103-104.

德国的学校，就其实质来说，与德国社会中其他一般机构相比，更加没有民主，在学校里依然沿用许多以前非民主时期的规章制度。首先要求我们学生学习的是一些形式上看来是多元性的，但实质上是不民主和不人道的社会制度的东西。我们要求：建立一个民主社会中的民主学校。

目前的"中学生参与管理委员会"和校刊，是在形式上民主的社会中不民主的学校里的一份懦弱的"民主"刊物，它至今还是粉饰学校权威机构的工具，所有使之产生有效的民主监督的努力的尝试，最终都以失败告终……

我们要求：在学校内引入民主监督机制！

…………

我们要求：赋予学生在学校里成立自己的政治组织的权利。[1]

5月25日，柏林"第一公社"在大学食堂前面散发传单，鼓动人们学习发生在布鲁塞尔的商场纵火事件，把它作为一种反对越战的模式。为此，柏林检察院向"第一公社"的负责人托伊费尔和朗汉斯提出起诉。11月28日，法庭开庭审理此案，马勒尔应邀出庭担任托伊费尔和朗汉斯的辩护律师，在法庭答辩时，托伊费尔表示："我们的目的是要激发人们的道德感，使他们愤怒，人们是不惯于愤怒的，即使他们在早报上读到关于越南或者诸如此类的其他恶劣的事情！"[2]

---

[1] Lutz Schulenburg, *1968 Dokumente und Berichte*, Edition Nautilus, Hamburg, 1998, pp. 60-61.

[2] Lutz Schulenburg, *1968 Dokumente und Berichte*, Edition Nautilus, Hamburg, 1998; Aus dem Protokoll der Verhandlung Vor dem Berliner Landgericht Von 28.11.67 gegen die Kommunardere wegen der; Kaufhausbrand-Flugblaette, Edition Nautilus, Hamburg, 1968, p. 50.

1968年1月30日,越南南方民族解放阵线发动春季攻势,获得全胜,给侵越美军以沉重打击。美国国内出现财政危机,美国统治集团非常担心西方战后的财政体系崩溃。3月31日,约翰逊总统宣布他不再谋求竞选总统。越南南方人民反美斗争的胜利对于世界范围内的学生运动产生了很大的影响,学生运动发展到一个高潮。

1968年2月17日,"德国社会主义学生联合会"与德国社会民主党以及自由主义左派的学生组织联合发起了一次反对越南战争国际大会,召开这次大会的目的,是为了表明与胜利的越南人民团结一致,休戚与共,同时,为国际学生运动提供一个论坛。美洲、欧洲和第三世界的左翼学生组织都被邀请出席大会,被邀请的还有一批正在进行地下斗争的学生组织。大西洋两岸主要的左翼知识分子力量的代表都参加了这次大会。这次大会使西柏林当局十分紧张,联邦德国的学生组织原计划在大会前举行一次示威游行,被西柏林当局禁止。社会民主党人、行政官许茨·诺伊鲍尔曾对西柏林的警察长官指示:"杀掉一些人不成问题,应当有1000颗被鲜血染红的头颅。"但警察长官拒绝接受他的指令,并随即辞职。①

2月17日,越南大会在一种热烈的富于战斗精神的气氛中开幕。会议大厅中高悬着越南南方民族解放阵线的旗帜和用切·格瓦拉的口号制成的标语"革命者的职责是发动革命"。大会代表就越南发生的革命、在西方发达资本主义国家和拉丁美洲反对帝国主义和资本主义的斗争展开了热烈的讨论。法兰克福的"德国社会主义学生联合会"领导人汉斯·于尔根·克拉尔在讲话中号召发动一场摧毁北约的国际战役,这个动议在大会结束时以压倒多数通过。科恩·邦迪作为法国

---

① 塔里克·阿里:《街垒战之年:60年代的自传》,第168页。

学生的代表参加了大会，德国学生的广泛发动使他很受感动，他说："这在法国还没有出现过。我们已经动员起来反对越战，但是还没有把大学的问题包纳进去。我们从德国学到这一点，他们对大学的批评意见给我的印象很深。"他邀请"德国社会主义学生联合会"主席沃尔夫去巴黎商谈。来自比利时的厄内斯特·曼德尔在讲话中把战争问题放到世界范围内来加以观察。他判断说，美国被打败，如果不是在1968年，就是在未来几年中，美国"将遭到比奠边府更大的失败"。杜切克就越南的反美斗争与欧洲反对资产阶级秩序的斗争之间的联系做了讲演。他谈到要通过触及整个制度的"长征"来扩大学生运动的基础，其"长征"的目标，是建立一种反制度。曼德尔等人指出，若不动员工人阶级，西欧的变革就不可能实现。越南大会的高潮是两个美国黑人退伍军人的讲话，他们描述了越南战争中黑人被当作炮灰的事实，他们注意到黑人正处于灾难的边缘，他们唱起了黑人的反战歌曲。

在西柏林越南大会召开时，南越的新年攻势业已展开，大会期间越南南方取得的每个新胜利都及时地在大会上做了通报。

在柏林市议会撤销了游行示威的禁令后，有12000余人参加了反对越南战争的示威。在游行队伍中，人们手挽着手前进，从头到尾喊着同一个口号："胡，胡，胡志明！""切，切，切·格瓦拉！"一些黑人则在管乐声中高唱："我们不到越南去！"英国新左派罗宾·布莱克奔回忆说："在那里，我第一次真正地感觉到人们所说的1968年精神。全城都是围成一群一群的民众在讨论示威的事，他们彼此询问：'你们这样做是为什么？你在帮助共产主义者，你是共产主义者吗？'真是非常鼓舞人，它不是一种奇观，而是一种真正的政治事件，完全不同于我们曾经经历的任何示威。"英国"与越南团结运动"

的领导人塔里克·阿里回忆说:"两万人举着红旗在所谓冷战的首都前进!少有的令人吃惊!绝对少见的令人吃惊!""当我们穿过旧市区时,你会感到旧日的革命运动正在复兴,历史在重演。"①

西柏林学生示威三天之后,2月21日,西柏林市政当局、德国社会民主党等各政党、德国总工会和斯普林格出版集团在西柏林组织了一次反对学生运动的集会和反示威。在公共机构中供职的官员和雇员被邀请"自愿参加"这次行动。当局允许工人和文职人员下午离开工作岗位去参加游行示威,共有8万名柏林市民参加了反对学生运动的示威游行。示威者打出了"柏林不可以变成胡志明市"的标语。在西柏林街道上出现了令人痛心的场面,一个女学生被打倒在地,一个貌似杜切克的学生被一伙人袭击,那伙人高呼:"处死他!吊死他!"这一天有35人被打伤。西柏林处于冲突和内战的边缘。在西柏林大会数月后,西欧各国的学生运动开始从抗议转向与军警的冲突。冲突在罗马、伦敦和巴黎的街道上都发生了,与法国1968年5月末一样,西德的资产阶级和市民采取了与学生运动对立的立场。

作为联邦德国学生运动主要活动家之一的鲁迪·杜切克正是鉴于这种形势,在1968年初提出了"穿透整个制度的长征"的策略口号。他具体地解释了学生运动在未来应采取的做法:"加深在社会不同层次(高级中学、假期培训学院、大学、著名的工业部门,等等)……业已存在的矛盾……以此分裂代议制制度整体的各部分和分支,并把他们争取过来转入革命者阵营。穿透制度的长征意味着颠覆性地利用复杂的国家-社会机器中可能有的矛盾,以此在一个长期的过程中摧毁它。"②

---

① 罗纳德·弗雷泽:《1968年:反叛的一代学生》,第154—155页。
② 同上书,第138页。

1968年4月11日，学生运动领袖鲁迪·杜切克骑自行车去药店为他3个月大的儿子买药，正当他在药店门口等待开门营业时，一个有强烈右翼情绪的油漆匠约瑟夫·巴赫曼走近他，问他是否就是杜切克，他围着杜切克绕了一圈后，向杜切克开了三枪，其中两枪击中头部，一枪击中胸部，杜切克受了重伤。[①] 杜切克被刺事件激起了联邦德国学生运动发展到了一个高潮，形成自魏玛共和国以来最严重的巷战冲突。在学生和军警的冲突中，有2人被打死，400人受伤，在5天的战斗中有1000人左右被捕。斯普林格出版集团事先对学生运动的歪曲报道和攻击，是导致对学生发动袭击的重要原因，因此，学生起义的主要目标是针对斯普林格出版集团。在联邦德国的主要城市，共有6万名学生封锁了斯普林格出版集团的办公大楼，封锁了该出版社在各地的发行渠道，有的甚至放火焚烧其办公大楼。鲁迪·杜切克的挚友贝恩德·拉贝尔在刺杀事件发生后几小时举行的群众集会上，号召人们袭击西柏林斯普林格出版集团的办事处。几十名学生冲进出版集团总部，之后为避免与其雇员和工人冲突而撤了出来。在大楼外，他们围住运送报纸的汽车并付之一炬。冲突持续到夜间，警察使用水枪击退了示威者。

由于警察开枪杀害学生，"德国社会主义学生联合会"领导的学生运动发展成为一场群众运动。许多工人和新中产阶级参加到这一运动中来。4月13日，14名知名人士共同呼吁："恐惧与不愿意认真听取学生和反对派的意见，导致了目前这种气氛。"他们要求斯普林格出版集团做一次公开检讨，他们对学生表示同情，但同时呼吁学生放弃使用暴力。这14个人大都是学者与科学家，其中包括法兰克福学

[①] 戴维·考蒂：《68年：街垒战之年》，第77页。

派的阿多诺。学生组织原来希望工人阶级积极支持他们，但德国的情况与法国相反，工人阶级与学生运动保持着距离。5月11日，学生在西柏林召集了反对《紧急状态法》的大规模抗议示威。此外，学生在波恩组织了数万人的示威。学生领袖本来希望能与工人联合起来显示力量，然而工会事先避免了这次联合抗议示威，他们同一天在多特蒙德组织了一次单独的示威行动。随后，学生组织号召工会对于《紧急状态法》发动一次总罢工，这个要求也被拒绝了，激进的学生失望到了极点。

在法兰克福，学生在1848年革命时期召开第一届德国议会的保尔斯克舍举行了集会示威。激进学生领袖于尔根·克拉尔对5000名示威者说："德国的民主已处于最后关头。"大批学生呼应着他。学生采取了罢课和占领几乎所有大学的行动，并希望吸引更多的人来加入学生运动，"把斗争引入城市"。在法兰克福大学，校长关闭了大学长达一周时间，当它重新开放时，学生们占领了大学的主要建筑物，并将这所大学易名为"卡尔·马克思大学"。在学生占领法兰克福大学这一天有15000人参加了，在法兰克福举行了反对《紧急状态法》的示威，他们主要是工人，工人甚至号召发动半天的罢工。学生们打开校长办公室的门，占领校长办公室两天半。他们在校长办公桌前吸校长的雪茄烟，开着玩笑接电话。在占领大学期间，学生还走出校门到工厂去，试图把工人发动起来支持学生运动，但工人们态度冷淡地表示理解学生的斗争。对于越南问题，工人答复道："是的，我们理解，但那件事……是那些掌权者的事。"最后，警察开进校园，结束了学生对大学的占领。

1968年4月枪杀杜切克事件发生后，在纽约、伯克利、多伦多、伦敦、巴黎、罗马、米兰、贝尔格莱德和布拉格，都爆发了支持联邦德国学生运动的示威，形成了一个国际性的学生抗议运动。

在学生运动高潮过去后，一些左翼学生活动家意识到需要发动大学以外的社会群体，他们的目标才能实现。于是，他们在邻近地区发起组织了"基础群体"，围绕着与人民生计相关的问题把群众组织起来进行请愿。激进学生仍然是这种群体的主要力量。他们在活动中吸取了美国"争取民主社会学生组织"的活动经验，尽可能地与工人和其他青年人接触。激进学生活动家米夏埃尔·冯·恩格尔哈特回忆说："在我们的团体中，有了一些工人阶级的学徒和来自高级中学的小弟弟和小妹妹。"激进学生冲击了教会的活动。在莱茵兰的索本河姆，在举行传统的悼念二战时期死者的休战纪念仪式时，激进学生进去放置了献给越共的花圈，并散发传单。但是，组成"基础群体"的尝试失败了，青年工人时而参加时而退出，而广大居民普遍对学生运动持敌对态度，激进的学生活动家发现自己在社会上很孤立。1968年夏季以后，学生又回到校园内活动。学生一度占领了社会学学院，到圣诞节前夕，学生们被驱逐出来。随后，"德国社会主义学生联合会"决定去占领阿多诺领导的"社会研究所"，这是著名的法兰克福学派的根据地。法兰克福学派早期的思想家曾给学生运动以很大的启迪和鼓舞。这种不顾后果的行动表现出学生组织的混乱，并导致那些对学生运动持友好态度的学者也起来反对学生运动。阿多诺叫来警察把占领者驱逐出去。①

在西德1968年学生运动高潮中，妇女运动悄然兴起。这年5月，在西柏林建立了"妇女行动委员会"。它始于参加"德国社会主义学生联合会"的女性成员对男性采取的反叛行为，她们对学生运动中男

---

① 罗纳德·弗雷泽：《1968年：反叛的一代学生》，第240页。

性的大男子主义表示不满。9月，在法兰克福举行的德国社会主义学生联合会大会上，该委员会的代表做了尖锐的批评性的讲演。会上提出的《关于妇女解放的柏林行动纲领》认为，"私人事务也是政治"。大会之后两个月内，在联邦德国建立了8个妇女团体。法兰克福的妇女团体提出这样的口号："使社会主义者从他们的资产阶级良心自责中解放出来！"

1968年11月初，支持学生运动的律师霍斯特·马勒在西柏林特格勒街法庭出庭。法庭威胁说根据他的行为，要取消他的律师资格，众多学生聚集在那里表示抗议，他们中许多人戴着头盔。警察用催泪瓦斯驱逐学生群众，并出动了骑兵，于是，骑摩托车的青年人开始用石块袭击警察，很快，其他群众也参加进来，在青年人的攻击下，警察逃散了。学生冲进法庭，欢呼自己取得的胜利。在特格勒街冲突事件之后，召开了一次群众集会，会上讨论了是否要冲击在西柏林召开的基督教民主党大会的问题。这表明在德国学生运动中，暴力斗争的策略已经提出来了。到会者有一半认为需要发动更多的像在特格勒街那样的斗争，而另一半到会者，其中主要是德国社会主义学生组织的成员，他们反对这种做法，认为那是一种暴力破坏行为。

总之，占领大学的失败给了"德国社会主义学生联合会"最大的打击，到1968年冬季，"德国社会主义学生联合会"大规模的群众性活动已经终止。

第三节 学生极左分子的组织及活动

在联邦德国学生运动中，随着与资产阶级政权矛盾冲突的加剧，出现了极左派别，他们在学生大规模群众斗争失败后转而采取冒险主义策略和极端的斗争形式。从 1967 年底到 1971 年 2 月，在西柏林共发生了 70 起反对越战、向美国设施投掷燃烧物和爆炸物的事件。并先后建立了诸如"革命细胞组织""红军党团""六二运动"等组织，进行了大量的恐怖活动。

1970 年 2 月，在海德堡大学医生胡贝尔的领导下，在海德堡成立了"社会主义病人联合组织"，这是一个自助性的组织。胡贝尔认为，联邦德国的社会经济制度是使德国人致病的根源，要根治德国人的心理与精神疾病，必须从摧毁现存制度入手。学校当局不能接受他的观点和所从事的活动。学生们绝食示威，他就争取继续在学校使用医疗室为病人服务。该组织下设无线电技术组、炸弹技术组和武术工作组，起初这个组织只有 30 人，到 1971 年 3 月发展到 300 人。它为后来成立的"红军党团"提供了有生力量。

"革命细胞组织"是在 1968 年以后发展起来的。其活动中心设在莱茵河畔的法兰克福。"革命细胞组织"在形式上与其他左派恐怖组织不同，它没有领导中心，而是由许多所谓的"细胞"即小组组成，每个小组为 3—5 人。参加"革命细胞组织"的人士一部分是职业革命家，另一部分是平常过着正常生活、有时从事暴力行动的人士。因为他们利用业余时间活动，因此被其他组织讥笑为"下班后的游击队"。"革命细胞组织"的成员有很多来自无政府主义组织，如黑人协助组织、红色协助组织、反帝国主义斗争组织和革命斗争组织。"革命细胞组织"采取的主要斗争方式是针对性地占领一些设施、破坏建筑物和用电话恐吓敌人等。他们只是到最后才选择使用暴力。它的每个小组可以自由决定其活动，没有一个共同行动的联络中心。

1973 年 9 月，皮诺切特在智利发动政变，推翻了民主选出的阿连德领导的政府，之后逮捕了万余名左翼分子，数千人遭受严刑拷打并被杀害。为抗议美国国际电讯公司参与策划智利军事政变，同年11月，"革命细胞组织"在美国国际电讯公司德国分公司施放了炸弹。1975年11月，"革命细胞组织"将12万张伪造的西柏林交通公司乘车证散发到乘客手中，使公交公司的自动售票机在此期间无人光顾。

另一个极左派组织是1970年创立的"红军党团"。创立这个组织的有德国社会主义学生联合会的老战士，如学生运动的律师霍斯特·马勒尔和著名的左翼专栏作家乌尔莉克·迈因霍夫。在1968年复活节街道战斗后，一小批德国社会主义学生联合会的成员对采用暴力斗争的问题展开了讨论。同年11月特格勒街的战斗之后，展开的辩论更为激烈。一小批极左派学生运动活动家相信，极端的议会外反对派需要一种各自为战的游击队式的组织，以开展作为范例的革命行动，这个组织的人员来源主要是学生和知识分子。1970年5月，"红军党团"展开了第一轮战斗。在营救被捕的红军党团领导人巴德尔的一次越狱行动中，一名看守人和一名西柏林大学图书馆的雇员受了重伤。之后，迈因霍夫与巴德尔一同转入地下活动。"红军党团"的活动使一批工业家、法官和美国在西德的军人遭到暗杀，一些警官在枪击下丧命。一批"红军党团"成员或是被警察打死，或是被他们自制炸弹炸死，或是在狱中被毒死。[①]1970年5月，学生运动活动家乌尔莉克·迈因霍夫、马勒尔等人着手营救巴德尔。6月5日，他们发表了关于营救巴德尔的行动和建立"红军党团"的声明。这份声明说：

> 向错误的对象阐述正确的东西，是没有任何意义的。但是很久以来，我们一直都在对牛弹琴。有关营救巴德尔的行动，

---

① 罗纳德·弗雷泽：《1968年：反叛的一代学生》，第298页。

我们不想对那些自以为什么都知道的、饶舌的知识分子解释任何东西，我们只想与那些潜在的革命者进行对话，他们能很快理解我们的意思，因为他们自己也是囚犯。那些喜欢空谈的左派人士，永远不会做出类似的举动，因为他们只会纸上谈兵，而不付诸行动。这早已使人们厌倦了。

所以我们建立了红军。在父母身后，是老师，政府的青少年局和警察。在工头后面是师傅、人事部门、工厂保卫部门、慈善机构和警察。房屋看管人背后是房屋管理者、房东、执法人、清理诉讼人和警察。那些猪猡通过取缔、解雇、解散等手段，达到他们的目的。很显然，如果他们无法达到目标，他们就会拿起手枪，动用催泪瓦斯、机关枪和手榴弹。显然，在越南的美军都接受了游击战术的培训，并将绿色贝雷帽部队引入刑讯逼供。那又怎么样？

显然，针对政治犯的刑法正在变本加厉。你们还应认清的一点是，社会民主也是一种肮脏的东西，你们应该坚持，让帝国主义，也就是瑙伊堡尔[①]们和威斯特摩兰[②]们，以及波恩、参议院、州青年局和区政府的官员们，让这些猪猡分化瓦解，互相牵着鼻子走，彼此倾轧、恐吓，使他们丧失战斗力。你们必须明白，革命并不是复活节散步。这些猪猡当然会尽其所能，强化他们的暴力机器，但是又不能走得太远。为了使矛盾进一步激化，我们决定组建红军。

如果没有建立红军，所有的冲突和纠纷将会逐渐腐化，所

---

① 瑙伊堡尔（Kurt Neubauer），西柏林的内政部长。
② 威斯特摩兰（William Childs Westmoreland），1964—1968年任美军驻南越总司令。

有的政治努力，将在企业中，在婚宴上，在贫民区内，在柏林普勒茨妇女监狱以及法庭上，走向改革主义。明确地说，他们会执行更加严厉的规章制度，运用更为巧妙的恐吓形式，使用更严酷的剥削方法。这只会摧毁人民，而摧毁不了人民要摧毁的东西！如果没有组建红军，那些猪猡就会为所欲为。那些猪猡可以继续将人民关押起来、解雇人员、抄查追踪、诱骗孩子们、恐吓、开枪、统治。激化矛盾与冲突的意义在于，让他们不能为所欲为，让他们做我们所要做的事。

你们必须让他们明白，他们不会从剥削第三世界，从波斯湾的石油，从波利维亚的香蕉园和南非的黄金中——获得任何东西，因此他们是没有任何理由与剥削者认同的，他们将会理解，今天在这里发生的事，早就在越南、巴勒斯坦、危地马拉、奥克兰和瓦茨，在古巴和中国，在安哥拉和纽约发生过了。如果你们告诉他们，他们就会理解：营救安德列亚斯的行动并不是一个孤立的事件，也不是第一次。

"红军党团"的成员主要来自学生和知识分子，这个组织展开了爆炸、纵火、袭击银行的活动。"红军党团"的活动和"六二运动"组织交织在一起。

"六二运动"组织是在1972年正式成立的。这个组织的主要成员包括西柏林的"布鲁斯""游击队""大麻反叛者""黑鼠""黑色阵线"等组织的成员，其主要领导人为无政府主义者博米·鲍曼。为纪念在1967年6月2日示威游行中被杀害的学生本诺·奥内佐格，该组织命名为"六二运动"。"六二运动"的大部分成员出身于工人阶级，他们对社会不满，沉湎于无政府主义活动路线，其行动只是为了宣泄和表达内心对社会的不满。他们的口号是"摧毁所有你们能摧毁的一切"。他们认为，对国家的扬弃，即废除国家机构，进入社会主义，必须以满足个人需要作为起点。

1970年8月，西柏林林霍夫机械制造厂计划大规模裁员。于是"黑色阵线"游击队用炸药袭击了工厂主的住宅和私人轿车。1972年1月30日，驻北爱尔兰德里的英军向游行示威者开枪，打死13人。2月2日"六二运动"成员用炸弹袭击了英国游艇俱乐部和北约驻军的两辆轿车。1972年3月3日，针对早些时候佩特拉·舍尔姆和格奥尔格·冯·劳赫被害，"六二运动"成员在柏林的州警察局制造了炸弹爆炸事件。同年5月19日，"六二运动"和"红军党团"特遣队在汉堡的阿克塞尔－斯普林格出版集团制造了炸弹爆炸事件。1974年11月10日，"六二运动"特遣队试图绑架柏林高等法院院长冈特·冯·德伦克曼并把他打死。1975年2月至3月大选期间，"六二运动"成员绑架了基督教民主联盟主席彼得·洛伦茨。"六二运动"还在1975年7月30日和31日发动两起抢劫银行案，抢劫了10万马克现金。

联邦德国政府为了对付学生运动，于1971年底拟定了"反激进分子法案"，提交联邦议会讨论。1972年1月28日勃兰特与各州州长达成一致协议，颁布了《关于公职人员参加极端组织的原则》，要求一切担任公职的人员必须忠于宪法，要解雇那些在国家机构中担任公职但反对宪法的人员。在1972年夏季法兰克福的美军总部、奥格斯堡市警署、慕尼黑地方刑事警署、汉堡斯普林格大厦、海德堡美军总部和汉堡购物商场相继发生炸弹爆炸事件后，警方逮捕了5名最活跃的城市游击队员巴德尔、迈因霍夫、美恩斯、拉斯佩和恩斯林。1976年6月24日联邦议会通过了《反恐怖法》，大批学生极左恐怖活动分子被捕入狱。

西德学生运动极左派别的暴力恐怖活动使其自身力量遭到很大损失，也丧失了群众的同情与支持，事实证明这是一条错误的活动路线。若干年后，这些德国学生运动活动家也认识到这一点。1992 年 4 月，"红军党团"发表的一份名为"致所有为在全世界实现合乎人类尊严的生活，寻求具体解决办法并贯彻之的人们"的文件便表明了一种反思，文件[①]写道：

> 我们所面对的是一个世界范围内力量对比关系发生变动的时期——社会主义阵营的解体和冷战的结束。我们过去所为之奋斗的理念——通过国际性的斗争，实现全人类的自由，并没有取得多少实质性的成果。从总体上来说，解放斗争还是十分脆弱的。它对于反对帝国主义在各个层次上制造的战争，依然无能为力。
>
> 我们所面对的自身问题是，1989 年以前我们所采取的政治策略，并没有使我们在政治上更强，而是相反，变得更弱了。因为各种各样的原因，我们已不再对人们具有凝聚力，以采取共同行动。我们已经认识到的一个中心错误是，我们极少与其他已经觉醒、进行反抗的人们进行沟通，对于那些尚未起来反抗的人们，我们之间没有建立任何联系。我们很清楚，我们需要寻求人民的支持，我们同时期待着人民对我们的游击战略予以支持，但是现在看来，这显然是行不通的。虽然我们也曾制

---

① Rote Armee Fraktion, *Texte und Materialien zur Geschichte der RAF*, ID-Verlag, Berlin, 1997, pp. 410-414.

订过其他方案，但是事实就是这样。

我们过去的策略，过分集中和简化为单纯地对帝国主义发动攻击，缺失了对积极目标的直接追求，缺失了对于另一种社会形态的探索，这种社会形态现在已经具备了开始存在的条件。今天在这里开始发展的社会形态，为我们提供了与通过其他斗争方式所取得的类似的经验。与人民之间的关系，正如我们过去所常常做的那样，首先需要明确的是，团结民众加入到我们的行动中来。但是在决策过程中，并没有留给人民任何空间，使之得以与他人共同发展和实现其个人在日常生活中的社会价值。我们只有共同致力于一种政治，使得大多数人，以及生活在不同背景下的人们都能够了解到，帝国主义的冷酷和昏庸并不是自然命定的，当人民因为共同的愿望与要求凝聚在一起，帝国主义可以走向没落，人们现在就可以开始新的生活。

我们以往的经验，以及与志同道合者就许多问题所进行的讨论，使我们清醒地认识到，城市游击战目前已不再居于我们事业的主导地位。针对国家和经济界高层人士的死亡行动，现阶段无助于将我们的事业推向前进。因为这些行动只会使刚刚开始的一切，以及我们所寻求的一切，所面对的形势更为尖锐化。为了使斗争在质量上做到恰到好处，这些袭击行动必须具备一个明确的前提，即必须明确它们对于事态的发展是否会产生具体的影响，以及能否促进变革。这种明确性，即大家为建立一个新的基础而达成共识，在目前的情况下还不存在。如果我们这样说："采取那些行动，只会使我们远离这一目标。"这表明，我们理解这一事实。

我们已经决定，从逐步升级的对抗中撤出。这也就是说，我们在现阶段将停止对经济界和政界领导人物的袭击。

第四节　学生运动的活动家

在 20 世纪 60 年代末到 70 年代初的联邦德国学生运动中，出现了一大批学生运动的领袖和活动家，通过了解他们的经历和思想，可以更具体地认识联邦德国学生运动的起源、动机和倾向。

联邦德国这个时期第一代学生运动活动家和领袖，以鲁迪·杜切克、汉斯·格哈特·施密尔和米歇尔·鲍曼为代表。他们基本上属于新左派政治活动家，他们中大部分人尚未采取极端的斗争形式。

鲁迪·杜切克，1940 年 3 月 7 日生于卢肯瓦尔德，父亲是一名邮递员，他和大部分同龄人一样，是东德自由民主少年团的团员，但他依旧信奉基督教。1958 年高中毕业后，因为拒绝到人民警察部队服役，所以他未被任何一所东德大学录取，在经历了一段学徒生活后，他去了西柏林。柏林墙建成后，他留在西柏林，进入自由大学学习社会学。1963 年，杜切克加入了一个以打破资产阶级生活方式为目的的组织"摧毁行动组"。1964 年他加入了德国社会主义学生联合会。1967 年 6 月 2 日本诺·奥内佐格在游行示威中丧生后，杜切克成为"德国社会主义学生联合会"的领袖。1968 年在杜切克的积极努力下召开了支援越南的大会，谴责美国在越南的罪行。1968 年 4 月杜切克遇刺，身负重伤，失去说话的能力，他康复的过程极其漫长。

1968 年秋天，杜切克前往英国。1971 年冬天他因为涉嫌参与"颠覆行动"，被迫离开英国。之后，他迁居丹麦的阿尔胡斯，在当地的大学中接受一项教学任务。他在 1974 年完成的学位论文中认为，苏联社会主义发展中出现的各种现象，是其经济落后所致。他在此期间为报刊撰写政论文章,并且致力于在德国社会民主党和德国共产党之间建立一个左翼社会主义政党。他认为恐怖主义无助于阶级斗争,拒绝参加恐怖主义行动。尽管如此,他还是出席了恐怖主义分子霍尔格·迈因斯的葬礼。在葬礼上他高声说:"霍尔格,战斗还在继续!"他的发言极具鼓动性。20世纪70年代后半期,杜切克对新出现的绿色阵线表示了极大的热情。1979年12月他当选为不莱梅绿党代表团的候选人,准备出席在1980年1月举行的绿党成立大会,却因为当年遇刺留下的癫痫后遗症发作,猝死于圣诞夜。

杜切克在思想上先后受到马克思、卢卡奇、马尔库塞和弗兰茨·法农等人的影响,他本人在理论上有折中和混杂的特征。他在学生运动中的组织才能和演讲天赋似乎比他的理论分析能力更突出。到20世纪70年代,杜切克对自己宣传发动民众的主动性产生怀疑。他感到"国家问题""无法解决",十分困惑。他是一个真诚地献身于学生运动的活动家。

汉斯·格哈特·施密尔,1942年生于斯图加特一个高级官吏之家。父亲在战争中阵亡,施密尔在教会孤儿院中长大成人,接受了自由主义和新教教育。中学毕业后于1961年进入图宾根大学读书,后到海德堡大学。他在大学学习文学、历史、哲学和社会学,参加了各种政治活动。施密尔曾着手写作名为"政治表现主义"的博士论文,但没有写完。施密尔从1968年起担任"德国社会主义学生联合会"的理事。学生运动失败后,海德堡的社会主义学生联合会被宣布为非法,施密尔开始组建一个共产主义政党。1971—1973年,施密尔担任了曼海姆-海德堡共产主义组织新红色论坛的负责人,这是从社会主义学生联合会中分裂出来的一个组织。1973年,一些共产主义团体在不莱梅成立了西德共产主义联盟,施密尔出任该组织的中央委员会书记，1975年联邦德国政府以"破坏地方安宁罪"判处施密尔数月监禁。

作为西德共产主义联盟的主席，施密尔试图扩大这个组织的基础。但共产主义联盟未能吸引广大工人加入，也无法取得其他重要的毛派组织的支持，该联盟内部不断出现分裂。其主要原因是施密尔过于激进，因此无法被人们接受。作为西德共产主义联盟的代表，施密尔在1977年、1978年和1980年三次访华。1979年他又应邀访问津巴布韦。1980年他曾去柬埔寨与波尔布特会晤。1983年施密尔对组建中的绿党予以支持。以后，西德共产主义联盟由政党改组为协会，到1985年解散。1983年初，施密尔开始编辑出版《共产主义——政治、经济、文化论坛》，该刊物逐步离开原来的西德共产主义联盟的立场，向政治开放过渡，在立场上接近于绿党。施密尔后来是政治评论家，在政治上支持绿党。

米歇尔·鲍曼，1947年生于东柏林的工人聚居区利希滕贝格，后搬迁到柏林西部的梅尔克区。在就读于公立学校时，他与当时的年轻人一样，对父母、家庭、成年人世界的叛逆思想愈演愈烈。到20世纪60年代中期，鲍曼只是偶尔从事一些临时性的工作，他积极参加柏林青年具有反叛性的活动和"越轨"行为。从1966年起他与学生运动有密切的接触，他参加了"德国社会主义学生联合会"和共和俱乐部的活动。1967年鲍曼与迪特尔·金策尔曼、赖纳·朗汉斯和弗里茨·托伊费尔共同组建了"第一公社"。鲍曼在"第一公社"成立之初就考虑采用恐怖手段作为政治斗争方式，他后来说："1967年我在'第一公社'成立时就主张使用炸弹。"在1968年，鲍曼与"维兰德公社"建立了联系，关于这个时期他叙述说："我们10—20人共住在8个房间内，其中包括3个孩子，我们通过印刷盗版的《巴枯宁全集》和在商店行窃维持日常生活开支。""维兰德公社"的一些成员在1969年春天成立了大麻反叛者中央委员会，该组织以"柏林亚文化军事核心"自居，公开表示要向"后资本主义的奴隶主制度"宣战。在格瓦拉和毛泽东著作的影响下，他们探讨建立城市游击队的可能性。鲍曼在纵火烧毁汽车、在群众游行示威时制造暴力骚乱和破坏警方雷达车等行动中发挥了积极作用。他曾去位于黎巴嫩的巴勒斯坦军事训练营受训。回国后鲍曼依循南美城市游击队的模式组建恐怖组织"黑鼠""黑色阵线""西柏林游击队"。这些组织随后制造了一系列炸弹爆炸事件和纵火事件。1970年2月鲍曼被警方逮捕，后被囚禁一年半。出狱后，鲍曼参加了大麻反叛者组织与警方的冲突，参加抢劫行动。他最终目睹自己的战友在身边倒下，感到对历史无能为力。

从20世纪70年代初开始，联邦德国学生运动中出现了一批暴力派活动家，他们在资产阶级国家的压迫下，采取了暗杀、爆炸等极端活动的方式，政治性的学生运动开始走上歧途。他们中有恩斯林、巴德尔、乌尔莉克·迈因霍夫、布里吉特·莫恩豪普特、苏珊娜·阿尔布莱希特等人。

古德龙·恩斯林，1940年生于士瓦本的牧师之家。1960年进入图宾根大学学习哲学、英语和德语文学，后迁居西柏林。1965年联邦议会选举时她加入德国社会民主党，后退出该党，加入"德国社会主义学生联合会"。不久，恩斯林结识了生活新伴侣安德烈亚斯·巴德尔。巴德尔1943年生于慕尼黑，他的父亲是历史学家，后来被关进战俘营就没有再回来。此后，巴德尔浪迹慕尼黑中下层社会，16岁时为逃避兵役而迁居西柏林。他曾在《图片报》工作过一段时间。1968年初，恩斯林和巴德尔一同迁居莱茵河畔的法兰克福，两人都参加了"德国社会主义学生联合会"的活动。1968年4月他们与另两位同志在法兰克福采尔商场制造了一起纵火事件，分别被判处3年监禁。1969年6月提前释放，他们一同逃往国外。1970年他们秘密返回西柏林，巴德尔在西柏林再次被捕。在巴德尔被捕后，恩斯林在《具体报》专栏记者乌尔莉克·迈因霍夫和左翼律师霍斯特·马勒尔的帮助下使巴德尔越狱获得成功。此后他们不得不转入地下活动。后来他们在约旦的一个巴勒斯坦训练营停留了一段时间，着手组建一个恐怖组织。如果把恩斯林与巴德尔做一个比较，那么恩斯林较为倾向政治激进主义，而巴德尔则更倾向于肆无忌惮的行动主义，有严重的暴力斗争倾向。恩斯林和巴德尔成为地下运动的领导者，策划了一系列银行抢劫案和炸弹爆炸事件。1972年6月1日，在政府的一次大规模缉捕行动中，安德烈亚斯·巴德尔等人在法兰克福被捕。由于房东的出卖，古德龙·恩斯林于1972年6月7日在汉堡被捕。以后恩斯林和巴德尔同被关押在斯图加特监狱。1977年4月，恩斯林等被判终身监禁，"红军党团"的营救活动也失败了。10月18日恩斯林和巴德尔死在自己的牢房中，据官方报告为自杀，但很多同情者认为是被暗杀。

乌尔莉克·迈因霍夫，1934年10月生于奥格登堡，早年深受基督教教义的影响。父母去世后，乌尔莉克由养母抚养成人。1958年4月，乌尔莉克加入德国社会主义学生联合会。她被选为学生反核武器委员会的发言人。从1958年起，乌尔莉克参加了《具体报》的撰稿工作。在《具体报》的推动下，起草了一份要求波恩政府与东德政府进行谈判的决议案，在全国产生很大的影响。1961年，乌尔莉克在《具体报》上发表了《希特勒在你们之间》一文，引起大众的注目。她在文章中将当时的国防部长史特劳斯与希特勒进行了对比。1968年巴德尔等人因纵火被捕后，乌尔莉克·迈因霍夫组织营救巴德尔，在柏林大学的图书馆内将巴德尔救了出来。乌尔莉克·迈因霍夫及其同志的暴力活动的方式，遭到了思想深邃的养母蕾娜特·里梅克的批评。

1971年11月，蕾娜特·里梅克在《具体报》发表了一份名为"乌尔莉克，放下武器"的公开信。信中写道：

> 在你的集体中，你比那些年轻人更先行一步。事实上，当他们还没有踏进学校大门时，你就已经开始投身政治斗争了。在1958至1959年的反核运动中，你一直站在潮头。诚如你已经知道的那样，政治运动可能会突然爆发，继而又复归平静，而人们在血腥杀戮中什么也不会赢得。认识到这一点，是很重要的。
>
> 但你同时也不应因一时疏忽，把反对专制与独裁的斗争和掀起一场大革命风暴混淆起来。
>
> 关于用暴力袭击政府职能机构的合理性问题，我们的看法一度是完全一致的——当时你曾经很偶然地和我谈及这个话题。你对于权力机构的实际效能不报任何幻想。事态的发展正如人们一开始就已经预见到的那样，当抵抗运动没有成功地实现工薪阶层的团结一致，革命没有达到预期的目标，就会注定出现争吵与分歧，而失望也是不可避免的。
>
> 联邦共和国内并没有适合拉美城市游击战的土壤。我们这里所具备的条件至多适合上演一出申德汉纳的戏剧。你知道，乌尔莉克，除了激烈的反感与仇视，你们很难从我们公众这里期待得到其他更多的东西。你也很清楚，你们注定要因此扮演群魔的角色，把每一步倒退和由此产生的反作用作为每次大规模反共声浪潮起时开脱自己的辩护词，而反共思潮一度曾因为

学生运动的风起云涌而得到明显削弱。

除了少数几个同情者，还有谁能够从政治和道德进程推动者的角度理解你们的事业？当牺牲精神和视死如归的勇气变得不可理解和难以操作时，它们就会成为目标本身。

佩特拉·舍尔姆之死和玛格丽特·席勒的命运一定使你受到了触动。你们没有类似乌拉圭游击队的自我辩白，准备在行动中被打死或者让他人失去生命。你们迫切需要进行自我修正。

我不知道，你在这个组织中的影响力有何等深远，你的同道们的理性思辨能力可以达至何等深度。但是你应该尝试，将城市游击战置于这个国家的社会现实中，重新判断其操作的合理性与可能性。你可以做到这一点，乌尔莉克。

乌尔莉克·迈因霍夫的养母蕾娜特·里梅克给她的信在《具体报》上刊登三周后，园林局的一名雇员在柏林维滕贝格广场的一个纸筐内发现一只可疑的塑料袋，里面装有弹药和几张写了字的纸片。根据文风可以判断出自乌尔莉克·迈因霍夫之手，袋中还有一封信的复写本，题为"一个为奴隶的母亲乞求她的孩子"，这是乌尔莉克·迈因霍夫给她养母的复信。信中写道：

乌尔莉克，你不是通缉令上的你，你是另一个，一个小奴隶——自己是一个女奴。

你怎么因此能够，向压迫你的人开枪？

不要让你自己受那些不再想为奴隶的人的引诱。

你不能保护她。

我想让你安于做一个女奴——和我一样本分。我和你——

我们一起目睹了，主人们是怎样在奴隶起义刚刚萌芽时，就把它打得粉碎。

许多奴隶死去了，而我们却幸免于难。那些对主人不敬与愤懑的女奴一定不知道，再次侥幸生还是一种怎样奇妙的感觉。享受这种感觉——因为除此之外我们再无其他可以享受。

革命波澜壮阔——我们对于它显得太微不足道了。

奴隶的灵魂是流沙，在上面无法建筑胜利。

当你醒来，要求自由时，却没有人能把它带给你。为什么你不放弃——像其他人那样？

看看我吧！我也曾经反抗，当主人打我时——我哭了。

但是你使主人发怒，他还会再打你。

谁还会想哭，如果我们会因此受到更多的虐待？

你是一个听话的孩子。你从没有爬出过主人的篱笆墙，但是其他人这样做过。他们放狗来赶你。

唉，孩子，你已经得到了一些很好的东西，这就是你所能拥有的一切。

一定把它带给你的监管人。

你看不见吗，主人是怎样的强悍？所有的奴隶都对他唯命是从。即使有些人，奋起反抗并取得了胜利，也会把胜利放在主人的脚边，为的是可以继续做奴隶。

奴隶仇视那些想得到自由的人。他们也不会帮助你，所以最终你会懂得，你的反抗全无意义。

你的勇气是冷酷无情的，因为它让我们不知所措，怎样才能在它面前把持我们藏匿许久的怯懦？即使你喜欢死亡胜于永远做一个女奴，那你也还是没有权利，让我们为此不安。我知道：你想，让我们大家都获得自由，但是我们会因此觉得更幸福吗？

那些在亚洲、非洲和南美洲的种植园里受鞭打，继而起来反抗主人的农奴，愿上帝宽恕他们。

我们家奴没有权利赶走主人和手持皮鞭的监管人。

把他们的房间收拾得井井有条，是我们的义务。

孩子，不要去犯罪。去忏悔吧。虽然主人的惩罚依旧令人胆战心惊。这是上帝的旨意。

做当局恭顺的臣民，让权力在你之上。

乌尔莉克，放下武器！

上帝诅咒，在不经意间创造了奴隶？

1972年6月15日，乌尔莉克·迈因霍夫和她的同志格哈特·米勒被警方抓获。她和同志们在狱中进行了绝食斗争。1976年5月9日，人们发现乌尔莉克·迈因霍夫在她的单人牢房中自缢身亡，但同情者认为她是被谋杀的。

霍斯特·马勒尔在柏林自由大学攻读法学学位期间，于1956年加入社会民主党。他于20世纪50年代末加入德国社会主义学生联合会。马勒尔大学毕业后在柏林一家有名望的律师事务所工作，取得律师资格。1967年他参与组织"共和俱乐部"，这个组织成为"议会外反对派"的一个活动中心。1968年马勒尔与另两名律师组成一个社会主义集体律师事务所，专门为政治犯辩护。

在刺杀鲁迪·杜切克事件发生后，霍斯特·马勒尔参加了反对斯普林格出版集团的游行示威。1970年5月14日他参与乌尔莉克·迈因霍夫组织营救巴德尔的行动，后来和他们一同流亡中东。马勒尔于

1970 年 10 月 18 日在柏林被捕。1973 年 2 月马勒尔因参与抢劫银行和参加恐怖分子组织，以及参与营救巴德尔，在柏林被判处多年监禁。

布里吉特·莫恩豪普特 1949 年 6 月生于莱茵贝格市，她父亲是商人。1967—1968 年，她在慕尼黑大学攻读新闻学。1971 年她中断了学业，参加"红军党团"，参加武装恐怖活动。她在"红军党团"中是知名的"女强人"，不久她就成为柏林"红军党团"的领导人。1972 年，她被捕入狱。1977 年 2 月 8 日出狱后她立即重新参加"红军党团"的活动，并被选为这个组织的领导。她和其他同志计划营救被囚的其他"红军党团"成员，1978 年布里吉特·莫恩豪普特和于尔根·博克、西格林德·霍夫曼等在南斯拉夫被捕，联邦德国政府未能引渡成功。1982 年 11 月莫恩豪普特被怀疑参与暗杀美军驻海德堡司令弗里德希·克罗森，于 11 月 11 日再次被捕。她被指控参与了"红军党团"在 1977 年制造的一系列袭击行动。经过 3 年的审判，她于 1985 年 4 月被判处终身监禁。

苏珊娜·阿尔布莱希特，1951 年生于汉堡一个律师家庭，过着大资产阶级式的生活。她年轻时便与父母的保守观念不断发生冲突，1976 年夏季学期，她以进修社会教育专业为名，进入汉堡大学学习教育学和社会学。1972 年 11 月，苏珊娜·阿尔布莱希特搬入集体公寓，她在那里结识了卡尔·海茵茨·德沃罗，成为情侣。在警察局的一次清洗中，她与汉堡埃克霍夫街的住宅占领者①保持着联系，她曾经被警察局逮捕。他们后来全部成为"红军党团"的活跃分子。第一代"红军党团"核心在 1972 年夏季被捕后，苏珊娜组织律师为其辩护，以后，苏珊娜投入到支持恐怖地下活动的工作中来，成为"红军

---

① 指占领空置不出租住宅，以抗议利用这些空置的不出租住宅来做房产投机的经营者。

党团"第二代核心分子。1978 年 12 月到 1979 年 2 月,她被派往南也门亚丁附近的一个营地进行军事训练。后来,苏珊娜对地下斗争失去信心,去民主德国和苏联生活工作了 10 年。1990 年 6 月她回国休假时在柏林被捕,后被判处 12 年监禁。

彼得·于尔根·博克生于 1952 年 9 月,他在教养所学习时结识了来教养所做辅导工作的巴德尔、恩斯林和霍斯特等学生运动活动者,他随后逃出了教养所。1969 年以后博克在法兰克福积极参加左派的活动。他认为打倒西德联邦政府必须采用暴力方式。1976 年博克开始转入地下活动,主要任务是组织营救被捕的"红军党团"人员。1976 年 5 月乌尔莉克自缢身亡后,博克参与"77 报复行动",并在 1977 年 4 月 7 日组织别动队袭击联邦大法官布巴克,当场把他打死;9 月杀死企业雇主协会主席施莱尔。1980 年初他脱离了"红军党团",后来被捕并被判处无期徒刑。

第五节　学生运动的衰落和环保运动、和平运动的兴起

联邦德国的新左派学生运动在经历了 1968 年的高潮后,到 20 世纪 70 年代初发生剧烈的分化,一部分人走向极左,着手组建极左政治组织或恐怖活动组织;一部分人对学生运动感到失望,开始隐退;一部分人转化为各种政治改革派,参加到政党政治或市民请愿组织中展开活动,演变为环保运动与和平运动。

联邦德国环保运动的第一个时期是从 1969 年到 1975 年,在这个时期展开了市民请愿行动。在 1967 年到 1968 年间,成立了"社会民主选举行动组织"。加入市民请愿行动的,有很多来自学生运动的"议会外反对派"、环保组织,他们主张基层民主的组织原则。市

民请愿行动针对社会民主党和自由民主党联合执政期间出现的弊端，组织抗议和请愿运动。例如，反对扩建新的公路、机场和原子能发电站，将节省的资金用于扩建学校或建设有益公众的设施，他们提出了政治民主和介入行动的思想和主张。

在各种市民请愿行动组织背后，有一个更为强大的"反原子能运动组织"存在。该组织直到1975年才为人所知，而它在1972年便已奠定了其组织基础。1972年，15个市民请愿行动组织联合起来，组成了联邦环境保护市民请愿行动联合会，同年在莱茵河上游成立了"反原子能运动组织"。德国的环保运动的发源地则是维尔和布罗克多夫两座小城。

维尔位于德国南部大学城弗赖堡附近，德国能源工业界计划在那里建一座新的原子能发电站。1973年春当地居民从广播中得知这一消息后，发起了签名抗议运动，最后一共征集了19万人签名。然而，当地居民的不断示威抗议并未改变资本家和政府的决定，1975年2月17日原子能发电站工程破土动工；第二天，30个市民请愿组织召开记者招待会，会后，数百名与会者占领了工地，使施工无法进行。政府出动了650名警察驱赶示威群众，引起公众的愤怒。2月23日，从法国、瑞士和德国各地赶来的28000名同情者在维尔举行了抗议建立核设施的示威。示威者占领了施工现场，搭起帐篷，准备长期驻守。直到3月底法院判决停建核电站，示威者才撤出工地。维尔的胜利鼓舞了联邦德国的反核抗议运动。

从1975年到1977年，是联邦德国环保运动的第二个时期，这一阶段的斗争主要围绕布罗克多夫的反核能运动展开。早在1971年，政府便批准了在德国北部的布罗克多夫兴建一座新的原子能发电站，但直到1974年才公开宣布这一计划。这引起当地居民的不安，他们纷纷组建市民环保组织，组织示威抗议运动，到1976年终于引发了广泛的环保抗议浪潮。1976年10月，布罗克多夫核电站开始动工时，有35000名群众参加了当地的抗议示威。10月30日，示威者第一次占领布罗克多夫的建筑工地，参加者约有8000人。11月13日和14日，大约有40000名示威者试图重新攻占布罗克多夫的建筑工地。当政府动用武力驱散人群时，1000名警察与示威者发生冲突，许多示威者被打成重伤。

在布罗克多夫的示威冲突中不少示威者受伤，这促使"反原子能运动组织"的成员开始反思运动的活动方式，他们得出这样的结论：在反核运动中若使用暴力，会引起群众的反感，为了使运动不至于分裂，他们把"非暴力行动"作为组织的主要原则。这样，他们便与无政府主义者划清了界限。

在20世纪70年代，联邦德国的环保运动得到迅速发展。联邦环境保护市民请愿行动联合会在1972年成立时，只有十几个团体加盟。到20世纪70年代末，加入该联合会的各类团体已超过400个。但是在20世纪70年代，几乎所有联邦德国的政党政治家，对建立核能发电站问题都采取了逃避的态度，他们关心的只是获得利润。这样，建立一个新的关心环保的政党的问题摆到人们面前。

1977年10月9日，在雷克林豪森召开的以"民主社会中我们文化的紧急状态"为题的会议上，伯尔发表了题为"什么是今日的左派"的演说，第一次提出在联邦德国建立绿党的建议。他指出，只注重经济的成长是一种很不负责任的做法。他认为德国应当形成一种力量，并组成一个党派，提出问题来。他对绿色组织寄予了无限的希望。

1979年2月，德国北部一些民间环保组织决定联合在一起，形成一个绿色的核心，参加欧洲议会选举。3月17日和18日，市民请愿组织和环保组织的代表云集法兰克福，成立了"额外的政治协会——绿色"，它对以后绿党的成立有很大的作用。1979年6月，欧洲议会选举，德国著名艺术家约瑟夫·博伊于斯代表新成立的绿色组织党参加欧洲议会竞选。这时，杜切克也参与绿色政党的组织工作，他吸引了很多左派选民，为绿党赢得了不少选票。

1979年11月3日至4日，"额外的政治协会——绿色"在奥芬巴赫召开第二次代表大会，有700名代表出席了这次大会。与会代表表达了成立一个政党的意愿，并确立了建党细则。1980年1月12日至13日，在卡尔斯鲁尔召开建党大会，确定党的名称为绿党。同年3月21日至23日召开了绿党第二次全联邦德国代表大会，制定了绿党的纲领，同时选出绿党共同行动联络人三位，他们是彼特拉·克利、奥古斯特·豪斯莱特和诺伯特·曼。1983年联邦议会大选，绿党获得超过5%的选票，取得进入联邦议会的资格，当时绿党议员主要人物为彼特拉·克利、约瑟卡·菲舍尔和奥托·席利。1985年12月，绿党参加社会民主党黑森州政府组阁，约瑟卡·菲舍尔出任黑森州环境能源部部长。1987年菲舍尔出任黑森州议会绿党党团主席。

在联邦德国学生运动的参加者和同情支持者中，成长起一批政治家，30年后他们中一些人被整合进入现存体制中，成为当今德国政坛的显赫人物，最著名的便是格哈德·施罗德、约瑟卡·菲舍尔和奥托·席利。

格哈德·施罗德，1944年出生于一个乡村贫困家庭。父亲死于第二次世界大战，父亲死后全家靠社会救济为生。他于1966年至1971年在哥廷根大学攻读法学。他作为一个社会民主党人参加了学生运动。1969年格哈德·施罗德当选为哥廷根社会主义青年团主席。

20世纪70年代他取得律师资格，1978年应马勒尔的要求担任了他的辩护律师。在施罗德的努力下，马勒尔提前获释。此后，施罗德为马勒尔争取了恢复执业律师资格。1998年3月格哈德·施罗德连任下萨克森州州长。1998年底，社会民主党和绿党联合上台执政，格哈德·施罗德出任政府总理。

约瑟卡·菲舍尔，1948年出生，中学未毕业，18岁时开始在斯图加特大学和法兰克福大学旁听。1967年6月示威的学生本诺·奥内佐格在柏林被警察枪杀后，他参加了斯图加特学生示威，开始与学生运动紧密地联系在一起。他开始阅读毛泽东的著作，学习马克思主义。他参加了科恩·邦迪组织的"革命战斗团"。当20世纪70年代学生运动激进分子采取暗杀手段对付政府官员时，他同情这些学生们，但不同意他们采用"暴力"斗争的策略。他以后转而参加了市民环境保护运动。1983年约瑟卡·菲舍尔成为绿党在联邦议会的议员。1985年任黑森州环境能源部部长。1998年出任德国副总理兼外交部长。

奥托·席利，1932年出生，从1963年起在柏林开设律师事务所。1968年学生政治运动对席利产生了很大的影响。他没有参加学生运动，但与鲁迪·杜切克和霍尔斯特·马勒尔保持了很好的朋友关系。政府对学生运动的镇压政策使他十分反感。70年代他作为辩护律师为乌尔莉克·迈因霍夫和其他"红军党团"成员辩护。他以其雄辩和对诉讼法的谙熟而闻名于全国。奥托·席利是绿党的奠基人，1983年他代表绿党出任联邦议会议员。以后，他退出绿党，于1989年秋天加入社会民主党。次年他作为社会民主党人担任了联邦议会议员。1994年他成为社会民主党议会党团副主席。1998年他担任德国内政部长。

第六章 20世纪60年代西方学生运动的若干特征

第二次世界大战以后，从整体上说，世界范围内学生运动的发生变得更加广泛，并且起着更为重要的社会作用。20世纪60年代在全球范围内普遍爆发了学生运动，它们有着一些共性，但发生在社会主义国家、第三世界和发达资本主义国家的学生运动有不同的性质和倾向。西方的学生运动具有左翼运动的倾向，它对资本主义教育制度和资本主义文化展开了激烈的批评，与帝国主义的侵略战争政策做斗争，甚至对资本主义政治体制提出挑战。它充分地表现了青年学生和知识分子在西方资本主义国家中所起的积极的甚至是革命的作用。如加尔布雷思所评述的："带头反对越战的是大学，逼使约翰逊总统下野的是大学，率先在污染问题上同大公司展开斗争的是大学。"[①] 由于20世纪60年代西方学生运动是如此激烈，以至于许多西方学者把它称作革命。

20世纪60年代西方学生运动表现出若干鲜明的特点。

霍布斯鲍姆曾评述说："20世纪60年代末期学生的反抗运动，

---

① 李普塞特：《一致与冲突》，上海人民出版社1995年版，第331—332页。

是旧式世界革命的最后欢呼。"[1] 其实，这次学生运动在其形态上已完全不同于1789年法国大革命、1830年革命、1848年革命、1871年革命和1917年革命。上述那些典型的近代时期的社会革命，其发生源于政治、经济和社会矛盾发展到极尖锐的程度，社会和政治上层的调节努力已无法奏效。按照列宁的概括，就是上层无法继续统治下去，而下层也无法再继续生活下去，这样便引发了革命震荡。事实上，旧式的革命是以下层劳动群众的愤怒爆发为开端的。这些下层劳动群众始终在革命中起着推波助澜的作用，革命由于下层劳动群众的参加，其社会性要求非常突出，其手段也多是暴烈的。

历史上反对资本主义制度的革命运动大多是工人阶级领导的并由工人阶级或农民阶级作为主力，但20世纪60年代西方学生运动是一种新类型的群众政治文化运动，这次运动的发动者及主要力量和过去的革命不同。阿瑟·马威克曾说："不是所有对现有社会的挑战都来自社会底层。"[2] 20世纪60年代学生运动的积极参加者大多是中产阶级或中产阶级下层的子女。他们在大学时代一般是较优秀的学生，加州大学伯克利分校古典文学系主任约瑟夫·方廷罗斯如此评述："自由言论运动的领袖代表了新一代学子……他们都是好学生，他们严肃、有奉献精神、负责任、献身民主观念。"有人对1964年12月初一次静坐示威中被捕的自由言论运动参加者做过一项分析，结论是他们中绝大多数是高出一般水准的学生，被捕大学生中有47%均分在3.0分（即B级）以上，有71%的研究生均分在3.5分（即在B级与A级之间）以上。根据1964年11月社会学教授罗伯特·萨默斯

---

[1] 霍布斯鲍姆：《极端的年代：1914—1991年》，第665页。
[2] 阿瑟·马威克：《六十年代》，牛津大学出版社1998年版，第143页。

监督下进行的调查,在被采访的学生中,均分达到 B 级或更高级别的人中,45% 是支持自由言论运动的,只有 10% 反对自由言论运动。而在 B 级或以下级别的人中,有 1/3 反对自由言论运动,只有 15% 的学生是支持自由言论运动的。[1] 这次西方学生运动在一些国家是由于对文化生活和教育制度的不满所引起,逐渐发展到对资产阶级政策和国家制度的批判。它具有文化革命的性质,而又不限于文化革命。它部分地具有中产阶级运动的成分,但它却是一场反对资本主义的革命群众运动。从总体上说,它并不具有推翻现有的资本主义制度的意图。[2] 它的发动面和群众支持度在大多数国家都较为有限,在运动的深层上远远无法与旧式的经典的革命运动相比,但它深刻地震撼了当代西方资本主义制度。

关于 20 世纪 60 年代西方学生运动的文化革命性质,学生运动的参加者有自我陈述。巴黎索邦大学的占领者在《对权力的想象》一文

---

[1] 哈尔·德雷珀:《伯克利学生的新反叛》,第 13—14 页。
[2] 1970 年美国关于学生运动的哈里斯调查报告说,被调查的学生中有 75% 认为需要根本的改革;有 58% 的被调查者认为,示威是有效的抗议方式;有 44% 的被调查者认为,通过激进的压力能促使社会进步;而有 45% 的学生认为,应当通过制度改革来促进社会进步。绝大多数学生(占 67%)相信,学生的抗议会加速所需要的变革,而他们中有将近 3/4(79%)的人认为,通过激进的压力会影响制度变革,而只有 10% 的被调查者认为会导致推翻现存制度。1970 年底,美国较为保守的盖洛普调查说,美国学生中只有 4% 的人认为自己属于激进的左翼。在 1968 年"五月风暴"过去几个月之后,在 9 月份对法国学生的一项调查表明,绝大多数法国学生反对"激进的社会转变"。学生代表抽样的 12% 表明,他们赞成"激进的社会转变"。其中 54% 的学生表示,他们个人关心的改革,限于教育领域,31% 的学生只关心自己能通过考试。另一项法国的调查表明,大约 90% 的学生说他们自己是"幸福的"。1970 年初在楠泰尔学院这个"五月风暴"发源地的调查结果表明,有 24% 的学生赞成革命(李普塞特:《大学的反叛》,第 58—62 页)。

中写道:"资产阶级革命是司法革命;无产阶级革命是经济革命;我们的革命是社会和文化革命,其目的是使人能实现自我。"[①] 马尔库塞对西方人士使用的"文化革命"概念做了证明,"文化革命不但是政治革命和经济革命,当艺术、文学和音乐、交流形式、风俗和习惯发生了变化,而这种变化表示了新的经验,以及对价值的激进的再评价时,社会结构及其政治表现形式看来并未发生根本性变化,或至少还落在文化的变化之后。'文化革命'同时表示,激进左派今天已在一种新的意义上,向物质要求彼岸的整个领域发展,并把目标指向对传统文化的彻底改造"[②]。

20 世纪 60 年代西方学生运动和近代时期那种旧式革命相比,一个明显的新特点是,它是一次发生在现代世界体系和全球化形成时代的革命运动。亚非拉第三世界反殖民主义的民族解放运动和社会主义革命、反对美国帝国主义的革命战争此时正反过来冲击着发达资本主义国家,西方学生运动是对后者的反应和呼应。反叛的学生一代从第三世界的反帝反殖民主义斗争中得到了灵感和榜样的启示,切·格瓦拉、卡斯特罗、胡志明成为西方学生心中的革命偶像。支持越南人民反美的斗争和反对美国政府在东南亚的侵略战争政策则成为西方学生运动重要的口号。在一些西方国家,它甚至成为学生运动的肇端。我们甚至可以做出这样一种假设,倘若当时不发生第三世界众多的革命性事件,恐怕学生运动的内容和规模会与现实所展示的相差甚多。

20 世纪 60 年代西方学生运动同二战后西方各种马克思主义理论流派及社会主义运动有着十分密切的关系,是这次学生运动的另一个

---

① 摩里斯·迪克斯坦:《伊甸园之门》,上海外语教育出版社 1985 年版,第 265—266 页。
② 马尔库塞:《反革命和造反》,载《工业社会和新左派》,第 144 页。

特点。20世纪60年代西方大学校园中的学子对马克思主义和社会主义运动并不陌生，他们的教师中便有一批马克思主义者和共产党人，第三世界革命中诞生的一批新的社会主义国家促进了马克思主义的传播，20世纪50年代中期以后国际共产主义运动中的论战和冲突，也起了扩大马克思主义和社会主义对西方学生影响的作用。这就使得20世纪60年代西方学生运动的左翼具有明显的政治性和左倾理论化，这反映了当时马克思主义在西方世界影响的扩大。西方学生运动的左翼分子批评苏共及其领导的苏联国家与美国核竞赛和争霸的政策，反对苏联对东欧国家的干涉政策和军事行动，同时他们也反对法国等国共产党领导人追随苏共的政治态度。他们相信中国革命采取的武装夺取政权和农村包围城市的道路，对议会道路和资本主义民主制持批判态度，把走议会道路的西欧共产党人称为"修正主义"。同时他们也批判西欧和北欧社会民主党人的福利政策，表现出左的激进倾向。

20世纪60年代西方学生运动左翼的思想来源是混杂的，他们受到多种社会主义理论和激进思想的影响，其中既有"西方马克思主义"、毛泽东思想、卡斯特罗和切·格瓦拉的思想、胡志明的思想，也有中国"文化大革命"的思潮以及托洛茨基主义和无政府主义。极左思潮应当说在西方这场批判资本主义社会的运动中起了某种积极的历史作用。但是，极左思潮的影响也给20世纪60年代西方学生运动带来了明显的弱点和缺点。正如马尔库塞评述的："文化革命中不恰当的激进主义的共同因素是反理智论，造反所针对的理性，不仅是资本主义的理性，不仅是资本主义社会的理性，而且也是针对理性本身。"[①] 它把批判大学为资本主义制度培养干部的斗争变成了反对大学

---

① 马尔库塞：《反革命和造反》，载《工业社会和新左派》，第185页。

的斗争；它提出了实际上无法实行的由学生掌握大学权力的斗争口号；它在批判大学"象牙塔"的异化作用的同时，反对整个教育体制；它在摧毁资产阶级艺术形式时也在危及整个艺术。

20世纪60年代西方学生运动在其语言上有戏剧性和夸张性的一面。学生作为一个掌握较高文化和语言能力的阶层，在运动中常常使用暴烈的言辞。学生强烈的表现欲望还反映在学生集会上提出的和最后通过的决议，几乎都比这些运动参加者通常一般性的情绪和要求更为激进。许多学生感到，既然他们到会了，就不应当投票反对决议，他们更愿意表现得更激进些、斗争态度更坚决些。如果有谁号召"上街去示威！"那么学生们就会倾巢出动、排成纵队、手挽着手冲上大街。当警察队伍前来试图阻止学生队伍前进并解散学生队伍时，学生会发出愤怒的嘲笑，使用污秽的骂人词汇。在军警逮捕学生时，则会发生对抗或对峙。[①] 然而，正如当时一位美国作者所评论的，"暴烈的言辞逐渐在学生运动中流行只能看作是一种奢谈"。"学生运动的成员逐渐了解，如果允许由那些强硬的教条主义的派别来领导他们，道路的尽头将是死亡。"[②]

把20世纪60年代西方学生运动这一特点与19世纪法国1830年、1848年和1871年的革命做一比较是不无裨益的。在19世纪那些真正的革命中，运动的实质往往超过了运动参加者提出的口号。如巴黎公社社员们已经在干着摧毁资产阶级国家政权、建立无产阶级政权的事业，他们却谦卑地把自己的工作说成是"市政革命"或保护共和制。当时的革命者由于对革命的马克思主义理论还不熟悉，他们无法

---

① 克劳斯·梅纳特：《懵懂的年轻人》，第220—221页。
② 肯尼思·凯尼斯顿：《冷暴力的耻辱》（波士顿《世界报》，1971年6月7日），转引自李普塞特：《大学的反叛》，第78—79页。

在理论或言辞上描写自己的革命，他们显得更质朴，只是默默地在埋头苦干着。而到了20世纪60年代西方学生运动之时，活动家大量借用了此时人们已非常熟悉的马克思主义的话语。他们在讲演中、文章中大量使用了阶级和阶级斗争，以及革命这样激烈的言辞，他们猛烈地抨击统治国家的资产阶级集团和政府。然而他们的绝大多数是否真正准备进行一场革命，却是很值得怀疑的。在这场运动中，庄严和浪漫、革命和戏谑、激情和荒诞、信仰和乌托邦交织在一起。尽管我们肯定20世纪60年代学生运动具有的批判精神和革命精神，不赞成西方资产阶级学者对这场运动的否定态度，但严格说来，20世纪60年代西方学生运动在深度上与19世纪发生的那些革命相比，相差很远。如前所述，这是时代特征所致。20世纪60年代西方资本主义经济正值繁荣时期，各国经济生活较为稳定，没有出现经济、社会危机和严重的失业情况。因此，尽管各国左翼学生领袖有发动劳动群众造成更大革命运动的意向，但在绝大多数西方国家，占人口多数的劳动群众并未支持和呼应学生运动。所以，20世纪60年代西方学生运动未能从根本上动摇资本主义制度。

20世纪60年代西方学生运动像是大海中的波涛，几经聚合，一时排山倒海，尔后又遽然衰退了。它是西方资本主义社会深层的内在矛盾和问题所致，还反映了外部世界对资本主义国家的冲击和作用。在全球化时代，资本主义的内在矛盾始终存在，反资本主义的力量构成则在发生变化，富于斗争性和批判性的社会力量及新的社会运动会不断涌现。运动的实践将走在理论之前，给我们以教益，这就是20世纪60年代西方学生运动给我们的启示。

专名对照表

Academic Senate of University of California（ASUC）加州大学学术评议会
Action《行动》
Action Francaise "法兰西行动"
Ad Hoc Academic Senate Committee（Heyman Committee）特别学术评议委员会
Ad Hoc Committee to End Discrimination 结束种族歧视特别委员会
Ad Hoc Faculty Group 特别教师团
Adams, Jane 简·亚当斯
Adams, Dr. Walter 瓦尔特·亚当斯博士
Addis Abeba 亚的斯亚贝巴
Adelstein, David 戴维·阿戴尔斯坦
Aden 亚丁
Adomeit, Manfred 曼弗雷德·阿道迈特
Adorno, Theodor W. 特奥多尔·W. 阿多诺
Aichach 艾夏赫
Aix-en-Provence 埃克斯昂普罗旺斯
Akron 阿克伦
Alameda 阿拉米达
Albania 阿尔巴尼亚
Albrecht, Susanne 苏珊娜·阿尔布莱希特
Albertz, Heinrich 海因里希·阿尔贝茨
Alexander, Shana 沙纳·亚历山大
Algeria 阿尔及利亚
Ali, Tariq 塔里克·阿里
Alliance des jeunes pour le socialisme（AJS）争取社会主义学生联盟
All Souls College 万灵学院
American Association of University Professors 美国大学教授协会
American Civil Liberties Union 美国公民自由同盟
American Student Union（AUS）美国学生联盟
Amiens 亚眠
Angola 安哥拉
Anti-Terror-Gesetze 反恐怖法
Anti-university 反大学
APO "议会外的反对派"
Aptheker, Bettina 贝蒂纳·阿普特克
Aragon, Louis 路易·阿拉贡
Archard, Pete 皮特·阿查德
Asdonk, Brigitte 布里吉特·阿斯当克
Ashley, Karen 卡伦·阿希利
Association fédérative générale des étudiants de Strasbourg（AFGES）斯特拉斯堡协

会总联盟
Argentina 阿根廷
Arusha Declaration 阿鲁沙宣言
Association générale des étudiants de Clermont
　　(AGEC) 克莱蒙学生总会
Atkinson, Richard 理查德·阿特金森
Augsburg 奥格斯堡
Auschwitz 奥斯维辛
Ayers, Bill 比尔·艾尔斯
Baader, Andreas 安德烈亚斯·巴德尔
Bachmann, Josef 约瑟夫·巴赫曼
Baden-Baden 巴登-巴登
Baez, Joan 琼·贝兹
Bagdad 巴格达
Bakunin Gesammelte Werke《巴枯宁全集》
Balland, Jacques 雅克·巴兰
Balogh, Lovd 巴罗夫勋爵
Bateson, Nicholas 尼克拉斯·贝特森
Batista, Fulgencio 巴蒂斯塔
Baumann, Michael, "Bommi" 博米·鲍曼
　　(绰号"鲍米")
beat generation 垮掉的一代
Beaujeu, Jean 让·博热
Beauvoir, Simone de 西蒙娜·德·波伏娃
Becker, Verena 维里纳·贝克尔
Beelitz, Erwin 埃尔温·贝里茨
Bell, Daniel 丹尼尔·贝
Beloff, Max 马克斯·贝洛夫
Bensaid, Daniel 达尼埃尔·本赛
Berberich, Monika 莫尼卡·贝尔贝里希
Berger, John 约翰·伯杰
Berke, Joseph 约瑟夫·伯克
Berkeley 伯克利

Bertrand Russell Peace Foundation 贝特兰·
　　罗素和平基金会
Besancon 贝桑松
Bessing, Ernest 厄内斯特·贝辛
Beuys, Joseph 约瑟夫·博伊于斯
BGS 联邦边防部队
Bild《图片报》
Billancourt 比尔安柯
Birmingham University 伯明翰大学
Birthler 比尔特勒
Black Dwarf《黑矮子》
Black Panthers 黑豹党
Blackburn, Robin 罗宾·布莱克奔
Bloch, Ernst 恩斯特·布洛克
Bloom, Harvey 哈维·布卢姆
Bloom, Marshall 马歇尔·布卢姆
Blues 布鲁斯
Boell, Heinrich 海因利希·伯尔
Bolivia 玻利维亚
Boock, Peter-Juergen 彼得·于尔根·博克
Booth, Paul 保罗·布思
Bordeaux 波尔多
Böse, Wilfried, "Bony" 维尔弗雷德·伯泽
　　("伯尼")
Boston 波士顿
Botswana 博茨瓦纳
Boudin, Kathy 凯西·博丁
Boulogne-Billancourt 布洛涅·比杨古
Braun, Bernhard 伯恩哈德·布劳恩
Bravo, Mark 马克·布拉沃
Brazil 巴西
Brest 布雷斯特
Bridges, Lord 布里奇斯勋爵

Britain 英国
British Columbia University 不列颠哥伦比亚大学
British Committee for Peace in Vietnam 英国争取越南和平委员会
British Communist Party 英国共产党
Brokdorf 布罗克多夫
Brown, H. Rap H. 拉普·布朗
Brown, Roger 罗杰·布朗
Brueckner, Peter 彼特·布吕克纳
Buback, Siegfried 西格弗里德·布巴克
Buck, Antony 安东尼·巴克
Buhl, Lance 兰斯·布尔
Budapest 布达佩斯
Bundesverbang der Buegerinitiative fuer Umweltschutz (BBU) 联邦环境保护市民请愿行动联合会
Butor, Michel 米歇尔·比托尔
BVG 柏林交通公司
Caen 卡恩
Caine, Sir Sidney 西德尼·凯恩爵士
Calvert, Greg 格雷格·卡尔弗特
Cambodia 柬埔寨
Cameroon 喀麦隆
Campaign for Nuclear Disarmament (CND) 核裁军运动
Carmichael, Stokely 斯托克利·卡迈克尔
Castoriads 卡斯托莱迪斯
Castro, Fidel 菲德尔·卡斯特罗
Chandler, Merrill F. 梅里尔·F. 钱德勒
Chäteau-Bougor 布戈堡
Che Guevara 切·格瓦拉
Cheit, Earl F. 切特

Chisserey, Claude 克洛德·希塞里
Citroën 雪铁龙汽车工厂
Clark, Roy 罗伊·克拉克
Cléon 克莱翁
Clermont-Ferrand 克莱蒙菲朗
Cleveland 克利夫兰
Coates, Ken 肯·考蒂斯
Cohn-Bendit, Daniel 丹尼尔·科恩·邦迪
Collége de France 法兰西学院
Collins, George 乔治·柯林斯
Castro, Fidel 菲德尔·卡斯特罗
Castrop Rauxel 卡斯托尔普罗克塞尔
Catchpole 卡奇普尔
La Cause du Peuple《人民的事业》
CDU 基督教民主联盟
Celle 策勒市
Celler-Loch 策勒洞事件
Central Africa 中非
Central Intelligence Agency (CIA) 中央情报局
Centre national du patronat français (CNPE) 法国雇主全国中心
Centre national de la Recherche Seientifique 科学研究全国中心
Cercles "servir le peuple" "为人民服务" 俱乐部
Chad 乍得
Chalin 夏兰
Collins, King 金·科林斯
Columbia University 哥伦比亚大学
Colombey 科隆贝
Columbus 哥伦布
Comités d'action 行动委员会

comités d'action Lycéens（CALS）公立中学生行动委员会
Comiteé de liaison des étudiants révolutionnaires（CLER）革命学生联络委员会
Conuté Frangois pour la Quatrieme Internationale 第四国际法国委员会
Comités de soutien aux luttes du peuple 支持人民斗争委员会
Comités d'occupation 占领委员会
Comités Vietnam Lycéens 中学生越南委员会
Comité Vietnam national（CVN）全国越南委员会
Committee on Radical Structural Reform（CRSR）激进的结构改革委员会
Communist Party of China 中国共产党
Communist Party of Soviet Union 苏联共产党
Compagnies républicaine de sécurite（CRS）共和国治安警察
Concerde 康科德
Confédération française démocratique du travail（CFDT）法国民主劳工联盟
Confédération générale des cadres（CGC）企业高级人员总会议
Confédération général du travail（CGT）劳工总同盟
Congo 刚果
Conseil étudiant de France 法国学生委员会
Coordination des Comités d'Action 行动协调委员会
Court of Governor 校董事会
Coutts, Sir Walter 瓦尔特·库兹爵士
Couve de Murville, Maurice 顾夫·德姆维尔
Croissant, Klaus 克劳斯·克罗伊桑特

Crouch, Colin 柯林·克劳奇
Crozier, Michel 米歇尔·克罗齐
CSU 基督教社会主义联盟
Cuba 古巴
culture revolution 文化革命
Czechoslovakia 捷克斯洛伐克
Dahomey 达荷美
Dallas 达拉斯
Dalton, Harlon 哈龙·多尔顿
Daniels, Norm 诺姆·丹尼尔斯
Davidson, Carl 卡尔·戴维森
Davis, Rennie 伦尼·戴维斯
Debus, Sigurd 西古尔德·德布斯
De Gaulle 戴高乐
Dellwo, Karl-Heinz 卡尔·海茵茨·德尔沃
Denfert-Rochereau 当费·罗什雷奥
Denver 丹佛
Derry 德里
Descamps, Eugene 欧仁·德康
Détraz Albert 阿尔贝·德特拉
Détroit 底特律
Deutscher, I. 多伊奇
Dijon 第戎
DGB 德国总工会
Dohrn, Bernardine 伯纳迪恩·多恩
Dow Chemical Company 道化学公司
Dominica 多米尼加
Dreher, Eberhard 埃贝哈特·德雷埃尔
Drenkmann, Guenter von 冈特·冯·德伦克曼
DuBois Clubs, W. E. B. 杜波依斯俱乐部
Duras, Marguerite 马格丽特·迪拉斯
Duteuil, Jean-Pierre 让·皮埃尔·迪尤泰尔

Dutschke, Rudi 鲁迪·杜切克
Dylan, Bob 鲍勃·迪伦
Ebermann, Thomas 托马斯·埃伯曼
Eckhoff 埃克霍夫街
École nationale supérieure des Beaux-Arts 国立高等美术学院
École normole supérieure 巴黎高等师范学校
Economic Research and Action Project (ERAP) 经济研究和行动计划
Eifel 埃菲尔
Eisenhower, Dwight D. 艾森豪威尔
Elberg, Sanford 桑福德·埃尔伯格
Eliot 埃利奥特
Elyseé 爱丽舍宫
Emmer, Howie 豪伊·埃默
enragés 忿激派
Ensslin, Gudrun 古德龙·恩斯林
Entebbe 安特贝
Essex University 埃塞克斯大学
Etudiants sociàlistes unifiés (ESU) "统一社会主义大学生"
Evans, Linda 琳达·埃文斯
Evian Agreement 埃维昂协议
Évian-les-Bains 埃维昂累班
L'Express 《信使报》
Farmer, James, 詹姆斯·法默
Fawthrop, Tom 托姆·福索普
FDP 自由民主党
Federal Republic of Germany 联邦德国
Fédération anarchiste (FA) 无政府主义者联盟
Federation de l'éducation nationale (FEN) 全国教育联盟
Fédération des étudiant nationalistes 民族主义学生联盟
Fédération des étudiant révolutionnaires (FER) 革命学生同盟
Fédération des groups d'études de lettres (FGEL)（索邦）文学院学生团体联盟
Front de libération national (FLN)（阿尔及利亚）民族解放阵线
Federal Bureau of Investigation (FBI) 联邦调查局
Fédération nationale des eétudiants de France (FNEF) 法国学生全国联盟
Fédération nationale des syndicate des exploitants agricoles (FNSEA) 农业经营者联合会全国联盟
Fédération syndicale mondiale (FSM) 世界劳工工会联盟
First, Ruth 鲁思·菲尔斯特
Fischer, Joschka 约瑟夫·费舍尔
Flint 弗林特
Focart, Jacques 雅克·福卡
Fogelson, Robert 罗伯特·弗格森
Fontenrose, Joseph 约瑟夫·方廷罗斯
Ford, Franklin L. 福特
Fouchet, Christian 克里斯蒂昂·富歇
Fouchet Plan 富歇计划
Frachon, Benoit 伯努瓦·弗拉商
Francés, R. 弗朗塞斯
Franco 佛朗哥
Frank, Pierre 皮埃尔·弗兰克
Free Speech Movement (FSM) 自由言论运动
Freiburg 弗赖堡

French Communist Party（PCF）法国共产党
French Community 法兰西共同体
Freudenberg, Nick 尼克·弗罗伊登伯格
Freudenstadt 弗罗伊登施塔特
Fritz 弗里茨
Fritzsch, Ronald 罗纳尔德·弗里奇
Fromm, Erich 弗洛姆
Frankfurt School 法兰克福学派
Front national de libération〔Sud Vietnam〕, Vietkong 越南南方民族解放阵线（越共）
Fuerst, John 约翰·富尔斯特
Gabon 加蓬
Gadiff 加的夫
Gambia 冈比亚
Gauche Prolétarienne（GP）"无产阶级左翼"
Gandez, Pierre 皮埃尔·冈迪兹
Geismar, Alain 阿兰·热斯马
General Certificate of Education 一般教育证书
Genfer Konventionen 根夫国际公约
Genscher 根舍尔
Georgens, Irene 伊蕾尼·乔治
Gerard, Bertrand 贝特朗·热拉尔
Gerhardt, Paul 保罗·格哈特
Ghana 加纳
Gibon, Pete 皮特·吉本
Gibbs, Philip 菲利普·吉布斯
Ginsberg, Allen 艾伦·金斯伯格
Gitlin, Todd 托德·吉特林
Classman, Carol 卡罗尔·格拉斯曼
Glazier, Ken 肯·格莱齐尔
Glimp, Fred L. 格里姆普
Godchau, Jean-François 让·弗朗索瓦·戈德绍
Goder, Angelika 安格列卡·格德
Goins, David 戴维·戈因斯
Gold, Ted 泰德·戈尔德
Goldberg, Arthur 阿瑟·戈德堡
Goldberg, Jackie 杰基·戈德堡
Goldberg, Suzanne 苏珊娜·戈德堡
Goodman, Andrew 安德鲁·戈德曼
Goodwin, Clive 克莱夫·古德文
Gorse, Georges 乔治·戈尔斯
Gorz, André 安德列·高兹
Gott, Richard 理查德·戈特
Göttingen 哥廷根
Gowan, Pete 皮特·高恩
Granautier, Bernard 贝尔纳·格拉诺蒂埃
Grappin, Pierre 皮埃尔·格拉平
"Great Society" "伟大的社会"
Greeman, Dick 迪克·格里曼
Green, James Earl 詹姆斯·厄尔·格林
Grenelle Agreements 格勒内尔协议
Grenoble 格勒诺布尔
Grieshaber, Hap 戈里斯哈贝
Grimes, Willie Ernest 威利·厄内斯特·格兰姆斯
Groenwold, Kurt 库尔特·格罗恩沃德
Grosperrin M. Roger M. 罗歇·格罗佩兰
Grossner, Morris 莫里斯·格罗斯纳
Grosvenor Square 格罗夫纳广场
Gruen-Alternative Liste "绿色别的选择名单"
Gruenen 绿党
GSG 9 德国边防特种部队
Habermas, Jürgen 于尔根·哈贝尔马斯
Hable, Al 艾尔·哈伯

Haidu, Peter 彼特·海都
Haig, Alexander 亚历山大·海格
Halberstadt, Ralph 拉尔夫·哈伯斯塔特
Halles 阿莱
Hammond, Samuel 萨缪尔·哈蒙德
Hanoi 河内
Harman, Chris 克里斯·哈曼
Harris Marvin 马文·哈里斯
Hart, H. A. L. 哈特
Harvard University 哈佛大学
Haschrebellen "大麻反叛者"
Hatch, Donald 唐纳德·哈奇
Hausner, Siegfried 西格弗里德·豪斯纳
Haussleiter, August 奥古斯特·豪斯莱特
Havana 哈瓦那
Hayden, Tom 汤姆·海登
Heinemann, Gustav 古斯塔夫·海涅曼
Heissler, Rolf 罗尔夫·海斯勒
Hillegart, Heinz 海茵茨·希勒加特
hippie 嬉皮士
Ho Chi Minh 胡志明
Hobsbawm, Eric 埃里克·霍布斯鲍姆
Hoffmann, Stanley 斯坦利·霍夫曼
Hofmann, Sieglinde 西格林德·霍夫曼
Homosexuelle Aktion West-Berlin（HAW）西柏林同性恋行动组织
Hopkins, Terence 特伦斯·霍普金斯
Hoppe, Werner 维尔纳·霍普
Horkheimer, Max 霍克海默
Hornsey College of Art 霍恩西艺术学院
Houten, Peter van 彼特·万·霍顿
Huber, Wolfgang 沃尔夫冈·胡贝尔
Hughs, H. Stuart 斯图亚特·休斯

Hull University 霍尔大学
Hamphrey, Hubert 休伯特·汉弗莱
Humanite rouge《红色人道报》
Hungary 匈牙利
Hunter, Brockie 布罗基·亨特
Hutchins, Mona 莫纳·哈钦斯
Hyde Park 海德公园
Hyland, Dick 迪克·海兰
Hyman, Ed 海曼
Inch, T. A. 英奇
Indo-China 印度支那
Indonesia 印度尼西亚
Initiative Sozialistische Politik "倡导社会主义政治组织"
Institute for Defense Analysis（IDA）防务分析研究所
Institute for Social Reseavch 社会研究所
International Socialists "国际社会主义者"
Iowa 衣阿华
Ireland, Douglas 道格拉斯·艾尔兰
ITT 美国国际电讯公司德国分公司
Ivory Coast 象牙海岸
Jacob 雅各布
Jacobs, John 约翰·雅各布斯
Jacobs, Messrs 梅塞斯·雅各布
James, C. L. R. 詹姆斯
Japan 日本
Jens, Walter 瓦尔特·叶恩斯
Jeunesse Communistes révolutionnaires（JCR）"革命共产主义青年"
Joffrin 若弗林
Jones, Jeff 杰夫·琼斯
Joxe, Louis 路易·若克斯

Juquin, Pierre 皮埃尔·朱坎
Kaappman, Ed 埃德·卡普曼
Kadritzke, Niels 尼尔斯·卡德里策克
Kaptchuk, Teddy 特迪·卡普查克
Karlsruhe 卡尔斯鲁厄
Kastler 卡斯勒
Kaunda, Kenneth 卡翁达
Kazin, Mike 迈克·卡津
KBW 西德共产主义联盟
Kelly, Petra 彼特拉·克利
Kennedy, John F. 肯尼迪
Kenya 肯尼亚
Kenyatta, Jomo 肯雅塔
Kerr, Clark 克拉克·克尔
Khrushchev. Nikita S. 赫鲁晓夫
Kidner, Frank 弗兰克·基德纳
Kirk, Grayson 格雷森·柯克
Klarsfeld, Beate 贝亚特·克拉斯费尔德
Klonsky, Mike 迈克·克朗斯基
Köpper, Gerald 格拉尔德·克勒佩尔
Koethen 克滕
Kohl 科尔
Kommando Nabil Harb 纳比尔·哈贝游击队
Kommune I 第一公社
Konkret《具体报》
KPD 德国共产党
Krabbe, Hanna 汉纳·克拉贝
Krasso, Nicholas 尼古拉斯·克拉索
Krause, Allison 艾利森·克劳斯
Kravetz, Marc 马克·克拉维茨
Krebs, Allen 阿兰·克雷布斯
Krivine, Alain 阿兰·克里文
Kröcher, Norbert 罗伯特·克罗赫

Kröcher-Tiedemann, Gabriele 加布里尔·克罗赫·蒂德曼
Kroesen, Freidrich 弗里德里希·克罗森
Kuhlmann, Brigitte 布里吉德·库尔曼
Kunzelmann, Dieter 迪特尔·金策尔曼
Kuper, Richard 理查德·库珀
Kurras, Karl-Heinz 卡尔·海茵茨·库拉斯
Labib, Jean 让·拉比比
Labour Party 工党
Labrousse, Ernest 厄内斯特·拉布鲁斯
Lafontiane 拉封丹
Lambert, Pierre 皮埃尔·朗贝尔
Lambertist 朗贝尔派
Langhans, Rainer 赖纳·朗汉斯
Langlade, Xavier 格扎维埃·朗格拉德
Latham, John 约翰·莱瑟姆
Laumonnier, Jean-Claude 让·克洛德·洛莫尼埃
Lefebver, Heri 亨利·列斐弗尔
Lefort, B. Claud B. 克劳拉·勒福尔
Le Havre 勒阿弗尔
Leicester University 莱斯特大学
Le Mans 勒芒
Lenin, Vladimir I lyich Ulyanov 列宁
Lichnerowicz, A. A. 利什勒诺维兹
Lichtenberg 利希滕贝格
La Ligue Communiste "共产主义同盟"
Linhart, Robert 罗伯特·林哈特
Linnhof 林霍夫
Logue, Christopher 克里斯托弗·洛格
Loire 卢瓦尔
London 伦敦
London School of Economics and Political

Science（LSE）伦敦经济政治学院
Long, Gerry 格里·朗
Lorenz, Peter 彼特·洛伦茨
Lorient 洛里昂
Lorraine 洛林
Low Library 洛图书馆
Low Plaza 洛广场
Luckenwalde 卢肯瓦尔德
Luebke 吕布克
Lumumba Patrice 帕特利斯·卢蒙巴
Luxemburg, Rosa 罗莎·卢森堡
Lyons 里昂
Machtinger, Howie 豪伊·马赫廷格
"Magna Charta" "大宪章"
Mahler, Horst 霍斯特·马勒尔
Malawi 马拉维
Malcolm X. 马尔科姆·爱克斯
Mali 马里
MIR "左翼革命运动组织"
Mallinckrodt Hall 马林克罗特大厦
Mallorca 马略尔卡
Mandel, Ernest 厄内斯特·曼德尔
Mann, Norbert 诺伯特·曼
Mantes 芒特
Marburg 马尔堡
Marchais, Georges 乔治·马歇
Marcuse, Herbert 马尔库塞
Märkischen Viertel 梅尔克区
Marseilles 马赛
Martin, Richard 理查德·马丁
Marxism 马克思主义
Massu, General 马絮将军
"Man Mau" "茅茅"起义

Maulkorbgesetz "口套法"
Mauriac 莫里亚克
May 2nd Movement（M2M）"五月二日运动"
McCarthyism 麦卡锡主义
McClosky, Herbert 赫伯特·麦克洛斯基
McMillin Theatre 麦克米林戏院
McNamara, Robert S. 罗伯特·麦克纳马拉
Meinhof, Ulrike 乌尔莉克·迈因霍夫
Meins, Holger 霍尔格·迈因斯
Mellen, Jim 杰姆·梅伦
Melman, Seymour 西摩·梅尔曼
Mendés-France, Pierre 皮埃尔·孟戴斯·弗朗斯
Mercer, David 戴维·默塞尔
Messmer, Pierre 皮埃尔·梅斯默
Metzger, Gustov 古斯塔夫·梅茨格
Mexico 墨西哥
Meyer, Till 蒂尔·迈尔
Miami University 迈阿密大学
Michiga 密执安
Michigan University 密执安大学
Middleton, Chris 克里斯·密德尔顿
Middleton, Delano 德拉诺·密德尔顿
Mikoyan, Anastas I. 米高扬
Miliband, Ralph 拉尔夫·密里本德
Miller, Jeffrey 杰弗里·米勒
Mills, C. Wright 米尔斯
Mirbach, Andreas Von 安德列亚斯·冯·米尔巴赫
Missoffe, Francois 弗朗索瓦·米索非
Mitchell, Adrian 艾德里安·米切尔
Mitchell, Juliet 朱丽叶·米切尔

Mobutu 蒙博托
Moeller, Irmgard 伊尔姆加德·莫勒
Mohnhaupt, Brigitte 布里吉特·莫恩豪普特
Mollet, Guy 居伊·摩勒
Le Monde《世界报》
Monod 莫诺
Montgomery, David 蒙哥马利·戴维
Montpelier 蒙彼利埃
Morgenbesser, Sidney 锡德尼·摩根贝塞
Morningside Heights 莫宁赛德高地
Mouvement d'action universitaire（MAU）"大学行动运动"
Mouvement du 22 mars "3月22日运动"
Mouvement indépendant des auberges de la jeunesse "独立青年客栈运动"
Mouvement de la jeunesse communiste（MJC）"共产主义青年运动"
Mouvement de la jeunesse révolutionnaire（MJR）"革命青年运动"
Moynihan, Daniel P. 丹尼尔·P. 莫伊厄汉
Mozambique 莫桑比克
Mueller, Gerhard 格哈德·米勒
Muhlhausen 米尔豪森
Murphy, George S. 乔治·S. 默菲
Müller, Irmgard 伊尔姆加尔德·米勒
My-Lai 米勒
Myerson, Michael 迈克尔·迈尔森
Nancy 南锡
Nanterre 楠泰尔
Nantes 南特
National Interim Committee（NIC）全国临时委员会
National Liberation Front（FNL）民族解放阵线
National Union of Student 全国学生同盟
National Zeitung《民族报》
NATO 北大西洋公约组织
Naval Reserve Officers' Training Corps 海军后备军官训练队
Negt, Oskar 奥斯卡·内格特
Neumann, Michael 米切尔·纽曼
New Left（Neue Linke）新左派
New Left Notes《新左派短简》
New Left Review《新左派评论》
New York 纽约
Newark 纽瓦克
Niaudet Yves 伊夫·尼奥德
Niger 尼日尔
Nigeria 尼日利亚
Nimery 尼迈里
Nixon, Richard 理查德·尼克松
Nkrumah, Kwame 恩克鲁玛
North Dakota 北达科他
Oakland Tribune《奥克兰论坛报》
Oberursel 奥贝尔乌泽尔
Occident "西方"
O'Connell, Barry 巴里·奥康奈尔
Odéon 奥顿
Offenbach 奥芬巴赫
Office de radiodiffusion et television française 法国无线电广播和电视局
Oglesby, Carl 卡尔·奥格尔斯比
Ohnesorg, Benno 本诺·奥内佐格
Oldenburg 奥尔登堡
Orangeburg 奥林奇堡
Organisation communiste interrnationaliste

（OCI）"国际共产主义者组织"
Organisation armée secréte（OAS）秘密军事组织
Osterunruhe "复活节骚乱"
Oughton, Diana 戴安娜·奥顿
Oxford University 牛津大学
Pakistan 巴基斯坦
Panama 巴拿马
Parti communiste frangais（PCF）法国共产党
Parti communiste internationaliste（PCI）国际主义共产党
Parti communiste marxiste-léniniste de France 马克思列宁主义法国共产党
Party Ouvrier Révolutionnaire 革命工人党
Party socialiste unifié（PSU）统一社会主义党
PDS 民主社会党
Péninou, Jean-Louis 让·路易·佩尼诺
Pentagon 五角大楼
Périgueux 佩里格
Pershing II 佩兴二号导弹
Peyrefitte, Alain 佩雷菲特
Piercy, Marge 马杰·皮尔西
Pisani, Edgar 埃德加·皮萨尼
Pittsburg 匹兹堡
Plambeck, Juliane 尤利亚妮·普拉姆贝克
Pohle, Rolf 罗尔夫·波勒
Poland 波兰
Pompidou, Georges 乔治·蓬皮杜
Ponto, Jüergen 于尔根·蓬托
Port Huron 休伦港
Port Huron Statement 休伦港声明

Porton 波通
Potter, Paul 保罗·波特
Pourny, Michel 米歇尔·普尼
Powell, Charles 查尔斯·鲍威尔
Powell, Enoch 伊诺克·鲍威尔
Praunheim, Rosa von 罗荷·冯·普罗海姆
Progressive Labour Movement 进步劳工运动
Progressive Labour Party 进步劳工党
Proll, Thorwald 托瓦尔德·普罗尔
Pusey, Nathan M. 内森·M. 普西
PUTTE "青年机构"
Quimper 坎佩尔
Rabehl, Bernd 贝恩德·拉贝尔
Radcliffe, Lord 拉德克利夫勋爵
RAF "红军党团"
Raspe, Jan-Karl 让·卡尔·拉斯佩
Rauch, Georg von 格奥尔格·冯·劳赫
Recanati, Michel 雷卡纳蒂·米歇尔
Rector, James 詹姆斯·雷克托
Redon 雷东
Reich-Ranicki, Marcel 马尔希·来希·拉尼克
Reimann, Max 马克斯·瑞曼
Reinders, Ralf 拉尔夫·赖因德尔斯
Renault works 雷诺工厂
Republikanischer Club 共和俱乐部
Revolutionaere Zellen（RZ）"革命细胞组织"
Revolutionary Socialist Student Federation（RSSF）革命社会主义学生联盟
Revolutionary Youth Movement（RYM）"革命青年运动"
Reynolds, John H. 约翰·雷诺兹
Rheinberg 莱茵贝格市

Rhodesia 罗得西亚
Rhodiacèta 罗得阿塞塔
Riesman, D. 雷斯曼
Riemeck, Renate 蕾娜特·里梅克
Robbins, Terry 特里·罗宾斯
Rocard, Michel 米歇尔·罗卡
Roche, Jean 让·罗歇
La Rochell 拉罗歇尔
Rochet, Waldeck 瓦尔德克·罗歇
Rollnik, Gabriele 加布里尔·罗尔尼克
Rosal, Lorraine 洛兰·罗萨尔
Rosenberg, Chanie 钱尼·罗森伯格
Rössner, Bernd 贝尔恩德·勒斯纳
Roth, Karl Heinz 卡尔·海茵茨·罗特
Rouen 鲁昂
Rudd, Mark 马克·拉德
Rurhle 茹尔勒
Saigon 西贡
Saint-Brieuc 圣布里厄
Saint-Nazaire 圣纳泽尔
Salle de la Mutualité 互助会会议厅
San Diego State College 圣迭哥州立学院
Sandouville 桑杜维尔
sans-culotte 无套裤汉
Santa Barbara 圣巴巴拉
Santé Prison 桑代监狱
Sarraute, Nathalie 纳塔利·萨罗
Sartre, Jean-Paul 萨特
Sauber, Werner 维尔纳·绍伯尔
Sauvageot, Jacques 雅克·索瓦热奥
Savio, Mario 马里奥·萨沃
Schelm, Petra 佩特拉·舍尔姆
Scheuer, Sandre 桑德拉·朔伊尔

Schiller, Margit 席勒
Schilly, Otto 奥托·希利
Schmierer, Hans Gerhart 汉斯·格哈特·施密尔
Schmuecker, Ulrich 乌尔里希·施米克尔
Schneider, Oscar 施奈德
Schroeder, Gerhard 格哈德·施罗德
Schroeder, William 威廉·施罗德
Schubert, Ingrid 英格里德·舒伯特
Schwanenwerder 施万内韦德尔
Schwartz, Laurent 洛朗·施瓦茨
Schwarzefront "黑色阵线"
Schwarzeratten "黑鼠"
Schwerner, Michael 米切尔·施沃纳
Seattle 西雅图
Séguy, Georges 乔治·塞居
Seifert, Jürgen 于尔根·赛费尔特
Seine 塞纳河
Select Committee of Commons 下院特别委员会
Seletive service 选征兵役制
Selzer 塞尔泽
Semmler 赛姆勒
Senegal 塞内加尔
Sheffield 设菲尔德
Shelton, Harold 哈罗德·谢尔顿
Shero, Jeff 杰夫·希罗
Siegfried Hausner 西格弗里德·豪斯纳
Siepmann, Ingrid 英格里德·西贝曼
Sierra Leone 塞拉利昂
Simmonds, Posy 波西·西蒙兹
Sims, Tracy 特雷西·西姆斯
Situationist International 情境主义国际

Slate Supplement Report《斯莱特报告增刊》
Sloman, Albort 阿伯特·斯洛曼
Smith, Charles 查尔斯·史密斯
Smith, Henry 亨利·史密斯
Smith, Roger 罗杰·史密斯
Smith, Tony 托尼·斯迈思
Socialisme ou Barbarie《社会主义或野蛮》
Somali 索马里
Sozialistische Deutscher Studentenbund (SDS) 德国社会主义学生联合会
SJSZ 社会主义青年和学生中心
Soehnlein, Horst 霍斯特·泽恩兰
Somers, Robert 罗伯特·萨默斯
Sonnenberg, Günter 冈特·宗南贝格
South Corolina 南卡罗来纳
Sparrow, John 约翰·斯帕罗
SPD 社会民主党
SPK 社会主义病人联合会
Springer Blockade 斯普林格出版社
Sproul, Robert G. 罗伯特·G.斯普劳尔
Sproul Hall 斯普劳尔大厦
Stalinism 斯大林主义
Stapleton, Elizabeth Gardiner 伊丽莎白·伽狄纳·斯特普尔顿
Stapleton, Sydney 西德尼·斯特普尔顿
Steadman, Ralph 拉尔夫·斯特德曼
Stedman-Jones, Gareth 加雷恩·斯特德曼·琼斯
Steglitz 施特格利茨
Stetler, Russell 拉塞尔·斯特勒
Stockholm 斯德哥尔摩
Strong, Edward 爱德华·斯通
Student Action Committee 学生行动委员会

Student League for Industrial Democracy 争取工业民主的学生联盟
Student Life Committee 学生生活委员会
Student Peace Union 学生和平同盟
Students for a Democratic Society (SDS) "争取民主社会学生组织"
Students for a Restructured University (SRU) "争取重建大学学生组织"
Students' Afo-American Society "非裔美洲学生协会"
Students' Nonviolent Coordinating Committee (SNCC) "学生非暴力协调委员会"
Student-Faculty Advisory Council (SFAC) "学生-教师咨询委员会"
Stürmer, Gudrun 古德龙·施蒂默尔
Subversiven Aktion 摧毁行动组
Sud-Aviation 絮德·阿维松
Sussex University 苏塞克斯大学
Swarthmore Collage 斯沃思莫尔学院
Syndicat du bronze d'art 青铜工艺工人工会
Syndicat général de l'education nationale (SGEN) 全国教育总同盟
Syndicat national de l'enseignements du secondaire (SNES) 中学教师全国联盟
Syndicat national de L'ensignement supérieur (SNESUP) 大学教员全国联盟
Syndicat national des instituteurs (SNI) 小学教师全国工会
Tanganyika 坦噶尼喀
Tappis, Steve 史蒂夫·塔皮斯
Taufer, Lutz 卢兹·陶费尔
teach-in (大学师生的) 宣讲会
Tegeler Weg 特格勒街

Teheran 德黑兰
Teufel, Fritz 弗里茨·托伊费尔
Texas University of America 得克萨斯大学
Thompson, Edward, P. E. P. 汤普森
Tocsin "警钟"
Toulouse 图卢兹
Touraine, Alain 阿兰·图雷纳
Townsend, Peter 皮特·唐森
Trampert, Rainer 赖讷·特拉姆佩特
Trentin, B. B. 特朗坦
Tricot, Bernard 贝尔纳·特里科特
Triesman, David 戴维·特里斯曼
Trikont Verlag 特里孔特出版社
Trafalgar Square 特拉法加广场
Trotsky, Leon 托洛茨基
Trotskyism 托洛茨基主义
Truman, David 戴维·杜鲁门
Tübingen University 图宾根大学
Tulsa 塔尔萨
Turner, Brian 布赖恩·特纳
Tuttlingen 图特林根
Union des étudiants Communistes de France (UEC) "法国共产主义学生联盟"
Union des grandes écoles (UGE) "著名高等院校同盟"
Union des jeunes agriculteurs de France (UJAF) "法国农业青年联盟"
Union des jeune filles de France (UJFF) "法国女青年联盟"
Union de la jeuness republicaine de france (UJRF) "法兰西共和国青年联盟"
Union des jeunesse communistes [marxiste-leniniste] (UJC [m-l]) "青年共产主义者同盟（马列）"
Union nationale des étudiants de France (UNEF) "法国学生全国联盟"
Union of Soviet Socialist Republic 苏联
United Automobile Workers (UAW) "联合汽车工人"
United States of America 美国
University of London Union (ULU) 伦敦大学联盟
University Board of Regents 大学评议会
University Society of Individualists 大学个人主义者协会
Upper Volta 上沃尔特
Urbach 乌尔巴赫
Verbizier, Gérard 热拉尔·韦比泽
Versper, Bernward 伯恩瓦尔德·菲斯珀
Versper, Will 维尔·菲斯珀
Viehmann, Klaus 克劳斯·菲曼
Vietnam Solidarity Campaign (VSC) "越南团结运动"
Viett, Inge 英格·菲也特
Vigier, Jean-pierre 让·皮埃尔·维吉尔
Vogel Andreas 安德列亚斯·福格尔
Volmer 芙玫尔
Volunteers in Service to America (VISTA) 美国志愿服务队
Wager, Susan 苏珊·韦杰
Walden, Matthias 马蒂斯·瓦登
Weissbecker, Thomas 托马斯·魏斯贝克尔
Wallerstein, Immanuel 伊曼纽尔·沃勒斯坦
Warren 沃伦
Warwick University 沃里克大学
Watherston, Peter 彼特·沃瑟斯顿

Weatherman "气象员"
Weber, Henri 亨利·韦贝尔
Wehner 维纳尔
Weinberg, Jack 杰克·温伯格
Wessel, Ulrich 乌尔里希·韦塞尔
Westin, Alan 阿兰·韦斯丁
Whitehall 白厅
Whyl 维尔
Widgery, David 戴维·维杰里
Wie alles anfing 《一切是怎样开始的》
Wieland Kommune 维兰德公社
Wisbanden 维斯巴德恩
Wilkerson, Cathlyn 凯瑟琳·威尔克森
Williams, Arleigh 阿利·威廉斯
Wilson, Cicero 西塞罗·威尔逊
Wilson, Harold 哈罗德·威尔逊
Winner, George 乔治·温纳
Wisconsin University 威斯康辛大学
Wisniewski, Stefam 斯特凡·维斯涅夫斯基
Wittenberg Platz 维滕贝格广场
Wittlich 维特利希
Wolff, Karl Dietrich 卡尔·迪特里希·沃尔夫
Worker-Student Alliance 工人-学生同盟
Wuppertal 乌珀塔尔
Wynne-Jones, Lord 温·琼斯勋爵
Yalta 雅尔塔
Zambia 赞比亚
Zanzibar 桑给巴尔
Zeil 采尔
Zusammenlegung der Gefangenen 囚犯联合会

主要参考书目

中文

阿尔都塞：《保卫马克思》，商务印书馆1984年版。

阿兰·佩雷菲特：《官僚主义的弊害》，孟鞠如等译，商务印书馆1981年版。

宾克莱：《理想的冲突——西方社会中变化着的价值观念》，马元庆等译，商务印书馆1984年版。

布赖恩·克罗泽：《戴高乐传》，上、下册，西安外语学院英语系等合译，商务印书馆1978年版。

布卢姆等：《美国的历程》，戴瑞辉等译，商务印书馆1995年版。

戴维·奥尔布赖特编：《西欧共产主义和政治体系》，方廷钰等译，商务印书馆1993年版。

戴维·麦克莱伦：《马克思以后的马克思主义》，余其铨等译，中国社会科学出版社1986年版。

迪迪埃·埃里蓬：《权力与反抗，米歇尔·福柯传》，谢强等译，北京大学出版社，1997年版。

弗朗索瓦·卡龙：《现代法国经济史》，吴良健等译，商务印书馆1991年版。

弗朗西斯·让松：《存在与自由——让·保尔·萨特传》，刘甲桂译，北京大学出版社1997年版。

高宣扬：《萨特传》，作家出版社1988年版。

戈尔巴乔夫、勃兰特等：《未来的社会主义》，中央编译出版社1997年版。

哈贝马斯：《哈贝马斯访谈录——现代性的地平线》，李安东等译，上海人民出版社1997年版。

海因里希·伯尔：《伯尔文论》，黄凤祝等编，袁志英等译，生活·读书·新知三联书店1996年版。

黄凤祝：《海因里希·伯尔》，生活·读书·新知三联书店1996年版。

黄凤祝主编：《伯尔生平和著作》，生活·读书·新知三联书店1996年版。

霍布斯鲍姆：《极端的年代》，上、下册，郑明萱译，江苏人民出版社1998年版。

卡洛·M. 奇波拉主编：《欧洲经济史》，李子英等译，第六卷，当代各国经济，商务印书馆1991年版。

克洛德·芒塞隆、贝纳尔·潘戈：《密特朗传》，任正德、周维伯译，新华出版社1984年版。
拉尔夫·密里本德：《英国资本主义民主制》，博铨等译，商务印书馆1988年版。
拉尔夫·密里本德：《资本主义社会的国家》，沈汉等译，商务印书馆1997年版。
雷蒙·阿隆：《回忆录》，刘燕清等译，生活·读书·新知三联书店1992年版。
李普塞特：《一致与冲突》，张华青等译，上海人民出版社1995年版。
李斯编著：《垮掉的一代》，海南出版社1996年版。
里夫斯：《美国民主的再考察》，吴延佳等译，商务印书馆1997年版。
利普塞特：《政治人：政治的社会基础》，刘钢敏等译，商务印书馆1993年版。
刘北成：《福柯思想肖像》，北京师范大学出版社1995年版。
鲁德：《法国大革命中的群众》，何新译，生活·读书·新知三联书店1962年。
罗伯特·戈尔曼编：《"新马克思主义"传记辞典》，赵培杰等译，重庆出版社1990年版。
马尔库塞：《单面人》，左晓斯等译，湖南人民出版社1988年版。
马尔库塞等：《工业社会和新左派》，任立编译，商务印书馆1982年版。
莫里斯·迪克斯坦：《伊甸园之门——六十年代美国文化》，方晓光译，上海外语教育出版社1985年版。
佩里·安德森：《当代西方马克思主义》，余文烈译，东方出版社1989年版。
佩里·安德森：《西方马克思主义探讨》，高铦等译，人民出版社1981年版。

皮埃尔·弗朗克：《第四国际》，刘宏谊等译，商务印书馆1981年版。
萨特：《辩证理性批判》，上、下卷，林骧华、徐和瑾、陈伟丰译，安徽文艺出版社1988年版。
萨特：《存在与虚无》，陈宣良等译，杜小真校，生活·读书·新知三联书店1987年版。
萨特：《存在主义是一种人道主义》，周煦良、汤永宽译，上海译文出版社1988年版。
沈汉：《西方社会结构的演变》，珠海出版社1998年版。
塔德·舒尔茨：《昨与今，战后世界的变迁》，东方出版社1991年版，中译本。
威廉·曼彻斯特：《光荣与梦想》，商务印书馆1986年版。
西蒙娜·德·波伏瓦：《萨特传》，黄忠晶译，百花洲文艺出版社1996年版。
小阿瑟·施莱辛格：《一千天》，仲宜译，生活·读书·新知三联书店1981年版。
徐崇温：《西方马克思主义》，天津人民出版社1982年版。
许明龙选译：《1968年法国五月风暴资料选》，《世界史研究动态》1984年第5期。
雅克·夏普萨尔、阿兰·朗斯洛：《1940年以来的法国政治生活》，上海译文出版社1981年版。
张化、沈汉：《六十年代中期的国际环境与"文化大革命"的发生》，《中共党史研究》1997年第1期。
周荣耀：《戴高乐评传》，东方出版社1994年版。

外文

Ali, Tariq, "Revolutionary Politics: Ten years After 1968," *Socialist Register*, London, Merlin, 1978, pp. 146-157.

Ali, Tariq, *1968 and After: Inside the Revolution*, London, 1978.

Ali, Tariq, and Watkins, Susan, *1968: Marching in the Streets*, London, Bloomsbury, 1998. (1968年：在街道上前进)

Ali, Tariq, ed., *The New Revolutionaries*, New York, 1969.

Ali, Tariq, *Street Fighting Years: An Autobiography of the Sixties*, London, Collins, 1987. (街垒战之年：60年代的自传)

Ali, Tariq, *The Coming British Revolution*, London, 1972. (正在到来的英国革命)

Ali, Tariq, *Trotsky for Beginners*, New York, 1980.

Altbach, Philip G., ed., *Student Political Activism: An International Reference Handbook*, Greenwood Press, 1989.

Altbach, Philip G., *Student Politics in America: A Historical Analysis*, McGraw-Hill Book Company, 1974.

Anda, Bela, and Rolf, Kleine, *Gerhard Shröder: Eine Biographic*, Ullstein, Berlin, 1998.

Anderson, P., and Blackburn, R., eds., *Toward Socialism*, London, 1965.

Arblaster, Anthong, "Student Militancy and the Collapse of Reformism," in *Socialist Register*, 1970, pp. 139-164.

Ardaph, John, *The New French Revolution: A Social and Economic Survey of France 1945-1967*, London, 1968. (新法国革命：1945—1967年法国社会经济概览)

Armstrong, P., Glyn, A., and Harrison, J., *Capitalism: Since World War II, The Making and Break Up of the Great Boom*, London, 1984.

Aron, R., *The Elusive Revolution: Anatomy of a Student Revolt*, New York, 1969.

Aron, R., *The Industrial Society*, New York, 1967.

Ashby, Eric, and Anderson, Mary, *The Rise of the Student Estate in Britain*, London, Macmillan, 1970.

Aust, Stefan, *Der Baader Meinhorf Komplex*, München, 1989.

Avorn, J. L., Crane, Andrew, Jaffe, Mark, Root, Jr. Oren, Starr, Paul, Stem, Michael, and Stulberg, Robert, *University in Revolt: A History of the Columbia Crisis*, London, Mac Donald, 1965. (反叛中的大学：哥伦比亚大学危机的历史)

Backes, Uwe, and Eckhard, Jesse, *Politischer Extremismus in der Bundesrepublik Deutschland*, Bundeszentrale für politische Bildung, Bonn, 1996.

Backes, Uwe, *Bleieme Jahre: Baader-Meinhof und danach*, Verlag Dietmar Straube GmbH, Erlangen-Bonn, 1991.

Berman, Paul, *A Tale of Two Utopias: The Political Journey of the Generation of 1968*, New York-London, Norton Company,

1996. (两个乌托邦的故事: 1968 年一代人的政治历程)

Bittorf, Wilhelm(Hrsg), *Nachrüestung: Der Atomkrieg rückt näher*, Rowohlt, Hamburg, 1981.

Blackmer, D. L. M., and Tarrow, S., eds., *Communism in Italy and France*, 1975.

Blauner, Robert, *Alienation and Freedom*, Chicago, 1964.

Boock, Peter-Jürgen, *Mit dem Rücken zur Wand...Ein Gespräch über die RAF, den Knast und die Gesellschaft*, Palette Verlag, Bamberg, 1994.

Botzat, Tatjana u. a., *Ein deutscher Herbst, Zustände 1977*, Verlag neue kritik Kg, Frankfurt, 1997.

Breines, Wini, *Community and Organization in the New Left, 1962-1968: The Great Refusal*, South Hadley, Mass, Bergin and Carvey, 1982.

Breloer, Heinrich, *Todesspiel, Von der Schleyer-Entführung bis Mogadischu, Eine dokumentarische Erzählung*, Kiepenheuer & Witsch, Köln, 1997.

Brown, Bernard E., *Protest in Paris: Anatomy of a Revolt*, N. J., 1974. (巴黎的抗议: 对反叛的分析)

Bruckner, Peter, *Ulrike Marie Meinhof und die deutschen Verhältnisse*, Karl Klaus Wagenbach, Berlin, 1995.

Bude, Heinz, *Das Altern einer Generation, Die Jahrgänge 1938-1948*, Suhrkamp Verlag, Frankfurt am Main, 1995.

Buhle, Paul, *History and the New Left: Madison*, Wisconsin, 1950-1970, Temple U. P., 1990.

Buhle, Paul, *Marxism in the United State: Remapping the History of the American Left*, London, Verso, 1987.

Caute, David, *Sixty-Eight: The Year of the Barricades*, London, Hamish Hamilton, 1988. (68 年: 街垒战之年)

Chaussy, Ulrich, *Die drei Leben des Rudi Dutschke, Eine Biographie*, Ch. Links Verlag, Berlin, 1993.

Chomsky, N., *American Power and the New Mandarins*, Penguin, 1969.

Citrin, Jack, and Elkins, David S., *Political Disaffection among British University Students*, California U. P., 1975.

Cliff, Tony, and Birchall, I., *France: The Struggle Goes on*, International Socialism Special Socialist Review Publishing, 1968. (法国的斗争在继续)

Cockburn, Alexander, and Blackburn, Robin, eds., *Student Power, Problem, Diagnosis, Action*, Penguin Books, 1969.

Cohen, Mitchell, and Dennis, Hale, *The New Student Left: Anthology*, Boston, Beacon Press, 1996.

Cohn-Bendit, Daniel, *Wir haben sie so geliebt, die Revolution*, Philo Verlagsges, Frankfurt am Main, 1998.

Cohn-Bendit, G., and D., *Obsolete Communism: The Left-Wing Alternative*, London, 1969.

Collinicos, Alex, *The Changing Working Class*, 1987.

Crouch, Colin, and Pizzorno, Alessandro, eds., *The Resurgence of Class Conflict in Western Europe Since 1968*, 2 vols, London, 1978.

Crouch, Colin, *The Student Revolt*, London, 1970.（学生的反叛）

Diggins, John P., *The American Left in the Twentieth Century*, New York, 1993.

Draper, H., *Berkeley: The New Student Revolt*, New York, 1965.（伯克利学生的新反叛）

Dutschke, Gretchen, *Wir hatten ein barbarisches schönes Leben, Eine Biographie von Gretchen Dutschke*, Kiepenheuer & Witsch, Köln, 1996.

Dutschke, Rudi u. a., *Rebellion der studenten oder Die neue Opposition*, Rowohlt Taschenbuch Verlag, Reinbek bei Hamburg, 1968.

Dutsehke, Rudi, *Mein langer Marsch: Reden, Schriften and Tagbücher aus zwanzig Jahren*, Rowohlt Taschenbuchverlag, Reinbek bei Hamburg, 1980.

Eichel, Lawrence E., Jost, Kenneth W., Lukin, Robert D., and Neustadt, Richard M., *The Harvard Strike*, Boston, 1970.

Elias, Norbert, *Studien über die Deutschen, Machtkämpfe und Habitusentwicklung im 19. und 20, Jahrhundert*, Suhrkamp, Frankfurt am Main, 1998.

Erikson, Erik H., *Youth and Crisis*, New Norton, 1968.

Fawthop, Tom, *Education or Examination*, London, The Radical Student Alliance, 1968.

Fels, Gerhard, *Der Aufruhr der 68er, zu den geistigen Grundlagen der Studentenbewegung und der RAF*, Bouvier Verlag, Bonn, 1998.

Field, A. Belden, *Trotskyism and Maoism: Theory and Practice in France and United States*, New York, Praeger, 1988.（托洛茨基主义和毛泽东思想在法国和美国的理论与实践）

Fisher, Joschka, *Risiko Deutschland: Krise und Zukunft der dentschen Politik*, Th. Knaur Verlag, München, 1995.

Forsyth, Scott, "Marxism, Film and Theory: From the Barricades to Postmodernism," in *Socialist Register*, 1997, pp. 265-287.

Fountain, Nigel, *Underground: The London Alternative Press 1966-1974*, Routledge, London and New York, 1988.（1966—1974年伦敦变化的地下出版物）

Fraser, Ronald, *1968: A Student Generation in Revolt*, London, Chatto and Windus, 1988.（1968年：反叛的一代学生）

Gilcher-Holtey, Ingrid(Hg.) u. a., *1968, Vom Ereignis zum Gegenstand der Geschichtswissenschaft*, Vandenhoeck & Ruprecht, Gottingen, 1998.

Gitlin, Todd, *The Sixties: Years of Hope, Years of Rage*, New York, 1987.

Glucksmann, Andre, "Strategy and Revolution in France 1968," in *New Left*

Review, Nov, 1968, no. 52.

Goines, David Lance, *The Free Speech Movement: Coming of Age in the 1960s*, California, Berkeley, Ten Speed Press, 1993.

Gorz, André, "Reform and Revolution," in *Socialist Register*, 1968, pp. 111-114.

Grasskamp, Walter, *Der lange Marsch durch die Illusionen, Über Kunst und Politik*, C. H. Beck Verlag, München, 1995.

Graw, Ansgar, *Gerhard Schröder, Der Weg nach oben*, Dirk Lehrech Verlag, Düsseldorf, 1998.

Gretton, John, *Students and Workers: An Analytical Account of Dissent in France May-June 1968*, London, 1969. (学生和工人)

Griffith, William E., ed., *The European Left: Italy, France and Spain*, Lexington, 1979.

Habermas, Jürgen, *Toward a Rational Society: Student Protest, Science and Politics*, Boston, Beacon, 1970.

Harman, Chris, *The Fire Last Time: 1968 and After*, London, 1988. (刚过去的烽火：1968年及以后)

Hauser, Dorothea, *Baader und Herold, Beschreibung eines Kampfes*, A. Fest Verlag, Berlin, 1997.

Heinemann, Karl Heinz, Jaitner, Thomas, *Ein langer Marsch, 1968 und die Folgen*, Papyrossa Verlag, Köln, 1993.

Herres, Volker, *Der Weg nach oben, Gerhard Schröder, Eine politische Biographie*, Econ-Verlag, München-Düsseldorf, 1998.

Hertel, Gerhard, *Dienstjubiläum einer Revolte, "1968" und 25 jahre*, V. Hase & Köhler Verlag, München, 1993.

Hirsh, Arthur, *The French New Left: An Intellictual History from Sartre to Gorz*, 1981.

Hobsbawm, Eric, "1968: A Retrospect," in *Marxism Today*, May, 1978.

Hobsbawm, Eric, *Revolutionaries: Contemporary Essays*, London, 1973.

Hoch, Paul, *LSE: The Native Are Restless: A Report on Student Power in Action*, London and Sydney, Sheed and Ward, 1969. (伦敦政治经济学院在这里从未平息：关于行动中的学生权力的报告)

Hogefeld, Birgit u. a., *Versuche, die Geschichte der RAF zu verstehen, Das Beispiel Birgit Hogefeld*, Psychosozial-Verlag, Gieben, 1996.

Hogefeld, Birgit, *Ein ganz normales Verfahren...Proze Berklärungen*, Briefe und Texte zur Geschichte der RAF, Edition ID-Archiv, Berlin, 1996.

Hübner, Kalus, *Erinnerungen des Berliner Polizeipräsidenton 1969-1987*, Jaron Verlag, Berlin, 1997.

Johnson, Richard, *The French Communist Party versus the Students: Revolutionary Politics in May-June 1968*, Yale University Press, 1972. (法国共产党对学生：1968年5月至6月的革命政治)

Kaiser, Rolf Ulrich (Hg.), *Formen einer neuen Kultur*, Szheu Verlag, Bern, Hünchen, wien, 1968.

Katsiaficas, G., *The Imagination of the New Left: A Global Analysis of 1968*, Boston, 1987.（新左派的创造力：1968年全球分析）

Kenny, Miched, *The First New Left: British Intellectuals After Stalin*, London, Lawrence and Wishart, 1995.

Khilnani, Sunil, *Arguing Revolution: The Intellectual Left in Post-War France*, Yale University Press, 1993.

Kidd, Harvy, *The Trouble at L. S. E. 1996-1967*, London, 1969.

Klaus, Rainer Röhl, *Fünf Finger sind keine Faust, Eine Abrechnung*, Universitas Verlag, München, 1998.

Krause-Burger, Sibylle, *Joschka Fischer, Der Marsch durch die Illusionen*, Dentsche Verlags Anstalt, Stuttgart, 1997.

Kraushaar, Wolfgang, *1968, Das Johr, das alles verändert hat*, Piper Verlag, München, 1998.

Krebs, Mario, *Ulrike Meinhof, Ein Leben im widerspruch*, Rowohlt Taschenbuch Verlag, Reinbek bei Hamburg, 1998.

Kropi, W., *The Democratic Class Struggle*, 1983.

Kunzelmann, Dieter, *Leisten Sie keinen Widerstand, Bilder aus meinem Leben*, Transit Verlag, Berlin, 1998.

Lefebvre, Heri, *The Explosion: Marxism and the French Upheaval*, New York, Monthly Review Press, 1969.

Levitt, Cyrill, *Children of Privilege: Student Revolt in the Sixties: A Study of Student Movements in Canada, the United States, and West Germany*, University of Toronto Press, 1984.

Liebert, Robert, *Radical and Militant Youth: A Psychoanalytic Inquiry*, New York, Praeger, 1971.

Lin Chun, *The British New Left*, Edinburgh University Press, 1993.（英国新左派）

Lipset, S. M., and Wolin, S. S., *The Berkeley Student Revolt: Facts and Interpretation*, New York, 1965.（伯克利的学生反叛：事实和解释）

Lipset, S. M., *Rebellion in the University*, 1972.

Magri, Lucio, "The May Events and the Revolution in the West," in *Socialist Register*, 1969, pp. 29-54.

Mandel, Ernest, "Lessons of May," in *New Left Review*, no. 52.

Markovits, Andrei S., Gorski, Philip S., *Grün schlägt Rot, Die deutsche Linke nach 1945*, Rotbuch Verlag, Hambury, 1997.

Martin, David, ed., *Anarchy and Culture*, London, Routledge and Kegan Paul, 1969.（无政府主义和文化：当代大学问题）

Marwick, Arthur, *The Sixties*, Oxford University Press, 1998.（六十年代）

Meadows, Dennies, *Die Grenzen des Wachstums-Bericht des Club of Rome zur Lage der Menschheit*, Deutschen Verlags-Anstalt, Stuttgart 1972.

Mehnert, Klaus, *Twilight of the Young*, New York, 1975.（懵懂的年轻人：60年代

激进运动及其遗产)

Meinhof, Ulrike Marie, *Deutschland unter Anderm, Aufsätze und Polemiken*, Verlag K. Wagenbach, Berlin, 1995.

Meinhof, Ulrike Marie, *Die Würde des Menschen ist antasbar, Aufsätze under Polemiken*, Verlag K. Wagenbach, Berlin, 1995.

Meyer, Till, *Steatsfeind, Erinnerungen*, Spiegel Buchverlag, Hamburg, 1996.

Miermeister, Jürgen, *Ernst Bloch, Rudi Dutschke*, Europäische Verlagsgesellschaft, Hamburg, 1996.

Miermeister, Jürgen, *Rudi Dutschke*, Rowohlt Taschenbuch Verlag, Reinbek bei Hamburg, 1986.

Miliband, David, ed., *Reinventing the Left*, Cambridge, Polity Press, 1994.

Miliband, Ralph, and Saville, John, eds., *The Socialist Register: A Survey of Movement and Ideas*, London, Merlin Press.

Miliband, Ralph, *Divided Societies: Class Struggle in Contemporary Capitalism*, Oxford, Clarendon Press, 1989.

Mills, C. Wright, *Die amerikaniche Elite, Gesellschaft und Macht in den Vereinigten Staaten*, Holsten-verlag Hamburg, 1962.

Mills, C. Wright, *The Causes of World War Three*, London, 1959.

Moreau, Patrick, Lang, Jürgen P., *Linksextremismus, Eine unterschätzte Gefahr*, Bouvier Verlag, Bonn, 1996.

Nagel, J. ed., *Student Power*, London, Merlin Press, 1969.

Naim, Tom, *The Hornsey Affair: Students and Staff of Hornsey College of Art*, Penguin Books, 1969.

Negt, Oskar, *Achtundsechzig, Politische Intellektuelle und die Macht*, Steidl Verlag, Göttingen, 1995.

Ng, Hong Chiok, *Staatstheorie von Marx und ihre Aktualitaet in unterentwichelten Laendem*, Tuduv Muenchen, 1983.

Parkin, Frank, *Class, Inequality and Political Order*, Mac Gibban & Kee, 1971.

Parkin, Frank, *Middle Class Radicalism*, Manchester U. P., 1968.

Peters, Butz, *RAF, Terrorismus in Deutschland*, Th. Knaur, München 1993.

Pflieger, Klaus, *Die Aktion "Spindy", Die Entführung des Arbeit-geberpräsidenten Dr. Hanns-Martin Schleyer*, Nomos Verlags-gesellschaft, Baden-Baden, 1997.

Posner, C., ed., *Reflections on the Revolution in France, 1968*, Baltimore, 1970. (1968年法国革命回顾)

Presse und Informationsamt der Bundesregierung (Hg.), *Dokumentation der Bundesregierung zur Entführung von Hanns Martin Schleyer, Ereignisse und Entscheidungen im Zusammenhang mitz der Entführung von Hanns Martin Schleyer und der Lufthansa-Maschine "Landshut"*, Goldmann Verlag, München, 1977.

Quattrochi, Angelo, and Naim, Tom, *The Beginning of the End*, London, Verso, 1998.

Reader, Keith, *The May 1968 Events in*

France: Reproductions and Interpretations, New York, St. Martin's, 1993. (法国 1968 年 5 月的事件)

Reinders, Ralf, Fritzsch, Ronald, *Die Bewegung 2. Juni, Gespräche über Haschrebellen, Lorenzentführung, Knast*, Edition ID-Archiv, Berlin, 1995.

Rohl, Klaus Rainer (Hg.), *Ulrike Meinhof, Dokument einer Rebellion, 10 Jahre "konkret"-Kolumnen*, Reihe Konkret, konkret buchverlag, Hamburg, 1972.

Ross, G., *Workers and Communists in France*, Berkeley, 1982.

Ross, George, "Intellectuals Against the Left: The Case of France," in *Socialist Register*, 1990, pp. 201-227.

Ross, George, and Jenson, Jane, "France: Triumph and Tragedy," in Anderson, Perry, and Camiller, Patrick, eds, *Mapping the West European Left*, London, Verso, 1994.

Rossmann, Michael, *Lernen für eine neue Gesellschaft, Die Üoerwindung der totalitären Erziehung*, Beltz Verlag, Weinheim u. Basel, 1974.

Roszak, Theodore, *The Making of a Counter Culture: Reflection on the Technocratic Society and Its Youthful Opposition*, New York, Garden City, 1969. (一种反文化的形成：对技术社会的反应和它的青年反对者)

Rubinstein, D., and Stoneman, C., eds., *Education for Democracy*, Penguin, 1970.

Sale, Kirpatrick, *SDS*, New York, Vintage Books, 1974. (争取民主社会学生组织)

Salvatore, Gaston, *Der Bildstörer, Gaston Salvatore im Gespräch mit Daniel Cohn-Bendit*, Edition q Verlag, Berlin, 1994.

Schenk, Dieter, *Der Chef, Horst Herald und das BKA*, Spiegel Buchverlag, Hamurg, 1998.

Schily, Otto, *Flora, Fauna und Finanzen, Über die Wechselbeziehung von Natur und Geld*, Hoffmann und Campe, Hamburg, 1994.

Schmidt, Christian, *Wir sind die Wahnsinnigen, Joschka Fischer und seine Frankfurter Gang*, Econ Verlag, München, 1998.

Schnapp, Alain, and Vidal-Naquet, Pierre, *The French Student Up- rising, Nov. 1967-June 1968*, Boston, Beacon Press, 1970. (1967 年 11 月到 1968 年 6 月的法国学生起义)

Schulenburg, Lutz (Hg.), *Das Leben ändern, die Welt verändern!, 1968 Dokumente und Berichte*, Edition Nautilus, Hamburg, 1998. (1968 年：文件和报道)

Schwind, Hans-Dieter (Hg.), *Ursachen des Terrorismus in der Bundesrepublik Deutschland*, Walter de Gruyter, Berlin, New York, 1978.

Scott, Peter, *The Crisis of University*, London, Croom Helm, 1984.

Seale, Patrick, and McConville, Maureen, *French Revolution 1968*, Penguin Books, 1968. 〔*Red Flag/Black Flag: French Revolution 1968*, New York Putnam's

Sons, 1968.]

Shaw, Martin, "The Making of a Party? The International Socialists, 1965-1976," *Socialist Register*, 1978.

Shaw, Martin, *Student Movements of 1960s: A View from the 1980*, Hull University, 1986.

Singer, Daniel, "The French Left Since 1968," in *Socialist Register*, 1971.

Singer, Daniel, *Prelude to Revolution: France in May 1968*, London, 1970.

Spender, Stephen, *The Year of the Youth Rebels*, New York, Random House, 1969.

Stadt Köln u. a. (Hg.), Heinrich Böll und sein Verlag Liepenheuer & Witsch, Der Deutsche Herbst, Heinrich Böll und die Terrorismus-Diskussion der 70er Jahre, Köln 1992.

Stiftung für die Rechte zukünftiger Generationen (Hg.), *Die 68er, Warum wir Jungen sie nicht mehr brauchen*, Kore Verlag, Freiburg, 1998.

Teodori, Massimo, ed., *The New Left: A Documentary History*, New York, 1969. （新左派：文献史）

Thompson, E. P., ed., *Warwick University LTD*, Penguin Books, 1970. （沃里克大学股份有限公司：工业、管理和大学）

Tolmein, Oliver, *Ein Gespräch mit Irmgard Möller über bewaffneten Kampf, Knast und die Linke*, Konkret Literatur Verlag, Hamburg, 1997.

Tolmein, Oliver, *Stammheim vergessen, Deutschlands Aufbruch und die RAF*, Konkret Literatur Verlag, Hamburg, 1997.

Touraine, Alain, *The May Movement: Revolt and Reform, May 1968—the Student Rebellion and Workers' Strikes—the Birth of a Socialist Movement*, New York, Randon House, 1971.

Uessler, Rolf, *Die 68er: "Macht kaputt, was Euch kaputt macht!", APO, Marx und die freie Liebe*, W. Heyne Verlag, München 1998.

Unger, Irwin, *The Best of Intentions: The Triumph and Failure of the Great Society under Kennedy, Johnson and Nixon*, B. Doubleday Dell Publishing Group, New York, 1996.

Viett, Inge, *Nie war ich furchtloser, Autobiographic*, Edition Natilus, Verlag Lutz Schulenburg, Hamburg, 1996.

Volmer, Ludger, *Die Gruenen und die Aussnpolitik - ein schwieriges Verhaeltnis*, Verlag Westfaelisches Dampfboot, Muenster, 1998.

Von Muench, Ingo(Hrsg), *Abruetung-Nachruestung- Friedenssicherung*, dtv, Muechen, 1983.

Wagenlehner, Guenther (Hrsg) *Die Kampagne gegen den NATO, Doppelbeschluss*, Bernard & Graefe Verlag, Koblenz, 1985.

Wallerstein, Immanuel, "1968, Revolution in the World System," in *I. Wallerstern, Geo-politics and Geo-culture*, Cambridge U. P., 1991. （地缘政治学和地缘文化学）

Widgery, David, *The Left in Britain, 1956-1968*, Penguin, 1976. (英国的左派: 1956—1968 年)

Wiedemeyer, Wolfgang, *Wer uns regiert, Portrats und Biografien der Regierungsmitglieder*, Siegler Verlag, Sankt Augustin, 1998.

Williams, Raymond, *May Day Manifesto 1968*, Penguin, 1968. (1968 年 "五一" 宣言)

Wisnewsky, Gerhard, Landgraeber, Wolfgang, Sieker, Ekkehard, *Das RAF Phantom, Wozu Politik und Wirtschaft Terroristen brauchen*, Th. Knaur V., München, 1992.

Wisniewski, Stefan, *Wir waren so unheiumlich konsequent...Ein Gespräch zur Geschichte der RAF*, ID-Verlag, Berlin, 1997.

Wunschik, Tobias, *Baader-Meinhofs Kinder, Die zweite Generation der RAF*, Westdeutscher Verlag, Opladen, 1997.

Young, Nigel, *An Infantile Disorder? The Crisis and Decline of the New Left*, London, 1977. (幼稚的骚乱? 新左派的危机和衰落)

后 记

本书在搜集资料时得到马里恩·密里本德、马丁·肖、塔里克·阿里和苏珊·瓦提恩、丹尼尔·辛格、伊萨克·克兰尼克、汤姆·奈恩、罗宾·布莱克奔、多萝西·汤普森和张芝联的帮助。英国苏塞克斯大学马丁·肖教授1997年夏与我在布莱顿他的寓所的长谈,有助于我辨识学生运动的思潮和派别。谨此对上述学者友人致以诚挚的谢意!

本书第五章联邦德国的学生运动由旅居德国波恩的黄凤祝博士撰写,其余各章由沈汉撰写。

本书2002年由甘肃人民出版社初版。

沈 汉
2020年10月于南京

作者著译作目录

著作：

1．《英国议会政治史》（合著，南京大学出版社 1991 年版）

2．《欧洲从封建社会向资本主义社会过渡研究——形态学的考察》（合著，南京大学出版社 1993 年版）

3．《西方国家形态史》（甘肃人民出版社 1993 年版）

4．《英国宪章运动》（甘肃人民出版社 1997 年版）

5．《西方社会结构的演变——从中古到 20 世纪》（珠海出版社 1998 年版）

6．《反叛的一代——20 世纪 60 年代西方学生运动》（合著，甘肃人民出版社 2002 年版）

7．《英国土地制度史》（学林出版社 2005 年版）

8．《资本主义史——从世界体系形成到经济全球化》（主编，学林出版社 2008 年版）

9．《资本主义史》（第 1 卷，人民出版社 2009 年版）

10．《世界史的结构和形式》（自选论文集，生活·读书·新知三联书店 2013 年版）

11．《资本主义史》（第 2 卷，人民出版社 2015 年版）

12．《资本主义史》（第 3 卷，人民出版社 2015 年版）

13.《中西近代思想形成的比较研究——结构发生学的考察》（人民出版社 2016 年版）

14.《英国近代知识分子的形成——从府邸宫廷到都市街巷》（商务印书馆待出）

15.《资本主义时代农业经济组织研究》（主编，上、下册，人民出版社 2022 年版）

16.《非资本主义、半资本主义和资本主义农业：资本主义时代农业经济组织的系谱》（商务印书馆 2022 年版）

17.《资本主义国家制度的兴起》（商务印书馆待出）

译作：

1.《资本主义社会的国家》（拉尔夫·密里本德著，合译，商务印书馆 1997 年版）

2.《近代国家的发展——社会学导论》（贾恩弗兰科·波齐著，商务印书馆 1997 年版）

3.《共有的习惯》（爱德华·汤普森著，合译，上海人民出版社 2002 年版）

4.《合法性的限度》（艾伦·沃尔夫著，合译，商务印书馆 2005 年版）

5.《宗教与资本主义兴起》（理查德·托尼著，合译，商务印书馆 2017 年版）